N.T.Wright
The New Testament and The People of God
Christian Origins and the Question of God 1

キリスト教の起源と神の問題 1

新約聖書と神の民

下巻

N・T・ライト

山口希生訳

新教出版社

The New Testament and The People of God
by N.T.Wright
Copyright © 1992 Nicholas Thomas Wright
Published in Great Britain by SPCK

Translated into Japanese
by Norio Yamaguchi
Published 2015, 2018 in Japan
by Shinkyo Shuppansha in two volumes

This book is published in Japan
by direct arrangement
with SPCK.

目　次

第Ⅳ部　紀元 1 世紀のキリスト教

第 11 章　ケリュグマ（「宣教する」）教会の探求 …………………… 624

1. 序　論 ……………………………………………………………… 624

2. 課題と方法 ………………………………………………………… 631

3. 確実なポイント：歴史と地理 …………………………………… 633

4. ギャップを埋める：背景を探求するための文献 ……………… 653

第 12 章　実践、シンボル、そして問い …………………………… 657
原始キリスト教の世界観の内幕

1. 序　論 ……………………………………………………………… 657

2. 実　践 ……………………………………………………………… 658

3. シンボル …………………………………………………………… 668

4. 問　い ……………………………………………………………… 675

第 13 章　原始キリスト教のストーリー（1）………………………… 678

1. 序　論 ……………………………………………………………… 678

2. ルカ福音書／使徒言行録のストーリー ………………………… 681

　（ⅰ）奇妙な比較？ ……………………………………………… 681

　（ⅱ）ルカのストーリーの形式 ………………………………… 692

3. 学者とプロット：マタイのストーリー ………………………… 701

4. 「読者は悟れ」：マルコのストーリー ……………………713

5. 共観福音書：結論 ……………………724

6. パウロ：アダムからキリストへ ……………………737

7. ヘブライ人への手紙の物語世界 ……………………747

8. ヨハネのストーリー ……………………750

第14章　原始キリスト教のストーリー（2） ……………………763

1. 序　論：様式史批評 ……………………763

2. 修正された様式史批評に向けて ……………………778

　　（ⅰ）序　言 ……………………778

　　（ⅱ）預言者的な行動 ……………………783

　　（ⅲ）論争的対話 ……………………785

　　（ⅳ）「たとえ話」 ……………………788

　　（ⅴ）より長い単位 ……………………790

　　（ⅵ）結　論 ……………………791

3. 一つのストーリーではなく、多くのストーリーなのか？ …………793
　　　Q資料とトマス福音書

第15章　原始キリスト教徒たち ……………………807
　　　予備的な素描

1. 序　論 ……………………807

2. 目　的 ……………………808

3. 共同体と定義 ……………………812

4. 発展と多様性 ……………………822

5. 神　学 ……………………829

6. 希　望 ……………………833

7. 結　論 ……………………………………………………………… 843

第Ⅴ部　結　論

第 16 章　新約聖書と神の探求 …………………………………… 846

1. 序　論 …………………………………………………………… 846

2. イエス …………………………………………………………… 848

3. 新約聖書 ………………………………………………………… 849

4. 神の問題 ………………………………………………………… 853

文献表 ……………………………………………………………… 863

付　録 ……………………………………………………………… 911
第二神殿期のユダヤ教と原始キリスト教の歴史年表

古代文献索引 ……………………………………………………… 919

人名索引 …………………………………………………………… 937

訳者あとがき ……………………………………………………… 945

本書下巻が提示する新約聖書解釈のアプローチ ………………… 945

原始教会の歴史 …………………………………………………… 949

小林高徳先生 ……………………………………………………… 951

上巻目次

日本語版のための序文

序　文

第Ⅰ部　序　論

第1章　キリスト教の起源と新約聖書

1. 序　論
2. 課　題
    - （ⅰ）「不正なぶどう園の農夫たち」をめぐって
    - （ⅱ）疑問点
    - （ⅲ）これまでの研究①：原始キリスト教の「歴史」
    - （ⅳ）これまでの研究②：新約聖書「神学」
    - （ⅴ）これまでの研究③：「文学」批評
    - （ⅵ）課題の再提示

第Ⅱ部　課題のための方法

第2章　知　識　その問題と多様性

1. 序　論
2. 批判的実在論について
    - （ⅰ）実証主義
    - （ⅱ）経験論
    - （ⅲ）批判的実在論
    - （ⅳ）仮説と検証
3. ストーリー、世界観、そして知識
    - （ⅰ）「ストーリー」と「世界観」
    - （ⅱ）「ストーリー」と「ユダヤ人の世界観」
    - （ⅲ）「ストーリー」の持つ力
    - （ⅳ）「ストーリー」、そして「新約聖書」
    - （ⅴ）競合する「ストーリー」
    - （ⅵ）「ストーリー」と「仮説と検証」
    - （ⅶ）「ストーリー」と「批判的実在論」
4. 結　論

第3章 「文学」、ストーリー、そして世界観の表明

　1．序　論
　2．読書について
　　（ⅰ）序　論
　　（ⅱ）「誰かそこにいるのですか」
　　（ⅲ）読書と批判的実在論
　3．文学について
　4．ストーリーの性格
　　（ⅰ）ストーリーの分析：物語構造（narrative structure）
　　（ⅱ）ストーリーの分析：不正なぶどう園の農夫たち
　　（ⅲ）イエス、パウロ、そしてユダヤ人たちのストーリー

第4章 「歴史」、そして紀元1世紀

　1．序　論
　2．「ありのままの歴史」は不可能だ
　3．「事実は存在しない」ということではない
　　（ⅰ）客観性は失われてしまったのだろうか
　　（ⅱ）誤解の原因
　　（ⅲ）求む、新しいカテゴリー
　4．歴史学のための方法論：仮説と検証
　　（ⅰ）序　論
　　（ⅱ）良い仮説の必要条件
　　（ⅲ）検証における問題点
　5．出来事から意味へ
　　（ⅰ）出来事と意図
　　（ⅱ）歴史と物語
　　（ⅲ）歴史と意味
　　（ⅳ）結　論
　6．1世紀の宗教運動の歴史的研究
　　（ⅰ）序　論
　　（ⅱ）1世紀のユダヤ教
　　（ⅲ）1世紀のキリスト教

第5章 「神学」、権威、そして新約聖書
　　1. 序　論:「文学」と「歴史」から「神学」へ
　　2. 世界観と神学
　　　　（ⅰ）世界観について
　　　　（ⅱ）神学について
　　　　（ⅲ）キリスト教神学について
　　　　（ⅳ）世界観、神学そして聖書学
　　3. 神学、物語、そして権威
　　4. 結　論

第Ⅲ部　ギリシャ・ローマ世界における 1 世紀のユダヤ教

第6章 背景とストーリー
　　1. 序　論
　　　　（ⅰ）目　的
　　　　（ⅱ）資　料
　　2. 古代ユダヤ教の背景としてのギリシャ・ローマ世界
　　3. イスラエルのストーリー、紀元前年〜紀元年
　　　　（ⅰ）バビロンからローマへ（紀元前年〜紀元前年）
　　　　（ⅱ）ローマの支配下にあるユダヤ人（紀元前年〜紀元年）
　　　　（ⅲ）再構築されるユダヤ教（紀元年〜紀元年）
　　　　（ⅳ）結　論

第7章 多様性の広がり
　　1. 序　論：社会的背景
　　2. 反乱への動き
　　3. ファリサイ派
　　　　（ⅰ）資　料
　　　　（ⅱ）ファリサイ派のアイデンティティ
　　　　（ⅲ）ファリサイ派のアジェンダと影響力
　　4. エッセネ派：脚光を浴びるセクト
　　5. 祭司たち、貴族たち、そしてサドカイ派
　　6.「普通のユダヤ人たち」：序　論

第8章　ストーリー、シンボル、実践　イスラエルの世界観を構成するもの

1. 序　論
2. ストーリー
    （ⅰ）序　論
    （ⅱ）根幹となるストーリー
    （ⅲ）より小さなストーリー
    （ⅳ）結　論
3. シンボル
    （ⅰ）序　論
    （ⅱ）神　殿
    （ⅲ）土　地
    （ⅳ）トーラー
    （ⅴ）民族的アイデンティティ
    （ⅵ）結　論
4. 実　践
    （ⅰ）序　論
    （ⅱ）礼拝と祝祭
    （ⅲ）トーラーの研究と学び
    （ⅳ）トーラーの実践
5. 「聖書に書かれているとおりに」世界観の錨
6. 結　論：イスラエルの世界観

第9章　イスラエルの信仰内容（beliefs）

1. 序　論
2. 1世紀のユダヤ人の唯一神信仰
    （ⅰ）創造主である唯一の神への信仰
    （ⅱ）摂理を通じて働く唯一の神への信仰
    （ⅲ）契約的な唯一の神への信仰
    （ⅳ）二元論の様々な形
    （ⅴ）唯一の神への信仰とその変形
3. 選びと契約
    （ⅰ）序　論
    （ⅱ）契　約
    （ⅲ）イスラエル、アダム、そして世界

4. 契約と終末論

　　5. 契約、贖い、そして赦し

　　6. 結　論：信仰内容

第 10 章　イスラエルの希望
　　1. 黙示的なるもの（Apocalyptic）
　　　（ⅰ）序　論
　　　（ⅱ）文学様式と言語的慣習
　　　（ⅲ）「黙示」の文脈
　　　（ⅳ）「表象」について
　　　（ⅴ）ダニエル書 7 章と「人の子」
　　　（ⅵ）黙示的なるもの、歴史、そして「二元性」
　　2. 捕囚の終わり、来るべき世、そして新しい契約
　　3. 神より他に王なし
　　4. 来るべき王
　　5. 世界、イスラエル、そして人類の刷新
　　6. 救いと義認
　　7. 結　論：1 世紀のユダヤ教

訳者あとがき
　　　　N. T. ライトについて
　　　　本書について
　　　　「世界観」について
　　　　新約聖書のユダヤ的背景
　　　　ライトとカルヴァン
　　　　本書出版までの経緯

新約聖書と神の民

下巻

第Ⅳ部　紀元1世紀のキリスト教

第11章　ケリュグマ（「宣教する」）教会の探求

1. 序　論

　私たちは紀元30年から135年までの教会の歴史について、第二神殿期のユダヤ教の場合と比べればほんの僅かのことしか知らない。この厳しい現実がしっかりと受け止められることはあまりない。原始教会にはヨセフスに匹敵するような歴史家はいなかったし、助けとなる考古学的発見も非常に少ない。これまで考察してきた1世紀のユダヤ教と比べても、当時のキリスト教に関して用いることのできる資料はずっと少ないのである。ギリシャ語の新約聖書は、本棚に並べて置かれている旧約聖書外典、偽典、ミシュナー、そして死海文書と比べるとぐっと小さく見える。いわゆる使徒教父文書を加えても、分量はさほど増えない。使徒言行録の記述内容に最大限の歴史的価値を与えたとしても、この書が明るく照らし出すいくつかの分野は、他の分野の暗闇をかえって際立たせてしまう。4世紀初頭にエウセビオスによって書かれた教会史は最も有名だが、それとキリスト教第一世代との関係は、タルムードと紀元70年以前のユダヤ教の関係と同じく、たいへん興味深く、そして大いに問題含みだ。[1]

　しかし、その後のキリスト教の方向性を決定づける重大な動きが起こったのはこの第一世代、またはその直後の世代においてなのである。これが、

---

[1]　原始キリスト教の歴史を書くことの問題については、例として Hengel 1979, 1章を見よ。エウセビオスはもっと古いいくらかの著作を組み込んでいるが、特筆すべきはヘゲシッポスである（2世紀の中葉から後半にかけて；Quasten 1950, 284-7 を参照）。

第 11 章　ケリュグマ（「宣教する」）教会の探求　625

この空白の変革期を何とか再構築しようと多くの人々が労しているゆえん
なのだ。それは、イエスから殉教者ユスティノスまでの歴史、パウロから
ポリュカルポスまでの歴史である。ユダヤ教の歴史を書くという試みとは
異なり、原始キリスト教の歴史を書こうという試みの多くは憶測的なも
のである（そのように意識されていないとしても）。それは新たな神話化、
過去についてのストーリーの創作であり、それは現代の特定の見方を支持
するものとなるだろう。私たちは今こそ、ケリュグマ教会についての包括
的な書をぜひとも必要としている。19 世紀には、アルベルト・シュヴァ
イツァーが史的イエス探求の包括的な書を著した。彼は新約聖書には何が
書かれていたのかを記述し、その幻想的な性格を晒し出し、刺激的な新し
いテーゼを提示した。本書の試みとシュヴァイツァーの試みとの間には明
らかな類似点がある。19 世紀の新約聖書学界を特徴づけていたのはイエ
スの「研究」だったが、20 世紀の新約聖書学界を特徴づけるのは原始教
会の「研究」なのである。

　このあまりよく知られていない時代に集中的に取り組む理由を、シュヴ
ァイツァーの研究の中に見出すことができるだろう。彼がそれまでのリベ
ラルなイエス像を放り投げ、代わりに奇妙な（ニーチェ的な？）黙示的ヒ
ーローというイエス像を掲げたとき、新約聖書をキリスト教の規範として
読もうとする人々は、そんなイエス像に何の意味を見出せただろう。もし
このイエス像が本物ならば、新約聖書を人生の規範とすることができたの
は、黙示的世界に生きていた原始教会だけだったということになりかねな
い。そこでブルトマンは原初のケリュグマ共同体に着目し、彼らの生き生
きとした信仰が現代に生きるキリスト教徒にとってのモデルとなり、イン
スピレーションを与える可能性を探ろうとした。彼に続く非常に多くの学
者たちはブルトマンの目論見に追随した、ただし彼のような結果を常に残
せたわけではなかったが。ここに皮肉がある。なぜならこれから見ていく
ように、ブルトマンは歴史のイエスについては知り得ないとして原始教会
を主たる考察の対象にしたが、実際は歴史のイエスについての方がよほど
多くの知識が得られるからだ。

626　第Ⅳ部　紀元1世紀のキリスト教

　ほとんど何も分からないことについて研究するのは困難だが、人々が合意できる点、例えば月が地球の周りを回っている、というような誰もが受け入れられる「定説」があれば、そうした研究も少しは楽になるというものだろう。原始キリスト教について、定説となっているようで実際はそうではない学説がいくつかある。その第一の、そして最も有名な定説とされているものは、「ユダヤ教とヘレニズムの衝突」である。この構図が原始教会に投影され、「ユダヤ的キリスト教」対「ヘレニズム的キリスト教」という図式が生み出された。だが、このように二つの文化的ブロックを線引きすることが1世紀においてどれほど困難かということが十分に考慮されていない。ユダヤ教とヘレニズムを区別することができたとしても、それら各々に複数の形があったので、そんな区別自体が用をなさないのである。実際、ほとんどの第一世代のキリスト教徒は何らかの意味でユダヤ的だった。そして、イエスの十字架刑から20年以内に確実に活動していた一人のキリスト教記者は、次のようなことを書いている。「そこではもはや、ユダヤ人もギリシャ人もなく……あなたがたは皆、キリスト・イエスにおいて一つだからです。」こうした警告を無視するような区分けは、実りのある研究成果を生み出しそうにない。輝く星だと思っていたものが、実はブラック・ホールだったということになってしまうだろう。

　原始キリスト教徒たちが何を期待していたのかを研究することで得られるとされる第二の定説も、同じく問題含みである（ある学者たちの自信に満ちた言い方からは想像もできないが）。その定説とは次のようなものだ。「最初期のほとんど全てのユダヤ人キリスト教徒は、時空間世界がすぐにも消滅することを確信し、期待したが、キリスト教の発展はこの期待が萎んでいくことをその特徴としていた。」このような説が過去百年間支

2　このような説のパイオニアは19世紀中葉のF. C. バウルであった。Baur 1878-9 [1860] と、Kümmel 1992, 4章における議論を見よ。Neil & Wright 1988, 20-31。

3　ガラテヤ3章28節。

配的だった。この説の変種によれば、原始キリスト教のいくつかのグループには世界の終わりが迫っているという期待はなかったが、彼らの伝承にマルコ福音書の記者やその他の記者が「切迫した終末」という思想を挿入したというのである。しかし、このどちらの場合にも、またこれらの多くの変種にしても、問わねばならない二つの大きな問題がある。第一に、「黙示的キリスト教」なるものの実像を再構築するために用いられる多くの証拠は、ダニエル書7章のような文書に手が加えられたものだったり、あるいはそれらのテクストの特定の解釈に依存している（そうした解釈が誤りであることは第Ⅲ部で示した）という点だ。第二に、キリストが裁き主として到来することによる大いなる大転換への期待は、紀元2世紀以降も一向に衰えを見せなかったし、イエスの再臨予告がその遅れを隠すために慌てて書き直されるというようなこともなかった。福音書のどんな形の改変も護教家らによって拒絶されたが、イエスの復活を経験した世代の存命中にイエスの再臨が実現しなかったことによってキリスト教がその性質を変えたり危機に瀕したりした、ということもなかった。したがって、原始キリスト教における終末論の性格とその位置づけについて、十分に考え直す必要がある。

「ナグ・ハマディ文書に含まれるグノーシス伝承は早い年代のものだ」と論じる人々は、それを第三の定説にしようとする。原始キリスト教の他の全ての場合と同様、このような可能性は否定できないし、もしそれが本当なら、原始キリスト教の全貌の理解に明快な形を与えることができる

4　この良い例として、Käsemann 1969 [1965], 4–5 章；Conzelmann 1973, 15, 18, など。

5　本書14章以下を参照。

6　791 ページ以下を見よ。ブルトマンの立場（1956 等）を反映したこの命題は、Koester 1982b, 1990; Mack 1988; Crossan 1991 等によって展開されている。ケスターがいつもの無表情のマスクをはがした稀な瞬間、この立場の聖書解釈学の目論見が明らかになった。彼の本当のヒーローは、ウァレンティヌス、マルキオン、そしてある意味でイグナティオスであるように思える（1982b, 233, 328–34, 279–87）。

628 第Ⅳ部　紀元1世紀のキリスト教

だろう。しかし、あらゆる歴史的な問いと同様に、次の重要な問いを考えねばならない。その可能性は高いのか、またそもそも可能なのか、と。14章で見ていくように、少なくとも2世紀初頭までになにがしかのグノーシス主義がキリスト教の主要な構成要素として存在していた可能性については、疑問符をつけるだけの十分な理由があるのだ。

　これらの事柄に関心のある人々のために、ここで種々の異なるアプローチを採る学者たちについて、簡単な見取り図を描いてみよう。まず初めに、F. C. バウルから始まる流れについて見ていこう。彼のユダヤ的キリスト教とヘレニズム的キリスト教という区分、そしてこの対立軸は「初期カトリック主義」によって解消されたという（ヘーゲル的）提案は、アドルフ・ハルナック、アルベルト・シュヴァイツァー、ルドルフ・ブルトマン、エルンスト・ケーゼマン、ハンス・コンツェルマン、そして直近ではヘルムート・ケスターによって様々な形で受け継がれている[7]。この学説によれば、キリスト教がユダヤ教から離れてヘレニズム（グノーシス主義の受容を含む）へと向かったのは肯定すべきことで、さらには必要なこととされる。そのような動きはパウロによって既になされていたが、パウロの支持を得ていると主張した人々がその流れをさらに推し進めたとされる。このような考えはブルトマンのすべての学説に備わっていて、その変種がコンツェルマン、ケーゼマン（彼はシュヴァイツァーの説も折衷的に取り入れた）、ケスター（彼の提案は魅力的だが、非常に偏向した地理的スキームを持つ）、そしてより近年ではマックとクロッサンの作品に見られる。概してこれらの学者たちは、原始キリスト教の本質はほんの少し、また周縁的な意味でユダヤ的だったと見なしている。むしろ原始キリスト教の主流を形成していたのは、ヘレニズム世界を背景とした犬儒学派の教え、初期グノーシス主義、多くの人々に共有されていた知恵文学の伝承、こうした世界なのである。ユダヤ人の「神の王国」到来への期待は原始キリスト

7　Baur 1878-9 [1860]; Harnack 1957 [1900]; Schweitzer 1925 [1901], 1968a; Bultmann 1956; Käsemann 1964, 1969; Conzelmann 1973; Koester 1982b（この作品はブルトマンに献げられている）。

第 11 章　ケリュグマ（「宣教する」）教会の探求　629

教にいくつかの語彙を提供したのだとしても、その本質は全く別物だったとされる。

　この思考的枠組み全体は、きっちりとした民族的な区分と明確な歴史年表を持ち、うれしくなるほど単純である。しかし、近年明らかになってきたのは、こうした単純さはデータを犠牲にすることで達成されているということだ。この枠組みは次のような現象とどうにも整合しない。それらの現象とは、例えばユダヤ的なグノーシス主義の存在、異邦人的な黙示思想の存在、また「初期カトリック主義」の兆候が既に非常に早い時期に見られること（それは「伝えられた伝承」であるとテクスト自体が主張している）などである。このためにシュヴァイツァーは20世紀の初めにこれら全てのバウル的テーゼに異議を唱え、それは特にケーゼマンによって受け継がれた（ケーゼマンはキリスト教の起源をユダヤの黙示思想に見出そうというシュヴァイツァーの説を取り込んだうえで、それを彼自身の立場であるポスト・バウル＝ブルトマン的スキームと融合させた）。それはさらに、1940年代に起きた宗教史学派の著しい変化へと結実した。

　この変化は私たちを振り子の逆の極へと導く。つまり原始キリスト教とは単にユダヤ教内部のセクトであり、当時の他の多くのユダヤ教セクトと大差はなかったのだと理解する学者たちである。この新しい視点は1947/8年に発見された死海文書にそのいくらかを負うているが、第二次世界大戦以後の時代のユダヤ教に対する一般的な態度の変化がもっと強く影響している。突然、ユダヤ教の文献は清く正しく、早い時期に書かれた「聖書的」なものだとされ、ヘレニズム的文献は腐敗し、歪められ、後の時代に書かれた「非聖書的」なものだとされるようになった。こうした潮目の

8　後者の例として、ローマ6章17節を参照せよ。これについてブルトマン（1967, 283）は、後の時代の加筆だとしている。ブルトマンはデータを適切に扱うことよりも、単純さの方に目を向けていた。

9　バウルに反対して立ち上がったもう一人の学者は J. Munck で、特にそれは彼のパウロに関する著作において著しい（1959 [1954]）。

10　Neil & Wright 1988, 369f.; さらには 16f.

630 第IV部 紀元1世紀のキリスト教

変化は、この時代の文献の読み方に広範な影響を及ぼすようになった。それまで自信を持って「ヘレニズム的」と呼ばれていたものが「ラビ的」と呼ばれるようになる現象である。外典や偽典が再び編纂され、再び読まれ、そこに原始キリスト教の真の性質についてこれまで注目されてこなかった幾千もの鍵が含まれていることが発見されるようになった。戦前ではアドルフ・シュラッター、戦後はW. D. デイビスとJ. エレミアス、そしてより近年ではM. ヘンゲルとC. ローランドのような学者たちは、原始キリスト教はユダヤ教のメシア的セクトであり、アブラハム、イサク、ヤコブの神が今やイスラエルのメシア、イエスにおいて全世界の救いのためにご自身を現わされたという知らせを携えて世界に出て行った、という見方を強力に論じた。[11] この学術的な動きはここ60年間ほどの学界で支配的な流れだった。ケスターやクロッサンといったアメリカの学者の研究の登場まで、このような流れが大勢を占め、原始教会はヘレニズム的で犬儒学派かつ／あるいはグノーシス的だったという仮説は遠ざけられてきた。しかし今や、この分野における議論は再び開かれたものになり、再評価への機は熟したように見える。多くの学者は今やキリスト教の起源を描くことの主要な問題点は、この新しい運動の完全にユダヤ的な性格と、遅くとも2世紀後半までに生じたユダヤ教との決裂という両方を十分に説明することにあると見ている。[12]

　これら両極の間にあって、ある学者たちは原始キリスト教の様々なグループの社会的、文化的位置づけを示すことで満足している。W. A. ミークス、G. タイセン、A. J. マルレブの初期パウロ教会の研究、タイセンの初期イエス運動の研究は鋭く、従来の一般化されたものよりニュアンスに富んだ理解を提示している。それはM. ヘンゲル、B. F. メイヤー、C. C. ヒルの初期エルサレム共同体の研究も同様である。[13] しかし、ユダヤ教、イ

11　Schlatter 1955 [1926]; Davies 1980 [1948]，1964; Jeremias 1971; Hengel 1976, 1979, 1983; Rowland 1985; Meyer 1986。

12　Dunn 1991 参照。

13　Meeks 1983; Theissen 1978, 1982, 1991; Malherbe 1983 [1977]; Hengel 1979,

エス、そしてパウロの研究で生じた革命は、原始キリスト教運動の研究には未だ十分に浸透していない。原始キリスト教は、ユダヤ教とは複雑な関係を持ち、イエスのストーリーを語り、パウロとは愛憎相半ばする関係であったように見える。そこで、証拠の新たな研究、第Ⅱ部で詳述した方法論の使用、そして第Ⅲ部で示したユダヤ教の理解を念頭に置くこと、これらが全ての研究分野に新鮮な光を当ててくれるだろうと想定するだけの十分な理由があるのだ。

2. 課題と方法

　原始キリスト教の歴史の再構築のためには、一貫した枠組みの中でデータを納得たらしめるように努めねばならない。ギリシャ・ローマ世界の中でのユダヤ教と、その複雑な世界の中での洗礼者ヨハネとイエスという密接に関連した二人の人物、そしてユダヤ教の世界の中で始まり、すぐに非ユダヤ的世界へと移行していった原始教会というジグソーパズルを組み合わせなければならないのだ。パウロや他の新約聖書記者だけでなく、イグナティオス、ユスティノス、ポリュカルポスのような人々をも位置づけられるような文脈を作る必要がある。また、ジグソーパズルの空白部分にも注目し、私たちが実際に手にしているジグソーのピースを歪めてその空白を埋めようとしてはならない。

　どんな歴史研究でもそうであるように、私たちは資料を正当に扱わなければならない。その資料とは、基本的に新約聖書、初期教父時代の文献（「正統的」なものとそうでないものの両方）、そして異邦人とユダヤ人による原始キリスト教への言及である。これらの文書のほとんどは、明確に年代を特定できていないので、新約聖書の文書全体が紀元 70 年以前に書かれたとする真摯な学者の手による研究が発表されることもあれば、グノ

1983; Meyer 1986; Hill 1992。

632　第Ⅳ部　紀元1世紀のキリスト教

ーシス主義のいくつかの文献はこうした早い時期のものである一方、新約聖書の大部分はもっと後に書かれたとする同様に真摯な学者による研究も存在することになる。したがって、古代の歴史研究においてしばしばそうであるように、私たちがまず初めに必要としているのは想像力に富んだ（しかし空想的ではない）仮説である。それはデータを正しく扱うものであり、適切な単純さと明確なラインを持ち、それ以外の分野にも光を当てることができるような仮説である。全ての真摯な歴史のように、それはむき出しの年代記ではなく出来事の「内幕」に迫ることを目指すものだ。歴史の登場人物たちの目的と意図、そして究極的には世界観が問題となる。[15]現在は競合する仮説が数多く存在し、そのために新約聖書研究の主題は混乱状況に置かれてしまっているので、賢明な判断が求められている。

　こうした仮説が取り扱うべき課題の一つは、原始キリスト教内部での様々なグループの定義と、その発展とを位置づけることである。私たちの持つ最古の資料は、この新しい運動の内部には実に様々なグループが存在していたことを示している。それらは歴史的信頼性を高めるものだ、なぜなら何もないところから分裂という事実が考え出されることはあまりないからだ。もちろん、後の時代の記者が前の時代の分裂について記述する際に、時代錯誤的な理解をそこに投影してしまうこともよくある。同時に、これらの資料は原始キリスト教の社会的・文化的背景の真剣な理解への道備えをしてくれる。なぜなら宗教運動における分裂は、たとえそれが「純粋に」宗教的な用語で表現されていたとしても、通常は他のレベルでの問題を反映しているからだ。明らかにこれが原始教会の中に「ユダヤ的キリスト教」、「異邦人的キリスト教」、「黙示的キリスト教」、そして「初期カトリック主義」を発見できる理由である。[16]

　歴史的再構築という課題においては、主題がそこに位置づけられるべき、

14　前者の例としては Robinson 1976、それと Wenham 1991 を比較せよ。後者は Koester 1982b; Crossan 1991, 特に 427‒34。

15　四章以降を見よ。そして Meyer 1986, 23‒35 を比較参照せよ。

16　一例として、Dunn 1977, 11‒14 章を参照せよ。

第 11 章　ケリュグマ（「宣教する」）教会の探求　633

より広い歴史のパラメータを確立することが何よりも優先されねばならない。過去200年間にこの課題に取り組んできた人々がしばしば当時のユダヤの歴史にほとんど注目しなかったのは奇妙なことだ。原始キリスト教全体にとって、エルサレムの陥落はローマでのネロによる迫害より遥かに重要だっただろうが、それは当然視されてはいても、実際の議論でこのことが論じられることはほとんどない。近年、ヤムニアでのラビたちと、そのラビたちがユダヤ人キリスト教徒をシナゴーグから追放するために反キリスト教の祈祷文を成立させた可能性が脚光を浴びている。しかし、6章で見てきたように、それは思ったほどにはしっかりとした史実には基づいていない。[17]この時期の原始キリスト教に関係する非ユダヤ人世界での出来事については、比較的僅かなことしか知られていない。それゆえ、原始キリスト教の歴史の再構築という作業をユダヤ人の歴史の中で行っていくことに失敗してしまえば、あらゆる仮説が生じることになる。それはちょうど、オースティン・ファラーが新約聖書文書の成立時期を巡る仮説において見出したと同様の現象だ。まるでほろ酔い気分の酔っ払いたちが腕を組んであちこちによろめきながらやって来て、ジグソーパズルのピースを適当に当てはめているようなものだ。[18]したがって、さらに前に進む前にやっておくべきことは、少なくともいくつかの確固としたポイントを確立しておくことである。

3.　確実なポイント：歴史と地理

　それでは、私たちがそこから作業を進めていくことができる確実なポイントをどこに見出せるだろうか。そしてそれらが得られたならば、原始キリスト教の流れを示し、また理解するための最善の方法とは何だろうか。

17　292-300 ページを参照。

18　Farrer 1964, 37（Robinson 1976, 343 からの引用）。

634　第IV部　紀元1世紀のキリスト教

　この調査の時系列的枠組みを定めてくれる二つの出来事は興味深い対照を成す。起点となるのは当然イエスの十字架刑で、それはおそらく紀元30年の出来事である。[19]　その終点とはそれから約125年後で、小アジアの美しい港町で一人の司教が火刑に処されたことである。

　イエスの十字架は、年代学的に、また（完全に）歴史的な意味でキリスト教運動の起点となるだけではない。それは大部分の確実なポイントの性格を決定づけるものでもある。だが、これまで見てきたように、十字架に続いて起こったキリスト教運動の最初期の時代は、そこに堅固な歴史的基盤を見出そうとする者にはよく知られた問題を提起する。したがって、これらの問題をしばらく棚上げし、終点から始めて注意深く時代をさかのぼっていくことにする。十字架刑を除けば、ここには考察すべき9つの証拠がある。

　キリスト教の初めの100年間の終点からしばらくして後、特筆すべき出来事が起きた。それについての古い資料は、以下に引用するだけの価値がある。

　　ポリュカルポスが逮捕されたことを聞いた人々の間には大きな動揺が走った。彼はプロコンスルの前に連行され、ポリュカルポス本人であるかを尋ねられた時にそれを認め、プロコンスルから［キリスト教信仰を］断念するようにと説得された。プロコンスルは言った、「自分の歳を考えなさい」、等々、彼らがいつも言うようなことを言うのだった、「カエサルのテュケー（幸運の女神）に誓い、そして悔い改めなさい。そして『無神論者を追い払え』と言いなさい。」しかしポリュカルポスは、厳しい表情で競技場にいる不法な全ての異教徒の群集を見つめ、彼らに手を振り、うめきながら天を見つめて言った、「無神論者を追い払え。」しかしプロコンスルが彼を急き立てて、「さあ誓いなさい、そうすればあなたを去らせよう。『キリストは呪われよ』と」と言うと、ポリュカルポ

19　Bruce 1969, 188 等を参照。

スは言った、「86 年もの間、私はそのお方のしもべでした。その方は私に何も悪いことはなさらなかった。では私を救ってくださった私の王を、どうして罵倒できるでしょうか。[20]」

スミルナ（現在のイズミル）の主教ポリュカルポスの殉教は紀元 155/6 年に起こった。[21] いくつかの興味深い点がこの記述から浮かび上がる。ここには後代の聖人伝的な敬虔さが投影されているものの、原始キリスト教のいくつかの重要な特徴を明確に証言している。

第一に、キリスト教徒の裁判と処刑が既に定型化されていたのは明らかである。ある種の確立された手続き、処罰を免れるためにキリスト教徒が取り得ること、そしてキリスト教とは何であるのかについての定まった概念、こうしたものが存在していた。このようなプロセスの初めの時期のものを、プリニウスから皇帝トラヤヌスへの手紙の中に見出すことができる（以下を参照）。2 世紀の中葉までには、これらの事柄は標準化されていった。キリスト教徒たちは反体制的なセクトだと見なされるようになった。彼らは一般の異教の神々を信じず、それゆえしばしばユダヤ人が非難されていたように、無神論者という非難を浴びせられていた。[22] 特に、彼らはカエサルに忠誠を誓わずに、カエサルの「女神」に賭けて誓うことを拒否した。[23] キリストは、ローマ皇帝の絶対的権力との両立が不可能なライバ

20 　「ポリュカルポスの殉教」9.1-3。

21 　Schoedel 1989, 467, Lightfoot その他に追随して。Koester 1982b, 281, 306 は 161 年以降を支持しているが、その根拠はエウセビオスがこの出来事を 167 年、マルクス・アウレリウスの治世（161-80）としていることだ。ポリュカルポスについては、Tugwell 1989, 7 章参照。

22 　本書 6 章以下参照。ユスティノスは「第一弁明」5f. でこの非難について詳細に論じている。テルトゥリアヌス「護教論」10-17; ルキアノス「アレクサンダー」25 も参照せよ（これらの参考文献は Moule 1982 [1962], 45 に負うている）。

23 　テュケーというギリシャ語は、ほぼ間違いなくラテン語のフォルトゥナ、つまり擬人化された神としての「幸運」を表す。この点についてのキリスト教徒の拒絶は、テルトゥリアヌス「異教の民へ」1.17 で擁護されている。

636　第Ⅳ部　紀元1世紀のキリスト教

ルの君主、キリスト教徒の忠誠が捧げられる王として見られていた。ポリュカルポス（と／または彼の伝記作家）が忠誠を誓ったキリスト教が、ユダヤ教にルーツを持っているのは明らかだった。キリストが至高の王であるという考えはキリスト教を異教礼拝とは決定的に相いれないものとし、不可避的に敵意を呼び起こすが、そのような考えはある種のメシア信仰に基づくのでなければ生じることはなかっただろう。同様に、この特定の王への忠誠により、キリスト教はユダヤ教とも相いれないものとなる。このことはポリュカルポスの死について、スミルナのユダヤ人たちが異邦人たちに賛同したことからも明らかだ[24]。ポリュカルポスのキリストへの信仰告白、彼がキリストを否定することやカエサルに忠誠を誓うことを拒否したこと、そしてキリスト教を当時支配的だった信仰システムに適合させる用意があることを仄めかすように形だけの犠牲を捧げることを拒否したこと[25]——これらすべてが示しているのは、異教礼拝の主要な文化的シンボルや実践も、また他方でユダヤ教のシンボルや実践も、キリスト教においては新たなものへと変更されていたということなのである。

　さらには、ポリュカルポスの最も有名なセリフの中で、彼は自分の86年間のキリストへの忠誠に言及している。大多数の注釈者たちと共にこのポリュカルポスの発言を信頼できるものと見なすならば、彼はキリスト教徒の家庭に生まれ、幼児洗礼を受けていたということになる。そして彼が生まれたのは紀元69/70年で、小アジアのキリスト教徒の家庭に誕生したということだ。したがって、イエスの十字架から40年以内に、スミルナではイエスという王家の人物に忠誠を誓い、異教の神々を否定するキリスト教の教会が、たぶん小さいながらも確立されていたと仮定すべきだ。これは特に議論を呼ぶものではない。しかしこれは私たちに、注目すべき堅固で確実なポイントを提供する。教会の異邦人への宣教は非ユダヤ人にユダヤ人のメシアへの危険を伴う忠誠を要求するものだが、それはエルサレ

24　「ポリュカルポスの殉教」12.2; 13.1。

25　「ポリュカルポスの殉教」8.2。

ムが崩壊した紀元70年前に小アジアで明らかに確立されていた。それはプリニウスがビティニアで総督だった時（紀元110年頃）までには当局より危険で反体制的な運動だと認識されていた。それは2世紀の中葉までにはお決まりの案件として処理されていた。キリスト教の最初の百年間について他にどのような軌跡が描かれようとも、この件については確実なものと見るべきだ。

　プリニウスに言及したが、今や彼に目を向けよう。それは2世紀初頭の非常に価値ある確実なポイントを提供する。小プリニウス（彼の伯父で博物学者の大プリニウスは、紀元79年のヴェスヴィオ山の噴火の観測中に死亡した[26]）は106年から114年頃まで小アジア北部、ビティニアの総督だった。彼はある問題に直面した。様々な人たちが、キリスト教徒であるという咎で人々を彼のところに連行してきたが、プリニウスは彼らをどう扱うべきか分からなかった。彼はローマ皇帝であるトラヤヌスに彼が取った行動を詳しく説明した[27]。

　　私は、彼らがかつてキリスト教徒であったことを否定し、神々への請願の言葉を私に続いて繰り返し、そして陛下の像へのワインと香の献げものをし……さらにはキリストの名を呪うならば、彼らを釈放すべきだと考えております。

　プリニウスに取り調べられたキリスト教徒らは、次のような特徴的な慣習を明らかにした。

　　彼らは決まった日の夜明け前に定期的に集まり、神に捧げるかのようにキリストを賛美する詩歌を交互に歌い、また自らを誓いによって戒めます。それは犯罪目的のためではなく、窃盗、強盗、そして姦淫から身を

26　プリニウス「書簡集」6.16参照。

27　以下の引用は、プリニウス「書簡集」10.96からのもの（Radice訳）。

慎み、信頼を裏切らないように、また供託金の返還を求められた時には
それを拒絶しないようにと誓うのです。この儀式の後に、解散してから
再度集まり、通常の、無害な食事をとるのが彼らの習わしになっていま
した。しかし彼らはこの習慣を私の布告のために断念しました。それは
あなた［トラヤヌス］の指示によって出された布告ですが、全ての政治
的団体を禁止するというものです。このことは私に、真実を探り出すこ
とへのさらなる必要性を感じさせ、彼らが女性執事と呼ぶ二人の女奴隷
を拷問することでそれを聞き出そうとしました。私はそれが、途方もな
いほどに広く行われている退廃したカルトに過ぎないことを発見致しま
した。

だが、このカルトは急速に広まっていた。

あらゆる年代と階層の男女を含む、おびただしい数の個人が裁判に呼ば
れ、それは今後も続きそうです。この不快なカルトとの接触により汚染
されているのは町々だけでなく、村々や農村地帯もそうなのです。

その結果、プリニウスによれば、異教礼拝の慣習まで息を吹き返してき
た。これは人々がキリスト教を通じて宗教的可能性に目覚めさせられた結
果それまで休眠中だった異教礼拝に戻って来たのだと、プリニウスは示唆
しているように見える。だがそれは、キリスト教によってその信条を否定
された異教礼拝がそれに反対するべく眠りから目覚めた、ということも同
様にあり得るだろう。

人々が大挙して、それまでほとんど打ち捨てられていたのも同然の神殿
に押し掛けるようになったのは疑いありません。すっかり廃れていた聖
なる儀式は再び行われるようになり、つい最近まで買う人は誰もいなか
ったのに、供犠の動物の肉はどこにでも売られるようになりました。

第11章　ケリュグマ（「宣教する」）教会の探求　639

　この注目すべき書簡のほとんど全てのフレーズと、それに対するトラヤ
ヌスの返答[28]は、原始キリスト教そのものと、異教徒たちのキリスト教へ
の見方に光を当てるものなので、ここで許される以上のスペースを割いて
吟味したい気持ちに駆られる。ここでの目的から、以下のことに注目しよ
う。第一に、キリスト教は既に小アジアの広い範囲に伝わっており、それ
はパウロが初期の時代に福音を伝えた地域を上回るものだったこと[29]、ま
たプリニウスは真剣なキリスト教徒らは処罰すべきである（おそらく死罪
で）と考えていたが、彼らをどう扱うべきかについて公的な定まった手続
きがなかったことは明らかだ。このことが示すのは、ローマ当局によるそ
れまでの迫害は組織的なものというより、散発的で偶発的なものだっただ
ろうということである。プリニウスはその几帳面な性格から、ローマを
離れて新しい任地に向かう前に自分が知っておくべきだったことについて、
トラヤヌスに書き送ることに狼狽していただろう。だがむしろ、彼は新た
な可能性について調査し、この新しいカルトに注目するように強いられて
いた。なぜなら地域住民たちが彼らを告発していたようだからだ。

　第二に、キリスト教徒かどうかを確かめるリトマス・テストは、ポリュ
カルポスの場合のように、儀式的行動と宣誓だった。こうした行為は小さ
なものであっても、巨大な社会・文化的重要性を持っていた。これらのテ
ストを受けさせられた様々なキリスト教徒たちのほとんどは神学者として
訓練されていたわけではないが、自らのキリストへの忠誠がカエサルへの
忠誠を上回ることの重要性を理解していた。そうした人々の理解があって

28　プリニウス「書簡集」10.97。トラヤヌスはプリニウスが取った行動を追認
　　したが、匿名の密告を、人々をキリスト教徒だと訴える証拠として用いるこ
　　とには注意を促した。彼曰く、これらは「我らの時代精神にまるでそぐわな
　　い。」この「啓蒙された」トラヤヌスの態度は、陰鬱で病的なドミティアヌス
　　の治世と自らのそれとを対比させていたのであろうことは興味深い。この新
　　しい「時代精神」は未だにキリスト教徒への極刑を容認していたが、彼らを
　　密告するという社会的に劣悪な慣習は採用しなかった。このことはテルトゥ
　　リアヌスの「護教論」2.6-9でたっぷりと皮肉られている。

29　使徒言行録16章7節。

640　第Ⅳ部　紀元1世紀のキリスト教

初めて、当局によるテストは意味をなす。

　第三に、彼らはそれゆえ政治的な団体として分類され[30]、団体の儀式的食事の禁止命令の対象となった。つまり、彼らは単なる宗教の集まりと見られていたのではなく、より大きなローマ社会の中で、彼らの宗教は反体制的だとされていた。おそらくカニバリズムやそれに類する嫌疑がかけられていたものの（プリニウスにとって、彼らの食事が「通常の、無害」なものだったのは意外だったことに注意せよ）、彼らは明確に法を順守する立派な市民だった。キリストに至上の忠誠を誓っている点を除いては。

　ここでヨセフスのことが思い起こされるだろう。彼はプリニウスとほぼ同時代人で、プリニウスがビティニアに赴任する前にローマにいたときにそこに住んでいて、この手紙が書かれた時からそれほど時間的に離れていない時に執筆していた。ヨセフスの著作をいくらか意識しながらプリニウスの話を聞く者には、そこにかすかな共鳴が聞き取れるかもしれない。

　　彼らは……集まり……自らを誓いによって戒めます……窃盗、強盗、そして姦淫から身を慎み……私はそれが、途方もないほどに広く行われている退廃したカルトに過ぎないことを発見致しました。

　　この学派はファリサイ派と他のすべての点で一致しているが、例外は彼らが法外なほどの自由への情熱を持っていることである。それは彼らが、神のみが彼らの指導者にして主であると確信しているためだ[31]。

　個人的な聖性のひたむきな追求、そして他の主を認めることに対する無謀なほどの拒否。これらはユダヤ人の抵抗運動の特徴だった。もちろんそこには重要な違いがある。しかし、ローマ人からすればユダヤ教とキリスト教の類似性は際立ったものだっただろう。110年のビティニアや155年

30　その「ヘタエリア」という言葉は稀なものだ。
31　プリニウス、前掲。ヨセフス「ユダヤ古代誌」18.23。

のスミルナでのキリスト教徒は、70年以前の時代のユダヤ人たちとある際立った性格を共有していた。特にキリスト教徒たちの世界観は、神の王権へのユダヤ的な忠誠を含んでいるという意味で、疑念を抱かせるものだった。

　第三の確実なポイントは、アンティオキアのイグナティオスである（常にそう考えられているわけではないが）。トラヤヌス帝の時代の後期、イグナティオスは殉教を遂げるためにアンティオキアからローマへの旅をした。その途上で、一般に彼のものとされる七つの書簡が書かれた。これは歴史的に確実なことだ[32]。イグナティオスは彼の時代のキリスト教についての豊富な研究材料を提供しているが、私たちは別の機会にそれらを詳しく検証することにする。ここで私たちの目的にとって重要なのは、出来事とその重要性である（イグナティオス自身がそう見なしたように）。それは、ローマ領シリアにおける最大の都市アンティオキアの司教が、獣によって八つ裂きにされるためにローマに向かったことだ。彼はローマ教会に、自分のために助命嘆願をしないで欲しいと言ったが、それは殉教が何の妨げもなく起これば、福音を宣言する大いなる力となるからだった。

> 私はこれまで神に達するこのような機会を持ったことがなかったし、またもしあなたたちが沈黙してくれる［つまり私のために助命しない］ならば、あなたたちはこの上ない行いをすることになる。なぜならあなたたちが私について沈黙してくれるなら、私は神の言葉となるからだ。だが、もしあなたたちが私の肉を愛するなら［つまり私の殉教を防ごうとするなら］、私はまた涙するだけだ。私が神のために注ぎ出される以外のことは何もしないで欲しい。祭壇は既に準備されており、あなたたちは愛の賛美となる。あなたたちはイエス・キリストにおいて父なる神にこう歌うだろう、シリアの司教は太陽の下に見出され、昇る太陽から取

32　これらの書簡はLCL版の「使徒教父たち」（Lake編纂、1965）と、ペリカン古典シリーズ（Louth編纂、1968）に見出せよう。Bammel 1982b, 279-87; Tugwell 1989, 6章; Hall 1991, 33f. の議論を参照せよ。

642 第Ⅳ部 紀元1世紀のキリスト教

り去られるだろうと。世界を神の方へと向けさせ、私が神へと昇ってゆくのは良いことなのだ[33]。

　自分自身の殉教への懸念とは別に、イグナティオスはそれぞれの地域教会の中での一致に何よりも心を砕いていた。そうした一致は、それぞれの教会の司教を中心として結びつくことで達成されると信じていた。彼は教会が、特に自分が後にしたアンティオキアの教会が、潜在的にまたは実際に分裂に苦しんでいると見ていた。そうした分裂は、部分的にはキリスト教とユダヤ教とを混ぜ合わせる人々によって、あるいは仮現説、つまりキリストは人間に見えただけで実際は真の肉体を持っていなかったと吹聴する人々によって生じた[34]。この二方面への戦いは、イグナティオスが確かな眼力を備えた神学者であったことを示している。彼はキリスト教がユダヤ教から生まれたことをよく理解していたので、それが異教礼拝の亜種になることはあり得ず、しかし同時にユダヤ人メシアの死を通じて生まれた運動であるがゆえに、単なるユダヤ教の一派ともなり得ない、ということも分かっていた。イグナティオスがどの程度まで、完全にヘレニズム化されたキリスト教を体現していたのかは議論の余地がある。例えばある人々は、彼の手紙にはグノーシス主義の形跡が認められると示唆するが、実際は彼がグノーシス主義と戦っていた可能性の方がずっと高いだろう[35]。

　ポリュカルポス、プリニウス、そしてイグナティオスと遡ってきて、次なる確実なポイントとは、エウセビオスの「教会史」の中に引用されている、2世紀の教会史家ヘゲシッポスによって記述された出来事である[36]。こ

33　イグナティオス「ローマ人へ」2。Tugwell 1989, 121, 128 の議論を参照せよ。

34　イグナティオス「フィラデルフィア人へ」6.1;「マグネシア人へ」10.3;「スミルナ人へ」1-4;「トラレス人へ」9-10。

35　Tugwell 1989, 118f. のイグナティオスの主教たちの沈黙への擁護（例として、「エフェソ人へ」6.1）についての議論や、そこでの他への言及を参照せよ。

36　エウセビオス「教会史」3.19-20。Bauckham 1990, 94-106 の十全な議論と、関連したテクストへの参照を見よ。

第 11 章　ケリュグマ（「宣教する」）教会の探求　643

の事件は皇帝ドミティアヌスの治世下で起こったのだが、彼はティトゥス
の後を継いで 81 年から 96 年までローマを統治した。ある男たちがイエス
の血縁ということでドミティアヌスの前に連行されたが、彼らは「イエス
と血のつながった兄弟だと言われていた」ユダの子孫だという嫌疑をかけ
られていた。彼らは間違いなく王家の一員、それも謀反の恐れのある王朝
のメンバーだと疑われていた。しかし、彼らが自分たちは貧しい労役者に
過ぎないことを立証すると、ドミティアヌスは彼らに「メシアとその王国
について、その起源や出現の時期について」尋ねた。これは間違いなく抽
象的な神学的議論ではないだろう。マタイ 2 章 1-18 節でのヘロデと同様
に（ヘゲシッポスはそれとの並行関係を意識している）、ドミティアヌス
は明らかに自分自身の地位への潜在的な脅威を危惧している。しかし、答
えは明確だった。男たちは、この王国は「この世のものでも地上的なもの
でもなく、天上的また天使的なもので、それが到来するのはこの世の終わ
りの時、キリストが裁き主として再び来られる時です」と説明した。[37]ド
ミティアヌスはそれで教会への迫害を止めたのだが、これらの男たちはキ
リスト教共同体の中で名誉ある地位を占めていた。

　この話は多分に伝説的な要素を含んでいるかもしれないが[38]、これまで
見てきた原始キリスト教会の姿とうまく合致する。この運動は非常に強く
ユダヤ的メシア主義を想起させる一方、民族主義的また軍事的な色合いを
欠いている。この運動はメシアであるイエスにまで遡るものだが、そのメ
シアという考えは容易に人間的な意味での王朝として誤解されやすいもの
だった。この運動は、ローマ皇帝の自分こそ究極の忠誠の対象であるとい

37　「この世の終わり」というギリシャ語はエピ・サンテレイア・トウ・アイ
　オノスで、明確にマタイ 28 章 20 節を意識したものだ。キリスト教徒たち
　によって待望されていた王国と、通常のこの世的な王国との違いについては、
　例としてヨハネ 18 章 36 節、ユスティノス「第一弁明」11 を参照せよ。この
　ような違いは、キリストの王国が非物質的なものだと示唆しているのではな
　く、当時のこの世の王国の直接の競争相手ではないと言っているだけである
　ように思える。

38　Bauckham 1990, 99-106 参照。

644　第Ⅳ部　紀元1世紀のキリスト教

う主張を受け付けないものだった。原始キリスト教の発展の主な道筋をどのように描こうとも、これらの点はその道筋の真ん中に含められるべきだ。ここまで検証してきた四つの証拠（ポリュカルポス、プリニウス、イグナティオス、そしてヘゲシッポス）は見事に首尾一貫している。エルサレム破壊のかなり後の時代になっても、キリスト教は少なくともいくつかの声明においてはっきりしたユダヤ教的な形を維持し、それを再定義している。その再定義は異教礼拝や混合宗教という方向ではなく、独自の新しい方向へとなされた。この根本的な現象の説明を見出すまでは、原始教会について満足のゆく仮説は発見できないだろう。

　さらに時代を遡り、際限のない議論につながっていくような証拠をここでは無視すれば、紀元70年のエルサレムの崩壊をユダヤ教だけでなく原始キリスト教にとっても主要な出来事として注視することができよう。このことについては後ほど詳しく検証する。しかし、多くの新約聖書の記述、特に共観福音書と使徒言行録から明らかなのは、原始キリスト教徒たちはエルサレム神殿への強い批判を抱いていた（マルコ13章；使徒7章）のと同時に、そこで礼拝を続けていたということだ（ルカ24章；使徒1、3章）。このことが意味するのは、彼らが神殿の破壊を自分たちの批判の正しさの立証であるのと同時に、大きな社会・政治的悲劇として見ざるを得なかったということだ。こうした神殿へのアンビバレントな見方のうち、前者の見方は「バルナバの手紙」に最も明確に表明されている（16.1-5）。後者の見方は、キリスト教徒たちがある託宣に従って、エルサレムからヨルダンを通ってペラに逃れたというエウセビオスの記述から明らかである。[39]

39　「バルナバの手紙」の執筆時期は、紀元70年以降（なぜならエルサレムの崩壊に言及しているから）で紀元200年よりかなり前（なぜならアレクサンドリアのクレメンスがこれをパウロの同伴者バルナバの真正な著作だと書いているから）の間としか定めようがない。ペラへの逃避については、エウセビオス「教会史」3.5.3参照。場所についての特別の言及は、これが単に（例えば）マルコ13章14-20からの「推測」ではあり得ないことを示している。いずれにせよ、エルサレムからヨルダンを通って行くことは「山に逃げ

第 11 章　ケリュグマ（「宣教する」）教会の探求　　645

　次に私たちはタキトゥスの有名な、むしろ悪名高い一文に出会う。そこにはネロが紀元 64 年のローマの大火の責任をキリスト教徒に負わせようとした試みについて書かれている。

　　この ［放火の］ 噂の火消しのために、ネロはスケープゴートをこしらえた——そしてあらゆる手立てでこの悪名高く貧しいキリスト教徒たち（と一般に呼ばれている）を処罰した。彼らの創始者であるキリストは、ティベリウス帝の治世下で、ユダヤの地の代官ポンテオ・ピラトによって処刑されている。しかしこの一時的な退潮にもかかわらず、この忌まわしい迷信はユダヤの地だけでなく（そこでこの悪徳は生まれた）、ローマにおいてさえ新たに広まってきた。あらゆる退廃的で恥ずべき慣習がこの帝都で跋扈し、栄えている。
　　始めに、ネロは自らキリスト教徒と名乗る者たちを逮捕した。次いで、彼らの情報から、他の大勢の人々が断罪された——それは放火のためというより、彼らの反社会的傾向のためだった ［オディオ・フーマーニ・ゲネリス、つまり彼らの人類への敵意のために］。彼らの死は見世物にされた。ある者は獣の皮を被せられ、犬によって食いちぎられ、または十字架につけられ、または暗闇を照らす松明代わりに生きたまま燃やされた。……キリスト教徒であるという彼らの罪にもかかわらず、そしてそれは非情な刑罰に値するものだったが、彼らは同情を買った。なぜなら彼らは国家的利益のためというより、ある男の残忍さの犠牲になったと思われたからだ。[40]

―――――――――

る」こととは言えないだろう。マルコからの推測でないことはもちろんこの記述の歴史性を否定するものではない。少なくとも後世のキリスト教徒たちは、66 年から 70 年までの出来事がユダヤ人だけでなく、ユダヤにいたキリスト教徒の共同体にも大きな影響を及ぼしたと見ていたことを証明している。さらに Moule 1982 [1962], 172–6 を参照せよ。

40　タキトゥス「年代記」15.44。これはスエトニウスの「ネロ伝」16.2 の記述の根拠であるように思われる。

646　第Ⅳ部　紀元1世紀のキリスト教

　これもまた非常に興味深い一文である。特に、タキトゥスが語る内容は注目される。タキトゥスや、恐らく他の人々も、キリスト教徒に対しおおよそ考えられる最悪の評価をしていたこと（キリスト教徒の秘密の会合のために、彼らには人肉嗜食や秘密の悪徳などの非難が既に向けられていたのだろう）と、この時点までは組織的な異教徒による迫害は計画されていなかったことは、いずれも明らかである。[41] キリスト教徒たちは反社会的だと見なされていたのかもしれない。定例的な宗教祭儀への参加を拒否することや、古い親族や友人よりも宗教運動とその教祖への個人的忠誠を示すことは、彼らがそのような風評を受けるのに十分な理由になっただろう。しかし、タキトゥスによれば、ネロの彼らへの攻撃は永続的または組織だった運動ではなかった。私たちはここに2世紀におけるキリスト教への態度の根底にあるものを見出すが、しかしそれはまだ未成熟な段階にあった。

　このことは、原始キリスト教の確実なポイントを提供してくれるユダヤ人文献の最初のものへと私たちを引き戻す。紀元62年に代官フェストゥスが死んだとき、ネロはルキウス・アルビヌスを彼の後継者に任命した。その政務の空白期間に新しく任命された大祭司アナヌスはこの機会をとらえて原始キリスト教指導者の一人を殺害した。ヨセフスはこのことを、次のように記している。

　　アナヌスは、フェストゥスが死んでアルビヌスがまだ着任していない今こそ絶好の機会だと考えた。彼はサンヘドリンの判事たちを招集し、彼らの前にキリストと呼ばれていたイエスの兄弟ヤコブと、その他の人々とを連行した。アナヌスは彼らを律法を犯したかどで糾弾し、石打の刑にすべきだとして彼らを引き渡した。都で最も高潔な心を持つと思われていて、律法において厳格だった人々は、このことに憤慨した。それゆえ彼らは密かにアグリッパ王に人を遣わした。それはアナヌスがこの第一歩［サンヘドリンを招集したこと］において誤っていたので、彼が

41　Moule 1982 [1962], 153f. 参照。

第 11 章　ケリュグマ（「宣教する」）教会の探求　647

さらなる行動を取ることを思いとどまるように命じてもらうためだった。彼らの中のある人たちは、アレクサンドリアから赴任途上のアルビヌスに会うことまでして、アナヌスが彼の同意なしにサンヘドリンを招集する権威を持たないことを知らせた。これらの言葉を信じたアルビヌスは怒ってアナヌスに手紙を送り、彼に報復すると脅した。このアナヌスの行動により、アグリッパ王は在位三か月の彼を更迭し、後任にダムナイオスの子イエスを据えた。[42]

　この話はエウセビオスに引用されたが、彼はヘゲシッポスのより長い記述にしたがっている。ヘゲシッポスの記述には混乱させられるが、それでも明らかに同一の事件を指している。[43]ヨセフスの記述の数多くの興味深い点の中でも、ファリサイ派が「義人」（ツァディーク、義なる者）ヤコブのような敬虔な人物に対するサドカイ派のあくどい行為に激高したことには明らかな意味がある。しかし、同様に重要なのは、ヨセフスがイエスを知っていて、キリストと呼ばれていたことも知っていたことの明らかな意味である。タキトゥスやスエトニウスがこの称号を知っていたのなら、ヨセフスもそうだっただろうと考えるのは至極妥当である。ヨセフスがキリスト自身について記した有名な文章には、後のキリスト教徒による書き足しがあるとしばしば示唆されてきたが、[44]このヤコブについての文には

42　ヨセフス「ユダヤ古代誌」20.200-3。この点について、Schürer 1.430-2 を参照。

43　エウセビオス「教会史」2.23.1-25（「教会史」3.5.2、そしてオリゲネス「ケルソス反駁」1.47;「マタイ福音書注解」10:17）。ヘゲシッポスの引用は「教会史」2.23.4-18 で、ヤコブが深い敬神の念で民のために常に祈り続けたために、その膝頭がらくだのように硬くなってしまったという有名な記述が含まれている。ヘゲシッポスは、この出来事は神の摂理の下で、ヴァスパシアヌスがエルサレムに敵意を持ち始める原因となったとしている（エウセビオスもそれに倣っている）。エウセビオスはこの点を示すために、今では現存していないヨセフスの記述も引用している。

44　ヨセフス「ユダヤ古代誌」18.63-4。私はこの文について、しばしば考えられている以上に、ヨセフス自身によって書かれた部分が多いと見ている。

648 第Ⅳ部 紀元1世紀のキリスト教

キリスト教徒が加筆した形跡は全くない。この文章は、よく知られたキリスト教共同体と、さらによく知られていたその指導者とが、戦争の足音が近づく中でもエルサレムに残っていたこと、また、この共同体とその指導者への敵意があるユダヤ人たちの間に存在していたが、全てのユダヤ人が敵意を持っていたのではなかったこと、これらの確かな証拠である。ヤコブの確固たるユダヤ的な敬虔さは、パウロが直面した類の迫害を免れさせていたように見える。

　さらに時代を遡れば、私たちはパウロについてなにがしかを含めなければならないだろう。彼の経歴の詳細な年表を作ろうとするのは非常に厄介なことだが、50年代の前半に少なくともエフェソやコリントで活発に活動していたということにはおおむね合意がなされている。パウロが初めてコリントに着いたのが紀元49年だが、それはガリオンがアカイア州の地方総督として赴任するおおよそ18か月前である。彼の赴任は通常紀元51年だとされる（有名な碑文によって）[45]。パウロはガリオンの前に召喚さ

特に、決定的に重要な一節、フートス・エン・ホ・クリストスは通常「彼はキリストだった」と訳され、それゆえキリスト教徒による加筆の明白な証拠だと見なされているが、これは別の意味に訳されるべきだろう。冠詞（ホ）は述語ではなく、主語を示すものだ。「キリストとは［ヨセフスは、読者がこの名について聞いたことがあると想定している］、この男だ」。Schürer 1.428-41 をさらに参照せよ（モール教授はこの点について私に疑問を投げかけた。問題のこの名詞［キリスト］が称号であっても名前であっても［訳注：キリストを称号ではなくイエスの名字のように理解しても］、主語と形容詞の関係についてのルールは成り立つのだろうかと。私は成り立つと思う。ヨハネ福音書20章31節を、Carson 1987 と共に参照せよ）。

45　Barrett 1987[1965], 51f. 参照。反対意見として、Slingerland 1991。クラウディウス帝がユダヤ人をローマから追放したこの時期は5世紀の歴史家オロシウス（「異教徒に対する歴史」7.6.15f.）と一致し、ディオ・カッシウス「ローマ史」60.6.6f. とは一致しない（これは違う出来事を指しているのかもしれない。ディオは明確に、クラウディウスはユダヤ人をローマから追放せず、公開の会合を禁じただけだ、と述べている。ユダヤ人を追放したのはティベリウス帝である。57.18.5a 参照）。Hengel 1983, 49, 167; Hermer 1989, 167f. 参照。

第 11 章　ケリュグマ（「宣教する」）教会の探求　　649

れたが、ガリオンはこの地方のユダヤ人たちのパウロへの告訴を退けた。[46]
このことについてはもっと言うべきことがあるが、この時点でパウロは非
常に真摯に受け止めるべき確実なポイントを提供している。[47]

　とうとう私たちは、スエトニウスによる証拠にたどり着いた。彼は紀元
69 年頃に生まれ、ハドリアヌス帝の時代（紀元 117-38）に執筆した。彼
の記述はしばしばきわどくて信頼が置けないが、次の抜粋は通常実際の出
来事を指すものと見なされている。「クラウディウス伝」（25.4）では、彼
はローマにいる外国籍の人々へのクラウディウスの政策を記述している。
ユダヤ人については、クラウディウスはこうせざるを得なかったと述べて
いる。

> ローマにいるユダヤ人たちはクレストゥスの扇動［インパルソーレ・ク
> レストゥス］による騒擾騒ぎを絶えず引き起こしていたので、彼は彼ら
> をローマ市から追放した。

　当時のクレストゥスとクリストス［「キリスト」のギリシャ語発音］と
の間の発音の違いは小さかったとしばしば指摘されてきた。[48]そしてこの
スエトニウスの記述は、ローマの大きなユダヤ人共同体の中でナザレのイ
エスがメシアだと主張した人々が引き起こした騒動についての歪められた
報告だと見なすのは妥当だろう。このローマからの追放は新約聖書の使徒
言行録 18 章 2 節にも書かれている。[49]使徒言行録でのこの言及は、このエ

46　使徒言行録 18 章 12-17 節。パウロがエフェソで、地元の異教礼拝を貶め
　　たとして暴動に直面した件については（これがルカの創作だというのはあり
　　そうにない）、使徒言行録 19 章 23-40 節参照。

47　Hengel 1983, 49（「この時点では、私たちはまだ堅固な地盤の上を歩んで
　　いる」）。パウロの年代表についての様々な立場については、例として Jewett
　　1979; Lüdemann 1980; Hemer 1989, 6-7 章を参照せよ。

48　この類似はユスティノスをして（「第一弁明」4）、「クリストス」（＝キリ
　　スト）と「クリーストス」（＝卓越した）という語呂合わせをなさしめた。

49　このことが「ローマ人への手紙」の中に仄めかされているか、あるいは少

650　第IV部　紀元1世紀のキリスト教

ピソードが紀元49年に起きたことを示唆している（異論はあるが）。なぜ
なら、この時に追放された人々の中のある者らがパウロに会うべくコリン
トに向かっているからだ。パウロはその頃コリントに到着している（上記
参照）。

　私たちは今や、最初の一連の歴史的に確実なポイントを手にしている。
それらの多くは非キリスト教徒によるもので、それらすべては非キリスト
教徒の行動を含んでいる。

紀元30年　　　イエスの磔刑

紀元49年　　　クラウディウス帝によるユダヤ人のローマからの追放
　　　　　　　　（キリスト教徒の騒擾のため）

紀元49-51年　パウロのコリント滞在。しばらく後にエフェソに

紀元62年　　　エルサレムでヤコブが殺害される

紀元64年　　　ローマの大火後、ネロによるキリスト教徒の迫害

紀元70年　　　エルサレム陥落

紀元90年頃　　ドミティアヌス帝によるイエスの親族の尋問

紀元110-14年頃　　　ビティニアでのプリニウスによる迫害

紀元110-17年頃　　　イグナティオスの手紙と殉教

紀元155/6年　　　　ポリュカルポスの殉教

　これらの出来事は1世紀にも及ぶ鎖を形成し、その間に何度も何度もロ
ーマ当局はキリスト教徒を（ユダヤ人たちをも）社会的また政治的な脅
威、あるいは迷惑な存在と見なし、彼らに対して敵対的な行動を取ってい
る。一方でキリスト教徒たちは、自分たちは個人的な敬虔さを追求する私
的なクラブに過ぎないのだと弁明し、迫害から逃れようとはしなかったよ
うに見える。彼らはキリストが「王」であるという忠誠心を表明し続けた

なくともその前提となっているというのは十分あり得る。Donfried 1991[1977]
のいくつかの論文と、Wright 1992a を参照せよ。

第 11 章　ケリュグマ（「宣教する」）教会の探求　651

が、それはカエサルへの忠誠を上回るという政治的な含意を持つ忠誠心だった。もっともキリストの王国は、カエサルの王国であるローマ帝国をモデルとして思い描くことができるようなものではなかった。この奇妙な信仰は、極めてユダヤ的であるのと同時に極めて非ユダヤ的だった（なぜならこの信仰のために、キリスト教徒はどんな都の防衛のためにも奔走することはなかったし、モーセの律法や男児への割礼を守ることにもならなかったからだ）。このような信仰は、今後見ていくようにキリスト教運動全体の中心的な特徴だったし、それ自体がその特徴を理解するための重要な鍵だった。

　このようなリストにはもう一つの重要で確実なポイントがあるべきだという想定がしばしばなされてきた。それはドミティアヌス帝による深刻なキリスト教徒の迫害のことである。これは原始キリスト教文献の中で、迫害下で書かれたと思われるもの（第 1 ペトロなど）の背景としてしばしば引用されてきた。実際は、そのような証拠はほとんどない。ドミティアヌスの残虐さについてのスエトニウスの記述は明白過ぎるほどだが、その残虐さはキリスト教徒だけでなく、あらゆる人に向けられていた。ドミティアヌス治世下での迫害についてのエウセビオスの記述は一般的なものだ（パトモス島でのヨハネの話を除く）[50]。ドミティアヌス帝の行った、いわゆるキリストの「王家の人々」への調査に関するエウセビオスの記述は、キリスト教運動への大規模で持続的または攻撃的な鎮圧を示すものではない。そしていずれにせよ、もしこのような迫害が起きていたなら、プリニウスはトラヤヌス帝にこの奇妙なカルトをどう扱えばよいか尋ねる必要などなかっただろう[51]。ドミティアヌス治世下でキリスト教徒たちが信仰の

50　エウセビオス「教会史」3.17-18。

51　元執政官のグラブリオとフラヴィオス・クレメンスの処刑、そしてフラヴィア・ドメティラの流罪についてのディオの記述（67.13f.）は、エウセビオスには「キリストへの証として」見られているが（「教会史」3.18）、おそらくそれはディオが「無神論者」という咎を記しているためだろう。その呼称はユダヤ人かキリスト教徒の実践または信仰の意味に取れる。スエトニウスの記述（「ドミティアヌス伝」15）にはこの罪状は記されておらず、グレーブ

652　第Ⅳ部　紀元1世紀のキリスト教

ために死んだケースはあっただろうが、そう言えるための証拠はほんの僅かしかなく、したがってそのような土台の上に建てられる確かなものはない。

　歴史から地理に目を転じてみよう。これまでに1世紀のキリスト教活動がどのような地理的広がりを持っていたかについては十分に示してきただろう。エルサレムとユダヤの周辺部、サマリア、アンティオキア。ダマスコそしてシリア周辺部、小アジア（スミルナとビティニア）、ギリシャの諸都市。ローマ。私たちが考察してきたテクストと新約聖書とに（それらはキリスト教の中核である）、これらすべてのことがはっきり示されている。これには議論の余地はない。しかし、これ以上のことについて確かなことを言うのはたいへん難しい。パウロの書簡は、紀元50年代の小アジアとギリシャの諸教会について非常にはっきりした印象を与えてくれる。イグナティオスの書簡は、2世紀初頭の同じ教会群についてのそうした印象を提供する。ローマについては2世紀のユスティノスや他の著者からより多くの情報が得られる。エルサレムについては、使徒言行録の記事や、ヨセフスによる義人ヤコブの殉教についての言及から、興味をそそられるヒントを拾い集めることができる。最初期の、少なくともあるグループのキリスト教徒たちにとって、エルサレムは高い神学的敬意を払うべき場所だった。都が陥落した時に、当時のユダヤ人たちのようにはキリスト教徒たちがその喪失を嘆いたという事実は見出せなかったとしても[52]。シリア

スはここに（ペンギン古典叢書の翻訳で）、彼らはキリスト教ではなくユダヤ教に改宗したのだと示唆している。いずれにせよ、他の皇帝と同じくドミティアヌスもあらゆる理由で人々を処刑したり流罪にしたのであり、その中には曖昧なものやでっち上げも含まれていたのは間違いない。もしこの三人全て（グラブリオ、フラヴィオス・クレメンス、そしてフラヴィア・ドメティラ）がキリスト教徒だったとしても、これは大規模な迫害ではなく、その反対を示唆するものだ。彼らは特例として記されている。この主題全体については、後の参考文献と共にRobinson 1976, 231–3を参照せよ。

52　上記参照。最初期の教会にとってのエルサレムの象徴的重要性については、Meyer 1986, 4章参照。

（アンティオキアを除く）とエジプトについては、確かなことを言うのは不可能だ。しかし、2世紀後半までに、この両地域で明らかなキリスト教の存在と力とが認められることから、コメントが必要だろう。率直に言って、シリアが「キリスト教グノーシス主義の起源の国」であるとか、エジプトのナグ・ハマディで発見されたグノーシス文書が非常に早い時期のものである、というようなケスターの大々的な主張はとても維持できるものではない[53]。そのような主張の根拠となる文書は地理的または時系列的な正確さを持つものではないし、より確固とした歴史的枠組みの中に組み入れられようとしている他の初期の文献と一緒に扱うべきものだ。間違いなくシリアとエジプトは重要な初期キリスト教の中心地に数えられるべきだが、それらの地域のキリスト教がどんな種類のものだったかを正確に述べるのは、他の地域の場合と同様、非常に難しい。アンティオキアについては、マタイ福音書との関連の可能性についてあまりにも多くのことが言われてきたようだ。マタイ福音書がそこで書かれた可能性は十分にあるとしても、それは推測に過ぎない。そうした関連を決定的なものと見做し、マタイ福音書の行間を読むことで初期アンティオキアのキリスト教の性格を再構築できると考えるのは、証拠が許容する以上のことをしてしまう学問的態度の良い例である[54]。

4. ギャップを埋める：背景を探求するための文献

　原始キリスト教の歴史家たることを願う者の前に横たわる課題について、

53　Koester 1982b, 207-33。

54　Brown & Meier 1983 が完全に免れていない危険である。Balch 1991 を参照。次の Malherbe 1983[1977], 13 と比較せよ。「ある文書を曖昧さから救い出すことは可能だが、それはそうした文書がある共同体の視点を代表しているからではなく、それらの文書がまさにそのような共同体の視点に異議を唱えているからである。」原始キリスト教のより幅広い社会的文脈については、助けになる短い作品 Stambaugh & Balch 1986 を見よ。

654　第Ⅳ部　紀元1世紀のキリスト教

明確にしておくことは必須である。上に列挙した確実なポイントについて
は、多少注意を要すべきおかしなデータを除けば、疑問はない。だが、他
のほとんど全てのことに関しては、非常に大きな疑問の余地がある。福音
書の一つ、あるいはいわゆる「公同」書簡の一つを造作なくこの時間軸の
枠組みの空いたところに当てはめられると考えている人は、希望的観測に
浸っているだけだ[55]。

　文献について言えば、二人の偉大な手紙の書き手であるパウロとイグナ
ティオスが最も年代を確定しやすい二人だということに疑問の余地はない。
真面目な研究者で、パウロ書簡の少なくとも6つまたは7つ、そしてイグ
ナティオスの7つの書簡が真正なものであることに疑問を挟む者はいない。
実質的に全ての研究者が、パウロ書簡については紀元40年代後半から50
年代後半の間のものだと推定し、イグナティオスについてはトラヤヌス帝
（紀元117年没）の治世の後半のどこかだとしている。したがって、これ
らの書簡の中身は、先に示した確実なポイントに追加されるべき、歴史的
な参照ポイントの最初の層を形成するものだ。しかし、この結論が完全に
妥当なものだとしても、それは私たちを間違った楽観論に陥らせかねない。
パウロとイグナティオスが原始キリスト教の「主流」を（それがどんなも
のだったにせよ）代表しているとは必ずしも言えないのである。二人とも
教会内部からの反対や、外部からの迫害と闘っていることを自覚していた。
　二人の他の書き手については、2世紀中葉（もっと早い可能性もある）

55　この特に驚くべき例は、牧会書簡が2世紀の中葉にポリュカルポスによっ
　て書かれたという説へのケスターの支持である（1982b, 297-308）。私たちが
　たまたまポリュカルポスを知っているという事実は、彼が当時の教会の最も
　よく知られた指導者だったということを意味しないし、したがって彼がこれ
　らの書簡の著者だっただろうということにもならない。またこれらの書簡が
　長期間の平和を前提としていたことも意味しない。また、私たちが紀元120
　-60年の教会についてほとんど何も知らないという事実は、その当時の教会
　がそのような平和を享受していたことをも意味しない（これらは全て Koester
　305 の主張に反するものだ）。プリニウスとポリュカルポスを考え合わせると、
　抑圧や迫害政策は2世紀の初頭に始まり、少なくとも散発的に続いたことが
　示唆される。

第11章　ケリュグマ（「宣教する」）教会の探求　655

と年代を定めることができそうだ。アリステイデスの「キリスト教護教論」は、19世紀になるまでは他の作家の参照を通じてのみ知られていたが、これは皇帝アントニヌス・ピウス（138-61）に宛てられたもののようだ。だが、エウセビオスはこれがハドリアヌス帝に向けられたもので、したがって紀元120年代か130年代に書かれたものだと言っている。[56]殉教者ユスティノスはサマリアで生まれたギリシャ人で、哲学を学び、キリスト教を哲学の完成だと見なした。彼は異教徒の同時代人にキリスト教を説明するために二つの「弁明」を書き、キリスト教がユダヤ教の成就でもあるという主張を「ユダヤ人トリュフォンとの対話」の中で論じた。[57]そのどちらの文献も、留保付きながらその当時及びその数十年前のキリスト教のある種の形態についての証拠として用いることができよう。

　しかし、他の原始キリスト教の文献と、それらが直接間接に指し示しているグループや運動については、十分な研究の進展が見られていない。そのどこかに福音書（正典とその他）と使徒言行録（正典とその他）、「十二使徒の教訓（ディダケー）」、新約聖書の他の書簡と使徒教父文書、正典黙示録と非正典黙示文学（「ヘルマスの牧者」を含む）、これらを当てはめねばならない。そのどこかに、原始キリスト教における明白なユダヤ的要素と強調、明白な異邦人的要素と強調、使い続けられる黙示的言語、グノーシス主義の萌芽とキリスト教との結びつき、ユダヤ人と異邦人の両方による迫害の事実、教会のミッションの発生・拡大・継続、ユダヤ教の伝統や文書の再利用と、しばしばそれへの追加、これらを当てはめていかねばならない。これらすべてのどこか真ん中に、最も重要な事柄として、また消えない刻印のように見える原始キリスト教の習性として、イエスについてのストーリーを語ったことを位置づけねばならない。それは福音書の執筆

56　エウセビオス「教会史」4.3.3、は未だ発見されていないクァドラトスの文書と関連付けている。アリステイデスの「キリスト教護教論」は「ニカイア前教父」9.261-79に見出せる。

57　ユスティノスについては、von Campenhausen 1963[1955], 1章。Chadwick 1966, 1章。Hall 1991, 5章を参照。

656 第Ⅳ部 紀元1世紀のキリスト教

よりもずっと広く見られた現象だった。

　これらの複雑な課題は、「新約聖書緒論」などの項目で真正面から取り組まれていることが多い。特定の書簡が取り上げられ、それについて何が言えるかが考察される。もし私たちが確固たる歴史を求めるならば、通常その答えは「あまりない」である。歴史上の確実なポイント、原始教会の地理的拡張、1世紀に書かれたことが分かっている文献、これらを安易に統合しようとしても、空想的な仮説の迷路の中にはまり込んでしまうだけだろう。私は別のルートを進んで行くことを提案する。それは先のユダヤ教の研究と似たルートである。まず初めに、原始キリスト教の世界観を構成する要素を見ていく必要がある。僅かな証拠からでも、これらを相当はっきり見ることができる。次章では、原始キリスト教を際立たせていた実践とシンボル、そして問いと答えを検証する。原始キリスト教徒が語り、そして執筆した特徴的ないくつかのストーリーを詳しく考察していこう。それを通じて、この運動全体の明確な輪郭を描き出すことが可能になり、そしていくつかの予備的な結論を導き出すことができるだろう。全てのギャップを埋めることはできない。しかし、原始キリスト教の中で圧倒的な存在感を持つ二人の主要な人物、イエスとパウロを位置づけられる明確な枠組みを持てるようになるだろう。

第12章 実践、シンボル、そして問い

原始キリスト教の世界観の内幕

1. 序 論

　原始キリスト教徒たちが何をしていて、またなぜそうしていたのかを理解しようと願うなら、彼らの世界観の諸要素を組み立てるという作業から始める必要がある。そしてその世界観の中に、これらの要素の重要な変種を位置づけなければならない。原始キリスト教徒たちが物語ったいくつかのストーリーについては別個に扱うことにして、ここでは彼らの実践とシンボルに焦点を合わせよう。1世紀のユダヤ教の場合のように、全ての、または大部分の原始キリスト教徒たちが、今日私たちが本棚から気軽に取り出せる当時の多様な文献を読んでいたと想定することはできないし、それらの文書を1、2世紀の「典型的な」キリスト教文献だと見なすこともできない。（ユダヤ教の場合と同じく、キリスト教内部に多様性がなかったと考えるべきではない。この点についてはいずれ扱う。）当時の文献を扱う難しさと比べれば、実践やシンボルについてはもっと確かなことが言える。何も書き残さず、僅かな書物しか読んでいなかったキリスト教徒たちでさえ、ある種の行動を自明のものとして受け入れ、中核的なシンボルを忠実に保持していた。これらを研究し、そこからいくつかの結論を導き出すことができる。この観点から、原始キリスト教徒たちが語ったストーリーのいくつかを読み直すことができるだろう。そしてこれらのストーリーがどのように彼らの世界観を強め、またユダヤ人や異邦人や（時として）他のタイプのキリスト教徒のストーリーをどのように覆したのかを見

658　第Ⅳ部　紀元 1 世紀のキリスト教

出していきたい。

2.　実　践

　原始キリスト教の最も驚くべき点は、その成長の早さである。紀元 25 年には、キリスト教なるものは存在していなかった。ユダヤの荒野の若き隠遁者と、彼のいとこで夢とビジョンとを思い描いた青年がいたのみである。紀元 125 年までには、ローマ皇帝はキリスト教徒を処罰するという公式の政策を打ち出していた。ポリュカルポスはスミルナで半世紀の間キリスト教徒として過ごしていた。アリステイデスは（もし早い年代を受け入れるのなら）ハドリアヌス帝に対し、世界には四つの種族があると論じた。それは未開人、ギリシャ人、ユダヤ人、そしてキリスト教徒である。また、ユスティノスと呼ばれる若い異教徒は哲学的探究を始めた。偉大な異教徒の思想家たちにも満足しなかった彼は、キリストへと導かれた[1]。

　キリスト教は魔法によって広まったのではない。世界はキリスト教を迎え入れる準備ができていたのだ、としばしば言われてきた。ストア派はあまりにも高尚で、温かみのないものだったし、異教礼拝は形而上学的に信頼が置けず、なおかつ道徳的に破綻していた。密儀宗教は暗くて不気味だったし、ユダヤ教は律法に縛られて偏狭だった。そこにキリスト教が、全ての人々が求める問いへの答えとして登場したのだと[2]。このような描写には一抹の真理が含まれているが、歴史的現実を表したものとはとても言えない。キリスト教は、誇り高い異国人たちに、ローマによって処刑され

1　アリステイデス「キリスト教護教論」2（シリア語校訂版。ギリシャ語版では「四つの種族」はより一般的な三つの種族になっている。異邦人、ユダヤ人、そしてキリスト教徒である）。ユスティノス「ユダヤ人トリュフォンとの対話」2-8。

2　例として、Caird 1955 参照。同じアイデアを注意深い社会学的見地から述べているものとしては、Meeks 1983, 174f. と Meyer 1986, 32f. のコメントを参照。

た田舎者のユダヤ人への忠誠のために、拷問や死さえも恐れぬようにと呼びかけた。キリスト教は人種の壁を突き破る愛を唱道した。それは性的不道徳、幼児遺棄、その他の異教世界では当然視されていた事柄を厳しく禁じるものだった。キリスト教徒になることを選ぶのは、平均的な異教徒にとっては簡単なことでも自然なことでもなかった。ユダヤ人にとってキリスト教に回心することは、ユダヤ民族への裏切り者となることを意味しただろう。失うものは何もないと思われていて、それゆえキリスト教への改宗は地位の向上を意味しただろう奴隷にとってでさえ、払うべき代価があった。先に見たように、原始キリスト教運動に加わっていた奴隷の娘たちを拷問の上で尋問するのは、プリニウスにとって何でもないことだった。20世紀の若い女性よりも2世紀の若い女性の方が、拷問を受けながら尋問されることに抵抗がなかったと考える理由はどこにもない。

　ではなぜキリスト教は拡大したのだろうか。それは原始キリスト教徒たちが、自分たちが真理だと見出したものが全世界にとっても真理であると信じたからだった。彼らを宣教へと突き動かす原動力は、原始キリスト教徒の確信の中核部分から生まれた。文学分野を除いて、私たちが原始キリスト教徒の実践について何か知っているとすれば、それはユダヤ人と異邦人の双方に向けての、彼らの宣教活動への関与だった。「最初の150年間の地中海世界におけるキリスト教信仰の圧倒的な伸張は、原始キリスト教のあらゆる歴史を流れる赤い糸だった。[3]」この宣教活動は、何か他のもの（例えば、新たな実存的自己認識）についての信仰の付録などではなかった。「キリスト教そのものが、他の何にもまして世界宣教へ乗り出すことにあったのである。[4]」

3　Hengel 1983, 48。

4　Meyer 1986, 18（強調は Meyer による）。クリストファー・ローランド教授は私に、このような主張には証拠がない、なぜならキリスト教は新しい共同体の誕生を認めた異教徒たちがそこに加わりたいと願うことで拡張した可能性もあるからだ、と示唆した。私に言えることは、証拠が強く指し示しているのは、ヘンゲルやメイヤーによって示された見解であるように思える、ということである。Schäferdiek 1991 も参照せよ。

660　第Ⅳ部　紀元1世紀のキリスト教

　このことは、すでに言及した資料のどれをとっても明らかである。ユスティノスは、彼に対してイエスのことを語った老人との出会いを述べている。プリニウスは、キリスト教の毒が村々や農村地帯にまで広がっていると話している。イグナティオスは、小アジアのどこに行っても教会を見出した。タキトゥスは、まるで貯水槽に死んだネズミを見つけた時のような口調で、世界の文化のあらゆる最悪の特性を備えたものが遅かれ早かれローマにやってくるだろうとコメントした[5]。ここで正典聖書の著書に目をやれば、そこには宣教に関する記述で満ちている。マタイ福音書のイエスは弟子たちに全世界の人々を弟子にして洗礼を授けよと命じているし、ルカ福音書のイエスは信従者たちにエルサレム、ユダヤ、サマリア、そして地の果てまでも出て行くようにとの任務を託し、ヨハネ福音書のイエスは「父がわたしをお遣わしになったように、わたしもあなたがたを遣わす」と語った[6]。使徒言行録のストーリーは原始キリスト教の宣教のストーリー（the story）、またはストーリーのひとつ（a story）である。使徒言行録でのパウロの描写をどう考えるにせよ、彼の書簡からは、パウロだけでなく他の数多くのキリスト教徒たち（その中にはパウロと相当異なる見解を持っていた人々もいた）が「イエスという別の王がいる」ということを人々に知らせるために、世界中を旅することが自分たちの使命だと信じていたことが確認できる[7]。

　したがって、世界宣教は原始キリスト教の実践の中でも第一の、そして最も明らかな特徴である。原始キリスト教の世界観のより多くの側面について吟味する際に、この世界宣教を支えた理論的根拠について論じよう。

　原始キリスト教徒たちは閉じられた扉の向こうで何をしていたのだろう

5　上記を参照。このような非難は他のラテン作家の著述に繰り返し見られる、例として、サルスティウス「カティリナ戦記」37.5; ユウェナリス「風刺詩集」3.62。

6　マタイ福音書28章19節 ; ルカ福音書24章47節 ; 使徒言行録1章8節 ; ヨハネ福音書20章21節。

7　使徒言行録17章7節。

か。[8]この問いが、1世紀後半また2世紀前半に多くの非キリスト教徒たちによって問われ、冷笑的な糾弾をもって答えられていたことは明らかである。もっと早い時期においてもそれは同様だっただろう。原始キリスト教徒たちは非道徳的な秘密の狂乱行為をしていたと考えられていたのである。秘密の会合を持っていた他のカルトはそのようなことをしていた。キリスト教徒たちは別だと考える理由があろうか。[9]そのような糾弾に対し、初期のキリスト教護教家たちは繰り返し、キリスト教徒たちの集まりに特徴的な実践について強調した。キリスト教徒たちは回心者とその家族に洗礼を執り行い、主の晩餐を祝った。プリニウスが見出したように、彼らは「神に対してするように、キリストへの賛美を歌った。」彼らはユダヤ的、または異教的な祭儀を守らなかった。前者の痕跡は残されているし、後者との類似性も求められるが、(例えば)ユスティノスは、洗礼も主の晩餐もそれら両者の祭儀とははっきり区別されるものだということを明確にしている。[10]ここでポイントとなるのは、2世紀中葉までには洗礼も主の晩餐も極めて新しい形の宗教実践としてキリスト教会の第二の習性となっていたことで、それらについての新たな疑問や理論が生み出されていたということだ。それらはあるキリスト教徒たちがたまに実践するようなものではなく、自明のものとされていた儀式的行為であり、原始キリスト教の世界観を構成する実践の一部だったのである。「十二使徒の遺訓(ディダケー)」の書かれた年代をいつに設定しようとも(それはおそらくハドリアヌス帝の時代、つまり紀元130年代より後ではないだろう)、同様のポイントが浮かび上がってくる。この記者は洗礼と主の晩餐がなされることを前提と

8　このこと全てについて、Meeks 1983, 5章を参照せよ。そこには「マイナーな祭儀」と主要な祭典である洗礼と聖餐式という彼の区別が含まれている。

9　アリステイデス「キリスト教護教論」15, 17; ユスティノス「第一弁明」29, 65-7;「ポリュカルポスの殉教」3.2; タキトゥス「年代記」15.44; テルトゥリアヌス「護教論」4.11, 7.1-8.9, 等々。

10　ユスティノス「第一弁明」61f., 65f.

662　第Ⅳ部　紀元1世紀のキリスト教

していて、そこで用いられる言葉遣いについて言及している。[11] このこと自体が興味深い。共観福音書とパウロ書簡の記述に差異が認められるように、主の晩餐の実践そのものは不動のものであっても、そこで用いられる言葉については差異が許容されていたことが示唆される。[12]

　注目すべきは、キリスト教の実践のこれら二つの基本的な形は、紀元1世紀の50年代には早くも当然のことと見なされていたことである。パウロは洗礼を所与のものとし、そこから神学的帰結を導き出している（ローマ6章3-11節）。パウロは同じように主の晩餐についても描写または暗示することができたし（第1コリント10章15-22節）、コリントの教会が主の晩餐に共に参加するためにいつも集まることを当然のこととし、それをもとに異教の都市での彼らの行動の適・不適を論じることもできた。したがって、主の晩餐の伝承についての共観福音書での記述や、洗礼を授けるようにとの命令が、福音書記者たちによる新たな制度の制定のための創作であると見なすことはできない。

　宣教と聖礼典のどちらもキリスト教徒の生活、つまり礼拝のまさに中心にあることが明らかになった。原始キリスト教徒たちは初めから、ユダヤ人と同じく自分たちが唯一神信仰の徒であることを強調した。しかし、特に新約聖書の原資料の最も古いものだとされるものにおいて、キリスト教徒たちがこの唯一の真の神を礼拝する時に、イエスをもその礼拝の対象としていたことを、私たちは何度も見出すことになる。もちろんこのことは後の教父たちの頭痛の種となった。彼らはこの実践をどうやって合理的に説明するのかに頭を悩ましていた。しかし（時として苦役のような）神学的説明よりも、この実践そのものが、それが最初期のキリスト教の中核的特徴であったことを示している。パウロは、ヘブライ語聖書において異教礼拝との明確な対峙のために用いられた、燃え立つように激烈な一神教的テクストをおそらくは引用し、次のように書いている。そのテクストの中

11　「十二使徒の遺訓」7-10。

12　14章以下を参照せよ。

第 12 章　実践、シンボル、そして問い　　663

で神が占めるべき位置に、イエスが置かれているのである。旧約聖書では、

　　聞け、イスラエルよ。
　　我らの神、主は唯一の主である。[13]

となっているところを、パウロの書簡では、

　　わたしたちにとっては、唯一の神、
　　（父である神がおられ、万物はこの神から出、わたしたちはこの神へ帰
　　って行くのです。）
　　また、唯一の主、
　　（イエス・キリストがおられ、万物はこの主によって存在し、わたした
　　ちもこの主によって存在しているのです。[14]）

　同様の現象は、私たちが証拠として手にする原始キリスト教のほとんど
全てに見られる。[15]
　宣教、聖礼典、そして何にもまして礼拝と並んで、（私たちが呼ぶとこ
ろの）強力で明確な倫理規定が存在していた。パウロの改宗者たちへの倫
理的訴え、「十二使徒の遺訓」における真の生き方についての描写、そし
てユスティノスがアントニウス・ピウス帝に対し、彼がキリスト教徒たち
について公平な調査を行えば、彼らの正しい生き方を見出すだろうと説い
たこと、これらを通じてその倫理規定の痕跡をたどることができる。[16]こ

13　申命記6章4節。

14　1コリント8章6節。この点については、Wright 1991a, 6章を参照。他の
　　例としては、フィリピ2章6-11節；コロサイ1章15-20節（前記の箇所に
　　おいて論じられている）。

15　Bauckham 1980-1; France 1982; Moule 1982 [1962], 26-32。

16　例として、1コリント6章；ローマ12章；「十二使徒の遺訓」1-6; ユステ
　　ィノス「第一弁明」1-5。

664　第Ⅳ部　紀元1世紀のキリスト教

のことがはっきり示唆するのは、キリスト教の第一また第二世代は、それに続く世代の人々に対し、自信をもってこう言うことができただろうということだ。「私たちが異教徒たちとどれほど違う行動をしているのかを見なさい！」と。先に見てきたように、キリスト教徒たちは彼らの幼児を遺棄しなかったし、性的不道徳にふけることもなかった。それ以上に、彼らは政府を転覆しようと試みることはなかった。自殺をしなかった。そして特に、信頼や愛情が家族や友人たちの間に限定されるのが当たり前の社会では驚くべきことに、彼らは文化的な垣根を超えて互いにいたわり合っていたのである。

　　彼らは敵対者たちをなだめ、友とした。彼らは敵に善をなした……彼らは互いに愛し合い、やもめから尊厳を奪うことはしなかった。そして彼らはみなしごを手荒に扱う人の手から彼を救い出した。そして持てる者は持たざる者に、誇ることなく分け与えた。そして寄留者を見れば自宅に招き入れ、真の兄弟として喜んだ。なぜなら彼らを肉による兄弟とは呼ばず、霊によるまた神における兄弟と呼んだからだ。そして彼らの中の貧しい一人が世を去る時にはいつでも、彼らの能力に応じてめいめいが彼の声に耳をそばだて、埋葬まで見送ったのだ……。[17]

　もちろん、これらの主張を無批判に読むべきではない。教会が完全に清らかであったこともそれに値したことも決してなかっただろうし、キリスト教護教家たちが言うように彼らの敵たちが完全に堕落しきっていたのでもなかった。[18]だが、一般的な実践において異教徒とキリスト教徒との間には顕著な違いがあったことには疑いは入れない。実践すべき期待値においてさえ顕著な違いがあったことは驚くべきことだ。あるキリスト教の教師が、彼の会衆が道徳的に果たすべきことをしていないことを嘆いている

17　アリステイデス「キリスト教護教論」15。
18　Lane Fox 1986, 549-60 を参照せよ。

第 12 章　実践、シンボル、そして問い　　665

時でさえ、実践すべきことについての規範意識があり、それに対して人々が従っていないことを嘆いていたのだった。そしてこの期待されていた実践こそが、ここでの私たちの問題なのである。原始キリスト教徒たちは、彼らの行動の細部に至るまで、異邦人の隣人たちとはっきり異なっていなければならないことを当然だと考えていた。

　原始キリスト教徒たちの驚くべき実践の中でも、彼らが行わなかった一つのことに注目すべきだ。当時の世界で知られていたあらゆる他の宗教とは異なり、キリスト教徒たちは動物供犠を行わなかった。もちろん、あるユダヤ人の原始キリスト教徒たちはエルサレムでの献げものの儀式に参加し続けていたし、「ヘブライ人への手紙」は彼らにそうした儀式から離れるよう警告するために書かれたという説も全くあり得なくはない[19]。ある異邦人のキリスト教徒たちは間違いなく異教の神々に捧げられる供犠に参加していて、「コリントの信徒への第一の手紙」の書かれた目的の一部が彼らにそれを止めさせることだったというのもありそうなことだ。しかし、キリスト教徒として、動物供犠を行った者はいなかった。今やナザレのイエスによって知られるようになった神への礼拝には、子牛や子羊の血が求められると考える人はいなかった。この点についての証拠は疑う余地がなく、その重要性は計り知れない。献げものに関する用語は頻繁に用いられたが——これは避けられなかっただろう、なぜなら異教徒とユダヤ人の双方の神礼拝において通常用いられる用語だったから——最古の資料から明らかなのは、キリスト教的礼拝と倫理において、この用語の用法は完全に比喩的なものだったということである[20]。異教の神々と唯一の真の神との

19　献げものへのキリスト教徒の態度については、Meyer 1986, 56 n.6 を参照せよ。Neusner 1989, 290 では、イエスその人の時代から、キリスト教は聖餐式を神殿での献げもののシステムの代用物として見ていたという提題がなされている。もしこれに一抹の真理があるとしたら、私の見るところ、それは誤解の束の下に隠れてしまっている。

20　原則を証明する例外とは、イエスの実際の死を指す際の、献げものに関する用語の使用である。おそらくそこには、異なったレベルでの比喩が機能していたのだろうが。

666　第Ⅳ部　紀元 1 世紀のキリスト教

違いだけでなく、それらの神（々）に相応しい礼拝の仕方の違いも最初から自明とされていた。そしてユダヤ教とキリスト教の礼拝の（類似の中での）違いをも。振り返ってみて、この実行されなかった実践は極めて驚くべきものだ。当時はこのことは傍観者にとってひときわ目立つことだったに違いない。

　もう一つの驚くべきキリスト教実践の特徴とは、苦難や死に対するキリスト教徒たちの通常の態度だった。異教徒たちにも殉教は知られていた。高貴なる自殺がしばしば提唱され、カトやソクラテスの例が称揚された。[21]もちろんユダヤ教にも多くの殉教者がいたし、アリステイデスが「キリスト教護教論」で訴えかけたハドリアヌス帝の下ではその数はさらに増えた。[22]これらのストーリーを語り継ぎ、必要とあらば彼らに倣うようにと訓戒することは、単に英雄を模倣することよりもずっと深い意味合いがあった。ユダヤ教において殉教とは、生ける神が働いておられて、異国の神々を打ち倒されるだろうということを示すしるしだった。原始キリスト教徒たちはすぐに異教徒とユダヤ人の双方の殉教モデルに相当するものを持つことになるが、それはそのいずれをも劇的に再定義するものだった。ここで、倫理に関する場合と同様の発展を見ることになる。第一世代の指導者たちはその追従者たちに苦難に備えるようにと訓戒し、それに続く世代の指導者たちは彼らの会衆が実際に苦難に遭い、キリストを否むよりは

21　紀元前 47 年のプススの戦いの後の小カトの自殺については、Cary 1954 [1935], 406 を見よ。「カトの自殺は不相応なほどの評判を得てほとんど流行にさえなったが、それは彼が心酔していたストア派哲学への賛辞だった。」ソクラテスは法廷で死刑を宣告されたが、彼は明らかに死から逃れることができたにもかかわらずそれを望み、自分自身に致死量の毒を盛ったという事実は、1 世紀の異教徒たちの世界観において、ソクラテスを英雄的存在のみならず、シンボリックな存在へと高めるのに十分だった。例として、エピクテトス「語録」1.29.29 を見よ。

22　ヨセフスは、律法を汚されるよりもむしろ死を選んだ彼の同国人たちについて、熱のこもった言及をしている。例として、「アピオーン」2.232-5。

むしろ喜んで死んだという事実を誇らしげに指し示した[23]。ここでもまた、記録に全く問題がないわけではない。プリニウスはキリストの名を否んだ何人かを知っていた。しかし、少なくともネロの時代以降、多くのキリスト教徒は彼らの信仰のために拷問や死を耐え抜いた。そしてそれより前の時期に、パウロを信じるならば、ユダヤやその他の場所で多くのキリスト教徒たちは、その生き方を捨てるよりはむしろユダヤ人たちの手による苦難に耐えた[24]。この態度はストア派の自殺とは完全に異なると、ユスティノスは論じた[25]。殉教については一家言あったイグナティオスは、彼に続く世代が不健全だと見なすような仕方で死を称揚したと非難され得るとしても、彼の用いた修辞的説得と、例えばエピクテトスのしばしば繰り返される「扉はいつも開いている」というような自殺への誘いとの間には何の接点もない[26]。キリスト教徒の殉教者たちはすぐにシンボリックな重要性を持つようになり、キリスト教護教家たちは殉教の事実を、単に英雄的行為としてではなく、キリスト教徒の主張する真理の強力な証明として訴えることができた。この程度において、苦難を受け入れることや、主を否むより死を選ぶことを原始キリスト教の実践のリストに加えるのは適当だろう。それらはすぐに原始教会において当然のこととして受け入れられるようになり、また異教徒の隣人たちから彼らを際立たせるものとなった。ストア派は生命について明らかに冷笑的だった。キリスト教徒たちは生命が良いものであることを確証したが、それよりもっと偉大な善のためにそれを棄て去る用意があった[27]。同じように、キリストのための殉教は、トー

23　例として、ユスティノス「第二弁明」11f.

24　例として、1 テサロニケ 2 章 13‐16 節；ガラテヤ 1 章 13 節；4 章 29 節；6 章 12 節等々。使徒言行録 13 章 50 節；14 章 19 節等々も参照せよ。

25　「第二弁明」4。

26　イグナティオス「ローマ人へ」4‐8; エピクテトス「語録」1.25.18; 2.6.22; 2.15.6 等々。

27　私は Droge & Tabor 1992 とは非常に異なる見地から語っている。彼らの証拠の読み込みは選択的に過ぎる。例えば彼らはユスティノス「第二弁明」4 を無視しているが、それは彼らが同書から立証しようとしている点（139）と

668　第Ⅳ部　紀元1世紀のキリスト教

ラーのためのユダヤ人の殉教を再定義したものだった。唯一の真の神への同じ忠誠がキリスト教徒の殉教の核心にあったが、そこには民族的または人種的な意味合いはなかった。

　原始キリスト教徒の実践の特徴についてのこの短い記述からいくつかの結論を導き出すのは、もうしばらく待たねばならない。しかし、一つの事柄については既にはっきりしている。キリスト教徒たちの特徴的な行動や活動は、彼らを古代社会における新しいグループとして、最初から他とはっきり区別させるものだったということである。多くの意味で、彼らは「宗教」らしからぬ存在だった。彼らは聖なる場所を持たなかったし、動物供犠も行わなかった。彼らは政治的グループらしからぬ存在でもあった。なぜなら彼らはこの世のものではない王国を希求していたからだ。彼らは唯一の真の神への忠誠という点で異教徒よりもユダヤ人のようであり、異教礼拝に対するユダヤ教の標準的な批判精神を共有していた。しかし彼らはイエスに対して神を表す言語を用い、また人種の違いを全く無視した交わりを持っていたが、そのために彼らは完全に主流のユダヤ教の枠の外に置かれた。それはどんな種類の運動だったのだろうか。原始キリスト教徒の実践についての手短な考察から言えることは、アリステイデスは正しかったということだ。それは新しい種類の運動であり、ギリシャ人、未開人、ユダヤ人と並ぶ新たなカテゴリーを設けることによってのみ、適切に描写できるものだった。それは人間であるということの意味を表現するための新たな道だったのである。[28]

3.　シンボル

　先にいくつかの章で、どのようにユダヤ教のシンボルが実践やストーリ

　　抵触してしまう箇所である。

28　ここで私は Moule 1982 [1962], 3章のいくらか先をいっている。

第 12 章　実践、シンボル、そして問い　　669

ーと緊密な調和を保ちつつ、ユダヤ人の世界観とその変形を維持する役
割を果たしてきたのかを見てきた。これらのシンボル——神殿、トーラー、
土地、そして民族的アイデンティティ——はユダヤ人を近隣の異邦人から
分け隔てていた。異邦人のシンボルには以下の事柄が含まれていた。異教
礼拝のためのきらびやかな装束、神託を恭しく受けること、「カエサルの
テュケー」に香を焚くことなど、神々や英雄たちや皇帝たちの像、ある国
や州についての勝ち誇ったメッセージを伝える硬貨、軍事的な力や偉業へ
の賛歌、大群衆を引き寄せ、大衆文化の代名詞ともなった遊興（剣闘士た
ちの闘い）、等々である。原始キリスト教徒たちのシンボルは、これらの
シンボルとどのように異なっていたのだろうか。

　手短に答えれば、あらゆる意味で異なっている。原始キリスト教徒たち
は神託にお伺いを立てるようなことはしなかった。彼らはカエサルに香を
焚くことを拒否した。彼らは自分たちの神の像を造らなかった。彼らは国
家ではなく、自分たちの硬貨を鋳造せず、また軍事力を組織することもな
かった。もしキリスト教徒たちが剣闘士の見世物に居合わせたとしても、
通常それは見物人という立場でではなかった。[29]

　キリスト教徒たちはユダヤ人の世界観のシンボルを忠実に守ったのでも
なかった。先に見てきたような、彼らの神殿に対する初めの頃の曖昧な態
度は、神殿についての用語を豊かな比喩的言語として用いる方向へと向か
わせた［訳注：エルサレム神殿での祭儀に参加し続けたユダヤ人キリスト
教徒がいた一方で、彼らは自分たちこそが真の神殿であるという信仰を抱
いていたということ］。それによってイエスその人と教会そのものへの彼
らの信念が深められていった。礼拝と献げものの用語についても同じよう
な比喩的転用がなされた。

　同様に、イスラエルを他の国々から分け隔ててきたトーラーは、そのよ
うな役割を終えるように再解釈された。全てはキリストにおいて成就され
た、たとえこの点を強調するために（「バルナバの手紙」のように）釈義

29　テルトゥリアヌス「見世物について」を参照。

670　第Ⅳ部　紀元1世紀のキリスト教

的な工夫がなされたとしても。重要なのは、唯一の神の民の先祖伝来の法典であるトーラーのシンボリックな役割が完全に過ぎ去ったことである。その代りにそこに弁証的な役割が生まれた。トーラー、預言書、そして詩編を注意深く読むことで、神がイスラエルの全ストーリーを通じてキリスト到来の道備えをしていたことが示されるだろう。そのストーリーは、イエスの死と復活においてあるべきクライマックスに達したのだった。原始キリスト教徒によるユダヤの正典の再読は、はっきりした証拠のある最も特徴あるシンボリックな行動の一つだった。[30]

　また、土地は神の民の地理的アイデンティティを示す主要なシンボルではなくなった。そしてこれには明らかな理由があった。新たな共同体がユダヤ人、ギリシャ人、未開人で構成されるなら、一片の土地が他の土地よりも重要性を持つ道理はない。この初期の時期において、キリスト教徒たちが「聖地」を熱心に定義しようとしたり擁護しようとしたという形跡はない。[31]

　特に、神の民が人種と重なり合うというユダヤ的な感覚は過ぎ去った。いわゆる「ユダヤ的キリスト教」の試みは、（かなり後の）偽クレメンスの中に見出せるが、そのトーラーとユダヤ的民族主義の強調をキリスト教の中に復活させようとする動きは、キリスト教の第一、第二世代と目に見えるつながりを持たない明らかに二次的な展開である。[32]他方で、原始キリスト教の正典のいくつかの文書から（一例として、パウロのローマ人への手紙）、また違った意味で2世紀の目立った存在であるマルキオンの著作から、次のことが明らかになる。すなわち、原始教会のある者たちはキ

30　もちろんこれは多くの問題を生じさせる。Moule 1982 [1962]、4章と、例として Hays 1989 を参照せよ。キリスト教徒によるユダヤ人のストーリーの語り直しについては、本書13-14章を見よ。

31　この点において、Meyer 1986, 176（Davies 1974 に追従して）は不正確である。イエスその人というシンボルが、神殿、場所、そして土地に取って代わったのではない。イエスと教会とは共に新しい神殿なのである。世界そのものが新しい土地なのだと私は示唆したい。

32　Hennecke 1965, 532-70; Koester 1982b, 205-7 を参照せよ。

第12章　実践、シンボル、そして問い　671

リスト教を完全に非ユダヤ的な運動にしようと試みたが、それはきっぱり
と拒絶されたことだ。[33]

　このように、原始キリスト教徒たちはユダヤ教と異教礼拝のどちらの標
準的なシンボルにも忠誠を示さなかった。では、それらのシンボルの代わ
りに何を置いたのだろうか。部分的には、その答えはもっと後まで待たね
ばならない。さらにしっかりとした研究に照らしてのみ、どのシンボルが
どれに「置き換えられたのか」、またどんな意味でそうなのかを詳細に語
ることができる。しかし、ここでも言えることがある。既に殉教者ユス
ティノスの時代には、ある一つのシンボルが原始キリスト教と強く関連付け
られていたので、ユスティノスはそれについて激しい護教的な議論をぶつ
ことができた。彼は、全てのキリスト教徒がそのシンボルに暗黙の忠誠を
誓っていると示唆した。その問題のシンボルとは十字架である。

　　これ［十字架］は彼の［キリストの］力と支配の最も偉大なシンボルで
　　ある。それは私たちの観察する事柄によって証明されているのである。
　　この世界の全ての物事を考えてみるがよい、この十字架の形なしに、そ
　　れらが運営できるのか、また何らかの共同体を結成することができる
　　のかを。なぜなら舟にしっかりと据えられた帆と呼ばれるこの柱なしに、
　　海を渡ることはできないからだ。そして大地はこの形なしには耕すこと
　　ができない。鉱夫たちや職人たちはこの形をした道具なしに仕事をする
　　ことができない。そして人間の形が理性のない動物たちと異なっている
　　のは、それが直立して両手を伸ばした形においてなのである……[34]

33　萌芽的なマルキオン主義に対するパウロの拒絶については、一例として
　　ローマ11章11節以降を参照。マルキオンは、特にエイレナイオスとテルト
　　ゥリアヌスによって反駁されたが、彼については Harnack 1924 が未だに標準
　　的な研究書となっている。マルキオンに好意的な記述として、Koester 1982b,
　　328-34。
34　ユスティノス「第一弁明」55. ミヌキウス・フェリクス「オクタウィウス」
　　29.6-8。ミヌキウス・フェリクスがこの節で、またテルトゥリアヌスが「護
　　教論」16.6-8で、十字架を礼拝しているという非難からキリスト教徒たちを

672　第Ⅳ部　紀元1世紀のキリスト教

　ユスティノスが明らかに行き過ぎた主張をしているという事実は、黎明
期のキリスト教においてシンボルとしての十字架が占めていた位置をまさ
に示している。二千年もの「キリスト教の」世紀を経験してきた私たちに
とって十字架がシンボルであるのが当然に思えるならば、十字架刑はロー
マ世界では日常的なものであったにもかかわらず上流社会では口にするの
もはばかられるほどおぞましいものだったことを思い起こすべきだろう。
「十字架がおぞましく、嫌悪の念を催されるものだったということはロー
マ社会では衆目の一致することだった[35]。」ユスティノス自身、十字架に
つけられた男を礼拝することはただちに狂気の疑いを呼び起こすことを知
っていた[36]。十字架の使信を「愚かなもの」と見たのはパウロだけではな
かったのである（第1コリント1章18節）。何世代ものキリスト教徒たち
はそのような非難に繰り返し直面してきた。それでも、重要な例外はある
が[37]、彼らはこのストーリーを受け入れやすいものにしようとはしなかっ
た。むしろ彼らはその逆説的な真理を、それによって世界が救われるもの
として理解したのだった。短い期間の内に、十字架はキリスト教の中心的
なシンボルになった。それは描きやすく、忘れがたく、イエス自身を指し
示し、また彼に従う者たちにとっては幾重もの意味のあるものだった。

　この中心的なシンボルと並んで、他のシンボルも浮かび上がってきた。
十字架よりは目立たないが、同じように強力なものだ。原始キリスト教の
宣教は、実践の主要な側面というだけではなかった。それには高いシンボ
リックな価値があった。なぜならイエスが全世界の主として王座に就き、
全ての人から忠誠を求めているという前提に立ってのみ、彼らの世界宣教

　擁護する必要があったという事実は、十字架が既に主要なシンボルとして知
　られていたことを示している。

35　Hengel 1977, 37。同書はこの主題についての必読書である。

36　「第一弁明」13。イグナティオス「エフェソ人へ」18:1。

37　「Q資料」には、「トマス福音書」のように、その神学において十字架の占
　める位置はないということがしばしば示唆される。14章以下を参照。

第12章 実践、シンボル、そして問い　673

は意味をなすものだったからだ。全世界への宣教そのものが、ユダヤ人の
シンボリックな世界の中で土地が占めていたものに取って代わったように
見える。教会が様々な地方に存在したことは、単に同好の士の集いにとっ
て便利だったということではなく、それ自体が強力なシンボルとなった。
この家族の一員となることは、創造主なる神によって生み出された新しい
人類の家族の一員となることであり、それはあらゆる人種や民族を超越し
たものだった。人種、階級、性別といった伝統的な線引きを超越している
というまさにその点で教会そのものが、イスラエルのシンボリックな世界
の中でユダヤ人の民族的アイデンティティが占めていたものに取って代わ
ったように見える。新約聖書や、「十二使徒の遺訓」と使徒教父文書の両
方において様々な形で示される個人の行動規範は、トーラーの持つシンボ
リックな地位に少なくとも取って代わっている。ある特定の人種や民族を
他から分離する行動規範の代わりに、原始キリスト教徒たちは様々な方法
で、全ての民族からなる真の人類に相応しい行動規範を表明したのだ。

　最後に、ユダヤ教の地理的、神学的中心である神殿の代わりに、原始キ
リスト教徒たちは創造主である生ける神の現存を体現した方としてイエス
を語り、そしてその神が原始教会の生活と集まりに現存し続けることを可
能にする方として神の霊を語った。彼らはすぐにこのシンボルの転移が、
「神」という言葉自体の意味を新たな仕方で明確に述べるよう彼らに促し
ていることを理解した。このことは、第1コリント8章4-6節や15章1
-8節のような初期の信条を、創造主であり贖い主である神をストーリー
の観点から、それもユダヤのストーリーの観点から語る本格的な信条にま
で発展させるよう、彼らを駆り立てた。イエスによって達成され、聖霊を
通じて適用された創造と贖いである。この文脈の中で、ユダヤの神殿のイ
メージが、イエスとそして教会とに転移されたのをただちに理解できる[38]。

　またこの文脈で、信条のラテン名がまさにシンボルムであるのも偶然で

38　1コリント3章16節以降；6章19節；ローマ8章9節を参照；イグナティ
　　オス「エフェソ人へ」9:2; 15:3;「マグネシア人への書簡」7.2。

674　第IV部　紀元1世紀のキリスト教

はない。初期の信条と、部分的にその下地になったバプテスマにおける告白は、もの見高いインテリを満足させるための抽象的な神学化の断片などではなく、彼らの信じる神という観点からこの共同体を他から区別させるバッジとして機能したシンボルなのである[39]。初めから、キリスト教の信条は「定義を求める共同体」としての「知解を求める信仰」であるよりは、真の神について信じられていることをその中に見出すためのものだった。それゆえ、今やイエスと聖霊を通じて知られるようになった神への信仰の声明は、原始キリスト教のシンボリックな世界では、ユダヤ教の中でトーラーというバッジ（割礼、コシャーと呼ばれる食事規定、安息日）が占めていた位置に取って代わることになった。このプロセスは、現存する最古の原始キリスト教の文書の中に見ることができる[40]。

　そして、キリスト教「神学」は信仰、礼拝、洗礼と聖餐という文脈の中で生まれ、また養われ、そしてこの神を礼拝する共同体を、他の神々を礼拝する共同体から区別する必要が生じた際に言い表されるようになった。もし誰もが神々について、あるいは彼らの特定の神について合意しているならば、神学は必要ない。キリスト教以前のユダヤ教で、これに最も近いケースがあるならば知恵文学の記者による異教礼拝に向けられた論駁だろう。しかし、原始キリスト教の場合のように、神の問題が協議事項の中心に上がってくる時、神学に向かわざるを得なくなるのだ。その神学とは形而上学よりも宣教に関係する営みであり、また思索よりも苦難に関わるものである。発展するキリスト教の中での神学の位置と地位は、初めから確固としたものだった。それは抽象的な哲学や気まぐれな学究活動ではなく、教会の内的な命の一部だったのである[41]。

39　Kelly 1971 [1950], 52-61 を参照。部分的に4世紀の学者ルフィヌスによってなされた説明に倣っている。

40　例として、1コリント8章6節だが、これはキリスト教徒を異教徒からもユダヤ人からも区別させるものだ。Meeks 1983, 165-70; Wright 1991a, 6章。その帰結としての義認の神学については、15章以下を参照。

41　これはピーターセンの関連する問いへの答えを示唆するかもしれない。そ

第 12 章　実践、シンボル、そして問い　675

このシンボルのリストに、もう一つの特徴を加えなければならない。先に見たように、非常に早い時期にキリスト教には殉教者が出た。彼らは単に英雄として崇められたのではない。彼らの存在そのものがすぐにシンボルとしての地位を獲得し、十字架という中心的なシンボルの観点から解釈された。これはユダヤ教のマカバイの場合のように、自らを死よりも強い命の証人と見る運動なのであった。

4.　問　い

原始キリスト教のシンボルの簡単な考察は、特に原始キリスト教美術を考えることで、さらに充実したものになるだろう。しかし、その世界観の全く新しい輪郭を示すにはこれで十分である。そして実践とシンボルとを終えた後に、暗黙の世界観の問いについて考えれば、その世界観はより明確なものとなる。それらの問いに対し、彼らは非常に明確な答えを提供している。世界のただ中でこのように行動することを当然だと考える人々は、そしてこれらのシンボルというレンズを通じて世界を見る人々は、彼ら自身と世界についてある事柄をはっきり信じているのである。これらの事柄は、主な問いへの明確な答えを示唆している。[42]

私たちは誰なのか。私たちは新しいグループで、新しい運動だが、それでも新しくはない。なぜなら私たちはアブラハム、イサク、ヤコブの神、世界の創造主の真の民だからだ。私たちは、創造主なる神がイスラエルを

───

の問いとは、パウロは最初の「神学者」だったのかどうかというものだ──なぜなら、「彼の時代には『神学者』という社会的に認知された役割は存在していなかったからだ」（Petersen 1985, 201 と n.4）。パウロが実際に最初の神学者であろうとなかろうと、キリスト教をすぐに特徴づけるようになる類の「神学」と、それがこの運動に占めていた位置は、原始キリスト教のシンボリックな世界の内在論理から生まれたものであるように思われる。ユスティノスやテルトゥリアヌスのような護教的な作品がはっきり示しているように。

42　本書 5 章、特に 228-234 を見よ。

取り扱うことを通じて道備えをした民である。この意味において、私たちはイスラエルのようである。私たちはきっぱりと唯一神を信じており、異邦人のような多神教信者ではない。私たちはイスラエルの伝統への忠実さによって異教世界から分け隔てられるが、十字架につけられたイエスと聖霊、そして伝統的なユダヤ人と異邦人との境界線を超越した交わりによって、ユダヤ人世界とは区別される。

　私たちはどこにいるのか。私たちは礼拝を献げる神によって創造された世界に生きており、その世界はこの真の唯一の神を認識し損なっている。私たちは、真の神のパロディに過ぎない偶像を礼拝し、それゆえ実相を垣間見ながらもそれを歪め続ける隣人たちに取り囲まれている。人類全般は彼らの神々の虜となっていて、それらの神々は人々を堕落させ、人間性を奪うような様々な行動へと駆り立てている。その結果、私たちは迫害されている。なぜなら私たちは権力構造の中にある人々に、彼らがかすかに知っていることを思い起こさせるからだ。つまり、彼らとは異なる人間としての在り方に気づかされ、そして神の御子であるイエスについての神の使信によって、彼らの絶対権力への主張には疑問が投げかけられてしまうからである。

　何が問題なのか。偶像礼拝の力は未だに世界を支配しており、時々教会の中にさえその力を及ぼしている[43]。迫害は外部から起こり、異端や分裂は内部から生じる。これらの悪は、時には超自然的な活動、「サタン」やその他の悪魔の仕業に帰せられる。キリスト教徒個人の内面においてでさえ、制止されるべき活動中の力が残されている。肉欲は打ち消されるべきで、党派心を抱く者は謙遜を学ぶべきだ。

　その解決策とはどんなものか。イスラエルの希望は実現された。真の神は異教の神々を打ち破り、新たな民を創造し、彼らを通じて世界を悪から救い出すべく決定的な行動を起こされた。神はこのことを、真の王であり

43　「何が問題なのか」に対する主な原始キリスト教の答えにおいて、ユダヤ教に関しては、ユダヤ人たちが教会を迫害していること以外は何もなかっただろうということは注記しておいたほうが良いだろう。

第12章　実践、シンボル、そして問い　677

イスラエルのメシアであるイエスを通じてなされた。特にその死と復活を
通じて。この勝利を完遂していくプロセスは、その民の中でご自身の霊を
通じて働き続けられる同じ神によってなされるが、それはまだ完成してい
ない。ある日、王は世界を裁くために戻られるだろう、そして現在の世界
秩序における王国とは次元の異なる王国を打ち立てられるだろう。このこ
とが起きる時、キリスト教徒として死んだ者たちは、新たな肉体の生へと
よみがえるだろう。現在のもろもろの力はイエスを主だと認めざるを得な
くなるだろう、そして正義と平和がついに勝利を収めるだろう。[44]

　私たちはここで立ち止まって吟味すべきだ。1世紀とその時代のキリス
ト教会を再現するための指標として、全ての歴史家が真剣に受け止めるべ
き定まったポイントを列挙してみた。これらの定まったポイントと並ん
で、この時間軸の中で特定の時期を反映している著作があることも見て
きた。50年代のパウロの著作、おおよそ110-20年頃のイグナティオスの
著作、120年から160年の間のアリステイデスとユスティノスの著作であ
る。事実上これらの著作に完全に依拠して、正典またはそれ以外の他の文
学を組み入れるのを拒否するならば、原始キリスト教の（少なくとも一つ
の）実質的なスケッチを描き終えたことになる。それは実践と、シンボル
と、重要な世界観的な問いに対する暗黙の答えの中に見られるものだ。今
や世界観を構成する四要素の中の、第四のものに目を向ける時だ。原始キ
リスト教徒たちはどのようなストーリーを語ったのだろうか。彼らはどの
ように世界観を表明したのだろうか。そうする中で、どのような他のスト
ーリーを覆そうとしたのだろうか。

44　将来の裁きと救いへのこのような信仰は、キリスト教第一世紀を通じて記
　者たちによって抱かれていて、このことが第一世代の終わりに起きなかった
　ことでそれが疑問視されるようなことは特になかった。15章を見よ。

第13章　原始キリスト教のストーリー（1）

1. 序　論

　実践もシンボルも世界観について多くのことを語るが、ストーリーほどそれを明らかにしてくれるものはない。原始キリスト教徒たちはどんなストーリーを語り、それらのストーリーはこれまで描いてきた世界観とどのように合致するのだろうか。これはとても大きな問題で、それを論じるためには数冊の本が必要になるほどだ。私たちは丸ごと2章をこのテーマのために費やす必要がある。この章では、新約聖書の表面に浮かび上がってくるいくつかの大きなストーリーを吟味せねばならない。次の章ではその水面下にあるものを探り、大きなストーリーの大部分を構成する小さなストーリー［訳注：福音書の中の個々の逸話］を発見していく。この順番を逆にして、時間的により早い時期に書かれた小さなストーリーの研究から先に始めたい誘惑にかられる。しかしこの誘惑には逆らうべきだ。なぜならよく知られているものから始めて、あまり知られていないものへと探求を進めていくほうがはるかに望ましいからだ。ルカ福音書と使徒言行録、マタイ、マルコ、そしてヨハネ福音書、さらにいえばパウロ書簡のような他の文書にも、はっきりした物語構造があることを示すことができる。これらの文書はそのままの形で読むことができる。だが、私たちはQ資料と呼ばれるものを手にしていない。福音伝承の大部分を構成する、ストーリーのひな形とされるものについてはなおのことである。

　この章と次章とは、本書の、そして本書そのものが導入となるさらに大きなプロジェクトの全体的な議論の中で二重の意味で重要な役割を果たす

第13章　原始キリスト教のストーリー（1）　679

ことになる。第一に、この二つの章は原始キリスト教徒たちの世界観の内幕に分け入っていくという課題を遂行するために決定的に重要である。キリスト教の最初の百年間において上記の文書群が登場したという事実そのものが、彼らの抱いていた世界観について非常に多くのことを私たちに語りかけてくる。第二に、新約聖書に含まれる大小のストーリーが私たちの持つほとんど唯一のイエスの生涯についての資料であることをしっかり認識する必要がある。本書の役割の一部はイエスについて扱う次巻の道備えをすることなので、原始キリスト教徒の世界観を明らかにするこれらのストーリーの性質を理解することは必須の課題である。原始キリスト教徒らはこうしたストーリーを何度も語り直し、語り伝え、ついには書き記した。同時に、これらのストーリーは鑑識眼を持つ歴史家にイエス自身についての不可欠な情報を提供してくれる。歴史家の仕事は世界観を明らかにすることを通じてなされる。この章で、新約聖書の中に含まれるいくつかの大きなストーリーを考察した後に、現存する、または仮想上の資料を考察せねばならない。こうした資料は、本章で再構築される新約聖書の大きなストーリーの構成部分だと考えられてきたものだが、大きなストーリーに劣らぬ重要性を持つと見なされている。

　先の二つの章では、原始キリスト教について、いくつかの定まったポイントを提示した。以下の二つの章では、別の定まったポイントに私たちの目を向けさせる。それは先に示したポイントと並べられるべきものである。その別のポイントとは、原始キリスト教徒たちがストーリーの語り手だったということだ。古代世界には、ストーリーを原始キリスト教ほどには重視しない哲学が数多く存在していた（それらとて現代の物語学研究家によって丹念に研究されるに値するのは間違いないが）。例えばストア派の文献は遥かに多くの格言や孤立した付随的感想で構成され、ごくたまに短いストーリーが登場するに過ぎない。それらは逸話か寓話であり、例証のために用いられている。私は本章と次の章を通じて、原始キリスト教徒に

1　エピクテトスが明らかな例である。

680 第IV部 紀元1世紀のキリスト教

とってストーリーとは彼らの存在そのものの不可欠な一部分であり、また彼らの行動の本質的な要素だったことを論じていく。彼らの初期の文書の中には異教徒たちの金言集と比較できるようなものもあるものの、圧倒的に物語が多いという印象を受ける。

　本章では、原始キリスト教徒による各文書全体を構成する長いストーリーを扱う。それぞれのケースについての二次文献は膨大かつ扱いにくいもので、論争的なアジェンダや巨大な議論に溢れている。それらはあたかも濃い霧の中を進む船同士のように、互いの存在にほとんど気がついていないかのようだ。その議論の中身や方向性についてはなおのことである。私たちはここで、あらゆる歴史的な知識に付きものの循環論法の問題に直面する。私たちはイエスについて何事かを見出すために、原始キリスト教徒たちのストーリーそのものを研究する必要がある。しかし、イエスについて何事かを仮定する場合にのみ、それらのストーリーを十分に深く研究することができる。したがって、この時点で提示できるのは予備的な解釈である。よりしっかりした解釈は、このプロジェクトの中で、後に行うことになる。

　それでは、何から始めるべきだろうか。原始キリスト教の文献の中で、最も特筆すべきはルカの著作である。ルカ福音書と使徒言行録が同じ記者の手によるものだということはほとんど全ての研究者によって認められているが、それらは新約聖書全体の約五分の二を占め、パウロ書簡全体よりも多い。原始キリスト教文献の中で量においてルカの記事に匹敵するのは「ヘルマスの牧者」のみだが、この黙想や幻を集めた作品と、ルカ福音

2　本書（前巻）2、4章を参照。

3　もしこれが疑わしいのなら、Bultmann 1968 [1921] の何ページかをめくってみればよい。そこでは、イエスの宣教において何が起こり、何が起こらなかったのかという想定が原始教会についての仮説を構築する基礎になっている。

4　本巻を通じて、私は福音書記者のアイデンティティについていかなる仮定もせず、伝統的な名称を用いる。この件については他の機会に論じることにする。

第13章　原始キリスト教のストーリー（1）　681

書と使徒言行録とを並べて論じるのはいささか向こう見ずである。加え
て私たちはストーリーについて考察しているので、一つあるいは二つのス
トーリーをはっきり語ろうとしている記者から始めるのは道理にかなって
いるだろう。

　これらの書について、ヨセフスと共に多くの紙面を割くことになる。ル
カとヨセフスとはほぼ同時代人であるし、両人ともローマで、ほぼ同時期
に執筆していた可能性がある。両者には明らかな違いがあるが、二人には
語るべき類似した話があった。文学ジャンルのような抽象的な議論に入る
前に、二人の作品を並べてみて、そこから何を学べるのかを考えるのは有
益だろう。

2.　ルカ福音書／使徒言行録のストーリー

（ⅰ）奇妙な比較？

　ルカはしばしばヨセフスと比較されてきた。ほとんどの場合、こうし
た対比は言葉遣いや細かな内容についてなされ、より大きな全体像につい
ての比較ではなかった。しかし彼らの作品全体を考慮すれば、それらを比
較すべき少なくとも四つの理由が見えてくる。

　a. ヨセフスは二つの大著において、イスラエルのストーリーが決定的
な瞬間に達したことを語っている。「ユダヤ戦記」においては、それ以前
の歴史を駆け足でたどり、すぐにローマとの戦争へ向かっていく時代に焦

5　Hubbard 1979; Schreckenberg 1980（完全な参考文献と共に）；Downing 1980a,
　　1980b, 1982; そして Hemer 1989, 63-100, 371-3 の議論を参照せよ。基本的な
　　研究として、Krenkel 1984; Schlatter 1960 [1931], 562-658 がある。私はバーバ
　　ラ・シェラード氏のこの主題についての有益な議論に感謝したい。

6　Downing 1980a, 1980b がヨセフスとルカ全体とを比較しているのは建設的で
　　あるが、彼は主に彼らの編集手法に目を注いでいる。私の示唆は、いくらか
　　並行的なものだ。

682 第IV部 紀元1世紀のキリスト教

点を合わせている。そして戦争そのものについて十分に、また極めて詳細に描いている。言ってみればヨセフスは、拡大版序章つきの受難（つまり戦争）物語を書いているのだ。誰かがヨセフスに、なぜそうしたのかと尋ねれば、そこには明確な理由があった。ヨセフスは、（戦争を起こしたにもかかわらず）ユダヤ人たちを反逆の民ではなく、平和の民として描くことを願っていた。ヨセフスはイスラエルのそれ以前の歴史についても関心があったのだろうかと訝る人がいるならば、それらの時代への関心は、彼の後の作品である「ユダヤ古代誌」の中に見ることができる。しかし、この書ではイスラエルの先史に十分な紙面が割かれているものの、やはり彼の関心は、何が大いなる戦争へと向かわしめたのかという問いにあった。先の時代の惨事は、ヨセフスが生きた時代の悲劇への道備えをするものだった。そしてこの時代の出来事こそ、イスラエルの歴史が本当は何であるのかを示しているかのようだった。

　ルカ福音書は、「ユダヤ古代誌」よりも「ユダヤ戦記」と並行関係にある。この福音書は、自らが語るイエスのストーリーをイスラエルの長い歴史の中に入れ込もうとする。初めの二つの章はイスラエルの歴史がしっかりと頭に入っている人だけが理解できるもので、その歴史は旧約聖書のギリシャ語訳の一つによって知られていたものだろう。［訳注：「七十人訳聖書」という言葉は学界では使われなくなってきており、Old Greek という用語が好まれている。1世紀においては複数の旧約聖書のギリシャ語訳が存在していたと考えられているからだ。］ルカのストーリーそのものが、もっと大きなストーリーを繰り返し思い起こさせる。そしてルカの語るイエスのストーリーは、そのもっと大きなストーリーのクライマックスなのである。次の言い回しは言い古されていて、またそれほど正確でもないのだが、マタイやヨセフスと同様に、ルカは長い序曲付きの受難物語を書いたと言われている。その物語は、クライマックス的な出来事そのものによって読者が納得できるような内容なのである。ルカは「ユダヤ古代誌」

7　各福音書の異なる題材に割かれたスペースの割合に関する議論については、

第13章　原始キリスト教のストーリー（1）　　683

に相当するようなものは書かなかった。だが、もしルカがそう望んだなら
ば、そうできただろうということは彼自身が明らかにしている。記憶に新
しいイエスの出来事は、イスラエルの全ストーリーがそこへと向かってい
った結末なのだと、ルカは語っている。[8]

　ヨセフスのストーリーがエルサレムの崩壊に焦点を合わせているよう
に、ルカのストーリーはイエスの死に焦点を合わせていて、そこには密接
な並行関係が見られる。だが、ルカもまたエルサレムの崩壊を意識してい
る（預言としてか、あるいは過去の出来事としてかはここでは論じない）。
「あなたがたも悔い改めなければ、皆同じように滅びる。」この言葉はルカ
福音書におけるイエスの言葉だが（13章3、5節）、ヨセフスの言葉とし
ても容易に理解できてしまう。ヨセフスはユダヤ人暴徒たちに、自分の言
うことを信じて武器を下ろし、先祖からの伝承への別の形の忠誠を受け入
れるようにと迫った。[9]この意味で、ルカの物語にはヨセフスの一つのク
ライマックスに対して二重のクライマックス（イエスの死とエルサレムの
陥落）があり、それがポイントの一部であるように思われる。エルサレム
神殿の破壊はルカの物語世界では未来の出来事として見られているが、そ
れとイエスの死との間には密接な並行関係があるのだ。この点でのルカと
ヨセフスとの違いは、ルカが示そうとする神学的ポイントを理解するため
の強力な鍵となる。

　b. ヨセフスは、イスラエルの歴史は奇妙で暗く予想もしなかった結末
を迎えたと主張する。イスラエルの神はローマに行ってしまわれたのだ
と。[10]その歴史を通じてイスラエルを見つめ続けてきた神は、イスラエル
の犯した罪のゆえに、とうとうイスラエルを見捨ててしまった──神殿を
荒れ廃れたままにして。創造主であるこの神は、代わりにローマを世界の
主権者の地位にまで昇らせた。闘志に溢れたユダヤ人たちは、聖書の中

　Burridge 1992, 201f. 参照。

8　特にルカ福音書24章26節以下。44節を参照せよ。

9　「自伝」110, 他。

10　「ユダヤ戦記」2.390; 5.362-74, 376-8, 412, 他。

684 第Ⅳ部 紀元1世紀のキリスト教

にユダヤの地から世界の支配者が現れるという預言を見て取った[11]。だが、ヨセフスによれば、これらの預言はウェスパシアヌスを指していた。彼が自らの軍団によって皇帝として歓呼の中で迎えられた時、彼はユダヤの地にいた。そしてそこから帝位を主張すべくローマに赴いたのだった。ヨセフスは後にこの帝国の庇護を受けることになった[12]。

ルカは、これらのダニエル書の預言全てについて知っていて、それらを自らの目的のために用いた。私は、使徒言行録1章のイエス昇天のストーリーがその多くをダニエル書7章に負っているというのは大いにあり得ることだと考えている。イエスは天の雲の上にまで高められ、「日の老いたる者」の前に進み出た。その結果、イエスは神の王国と、世界の支配権を受けた。そのことはイスラエルが待ち望んでいたものだが、今や彼らの期待とは異なる姿で現れたのだ。使徒言行録1章6-9節での弟子たちの問いとイエスの答えとは、ヨセフスの場合のように、旧約聖書の預言の異なる理解の仕方を示している。初めに問いがなされるが、それはユダヤ人の一般的な期待を反映したものだった。

さて、使徒たちは集まって、「主よ、イスラエルのために国を建て直してくださるのは、この時ですか」と尋ねた。

イエスはこの希望を追認したが、解釈を変更した。

イエスは言われた。「父が御自分の権威をもってお定めになった時や時期は、あなたがたの知るところではない。あなたがたの上に聖霊が降ると、あなたがたは力を受ける。そして、エルサレムばかりでなく、ユダヤとサマリアの全土で、また、地の果てに至るまで、わたしの証人とな

---

11 本書10章で論じたように、ヨセフスはこの預言について、ほぼ間違いなくダニエル書2, 7, 9章を指していたのだろう（本章上巻、551ページ以下参照）。

12 例として、「ユダヤ戦記」3.399-408参照。

第 13 章　原始キリスト教のストーリー（1）　　685

る。」

　これはすぐにダニエル 7 章で約束された王国と結びつけられる。なぜなら次の節でイエスは、義と認められて王国を受け継ぐ「人の子」を指す言葉で描かれているからだ。

　　こう話し終わると、イエスは彼らが見ているうちに天に上げられたが、雲に覆われて彼らの目から見えなくなった。

　イエスはユダヤで主として高く挙げられた。それはローマでもそのように宣言されるためだった。ルカの物語は、この宣言、つまりウェスパシアヌスではなく「別の王」（使徒 17 章 7 節）についての宣言が、苦難、奮闘、論争、そして災難を通じて（先のウェスパシアヌスの場合のように）帝都ローマへと伝えられていく様子を語っている。

　　パウロは、自費で借りた家に丸二年間住んで、訪問する者はだれかれとなく歓迎し、全く自由に何の妨げもなく、神の国を宣べ伝え、主イエス・キリストについて教え続けた。[13]

　この短い結びの声明の全ての言葉が重要である。パウロはローマで（多少なりとも）自由な身であり、[14]福音を自由に宣べ伝えていた。そして福音とはイスラエルの神の王国についての知らせ、つまりこの神の他に王はいないという使信だった。より正確に言えば、このユダヤ的な使信は、今やメシアであるイエスについての知らせとして具現化したのであり、このメシアをパウロはキュリオス、主として宣べ伝えているのだ。そしてこの転覆的な使信は大胆に、妨げられることなく宣べ伝えられることができた。

13　使徒 28 章 30-1 節。
14　使徒 28 章 16 節を 28 章 30 節以下と比較せよ。

686　第Ⅳ部　紀元1世紀のキリスト教

ルカにとっては、キリスト教がユダヤ教の伝統的な役割を受け継いでいる
かのようだ。ユダヤ教の役割とは、異教の偶像礼拝に対する神の批判を伝
えることである。とうとうユダヤ人は、ガリラヤの山々に隠れ潜むのでは
なく、ローマで堂々と暮らすようになった。そしてイスラエルの神がイエ
スにおいて、またイエスを通じて、世界の唯一の王となったことをローマ
の人々に宣言するようになった。これが、使徒1章16節で弟子たちがイ
エスに尋ねた問いへのルカの完全な答えである。イスラエルの神は、民の
ためにその王国を建て直された。

　使徒言行録の最終章の物語の姿も極めて示唆に富んでいる。それをルカ
福音書と比較すると、緊密な並行関係が明らかになる。パウロはイエスの
ように長い旅を続け、ユダヤ人とローマ人の両方から裁かれるという結末
を迎える。しかし、イエスの十字架に対応するのはパウロ自身の死ではな
い。ルカには、パウロを世界の罪のために死ぬ第二の贖い主に仕立てよう
という意図はない。福音書の十字架物語は、使徒の働きでは嵐と難破の話
の中に共鳴している。パウロとその一行が無事にローマに到着するという
復活物語は、イスラエルの神による、自由で何の妨げもない王国の布告へ
とつながっていく。そしてその神は、今や復活の主イエスによって現わさ
れたのである。[15] イエスの福音は、イエス自身が行ったのと同じ手段によ
って前進していく。十字架と復活は、それらを証しする教会の命の中に刻
み込まれている。しかし、教会の働きはイエスの働きから生じるのであり、
単なる並行関係ではない。

　使徒の働きのルカの枠組みは、ヨセフスのそれと類似している。どちら
の場合も、作者はこれが聖書預言の正しい理解だと主張している。[16] どち
らの場合も、新たなストーリーは古いストーリーを劇的に覆すものだ。ヨ
セフスもルカも、ストーリーの結末が戦闘的なユダヤ人たちの期待に沿う

15　ルカ福音書24章と、使徒28章の緊密な関係を参照せよ。例として、ルカ
　　24章26節、44節と使徒28章23節；またルカ24章47節と使徒28章28節。
16　使徒28章23-8節；「ユダヤ戦記」6.312-15を参照せよ。

ような成就となるようには示唆しない。[17]どちらの場合も、エルサレムからローマへと向かう王の行進をイスラエルの神が率いている。ウェスパシアヌス、そしてイエスは、初めにユダヤで、次いでローマで王であると宣言される。どちらの場合も、エルサレムは廃墟として捨て去られる、反逆的な反王国として。

c. ヨセフスは一貫してローマを、特にその高官たちを好意的に描いた。確かにユダヤ戦争勃発前の代官たちにはヨセフスは辛らつな言葉を投げつけたが、それは造作もないことだった。問題の人物たちは、たとえ存命中だったとしてもウェスパシアヌスやティトゥス治世下のローマで何の影響力も持っていなかったからだ。[18]しかしウェスパシアヌスやティトゥスについては、ヨセフスは良いことしか言わなかった。ヨセフスは、ウェスパシアヌスがダニエルによって預言されていたまさにその人だと宣言した。彼の息子であり後継者であるティトゥスからは悪徳や悪意は除かれた。彼は単に愚かなユダヤ人の謀反人たちに強いられたことをやったまでだ。特に、彼にはエルサレム神殿に火をつけたことの責任はなかった。[19]これらの細かな点はもちろん氷山の一角である。ヨセフスはウェスパシアヌスとティトゥスに献呈する意図で「ユダヤ戦記」を書いた。[20]この作品全体が、フラヴィウス王朝の目にユダヤ民族を好意的に示そうとして練られたもので、この大いなる破滅を、広範で長きにわたる民族的待望によるものではなく、愚かな謀反人のためにもたらされたということを説明しようとしたものだった。同時にこれは、ローマや他の場所にいるユダヤ人たちに対し、

17　ある人々は、ルカ21章24節や使徒1章7節の中に、その先のもっとユダヤ的な成就があるというヒントを見て取る。それについてはヨセフスは語らないのだが。例として、「ユダヤ古代誌」10.206-9、263以下を見よ。上巻536、552ページ以下を参照せよ。

18　一例として、彼のゲッシウス・フロルスの記述を見よ。「ユダヤ古代誌」20.252-8。

19　「ユダヤ戦記」5.97（追従を否定している！）; 5.319, 360f.; 6.236-66; 6.324を参照。

20　「アピオーン」1.51。

688　第Ⅳ部　紀元1世紀のキリスト教

ローマのことを好意的に描こうと意図したものだというのもありそうなことだ。ユダヤ人たちはローマ政府と折り合いを付けねばならないと、ヨセフスは信じていた。ヨセフスのような貴族たちはずっと前からそれを心得ていたのだが、今や他のユダヤ人たちもそれを学ぶべき時なのである。

　ルカがこの二重の作品を書いた動機は複雑だが、それらの動機には似たような弁明的な方策が、それも両方面への弁明が含まれていた可能性が極めて高い[21]。もしルカが、ローマ当局に対して原始キリスト教を弁明しようとしてこの仕事に着手したのだとしたら、ルカ／使徒のような作品をどうしても書き上げなければならない必要はなかっただろう。もしそうなら、そこにはあまりにも多くの不必要だと思われるような題材があるからだ。ルカ／使徒を、アリステイデス、ユスティノス、またその他の2世紀の護教家たちの作品と比較すれば、大きな違いがあるのは明らかだ[22]。同様に、ルカがキリスト教徒の読者たちにローマ当局を信頼するように説得しようとしたという仮説は、ルカ／使徒についての十分な説明を提示することができない。しかし、これら二つのいくらか狭い「弁明」的な見方から一歩下がってみれば、その両方が結び合わさるような、より大きな全体像が浮かび上がってくるだろう。

　福音書の書かれた年代がいつであるにせよ、ルカはこれを、ユダヤ教が長い間ローマによって特異なものと見なされてきたという背景の下で執筆していた。ローマからすれば、ユダヤ人たちは反社会的な無神論者たちだった。しかし、彼らはユダヤ人だからという理由でローマから迫害されることはなかった。彼らは公認された宗教というステイタスを与えられてい

21　この議論については、例として Maddox 1982; Walasky 1983; Houlden 1984; Evans 1990, 104-11 と他の参考文献を見よ。

22　これが、しばしば引用されるバレットの一文の背後にある強力なポイントだ（Barrett 1970[1961], 63）、つまり、これほど小さな弁明を見出すために、これほど多くの無関係な題材を苦労して読み通すようなローマの役人はいなかっただろうということだ。しかし、この抗議は以下に示すポイントを見逃している。

第13章　原始キリスト教のストーリー（1）　689

た。ルカの膨大な二巻ものの著述は、このステイタスが今やキリスト教徒に与えられるべきだという主張として読むことが可能だ。彼らこそユダヤ人の救いの約束を受け継ぐ者たちだった。彼らこそ、いにしえからの宗教に相応しいステイタスを得るに値する者たちだった[24]。彼らは繰り返し、正しく罪のない人々として示された。たとえ行政官たちが彼らに有罪判決を下したとしても。イエスの十字架刑から始まって使徒たちのサンヘドリンへの召喚、パウロの様々な試練において（フィリピにて、アグリッパとフェストゥスの前で、そして船の上においても）、キリスト教徒たちは騒擾罪や転覆罪に問われながらも、無罪と宣告された[25]。一方、ローマ人たちはできるだけ好意的に描かれているが、例外はピラトだ。ヨセフスの場合と同様、ずっと以前に死んでいて信用も失墜していた代官を弁護する必要などなかった[26]。ヨセフスにおいてもルカにおいても、革命家たちは蒔いたものを刈り取らねばならなかった。彼らは二人とも、彼らが真のイスラエルの後継者と見なした人々を代弁していた。おそらくヨセフスはユダヤ教を再構築しようとしていたヤムニアのラビたちを、そしてルカはイエスの信従者たちを[27]。

　　d. 第四点はより物議をかもすものだが、しかしこれまでに論じてきたこ

23　上巻 278 ページ参照。

24　Aune 1987, 136 – 8。

25　ルカ 23 章 47 節；使徒 5 章 33 – 39 節；16 章 35 – 39 節；26 章 32 節；27 章 3, 43 節。

26　ルカ 13 章 1 – 3 節参照。これと、ルカがピラトをおそらく免罪しているだろう場合と並べてみる必要がある。ルカ 23 章 4、14 節以下。

27　ルカは、教会が周囲の社会と平和に暮らしていた時代（おそらく 2 世紀）を反映している、としばしば主張されてきた（例として、Koester 1982b, 308 – 23）。しかし、これまで描いてきたような動機は、教会存続へのある種のアピールが必要だったということが前提となる。いずれにしても、紀元 2 世紀の多くの情報が不足していることから、当時の教会がそれ以前より平穏だったと考える根拠はない。それどころか、もっと多くの権力の座にある人々がこの新しい運動について耳にするようになれば、迫害が生じた可能性の方が高いだろう。

690　第Ⅳ部　紀元1世紀のキリスト教

とから明らかに導き出せるものだろう。ヨセフスは単にプロパガンダを書こうと意図したのではない。トゥキディデスをモデルの一つとして、彼は過去に実際に起こった出来事を描写しようと試みたのだ。[28] 十分な教育を受けたユダヤ人として、彼はこのように世界を認識していた。イスラエルの神は歴史の中で行動されるのであり、ある出来事がこうした神認識を否定するように見えても、それを説明できる大胆な提案が常にあるものなのだ。ヨセフスは利那的な世界観、つまり歴史とは無意味で、人は私的な霊性や哲学を追求することしかできないというような考えには陥らなかった。彼が執筆したのは歴史が重要だからであり、そして最近の歴史上の出来事がユダヤ人の世界観を裏切るもののように見えたからだ。彼の仕事とは、実際にはそれらの歴史的出来事はユダヤ人の世界観を否定するものではないし、歴史は無意味でもないことを論証することだった。歴史は重要なのである。それゆえヨセフスは歴史について書いた。

　同様に、ルカは明らかに過去に起こった実際の出来事について書こうとした。彼がマルコを歪めたのか、あるいはマルコ以前の伝承を歪めたのかどうかは別の問題であり（それはどのような様式史批評の前提に立つのかによる）、それについては後ほど考察する。しかしルカは、全ての福音書記者の中で最も明確に自分が何を書こうとしているのかを述べている。

　　わたしたちの間で実現した事柄について、最初から目撃して御言葉のために働いた人々がわたしたちに伝えたとおりに、物語を書き連ねようと、多くの人々が既に手を着けています。そこで、敬愛するテオフィロ様、わたしもすべての事を初めから詳しく調べていますので、順序正しく書いてあなたに献呈するのがよいと思いました。お受けになった教えが確実なものであることを、よく分かっていただきたいのであります。
　　皇帝ティベリウスの治世の第十五年、ポンティオ・ピラトがユダヤの総督、ヘロデがガリラヤの領主、その兄弟フィリポがイトラヤとトラコン

―――――――――――――

28　上巻3-4章を見よ。特に137ページ以下、163ページ以下。

第13章　原始キリスト教のストーリー（1）　691

地方の領主、リサニアがアビレネの領主、アナヌスとカイアファとが大祭司であったとき、神の言葉が荒れ野でザカリアの子ヨハネに降った。[29]

　このような書き方をする者は誰でも、歴史的出来事を描こうとしているのである。これは、ルカが古代や現代のどんな歴史家よりも「客観的」だとか「中立」だとかいうことではない。ルカはまさに歴史家なのであり、ヨセフスと同様にそうなのである。ヨセフスはある著作ではある仕方でストーリーを語り、別の著作では別の仕方でそうする。これはその基になる出来事が起こらなかったということではなく、彼が別の角度からその出来事を描いているというだけのことなのだ。そしてルカもまた、同じ出来事を二つの別の角度から語る。その古典的な例は昇天で、福音書ではイースターの日に起こったかのように見え（24章51節）、使徒言行録では四十日後の出来事になっている（1章3節）。これはルカが話をでっちあげているということではない。ルカにとっては、ヨセフスと同様に、歴史とは神の働く領域だった。どちらの記者も、先に素描したユダヤ人の世界観のそれと分かるようなバリエーションを心に抱いている。主題はイスラエルのストーリーである。このストーリーがどのようにクライマックスに達するのかが問われている。どちらの記者の場合も、歴史が重要ではないという考えを示してはいない。

　それでは、ルカとヨセフスの関係についてどのようなことが言えるだろうか。一方が他方に依拠しているとするなら、ルカがヨセフスを読むことができたという可能性の方が高そうだ（ルカのほうがかなり後に書かれたと想定して）。だが、そのような関係は重要ではないし、またほとんどありそうもないように思える。ルカとヨセフスの関係はいとこ同士のようなもので、親子関係でもなければ伯父と甥の関係でもない。私たちの目的にとって彼らの関係が重要となるのは、ルカのストーリーの性格について何が言えるのかということにある。

29　ルカ福音書1章1-4節；3章1-2節。

692 第Ⅳ部 紀元1世紀のキリスト教

（ⅱ）ルカのストーリーの形式

　ヨハネが福音書を「初めに……」という言葉で始める時、彼が創世記の
冒頭に倣っていることが分かる。マタイが「……の系図」という言葉で始
める時、彼もまた創世記によく出てくるフレーズを喚起しようとしている
のが分かる[30]。ではルカは何をしようとしているのだろうか。彼の形式的
でよく練られたエピローグ（1章1-4節）はヘレニズム時代のいくつかの
作品の文学の冒頭を思い起こさせるが、興味深いことにそれらにはヨセフ
スの二つの作品も含まれる[31]。彼が意図していたのは、この書が第一にユ
ダヤ人の聖書文学の世界に置かれることよりも、本格的なヘレニズム文学、
特に歴史文学の世界に置かれることだった[32]。

　しかし、この意図が宣言されるや否や、ルカは私たちをヘレニズム世界
の片隅へといざない、シェイクスピアが劇を脇役の夫婦から始めるように、
エリサベトとザカリアを登場させる。彼らは洗礼者ヨハネの両親となる人
たちだ。ローマ皇帝も、国家行事も、ヘレニズム世界の華々しいトランペ
ットの響きもない。敬虔なユダヤ人老夫婦が、ヘロデ治世の末期に子ども
を待ち望んでいた。しかし、分かる人には分かることだが、ルカもまたヨ
ハネやマタイと同じことをしている。しかし、ここで仄めかされているの
は創世記の世界の創造のストーリーではなく、サムエル記上のイスラエル
王朝の創設のストーリーである。このヘレニズム歴史文学形式のさりげな
い書き出しは、これから時間をかけて明らかになっていく転覆的な意図を
覆い隠しているのだ。

　ルカ福音書1章5-25、39-45, 57-80節のエリサベトとザカリアのスト
ーリーは、サムエル記上1章1節-2章11節のハンナとエルカナのストー
リーを読者に思い起こさせることを意図したものだというのは間違いない。

30　例として、創世記2章4節；5章1節；10章1節；25章12, 19節他。

31　「ユダヤ戦記」1.17;「アピオーン」1.1-18：脚注27に引用した文献を見よ。

32　Aune 1987, 139f. 参照。Mealand 1991は使徒言行録とポリュビオスのような
　　ヘレニズム歴史文学との語彙的な類似性を指摘している。

第13章　原始キリスト教のストーリー（1）　693

この場合、母（ハンナ）ではなく父（ザカリア）が神殿にいるのだが、彼
自身が祭司であり、ハンナのように祭司エリの前にいるのではない。しか
し、このストーリーは同じ形式であるのみならず（子どもを願っている夫
婦が神の計画のために用いられる）、同じ歓喜の結末を迎える（ハンナの
賛歌はマリアとザカリアの両方の賛歌に取り上げられる）。そしてどちら
の場合にも、明かされることを待望されてきた長きにわたる目的があり、
それはイスラエルのための裁きと救いの使信をもたらすという目的である。

　第一に、それは裁きの使信である。ハンナの息子サムエルは祭司エリに、
彼とその息子たちの齢は数えられており、そしてイスラエルの神の契約の
箱は取り去られるだろうと宣告した。エリサベトの息子ヨハネは、イスラ
エルの上に神の裁きを宣告した。この使信はヨセフのいとこであり後継者
であるイエスによって受け継がれ、さらに明確なエルサレムと神殿への警
告となった。サムエルのストーリーから生まれたダビデのストーリーは、
その初めからサウルの家への警告のストーリーである。そもそもダビデが
油注がれたのは、イスラエルの神がサウルを退ける決断をしたからなので
ある。ダビデのストーリーは、彼が雑多な人々を率いてユダヤの荒野をさ
まよう中で展開していき、サウルとヨナタンが殺され、そしてダビデがイ
スラエルの油注がれた王となる時に初めのクライマックスを迎える。それ
から彼が起こした最初の行動の一つがエルサレムに攻め上り、そこを都と
定めたことだった。[33] イエスのストーリーは、彼が雑多な人々を引き連れ
てガリラヤやその他を放浪しながら活動を展開していき、イスラエルの神
がとうとう王になられるという人々の期待のただ中で、イエスがエルサレ
ムにやって来る時に初めのクライマックスを迎える。これは、既存の政体
にとって裁きを告げ知らせる使信なのである。[34]

　それは救いの使信でもある。サムエルのストーリーの頂点はイスラエル
の断罪にあるのではなく、若きダビデに油を注ぐことだった。この機会に、

33　サムエル上1章1節以下；5章1-5節；5章6-10節。
34　ルカ福音書19章11節、28-48節。

694　第Ⅳ部　紀元1世紀のキリスト教

サムエル記上16章13節によれば、「その日以来、主の霊が激しくダビデに降るようになった。」イスラエルの神はこのダビデに、物語の後半になって、彼の息子が永遠の王国を打ち立てるだろうと言われ、さらにその息子について、「わたしは彼の父となり、彼はわたしの子となる」と言った（サムエル記下7章14節）。ヨハネのストーリーの頂点は来るべき神の怒りについての預言者的警告にあるのではなく、イエスにバプテスマを授けることだった。この時に、ルカ福音書3章22節によれば、「聖霊が鳩のように目に見える姿でイエスの上に降って来た」、そして天からイエスに向けられた声には、はっきりしたダビデ的な響きがあった。「あなたはわたしの愛する子、わたしの心に適う者。」しばしば指摘されるルカの豊かな芸術性により、彼は、バプテスマのヨハネのイエスに対する役割が、サムエルのダビデに対するそれであることを、わずか数行で示したのだ。そしてこのことによって、ルカのこのプロローグが堂々と語りかけているヘレニズム世界とローマ世界の諸王国は、新しい王国、イスラエルの神の新しい王国の存在を知らされる。そしてヨルダンで彼のいとこであるヨハネからバプテスマを受けた若き青年こそが、この王国を打ち立てる人物であることを。

　救いのストーリーは並行的に進展していく。サムエル記上の物語においては、ダビデへの油注ぎは、イスラエルの代表として単身でゴリアトに戦いを挑む場面へと続いていく。イエスの油注ぎはただちにサタンとの戦いへと続いていく。[35] ダビデはその対決の後、熱狂的な人々の歓迎と、サウルの嫉妬によって迎えられる。イエスはその対決の後、ナザレで実質的なメシア宣言をして、同郷の人々から拒否されるが、他の人々からは熱狂的に受け入れられる。[36] ダビデはとうとう宮廷を追われ、お尋ね者の逃亡者として彼に従う者たちと共に彷徨うことになる。イエスはルカ福音書の大半の部分を彼に従う者たちと共に旅をし、時々彼の命を狙う企みについて

35　サムエル上17章；ルカ福音書4章1-17節。

36　サムエル上18章6-16節；ルカ福音書4章14-44節。

第13章　原始キリスト教のストーリー（1）　695

警告を受けることになる[37]。

　これらのことは、ルカ福音書の鍵となるのはサムエル記上との並行関係だけなのだとか、あるいはそれが中心的なものだとかいうことを示唆するものではない。しかし、これまで示してきた類似点は（古典的な様式史批評に反して）ルカが単にあちこちから伝承を集めてきて、無作為にそれらをつなぎ合わせたのではないことを強く示唆している。そしてこれは（主流の編集史批評に反して）ルカが単にキリスト教第二世代の初期の頃の出来事を背景とした独自の神学スキームに沿うように伝承を配列したのではなく、彼が独特の形で、細部と同時に概略をも示せるようにストーリーを語ったのだということを示唆する。このストーリーは、イスラエルの歴史がそれに向かって築き上げられていくクライマックスなのである。

　福音書の終わりと使徒言行録の始まりとに目を向ければ、ダビデとの並行関係はそこでも明らかだ。例えば、ルカ福音書20章41-44節（ダビデの主とダビデの子について）、十字架の場面でのメシア的題材（23章35-43節）、24章26、44-49節での特にメシア的希望の成就、これらにはっきり示されている。ルカは、イエスが十字架で死んだことと、イエスが死者の中から甦ったこととは、ダビデ的な意味で理解されるべきだと主張しているのである。彼は逆説的な仕方で王となったのであるが、それはユダヤ人の聖書の真の成就のために必要とされることだったのである。使徒言行録の冒頭は、まさにルカ福音書が終わったところから始まる。今やダビデの家の王が高挙され、救いの使信は世界中に宣べ伝えられるのだ[38]。ルカはこう言っているかのようだ。ダビデの死後にその子ソロモンが登場し、世界は彼の知恵を聞き、国々は彼に従った[39]。今や、ダビデの真の子であるイエスの死と復活の後、真のダビデの王国が打ち立てられ、国々はそれに従うようになるだろう。先に示したように、使徒言行録の終わりにはこ

37　サムエル上19-30節；ルカ福音書9章51節-19章28s節；そして13章31-33節など。

38　使徒2章25-36; 4章24-30節の重要なダビデ的テーマを参照。

39　列王記上4章21-34; 10章1-29節を参照；詩編72編、89編19-37他。

696 第IV部 紀元1世紀のキリスト教

の全貌は完全なものとなり、イスラエルの神の王国は妨げられることなく、ローマで公然と宣べ伝えられる。

これが単なる「予型論」ではないことを強調すべきだろう。予型論は過去の出来事を取り上げて、現在の並行的な出来事との間に緊密な関係を打ち立てようとするものだ。ルカのダビデ的なテーマは実に予型的である——イエスは「真のダビデ」として見られている——しかしそれは無作為でも恣意的でもない。それはしっかりとした歴史的枠組みの中にある。イエスの生と死と復活、そして聖霊の派遣は、ダビデと彼への神の約束から始まる長いストーリーの結末なのである。類似性や並行関係がそこにあるのは、それがストーリーだからであり、その反対ではない。ルカはイエスのストーリーを、ダビデとその王国のストーリーの成就、完成として語っているのである。

この観点から、ルカのストーリーの性格の十分な解説には、通常は異なるものと思われている二つの要素を含めなければならないことが見えてくる。一方で、ルカはこれまで概観してきたダビデのストーリーを意識しつつ、イスラエルの長いストーリーがどのように逆説的に成就したのかを、ヨセフスと同じような仕方で語っている。他方では、四つの福音書が、そして特にルカ福音書が、ヘレニズム世界の伝記文学のジャンルに属しているという近年の学説を十分考慮に入れねばならない。この可能性は、様式史批評のドグマによって長いこと無視されてきたが、今やいくつかの研究によって支持されるようになった。これらの研究は詳細過ぎて、ここで扱うことはできないが。[40]

この二つのジャンル——クライマックスに達したユダヤ人たちのストーリーと、ヘレニズム的な伝記（ビオス）、ギリシャ・ローマ世界における個人のライフ・ストーリー——この二つがどうかみ合うのだろうか。その答えはルカの捉えた神学的中心点にあることを提起したい。それがルカを

40　Stanton 1974; Talbert 1977; Moule 1982[1962] 9‒13 とその他の参考文献。Dihle 1983; Berger 1984, 325ff.; Aune 1987, 1‒4 章。Hemer 1989, 91‒4; Lemcio 1991; そして特に Burridge 1992。

第13章　原始キリスト教のストーリー（1）　697

して、イエスのストーリーをこのような形で語らしめたのである。当時の多くのユダヤ人たち（とよく教育されていたであろうユダヤ教への異邦人改宗者たち）と同様にルカは、イスラエルの歴史はイエス以前にはクライマックスに達していないと信じていた。捕囚はまだ終わっていなかった。贖いはまだ実現していなかった。[41] このような背景の中で、ある人物の生涯において、捕囚が極点に達し、罪が最終的に取り扱われ、贖いがとうとう確実なものとなったというストーリーを語ることはルカにとって適切なことだった。しかし同時に、イスラエルが贖われる時に全世界が祝福されるという同じく重要なユダヤ人の信仰を、ルカはしっかりと捉えていた。イスラエルの救いは単なる個人的な事柄ではなかった。それは全ての人の益となるべきものだった。王国が打ち立てられるというよき知らせは、異邦人世界に影響を及ぼすはずのものだった。したがってルカは、このよき知らせはある一人の人物の生涯、特に彼の死と復活において形を取ったと信じたので、そしてこれが異邦人世界のためのユダヤ人の使信であるがゆえに、ルカは明らかに相容れない二つのジャンルを見事な手腕によって融合させたのである。彼はイエスのストーリーをユダヤ人のストーリーとして、実にただ一つのユダヤ人のストーリーとして語ったのである。ヨセフスがエルサレム崩壊のストーリーをイスラエルの長く悲劇的な歴史のクライマックスとして語ったように。しかしルカは、非ユダヤ人であるギリシャ・ローマ世界の聴衆に対してこのように語った。あなたたち異邦人が必要としているユダヤ人の救いの使信がここに、この一人の人物の生涯の中に、あるのだと。[42]

　ルカのストーリーそのものは、彼が描きまた訴えかけている二つの世界の主流のストーリーを覆すものだ。第一に、ルカはイスラエルのストーリーを語ったのだが、そのストーリーをゲットーの閉鎖的で非歴史的な世界にも、またヨセフスが第四学派と呼んだ暴力的な革命運動の世界にも陥ら

41　上巻9、10章参照。

42　これは Dihle 1983 と同一線上にある理解だと思われる。ユダヤ人のストーリーをより発展させた意味においてだが。

698　第Ⅳ部　紀元1世紀のキリスト教

せないようにそれを語ったのである。むしろ、公共の歴史において着手された イスラエルの神の王国が、異教世界とその諸王国を、武力を用いることなしに力強く覆していくことを示したのだ。別の言い方をすれば、ルカは多くの1世紀のユダヤ人によって待ち望まれてきた終末がすでに起こり、またこれから起こりつつあると見ていた。終わりはカルバリー、イースター、そしてペンテコステで起こった。そのためにもはや戦う必要はない、なぜならそれはすでに起こったからだ。同時に、終わりは未だ到来してはおらず、それはイエスが戻る時となる（使徒1章11節）。イスラエルの神の刷新された民としてのイエスの民の歴史、それを含む歴史は進んでゆかねばならず、そこにはあらゆる種類の不確かさと困惑がある。ルカがこの二重の終末によってゲットーか剣かという誤った二項対立を避けられたのなら、エウセビオスの穏健な勝利主義をも避けることができた。エウセビオスはイスラエルの神のストーリーをコンスタンティヌス帝のストーリーと混合することで、ルカのストーリーを覆してしまった。[43]

　そしてルカは、他の1世紀のイスラエルの歴史語りを覆すような仕方で、イスラエルのストーリーを語り直している。もっと正確に言えば、ルカはそれがイスラエルのストーリーの真のクライマックスとなるようなストーリーを語ったのである。彼が前提としていたのはアダムから始まるストーリー、そしてアブラハム、ダビデを通じて捕囚とその先へと続くストーリー、特にダビデの継承者を通じての救いの約束に焦点を当てるストーリーなのである。第1マカバイ記がアンティオコス・エピファネスに対する反乱のストーリーを、ハスモン家の祭司王が治めるイスラエルの正当性を示すような仕方で語ったように、[44] ルカはイエスのストーリーを、彼が真に正統なダビデ家の王であることを示すように語った。ルカ福音書は、創造

43　皮肉にも、教会はしばしばルカを単なるエウセビオスの旧版のように読んでしまい、パウロをあたかもルターの旧版のように理解してしまうのと同じくらい、ルカを甚だしく理解し損なっている。

44　特に第1マカバイ14章4-15節は、シモンの統治（紀元前140年代）のストーリーを栄光の預言の成就として語っている。

第13章　原始キリスト教のストーリー（1）　699

主なる神とその契約の民のストーリーの最後のシーンとして、そしてもっと大きなドラマである、創造主なる神とその世界のストーリーの最後から二番目のシーンとして（それゆえ使徒言行録が必要なのだ）意図されている。この観点からこの福音書を読むことによってのみ、私たちはこの物語の重要性を理解することができる。グレマス的用語では、ルカはその福音書をより大きなドラマの中の極めて重要な話題的シーケンスとして、そして使徒言行録を最終シーケンスの始まりとして提示した。ルカは、初期シーケンスとして世界とこれまでのイスラエルのストーリーを想定している。

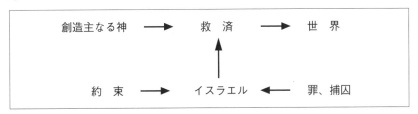

このストーリーは袋小路に陥ってしまっている。イスラエルそのものが贖われていないので、世界に神の計画された救いをもたらすことができなくなってしまっている。ルカはそこで、イエスのストーリーを話題的シーケンスとして語る。

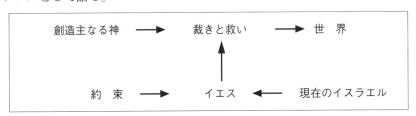

その結果、ルカはとうとう使徒言行録において、初期シーケンスで果たせなかったことが最終シーケンスにおいてどのように達成されるのかというストーリーを語り始めることができる。

45　Tannehill 1985b が、イスラエルのストーリーという観点からは、ルカ福音書は本質的に悲劇的である（反セム的ではないが）、と論じているのは正しい。上巻148ページ以降を見よ。

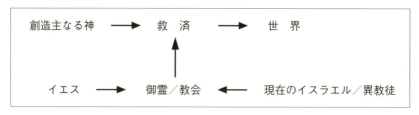

したがって、ルカの作品全体の物語分析が明確に示すように、「ユダヤ戦記」でのヨセフスと同様、ルカはこの複雑なストーリーをもっと大きなストーリーの完結として見られることを意図していたのだ。イスラエルのストーリーはイエスのストーリーにおいてその基本的な成就を果たしたが、それはもっと先の長いゴールが教会におけるイエスの霊を通じて成し遂げられていくためなのである。ルカのストーリーは基本的なユダヤ人のストーリーとして認識できる形を取っているが、その当時語られていたストーリー語りを覆すことを意図していた。第二巻での彼の記述は、しばしば考えられるような、完全にユダヤ的で黙示的な世界観からの逸脱を示すものではない。イエスの死と復活によって幕引きされたストーリーは世界のストーリー全体ではなく、創造主なる神の目的における極めて重要な局面のストーリーなのである。この局面が成功裡に結末を迎えたというまさにその理由により、世界の歴史は今やドラマの最終幕が演じられる劇場となったのである。

ルカがイスラエルのストーリーを覆したのだとしたら、彼は二番目に異邦人たちのストーリーをも覆した。ルカはユダヤ人の神学から離れることなく、異邦人世界のストーリーを語ることを通じてそうしたのだ。ルカの神学は確固とした唯一神信仰、選び、そして終末論に基づいている。そして世界の理解において、また世界への応答において異教信仰よりも優れた道があると主張する。「イエスという別の王がいる」と主張するのと同様に。真の創造主なる神が存在し、異教の偶像はその神のパロディに過ぎない。この真の神はイスラエルの歴史において、そして今やイエスと聖霊において、比類ない形で知られるようになり、そして世界が御自身のものであると主張する。ルカは、一般的な特徴や背景を備えた異邦人の伝記（ビ

オイ）を覆してしまうような伝記（ビオス）を書いたのである。

　したがって、ルカが語ったストーリーは、それが公共の世界の歴史で起こる場合にのみ意味をなす。同時に、彼のストーリーは神学に関係する場合にのみ意味をなす。最近の研究は、ルカが歴史家であり同時に神学者であることを強調する点において正しい。ポスト啓蒙主義時代の二元論を1世紀のテクストに投影させてしまうことで、常にこの二つが分離させられてきてしまった。この二重の真理において、それぞれの側にさらなる二重性を見ることができる。歴史家としてのルカは、ユダヤ教とヘレニズムの両方の世界に住んでいた。神学者としては、しっかりとユダヤ的世界に留まりながら異教世界に向けて語ろうとした。十分に教育を受けた他の全てのユダヤ人と同様に、ルカは創造主である唯一神への信仰の観点から異教礼拝を理解できると信じていた。球体を知る者が円を知っているのと同様に。もし人が創造主なる神から異教世界と対峙すべく召命を受けたなら、その人は真のユダヤ的ストーリーによってこの世のストーリーを覆すことでその任務を成し遂げただろう。ルカがしたのは、まさにこのことだったのだ。

3．学者とプロット：マタイのストーリー

　「だから、天の国のことを学んだ学者は皆、自分の倉から新しいものと古いものを取り出す一家の主人に似ている。」マタイ福音書の真ん中を占めるたとえ集を締めくくるこれらの言葉は、一種の署名のようなものだとしばしば見なされてきた。それはこの書がいったいどんなものなのかを示すヒントである。新しいものと古いもの、学者の知識という宝が積まれた倉。[46]しかし、これらの宝はどのように積まれているのだろう。「マタイ」はどんな種類の書を書いたのだろうか。その物語構造と、そしてその話の

46　マタイ福音書 13 章 52 節；例として、Strecker 1983 [1966], 77。

702 第Ⅳ部 紀元1世紀のキリスト教

筋（プロット）とは何だろうか。[47]

　共観福音書は、少なくともある面ではヘレニズム形式の「伝記」または「一代記」として分類されるべきものだということを既に見てきた。しかし、ルカ福音書はこのジャンルに明確に属する一方、ユダヤ人のストーリーの世界に自らを位置付けていた。特にそれはイスラエルの神がどのように「救いの角を僕ダビデの家から起こし」、「その民を訪れて解放」して下さるのかを語るストーリーだった（ルカ1章68節以降）。マタイ福音書について一つの共通認識があるとすれば、それはこの書が全きユダヤ的特性を備えているということだ。この福音書は、「ユダヤ的キリスト教」という捉えどころのない実体を代表するものとして扱われることが多い。もっとも、この書はトーラーの不変の有効性を確認しながらも（5章17-20節）、コシャーと呼ばれる食事規定の廃棄についてはマルコ福音書と一致し（15章10-20節）、ユダヤ人指導者たちに向けられた新約聖書の中でも最も厳しい非難の言葉を含んでいることもしばしば指摘される（23章1-39節）。[48] 状況は明らかに単純ではない。マタイの入念に練り上げられた作品の核心部分にはどうすれば辿り着けるのだろうか。

　マタイ福音書の全体的なプロットを1章21節のプログラム的発言の観点から見ようという強力な主張がマーク・パウエルによってなされている。ここでは主の天使がヨセフにこう言う。「マリアは男の子を産む。その子をイエスと名付けなさい。この子は自分の民を罪から救うからである。」マタイ福音書は、イエスがユダヤ人の指導者たちから成功裡に反対される一方で、弟子たちからは失敗裡に支持されるというパラドックス的なサブ・プロットを通じ、この約束がどのように成就していくのかという

47　物語神学のレンズを通じてマタイ福音書を読むという刺激的な試みについては、Thiemann 1989 [1985]；弟子たちへのマタイの関心を強調する、マタイ福音書の構造についての近年の議論については Doyle 1988 を見よ。

48　「ユダヤ人キリスト者」としてマタイを見る一例として、Dunn 1977, 246ff. それへの反対の一例として Pettem 1989. 現在の論点への賢明な評価として、Stanton 1992 (A Gospel for a New People), 5-7 章を参照せよ。「ユダヤ的キリスト教」の意味についての議論は 15 章以下を見よ。

第 13 章　原始キリスト教のストーリー（1）　　703

ストーリーとして理解できる。これは一種の悲劇を通じての喜劇である。
サブ・プロットでは反対者たちはヒーローがミッションを成し遂げるのを
妨害しているように見えるが、実際には彼らはヒーローを真の戦い——そ
れは成功裡に終わる戦いである——へと押しやったのだ。それは常にユダ
ヤ人指導者たちとではなく、サタンとの戦いだった。パウエルは、マタイ
にとってこのストーリーはもっと大きなストーリーの一部であると指摘し
た。弟子たちが全世界に宣べ伝えるために派遣される時、福音書は始まり
によって終わるのである。しかしこれがすべてではない。主要なプロッ
トのテーマが見出されるまさにこの一文——イエスが「自分の民を罪から
救う」という予告——はそれ以前のストーリーをも前提としている。福音
書のプロットは、さらに大きなストーリー（そこでは彼の民は罪の虜にな
ってしまっている）のプロットの、その結末へと向かっていくことが想定
されている。そのストーリーが何であるかを理解するために、豊かな想像
力や、マタイ福音書へのより深い洞察や、あるいはユダヤ的背景のより多
くの知識はそれほど必要ない。それはイスラエルのストーリーであり、も
っと具体的に言えば捕囚のストーリーなのである。
　マタイ福音書の 1 章は、現代の西洋の読者にとって長い間謎であった。
オープニングの系図（1 章 1‒17 節）は、最もワクワクしない始まりであ
るように見える。だが、見る目のある人には（これ自体、13 章 16 節にあ
るようにマタイ的テーマである）、これが福音書全体のプロットを理解す
るために知っておくべきストーリーを語っているのが分かる。この福音書
は文字通りの意味でも比喩的にも「創世記」から始まる。マタイの冒頭
の言葉、ビブロス・ゲネセオースの文字通りの意味は「創世記」、または
創世記自体もそうであるように（2 章 4 節；5 章 1 節）「系図の書」である。
マタイは意図的に自らのプロットを、より大きなプロットにひっかけてい
る。そのプロットは、アブラハム、イサク、ヤコブの民のストーリーのそ

49　Powell 1992 は Edwards 1985, Matera 1987 そして Kingsbury 1988 の洞察をま
　　とめ上げている。

50　Powell 1992, 203f.

704　第Ⅳ部　紀元1世紀のキリスト教

れである[51]。

　系図の構造は、彼がどこに強調点を置こうとしているのかを示している。当時の他のユダヤ人の書は、イスラエルの歴史を重要な期間に区分けしている[52]。マタイは標準的な伝統に則っているが、彼自身の目的のためにそうしているのである。十四世代を一単位とする三つの時代区分は、七世代を一単位とする六つの時代区分を仄めかしているのかもしれない。そうすると、イエスは七世代単位の第七の時代を開始したことになる。つまり第七の七であり、この系図のクライマックスとなっているのだ[53]。そのストーリーはアブラハムから始まる。ルカの場合、系図はアダムにまで遡るので、それは全世界の諸民族のストーリーだと言えるが、マタイの場合はそうではない。しかし、これから見ていくように、マタイもイスラエルの外の世界を忘れてしまったわけではない。次の焦点はダビデである。マタイのストーリーはルカと同じくイエスが真のダビデ、メシアであることを強調するが、ルカとは強調点が異なっている。第三の焦点は予期せぬものだ。捕囚である。ユダヤ人のスキームにおいて常に捕囚が時代区分の指標となっていたのではないが、マタイにとってこれは重要である。

　先に見てきたように、第二神殿期の多くのユダヤ人は自分たちが未だに捕囚状態にあり、イスラエルの昔からの罪の結果に苦しんでいると考えていた。大いなる贖いの日が到来するまで、イスラエルは未だに「罪の中に」おり、救済を必要としていた。そこでマタイ福音書の注意深い読者はこの系図の中に、アブラハムの民の長いストーリーはその成就、第七の七［訳注：ライトはダニエル書9章の七十週の預言を仄めかしている］を迎

51　マタイ福音書1章1節については、Davies & Allison 1988, 149-55 を参照。

52　例として「第1エノク」93.1-10; 91:12-17;「第2バルク」53-74。

53　Davies & Allison 1988, 162 は、もしマタイがこのように考えていたなら、そう言ったはずだとの異議を唱えている。しかし、マタイにとって七世代、二十一世代、または三十五世代に注目する必要は何もなかっただろう。1世紀の教育を受けたユダヤ人たちがこのような数学的意味に気づくのが難しかったとは考え難い。

えることを見て取る。新たなダビデがその民を捕囚から、つまり「自分の民を罪から救う」のである。マタイがまさにこのことを1章18-21節で語る時、驚いてはならない。

　しかし、イスラエルの神が人間の代理者を通じてその民を罪から救うというテーマを考えるや否や、私たちの心は別の人物へと引き寄せられる。1章にははっきり示されてはいないが、しかしこの導入部の背後から巨大な山のようにおぼろげに浮かび上がってくるもの、それはモーセと出エジプトのストーリー、シナイ山と契約のストーリー、そして約束の地への旅のストーリーである。これはアブラハムの民のストーリーがどのように解決に向かっていくのかを示すものだ[54]。新しいダビデが彼の民を現在の捕囚から救うためにやって来る時、それは新しい出エジプト、新しい契約の時となるだろう。

　これらは、マタイが語る非常に込み入ったストーリーが合点のゆくようになるテーマである。マタイ研究者たちによって、マタイ福音書の主要な区分を指し示している（としばしば考えられる）テクスト上の様々な指標が数多く指摘されてきた。おそらく最もよく知られている指標は、イエスの教えの五つの大きな区分の末尾に見られるものだろう。

　　　イエスがこれらの言葉を語り終えられると……
　　　イエスは十二人の弟子に指図を与え終わると……
　　　イエスはこれらのたとえを語り終えると……
　　　イエスはこれらの言葉を語り終えると……
　　　イエスはこれらの言葉をすべて語り終えると……[55]

　これらの「指標」の正確な意義について、多くのことが書かれてきた[56]。

54　出エジプト2章23-5節；6章2-8節他。

55　マタイ福音書7章28節；11章1節；13章53節；19章1節；26章1節。

56　これらのセクションの「モーセ五書」的な読み方の主要な研究として、Bacon 1930; Davies 1964, 14-25 と Davies & Allison 1988, 58-72 の議論を参照

706 第IV部 紀元1世紀のキリスト教

実際、あまりにも多くのことが主張され過ぎているように思える。それぞれの教えの単位と、それに伴うであろう物語的題材とが、モーセ五書のそれぞれの書に対応していることを示そうとする試みは、マタイ理解を歪めてしまっている。この繰り返される指標はあまりにも明白に福音書に織り込まれ、また聖書がどのように成就されたのかを繰り返し宣言しているので、それらを無視することはできない。テクストそのものを正当に扱うようなこの構造の理解の仕方があるのだろうか。

私は最初と最後の教えの「区分」が鍵であると考えている。[57] 問題の区分は5-7章と23-25章で、それぞれ3章ずつから成る区分である。この二つは、真中の三つの教えの区分（10章1-42節；13章1-52節；18章1-35節）よりずっと長く、111節を含んでいる。[58] 5-7章と23-25章の偉大な講話のどちらにも繰り返し表現が見られる。5章3-11節は九つの「幸い」を、そして23章13-33節は対照的な「災い」を提示している。

> 心の貧しい人々は、幸いである。
> 悲しむ人々は、幸いである。
> 柔和な人々は、幸いである。
> 義に飢え渇く人々は、幸いである。
> 憐れみ深い人々は、幸いである。
> 心の清い人々は、幸いである。
> 平和を実現する人々は、幸いである。

せよ。だが五重構造の重要性は認識されているものの、そこから大きな意味を引き出してはいない。

57　何人かの学者たちとは異なり、私は最後の教えの「単位」に23章を含めている。

58　この第四の区分はいくらか人為的に見える、なぜならその相当部分は対話であり、また一つの長いたとえ話を含んでいるからだ。このことが示唆するのは、マタイは第五のクライマックス的な区分の前提として第四の「講話」を形作ったが、それはテーマ的には幾分まとまりのないものだったということである。

第13章　原始キリスト教のストーリー（1）　　707

義のために迫害される人々は、幸いである。

わたしのためにののしられ……るとき、あなたがたは幸いである。

律法学者たちとファリサイ派の人々、あなたたち偽善者は不幸だ。人々の前で天の国を閉ざすからだ。

律法学者たちとファリサイ派の人々、あなたたち偽善者は不幸だ……改宗者ができると、自分より倍も悪い地獄の子にしてしまうからだ。

ものの見えない案内人、あなたたちは不幸だ。あなたたちは、『神殿にかけて誓えば、その誓いは無効である……』と言う。

律法学者たちとファリサイ派の人々、あなたたち偽善者は不幸だ……十分の一は献げるが、律法の中で最も重要な正義、慈悲、誠実はないがしろにしているからだ。

律法学者たちとファリサイ派の人々、あなたたち偽善者は不幸だ。杯や皿の外側はきれいにする……

律法学者たちとファリサイ派の人々、あなたたち偽善者は不幸だ。白く塗った墓に似ているからだ……

律法学者たちとファリサイ派の人々、あなたたち偽善者は不幸だ。預言者の墓を建てたり……

　これらは意図的に定型化されているように思われる。マタイが実際に五つの講話を意図的に区切っているとすれば、彼がこれらを交差配列（キアスムス）させ、また第一の区分と第五の区分が対応していると見なすのが容易になる。しかしこれらの「幸い」と「災い」を並行的に配置することにはどんな効果があるのだろう。

　それを理解するための鍵はモーセ五書にある。だが、これらの書を連作

59　これを示すものとしては岩と砂の土台の家のたとえもそうだと言えよう（7章24-27節）、それは25章1-12, 14-30節と31-46節の裁きのたとえの前触れとなっていて（7章21-3節と25章11節以下、44節以下も参照せよ）、また偉大な家が倒れることを語ることで、24章全体を暗示するものとなっている。

としても、また単なる繰り返しとしても理解するべきではない。むしろモーセ五書は契約として理解すべきである。その契約は申命記 27 章から 30書にかけて要約されているが、それはイスラエルの民が約束の地に入るためにヨルダン川の東に集まった時、モーセが彼らに宛てて語った大いなる惜別の演説の一部である。ここでヤハウェとその民との契約は、一連の呪いと一連の祝福として提示されている。全部で十六ある呪いのリストは申命記 27 章 15-26 節と 28 章 16-19 節に列挙され、28 章 20-68 節ではさらに敷衍され、民が契約を守らない場合の捕囚の警告で終わっている。祝福の内の四つは 28 章 3-6 節に提示され、28 章 1-2 節、7-14 節で敷衍されている。これらは申命記 29 章で再び要約され、そこでモーセはイスラエルの子らに彼らがここまで経験してきた出来事を思い起こさせている。そして申命記 30 章では、たとえ彼らが罪のために呪いの下に置かれても、そこから救い出され契約が更新されることを約束している。モーセは、戒めが難しすぎるものでも遠く及ばぬものでもないことを強調している。それは「あなたのごく近くにあり、あなたの口と心にあるのだから、それを行うことができる」（30 章 14 節）。彼の演説は、人々が直面する大いなる選択をもって終わる（30 章 15-20 節）。

> 見よ、わたしは今日、命と幸い、死と災いをあなたの前に置く。わたしが今日命じるとおり、あなたの神、主を愛し、その道に従って歩み、その戒めと掟と法を守るならば、あなたは命を得、かつ増える。あなたの神、主は、あなたが入って行って得る土地で、あなたを祝福される。もしあなたが心変わりして聞き従わず、惑わされて他の神々にひれ伏し仕えるならば、わたしは今日、あなたたちに宣言する。あなたたちは必ず滅びる。ヨルダン川を渡り、入って行って得る土地で、長く生きることはない。わたしは今日、天と地をあなたたちに対する証人として呼び出し、生と死、祝福と呪いをあなたの前に置く。あなたは命を選び、あな

60　上巻 462-5 ページ参照。

たもあなたの子孫も命を得るようにし、あなたの神、主を愛し、御声を聞き、主につき従いなさい。それが、まさしくあなたの命であり、あなたは長く生きて、主があなたの先祖アブラハム、イサク、ヤコブに与えると誓われた土地に住むことができる。

　申命記の締めくくりの章（31–34章）はモーセの最後の祝福、民が所有するであろう土地を見るためにモーセが山に登ること、そして彼の死を含んでいる。

　マタイは彼の文書を書き上げている時にこれらの情景全体を心に抱いていた、というのが私の提案である。申命記のこれらの部分全体のテーマが、マタイ１章の複雑なテーマと非常に密接に関係する。イスラエルはその罪のために、まさに捕囚という呪いの下に落ちてしまった。そして今やアブラハムの民のストーリーは新しい出エジプト、契約の更新のため正しい進路へと戻されるのである。その結果、イスラエルは再び選択に直面する。生か死か、呪いか祝福か。岩の上に建てられた家か、砂の上の家か。賢いおとめか、愚かなおとめか。羊か山羊か。モーセのように、イエスも約束と警告と共に死に赴き、それらの言葉は人々の耳に鳴り響き続けている。復活の後イエスはモーセのように山に登り、行って土地を得るように、つまり全世界を得るように命じて民の下を去って行った（28章16–20節）。そしてもし私の提案が正しいのなら、マタイはこの契約的な選択を福音書の構造そのものの中に織り込み、この選択がイエスによって彼の同時代の人々の前に提示されたように描いた。そうして、同じ選択を彼自身の時代の教会の前に提示したのだった。イスラエルには捕囚から救い出され、究極の呪いではなく約束された罪の赦しが得られる道があった。それがイエスに従う道だった。この道を通る人々は、まるで無から突然創造されたかのような新しいイスラエルではなかった。彼らはアブラハム、イサク、ヤコブの真の子孫なのである。

　私の提案は、マタイのストーリーはこのテーマ全体を浮かび上がらせる構造になっているということである。パウエルやその他の学者が注目した

710　第Ⅳ部　紀元1世紀のキリスト教

プロットのモチーフはいい線をいっているが、それらはもっと大きな枠組みの中で捉えるべきだ。マタイは、イスラエルが失敗し捕囚の憂き目にあい、そして新しい出エジプトを必要としているというユダヤ人のストーリー語りを前提としている。そしてマタイは、この出エジプトがイエスの生と死と復活において達成されたことを示そうとしているのである。彼はこのことを多層的なレベルで行っている。しばしば注目される「成就」引用（「このすべてのことが起こったのは、主が預言者を通して言われていたことが実現するためであった」）[61] はこの目的のための氷山の一角に過ぎない。マタイのプロットと構造は、それまでのユダヤ人のストーリーの流れを前提としている。マタイの旧約聖書引用によって主張されているのは、モーセが申命記 30 章で語ったことが今や実現したということである。マタイの聖書引用は単なる聖書予型の寄せ集め、つまり旧約聖書の様々な出来事が繰り返されたことを恣意的に示そうとしているのではない。それらが主張しているのは、イスラエルの歴史全体が継続し、そして相応しい完成を迎えたということなのだ。マタイにとって、イエスは新しいモーセであり新しいダビデなのだが、それ以上でもある。モーセはこう約束した。

> あなたの神、主御自身があなたに先立って渡り、あなたの前からこれらの国々を滅ぼして、それを得させてくださる。主が約束されたとおり、ヨシュアがあなたに先立って渡る。……強く、また雄々しくあれ。恐れてはならない。彼らのゆえにうろたえてはならない。あなたの神、主は、あなたと共に歩まれる。あなたを見放すことも、見捨てられることもない。[62]

　マタイにとって、イエス（この名前はもちろん「ヨシュア」のギリシャ語名である）はこの預言の両方の部分の成就なのである。彼はインマヌエ

61　マタイ福音書 1 章 22 節、2 章 5-6 節、15 節、17-18 節、22 節等。

62　申命記 31 章 3-6 節。

ル、イスラエルの神そのものであり、長い捕囚から生まれ出た神の民と共にいるために来られ、約束の地を得るまで彼らと共におられる（1章23節；28章20節）。そして彼らが今や得ている土地とは、全世界である。東方からイエスを拝むために来た学者たちのように、イエスが「イスラエルの中でさえ、これほどの信仰を見たことがない」と語った信仰を示した百人隊長のように、そして「立派な信仰」を持つカナンの女のように[63]、イエスの宣教はその時は「イスラエルの失われた羊」のためだけだったのだとしても[64]、「全ての国」の救いという結果をもたらすだろう。ルカと非常に近い仕方で、マタイは自らのプロットを話題的シーケンスとして明確に理解している。それは初期シーケンスを前提とし、最終シーケンスを生み出すものだ。そこには微妙な違いがある。冒頭の情景は、イスラエルの救済の必要性という視点から設定されている。そしてすぐに話題的シーケンスへと移行していく。

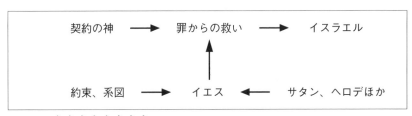

しかしプロットとしては、それがもっと大きな全体の一部である場合にのみ意味をなす。そのもっと大きな全体というのが想定される初期シーケンスなのだが、そこではイスラエルは世界に祝福をもたらす手段なのである。

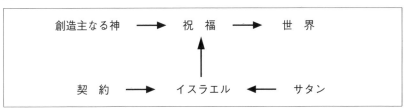

---

63 マタイ福音書2章1-12節；8章5-13節；15章21-8節。
64 マタイ福音書15章24節；10章5節以下も参照。

この初期シーケンスは、系図の中に暗示されているストーリーのために頓挫させられている。アブラハムの家族は罪を犯してしまい、捕囚へと連れ去られてしまった。イエスは彼の民をその苦境から救い出し、最終シーケンスがついに到来するのを可能にした。

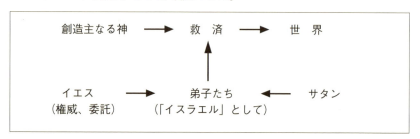

それゆえ先にルカの場合でも見てきたように、マタイがジャンルを融合していることを認識するのは不可欠である。マタイがイエスのストーリーをヘレニズム形式のビオスとして書いたのは間違いない。[65]しかし同時にマタイはイエスのストーリーをイスラエルのストーリーの続編かつクライマックスとして語り、そしてイスラエルのストーリーは全世界のストーリーの鍵であるということを暗示している。もしこれが正しいのなら、マタイがこの福音書を彼の時代の教会への訓戒であるのと同時に歴史としても読まれることを意図していたのも疑いはない。彼はユダヤ人の基本的な世界観に固く立っていた。その世界観においては、神がイスラエルを非歴史的な方法で扱うなどという考えは名辞矛盾なのである。マタイ福音書のプロットと構造とをひとたび理解すれば、編集史研究の世界をあまりにも長い間支配してきた誤った対照法を拒否せざるを得なくなるだろう。もちろんマタイは彼の時代の教会に応えるような形で資料を配置し整えた。しかし、彼の語ったストーリーは実際に起こった出来事を扱っている場合にのみ意味があるものなのだ。[66]そしてもしこれらのことが実際に起こったの

---

65 上記を参照、特に Burridge 1992, 191–219。

66 この点は Strecker 1983 [1966], 72 が指摘している。マタイはイエスの宣教を「ユニークな出来事で、彼自身の置かれていた状況とは時間的にも距離的にも隔たったもの」と見ていた。予想通りシュトレッカーは、これは元来非

第13章　原始キリスト教のストーリー（1）　　713

なら、マタイのストーリーは彼の時代（それがいつだったにせよ）のユダ
ヤ人の世界観を覆すものだったのである。

4. 「読者は悟れ」：マルコのストーリー

　一見すると共観福音書の中で最も単純そうな福音書を記したマルコは、
優れた解釈者であろうとはしていない。そんな理想を追いかけても仕方が
ないと言わんばかりに。この福音書のあらましは至極単純に見える。1章
から8章までを費やしてイエスが誰なのかを説明し、続く後半の八章では
イエスが死に赴くのが説明されている。唐突な始まりと不可思議な幕切れ。
確かにその通り！　その間にはぶっきらぼうな解説が続くだけである。文
学批評家たちの声を聞かなければ、私たちはこの福音書をこんなふうに考
えてしまうだろう。始まりの唐突さと幕切れの暗闇は、この福音書全体に
も言えることだ。マルコ福音書は秘密と、ベールと、謎の書なのである。[67]
　従って、必要なのは、理解し悟ることだ。

> あなたがたには神の国の秘密が打ち明けられているが、外の人々には、
> すべてがたとえで示される。それは、『彼らが見るには見るが、認めず、
> 聞くには聞くが、理解できず……

　歴史的だったメッセージを人工的に「史実化」したものだと考えている。

67　特にKermode 1968, 1979を見よ。私はマルコ福音書の元々の冒頭と結末
　　とが失われてしまって、それゆえマルコの意図の証拠となるものはないと考
　　える少数派の一人である。1章1節（と1章2節aも？）を編集されたもの
　　とする見方については、Moule 1982 [1962], 131 n.1; Koester 1989, 370; そして
　　1990, 13ではSchmithalsも引用し、「福音」という言葉をイエスの生涯の記述
　　のために用いるようになったのは早くても2世紀だと論じている。私はこの
　　マルコについての短い記述の草稿をFowler 1991を読む前に書いたのだが、彼
　　は表題について同様の見方をしている。またMyers 1990もマルコと黙示につ
　　いて似たような見解を持っている。

714　第Ⅳ部　紀元1世紀のキリスト教

弟子たちは心の中で非常に驚いた。パンの出来事を理解せず、心が鈍く
なっていたからである。

あなたがたも、そんなに物分かりが悪いのか。

なぜ、パンを持っていないことで議論するのか。まだ、分からないのか。
悟らないのか。心がかたくなになっているのか。目があっても見えない
のか。耳があっても聞こえないのか。覚えていないのか……まだ悟らな
いのか。

読者は悟れ……[68]

　これらの警告は、三層のレベルで鳴り響いている。弟子たちは秘密を理
解しているのだが、しかしその弟子たちもまた、その秘密をもう一段深い
意味においては理解していない。そしてマルコは読者に、さらに深いレベ
ルで秘密を理解してもらいたいと願っているのだが、その秘密は他の秘密
［イエスが神の王国をもたらしていることや、イエスがメシアであること］
と関連しているものの、同じではない。これらの謎めいた響きについて、
いったい何が「本当に」起こっているのかを説明するための仮説を提示し
ようと、大きな努力が払われてきた。マルコ福音書の「弟子たち」の背後
には、マルコ自身の教会の指導者たちの姿が見え隠れしており、マルコは
実は彼らの神学を矯正しようとしているのだ、というようなことが言われ
てきた。[69] これらの仮説の背後には、もっと年季の入った仮説がある。あ
る人たちは、マルコは原始キリスト教の根本的問題を説明するための理論
に合致する物語をでっち上げたのだと提案する。それはこういうことであ
る。(i) イエスは自分がメシアだとも神だとも思っていなかった。(ii) だ
が、原始教会はイエスがメシアであり神であると考えた。それゆえ (iii)
何かが根本的に間違っているように思われた。そこで (iv) マルコに先ん

68　マルコ福音書4章11-12節；6章51-52節；7章18節；8章17-21節；13
　　章14節。

69　Weeden 1985 [1968]; Tannehill 1985a [1977]; Best 1986 のバランスの取れた分
　　析を見よ。Hooker 1991, 12f.

じた時期に誰かが、イエスはそのように思ってはいたのだが、それを秘密にしていたのだ、という素晴らしいアイデアを思い付いた。そして（v）マルコはこの優れたアイデアを彼の物語の基本に据えた。[70] この理論はこの第一の想定で早くも躓いてしまう、なぜならこの理論の提唱者であるヴレーデは「メシア」、「人の子」、「ダビデの子」、そして「神の子」を一緒くたにしてしまったからだ。ヴレーデは、マルコがこれらの称号に何の区別も設けず、全てを後の信条における神的存在としてのイエスを指すものとして用いたという、全く誤った想定をしてしまった。[71] 第二、第三の想定については、原始キリスト教徒たちが正確に何を考えていたのかを評価するのはたいへん難しい。第四の想定については、マルコの前にこのようなアイデアが存在していたことを示す証拠は何もない。そして第五の想定だが、もしマルコがこれは秘密にされ続けたというように描こうとしていたのなら、彼は全く貧弱な仕事をしたということになる。しかしこのような理論が存在するという事実そのものが、何か説明されるべきことが残っていることを示唆している。マルコ福音書は実に謎の書であり、表面の下に隠された謎を悟るようにと読者を招いているのだ。この書の物語としての力をどう説明すればよいのだろうか。それはどんなタイプのストーリーなのか。[72]

　ここでもまた、マルコ福音書は典型的なヘレニズム形式の伝記以上のものであり、それ以下ではないことに注意することから始めたい。[73] マルコが自分の書についてどう考えていたにせよ、彼はヘレニズム的背景の中で理解される形でイエスのストーリーを語った。しかし、マタイやルカの場合と同じく、マルコはユダヤ的な思考の枠組みの中でも執筆をしたのであ

70　この理論は William Wrede 1971 [1901] によって考案された。これは Tuckett 1983a; Räisänen 1990b [1976] で徹底的に論じられている。

71　Moule 1975; 1982 [1962], 110, 131。

72　ストーリーとしてのマルコ福音書については、Rhoads & Michie 1982; Best 1983; van Iersel 1989 [1986] を見よ。

73　Burridge 1992, 8 章；すでに挙げた例として Schulz 1985 [1964], 164 参照。

716　第IV部　紀元1世紀のキリスト教

る。そして彼の著作を理解するための最善のモデルとは、「黙示」という大きく誤解されているカテゴリーなのだ。黙示において秘義が提示そして啓示され、その秘密について他では見出すことのできない逆説的な解説が施されるのである。

　ここで近年の学界の状況について少し但し書きが必要である。ある学者たちは、マルコは徹底して「反黙示的」だと言う[74]。ほかの学者たちは、マルコはまさに黙示的なるものを書いたのだと言う[75]。私はそのどちらにも与しない、なぜならどちらも「黙示」とは実際には何なのかについての誤解に基づいているからだ。「黙示」という文学ジャンルに関しても、また「黙示的」なる世界観についても誤解がある。そのどちらも、黙示とは非常に二元的なもの、つまり現在の世界への期待が潰え、それゆえ現在の世界が破壊されてそこに全く新しい世界が割り込んでくることを願い求めるものだと見ている。この見方によれば、マルコはユダヤ的二元論を拒否してキリスト教の歴史への強調を選好したのだとか（シュルツ）、あるいは原始教会の待望していたものが失望に終わった時にこの二元論を抱くようになった（マック）ということになる[76]。ほとんどの現代の神学者たちは二元論を拒否しているので、この解釈上の鍵となる問いは、マルコを英

74　Schulz 1985 [1964], 166。

75　Perrin & Duling 1982 [1974], 89, 233‒61; Kee 1977, 64‒76; Mack 1988, 325‒31, 330 参照：「マルコ福音書はたまたま黙示的な講話を含んでいるのではない、それはある特定の読者の歴史と時代における黙示的見方を押しつけ」たのだ。

76　Schulz (1985 [1964], 165) には彼の意図を明らかにするコメントがある。「マルコ13章1‒23節はマルコによって完全に脱黙示化され、歴史に関連付けられている。」このシュルツの声明は、一般に考えられている「黙示的」という概念（シュルツもそれを抱いている）と、私が本書10章で詳細に論じたそれとの、またマルコ本文の表面的な意味との巨大な隔たりを示している。マルコ13章1‒23節は、偽教師たち、戦争、地震、シナゴーグ、迫害、そして山に逃げることに関するものだが、それらはつまり、完全にこの世の歴史上の出来事なのである。このテクストの背後には非空間的、時間的出来事を指す資料があるというようないかなる示唆も、批評家の絵空事に過ぎない。

第13章　原始キリスト教のストーリー（1）　　717

雄か悪者にしてしまう結果になる。[77]

　私は本書10章で、このような「黙示」の理解は根本的に人を誤った方向に導くものであることを論じた。文学ジャンルとしては、「黙示」は時空間での出来事に神学的意味を与えるものである。それは、悪がこの世を支配していることを否定することによって、現在の時空間の秩序の決定的重要性を否定するのではなく肯定する。このジャンルの文学が十分な歴史的認識なしに読まれてしまうと、それはストア派の哲学だと誤解されてしまうことになる。初期ユダヤ教とは異なり、ストア派は時空間宇宙が将来のある時点で溶解してしまうと思い描いていた。この種の誤解の可能性は1世紀にも21世紀にもあり、その可能性の度合いはルカがそれを避けるような記述をしたことからも窺い知れよう。マルコは彼の福音書の中でも最も謎めいた一文を書き、そしてこう加えた「読者は悟れ」。ルカは、察するに彼の読者が悟らないだろうことを知っていて、この謎めいた箇所を平易な文章へと翻訳したのである。[78]したがって、私がマルコのことを「黙示的」だと言う時は、私が先に論じたような意味でそう言っているのであり、通常誤って使われてしまっている意味ではない。

　この提案の強みは既に記した。マルコ福音書は四福音書の中でも特に、秘密が見通され、探求され、理解されるべきだということを強調している。この観点から見れば、マックは極めて正しい。つまり13章だけでなく、マルコ福音書全体が「黙示的」なのである。[79]しかし、先に見てきたように、古典的な黙示文学は歴史の終わり、時空間世界の終焉についての文書ではない。[80]これらの古典的な黙示文学は神話と比喩との複雑な混成物であり、イスラエルの歴史ストーリーを語り、これまでの歩みと、（この世の）悪の諸力が根絶され、（この世での）イスラエルの解放がついに

77　マルコが悪者であるというのが、Mack 1988（例として 14, 368-76）の主要なテーマである。

78　マルコ福音書13章14節；ルカ福音書21章20節。

79　Mack 1988, 330。

80　この原則への例外の可能性については、上巻10章を参照せよ。

718 第IV部 紀元1世紀のキリスト教

達成される瞬間のことを指し示している。それは歴史を「解釈」する鍵を提供しているのであり、この世から逃げ去ることについてではない。ドタンでのエリシャのように、マルコはベールをもち上げて、地上のただ中で天上の現実に読者の目が開かれるようにと意図していたのである[81]。マルコはイエスのストーリーを次のように語った。すなわち、ユダヤ人の文書や伝承に表明されてきたイスラエルの輝かしい期待は、イエスの死と復活とにおいて逆説的に成就され、そしてさらにはエルサレムの破壊によって成就されるだろう（あるいはマルコ福音書が書かれた頃に成就していたのかも知れない[82]）。この福音書は、通常の黙示文学のイスラエルのストーリー語りを覆す。それは黙示という思想や文学様態を拒絶することによってではなく、その中心点を方向修正させることによって成し遂げられた。エルサレムはイスラエルの神の真の民を迫害する大いなる都である。バビロンのように、この都は真の民の解放のしるしとして倒れるだろう。神から与えられた召しを守り続け、大いなる大転換の時にその正しさが立証される苦難の義なる者たちは、トーラーの厳格化に寄り頼む人たちではなく、極めてシンプルにイエスとその民なのである。

　したがって、マルコの新しい形式の黙示は、少なくとも二つのレベルにおいて機能している。マルコ福音書13章は、はっきりそれと分かる完璧にユダヤ的なスタイルの文書としてその場を支配している。そこには旧約聖書への暗い仄めかしが溢れており、そして第四エズラのように、読み直されたダニエル書7章［マルコ13章26節］においてクライマックスに達する。だが、マルコ13章を前後の文脈から切り離された独立した「小黙示録」として考えるのは、どんな場合でも誤りである。そのような試みは、非黙示的なマルコが（そして恐らく非黙示的なイエスも）、陰鬱で非キリスト教的なユダヤ的黙示文学というジャンルは何のかかわりもないことを示すためになされてきたのだが[83]。マルコは、そこに至るまで何章にもわ

81　列王記下6章15-19節。
82　この福音書の成立時期に関する問いは、ここでは二次的なものである。
83　この点については、例としてLane 1974, 444-50 とさらに古い文献を参照

たって読者の目をこの黙示的な世界へと向けさせようとしてきた。8章34節－9章1節は間違いなくそうだが、そこから先もそうだと言ってよい。そして13章の光に照らしてのみ、マルコが読者につかんでほしいと願った感覚を、14章の法廷での場面や15章の十字架の情景から得ることができる。マルコ13章は、イエスの生涯、裁判、そして死とは別の何かではない。驚天動地のこれらの出来事は、マルコ13章というレンズを通して理解されるべきものなのである（「読者よ悟れ」）。逆に言えば、マルコ13章はこれらの地上での出来事に、天上的な意味を付与するものなのだ。

　しかし、マルコ13章だけがこの福音書において明らかに「黙示的」なのではない。もし、この福音書のたとえ話が「天上的な意味を持つ地上のストーリー」としてあまりにも長いあいだ読まれてきたのではなかったなら、そしてこれらのストーリーがただの「寓話」として理解されてきたのでなかったなら、マルコ福音書4章1-20節と標準的な「黙示的」スタイルとの並行関係はとうの昔に認識されていたことだろう[84]。そうした並行関係の第一の例は、種を蒔く人と四種類の地に落ちた種のストーリーである。そこに登場するのは羽の生えた翼を持つ鷲や、あるいは海から現れる四匹の獣ではないかもしれないが、ポイントは同じだ。まず初めに短い会話があって、聞き手は自分には聞かされたことが理解できないと語る。そしてストーリーの語り手は、大いなる神秘が、ある特定の聞き手にだけ明かされると宣言する。話し手はそれからこの奇妙なストーリーの各部分を一つ一つ説明し、隠された意味を明らかにし、そしてそれが神の民の現在の状況に直接適用されていることが判明するのである。そして私たちがこのストーリー全体を振り返る時、このストーリーの真の姿に気がつく。三

せよ。Hooker 1991, 297-303。マルコ福音書13章全般についての Theissen 1991, 3章の興味深い議論を見よ。そこではこの章の変種は文書形式で紀元40年頃には存在していたと論じられている。この主張の前では、似たような Wenham 1984 の提案（この成立時期を50年以前だと論じている）さえ比較的穏当なものに見える。

84　たとえ話については本シリーズ続巻において詳細に論じる。

720 第IV部 紀元1世紀のキリスト教

つの種類の悲劇と、もう一つは正しさの立証についてである。それは四匹の獣と、人の子のような者のストーリーとして語られてもよかったかもしれない［ダニエル書7章］。それは夥しい数の翼を持つ鷲とライオンのストーリーとして語られていたかもしれない［エズラ記（ラテン語）11章以降の鷲の幻を参照］。それは、実を結ばなかった三種類の種と、大きな実を結ぶ種であった。ポイントは同じだ。皮肉にも、マルコ4章1-20節は新約聖書の中で最も明白で、同時に最も見逃されている「黙示」文学の例なのである。

　むろん、次のような違いはある。語り手は、天使ではなくイエスである。聞き手たちは、いにしえの偉大な見者ではなく彼の弟子たちだが、彼らは後のストーリーでは無理解を叱責され続け、しまいにはイエス一人を残して逃げ出してしまう。マルコの黙示は現代の批評家たちには無理解を、1世紀の人々には驚愕を与えることでその真価を発揮する。マルコはイスラエルのストーリー全体を黙示的イメージで語る代わりに、黙示的方法でイスラエルのストーリーを語るイエスのストーリーを語るのである。この点では、マルコ福音書はまるで「メタ」黙示の書のようだ。

　しかし、マルコ福音書が黙示の書だと考えられる最も深いレベルから見れば、これら二つの章、マルコ4章と13章も単なるしるしに過ぎなくなる。マルコは、今日の作家や映画監督のように、彼の福音書をいくつかのクライマックス的な瞬間の周りに組み立てており、それらは並行箇所として、また互いに解釈しあうものとして配置されるように要請されている。それゆえ、

　　(1) 水の中から上がるとすぐ、天が裂けて"霊"が鳩のように御自分に降って来るのを、御覧になった。すると、「あなたはわたしの愛する子、わたしの心に適う者」という声が、天から聞こえた。
　　(2) ペトロが答えた。「あなたは、メシアです。」
　　(3) すると、雲が現れて彼らを覆い、雲の中から声がした。「これはわたしの愛する子。これに聞け。」

第13章　原始キリスト教のストーリー（1）　721

(4) しかし、イエスは黙り続け何もお答えにならなかった。そこで、重ねて大祭司は尋ね、「あなたは、メシア、ほむべき方の子なのか」と言った。［この一節は新共同訳ではなく、ライトの原文から翻訳］
(5) 百人隊長がイエスの方を向いて、そばに立っていた。そして、イエスがこのように息を引き取られたのを見て、「本当に、この人は神の子だった」と言った。[85]

　これらの箇所の二つからは「黙示的」な香りが漂ってくる。一番目の文の「天が裂けて」は、普段は隠されているものが明かされることを示す常套句で、三番目の文の「雲」は、神の臨在の明らかなしるしである。他の三つの文は曖昧さに満ちている。イエスがメシアであるというペトロの告白（または、イエスの神性の告白）を、マルコが（またはイエスが）全くの誤りだったと見なしたという考えには抵抗すべきだ。だが、さらに読み進めていけば、ペトロも他の弟子たちも、（少なくともマルコのようには）イエスがどんなメシアであるのかを理解していなかったのは明らかである。それは、イスラエルの民族的希望を覆しイエスを十字架刑に導くような性格のメシアだった。同じように、大祭司は強い皮肉を込めて質問を発した。彼はイエスがメシアだとは信じていなかったし、イエスの明確な答えも彼の考えを変えさせることはなかった。百人隊長の場合はもっと曖昧である。マルコが読者に、後の時代のキリスト教徒の信仰告白の響きを聞かせようとしたのだというのもあり得なくはない。だが、この文はありのままに、カイアファの質問のように少なくとも二つのレベルで読まれる必要がある。マルコも読者も、イエスの処刑に係わっていた百人隊長がキリスト教の信

85　マルコ福音書1章10‐11節；8章29節；9章7節；14章61節；15章39節。14章61節はギリシャ語をそのまま訳した。カイアファの発言の最初の節は、疑問符を除けばそのままそっくり8章29節のペトロの言葉と同じである。この点はしばしば指摘される。私は約二十年前、M. D. フッカーの講義で初めてこの点に注目した。15章39節の百人隊長の発言はしばしば「神の子（a son of god）」と不定冠詞で解される。しかしここには混乱がある。ギリシャ語では補語は定冠詞を取らないのである。

722　第Ⅳ部　紀元1世紀のキリスト教

仰告白を完全に理解していたなどとは真剣に考えられなかっただろう。

　福音書の冒頭の一文と、中間の二つの文、そして終わりにある二つの文、これら五つはひときわ目立つ。なぜならこの福音書の他の大部分では、イエスのメシア職や子としての神性というテーマは驚くほど出てこないからだ。（私はこれらの文の「神の子」を、何よりも「メシア」を意味するものとして理解している。後の時代に、このフレーズにどんな含意が付加されたとしても。[86]）マルコはイエスのストーリーを、イスラエルの神の王国を宣言し、イスラエルにその方向を変えるように（つまり、悔い改めるように）と呼びかけたガリラヤ人預言者のストーリーとして語っている。[87] バプテスマ、変容、ペトロ、カイアファ、百人隊長の言葉、これらはすべて、ベールが取り除かれ目が開かれる瞬間なのである。読者はエリシャのしもべのように、火の馬と戦車が預言者の周りを囲んでいるのが見えるようになる。マルコによるイエスのストーリー語り全体は、黙示として機能するようにデザインされている。読者はこの福音書全体を通じて、もっと近くに寄って、奇妙なストーリーの外観から内幕の秘密を発見するようにと招かれている、たとえの4章でイエスの弟子たちがそうだったように。この福音書のストーリーの流れは当時よく知られていた。それはヨセフスの著作からお馴染みのものだった。ユダヤ人の預言者、自称メシアが自分の支持者（その数はだんだんと少なくなっていた）から見捨てられ、逮捕され、裁判にかけられ、占領軍によって処刑されるというものだ。マルコのストーリー語りは完全に転覆的なものだ。それはイスラエルの神の王国の到来であり、それは預言者たちによって黄金時代として語られ、イスラエルはそれを待ち望み、革命家たちはそのために戦い、殉教者たちはそのために命を落とした。（マルコの視点から見た真理は）驚愕すべきものだ。それは福音書を通じて仄めかされ、13章ではっきり言い表されている。王国の到来は、エルサレムの正しさが立証されたり、神殿が栄光に

_____

86　「神の子」の意味については、例えば Hengel 1976; Moule 1977, 22–31 参照。

87　預言者としてのイエスについては6章4節、王国の宣言と悔い改めへの呼びかけについては1章15節。

第13章　原始キリスト教のストーリー（1）　　723

包まれたり、預言者やその忠実な読者たちが思い描いた捕囚からの真の帰
還が実現することを意味しない。むしろそれはエルサレムの破壊、神殿の
破壊、そしてイエスとその民の正しさが立証されることを意味する。エル
サレムとその権力構造は、この驚くべきストーリーの語り直しによって、
今やバビロン、エドム、そしてアンティオコス・エピファネスの役回りを
担っている。この都が倒れることは、イスラエルの神の真の民の正しさの
立証となる。暴君からの救出は、イエスとその民において、また彼らのた
めに実現する。この都が倒れる時には、彼らはそこから逃げなければなら
ない。これが彼らの救出、救い、そして正しさが立証される瞬間なのであ
る[88]。

　これを根拠にして、マルコ福音書の成立時期や執筆場所を推定したい誘
惑にかられる。だがそれは別の機会、別の書に取っておこう。ここでの私
たちの目的とは、単にこう尋ねることである。ここで語られているのはど
んな種類のストーリーなのだろうか。その答えははっきりしている。マル
コはキリスト教徒の黙示録を書いた。イスラエルの歴史は、イエスの生涯
の出来事において「黙示的」な危機の瞬間に達した。つまりイエスの生涯
という劇場の中で、イスラエルの歴史が進行していたのである（イエスの
生涯の出来事はヘレニズム世界の伝記の性格をも兼ね備えているのだが）。
そしてそこから歴史は再評価されるべきだ。しかしここでもまた、ルカや
マタイの場合と同様、マルコのストーリーはイスラエルの全ストーリーを
前提にした場合にのみ意味をなす。そしてこの場合、イスラエルのストー
リーは黙示的に描かれている。マルコ福音書の冒頭のシーンはこのことを
示している。ルカは少なくとも読者を世界の出来事の地図の中に招き入れ、

88　エレミヤ51章26節とマルコ13章2節を比較せよ。イザヤ13章10節、
　34章4節とマルコ13章24節を比較せよ。イザヤ52章11節以降、エレミヤ
　51章6、45節とマルコ13章14-17節を比較せよ。エレミヤ51章46節とマ
　ルコ13章7節以降を比較せよ。ゼカリヤ2章6節（文脈から）とマルコ13
　章27節を比較せよ。そしてもちろんダニエル7章13節以降とマルコ13章
　26節を比較せよ。

724 第Ⅳ部　紀元1世紀のキリスト教

その主要なテーマを興味尽きない人間的情景に組み入れようと骨を折っている。マタイ福音書は、1世紀の読者にはワクワクさせられるが、今日の多くの読者にとっては不可解な系図から始まる。

　しかしマルコ福音書はあからさまな一連の出来事から始まる。冒頭から初めの十二節の中で、読者はバプテスマのヨハネを紹介され、イエスのバプテスマを目撃し、王国の宣言を聞き、そして最初の弟子たちの召しを見る。これらすべての活動のただ中で、私たちは自分がどこにいるのかを理解することが期待されている。ドラマは特定の背景の下で意味をなす。そしてそのような唯一の背景とは、不穏で「黙示的」なイスラエルのストーリーなのである。マルコはマタイやルカと同様、より大きなストーリーを前提としてストーリーを書いた。そしてその大きなストーリーに、奇妙だが決定的な最終章を提供したのだ。このより大きなストーリーとマルコ自身のストーリーにおいて、世界と歴史は否定も廃棄もされず贖われるのである。読者よ悟れ。

5.　共観福音書：結論

　私たちが考察してきた三つの共観福音書には、大きな相違の背後に共通したパターンがある。これらすべてはイエスのストーリー、特に十字架のストーリーを語る。イエスのストーリーは奇妙な偶発的出来事を並べただけの伝記ではないし、神的な力の歴史への唐突な侵入について書かれたものでもない。イエスのストーリーはもっと大きなストーリー、つまりイスラエルのストーリーの最後に位置するもので、それは同時に創造主と被造世界のストーリーの中心にもなっている。三つの福音書はこのような複雑なストーリーを語るが、それは単に古代研究や神学的関心のためではない。福音書が語るのは、ある共同体の創設のストーリー、歴史的な「創成神話」であり、その共同体はイスラエルの神から召され、イスラエルのストーリーを新たな段階へと推し進めるべく存在している。福音書記者の神学

第13章　原始キリスト教のストーリー（1）　725

的、実践的、そして牧会的配慮は次のように集約される。彼らは、未だに記憶に新しいナザレのイエスに起こった出来事を宣言し、その出来事の中に会衆を巻き込もうとしたのである。私たちはここで様々な流れをまとめ上げ、話をさらに一歩進めていかなければならない。

　第一に、福音書記者たちは何かについてのストーリーを語ったのではない。彼らが語ったのはストーリーそのものであり、他の全てはこのストーリーを中心に展開している。彼らはこのストーリーこそが世界の中心にあると語ったのである。このストーリーは他の「本物」、例えば「神の愛」というような抽象的な教理を説明するための単なる具体例ではない。福音書記者たちは、旧約聖書の記者たちのように、創造主である唯一の神を信仰する者として執筆した。彼らにとって重要だったのは、創造された世界における出来事、そしてイスラエルの歴史における出来事である。これらの出来事の比類なき一度限りの性格を強調する点において、宗教改革者たちも福音書記者たちと一致していた。だが、皮肉にも宗教改革者たちはイエスの宣教に関してはその比類なき一度限りの性質を強調せず、それを単なる模範としてしまった。[89]

　第二に、福音書記者たちはイスラエルのストーリーが大いなるクライマックスを迎え、それが世界の長い歴史の方向をついに変える出来事だったと信じていた。そして世界の歴史を変える出来事を書くことと、イエスの歴史を書くこととは、彼らの中では密接に関連していた。彼らは何か別の「本当の」関心事について執筆する傍ら、いわば片手間にイエスの歴史を書いていたのではない。歴史とは、イスラエルの神がその民を贖うべく行動する場である。創造主である唯一の神への信仰を表明するあらゆるユダヤの伝統は、出来事を出来事でないもののように見なす考え方に抵抗する。つまり、出来事の意味は出来事そのものにあるのではなくそこから抽出される「原則」や時間を超越した何かにある、というような考え方に抵抗するのだ。ユダヤ人の唯一神信仰は、早い時期から高いキリスト論（high

---

89　上巻第1章を参照せよ。

726　第Ⅳ部　紀元1世紀のキリスト教

Christology）が存在していたという学説への反証のために近年不当にも用いられてきたように見える［訳注：ユダヤ人は強固な唯一神信仰を持っていたので、ナザレのイエスを神とするような動きに反対した。したがって最初期の原始教会には高いキリスト論は存在するはずがなかった、という説のこと。高いキリスト論とは、イエスを王としてのキリスト（油注がれた者）以上の存在、つまり神として礼拝する立場のこと］。しかしユダヤ人の唯一神信仰が本当に否定しているのは、イスラエルの神がこの世界の創造主でも贖い主でもないかのように見なし、この神を世界から引き離そうとする二元論なのである。もし私たちがユダヤ的に考えるのなら、そして福音書記者たちもそのように考えていたのなら、彼らはイエスとその歴史上の宣教に注意を向けていたと結論せざるを得ない。彼らがそれを首尾よく行ったかどうかは、別の機会に取り組むべき問題ではあるが。

　これとは別のことを言うことのもたらす結果について、慎重に記さなければならない。なるほど通常のユダヤ的な形式と内容を備えてはいるが、実際の歴史上の出来事を指し示していないストーリーが語られ書かれることは十分あり得るし、また実際そういうこともあった。中間時代のトビト記やユディト記のような小説がそうした例である。だが、そのような文学も、ユダヤ人の希望を支え燃え立たせる役割を果たしていた。そして彼らの希望は歴史的な性格を持つものだった。出エジプトにおいてそうだったように、イスラエルの神は歴史のただ中で行動を起こし、その歴史的な民を歴史的な隷属状態から救い出すだろう[90]。しかし、もし全てのユダヤのストーリーがフィクションで、またフィクションとして知られていたのなら、彼らの世界観は自らの重みに耐えきれずに崩壊してしまっただろう。紀元75年に、誰かがユダヤ人に対してフィクションを語り、そのフィクションのストーリーにおいてイスラエルの希望がついに成就したのだと言い張ったとしよう。このユダヤ人はその人を嘘つき呼ばわりするだけでなく、彼がユダヤ人の世界観の何たるかを全く理解していないと指摘するだ

90　上巻第8、10章参照。

第13章　原始キリスト教のストーリー（1）　727

ろう。イスラエルの希望の成就を過激に描き直したヨセフスですら、この成就が歴史のただ中で起こったと主張したのである。彼のイスラエルの希望の再解釈があれほど恥ずべきこととされたのもそのためだ。したがって福音書記者たちが意識的に、イスラエルのストーリーがどのようにしてイエスのストーリーにおいてクライマックスを迎えたのかを語ったのなら、彼らは歴史的な出来事として語ったのである。もしそうでないなら、彼らは創造主である唯一の神への信仰は誤りだと言ったことになる。そしてユダヤ人たちが抵抗してきた異教信仰（そのエッセンスは非時空間的、抽象的なプラトン主義である）こそが真の世界だと語ったことになってしまうだろう。

　第三に、福音書記者たち、特にルカとマタイは、イエスの宣教の時を特別な時だと見ていた。そのような時は後にも先にもなかった[91]。そのために、彼らは原始教会における主な論争をイエスの宣教に投影するようなことはしなかったのである（この点は後に見ていく）。むしろ反対に、イエスの宣教で起きたことを理解するために重要な題材を保存した。イエスの宣教において起きたことを正確に知ることが教会にはぜひとも必要だったのであり、その限りにおいて福音書は教会の必要のために書かれたのだと言える。この証拠に直面して、私たちには二つの選択肢がある。一つは、福音書が書かれる前には、イエスの時と福音書記者たちの時との間には明確な区別がされていなかったが、福音書記者たちがその違いを考案したというものだ。もう一つの選択肢は、イエスの宣教の時は原始教会にとって常に特別な時、後にも先にもないような時だったのであり、福音書記者は単にこの事実を深く考察したというものだ。福音書記者全てがイエスの宣教の時は特別な時だったという結論に立ち、それを異なる仕方で表現したという事実は、この方向を強力に指し示している[92]。つまり、第二の選択肢の方が遥かに可能性が高いように思われるのだ。福音書記者たちは、彼ら自

91　Perrin & Duling 1982, 289, 303f.; Strecker 1983 [1966]; Conzelmann 1960 [1953]; Moule 1967, 56‒76, 110f; その他。

92　福音書以前の伝承については、14章以下を参照。

728　第Ⅳ部　紀元 1 世紀のキリスト教

身が神のドラマの最終幕に生きていると信じ、そしてその最終幕のすぐ前
の幕の劇について執筆したのである。そして彼らは、彼ら自身がその中を
生きている最終幕が、その前の幕の内容に完全に依拠していることをよく
弁えていた。

　したがって、共観福音書全体の物語分析は、福音書記者たちの教会での
体験がイエスのストーリーに投影されているのでは全くないことを明確に
する。そして彼ら自身の体験は、先に起こった比類なき一度限りの出来事
に自分たちが依存しているという感覚を含んでいる。福音書記者たちは、
もちろん解釈なしの「ありのままの事実」を物語ろうとしていたのではな
い。4 章で見たように、この実証主義者たちの夢は実現したことがないし、
実際のところ全く実現不可能である。このような夢は、より繊細な記述に
道を譲るべきだ。福音書記者たちの意図は、実際に起こった出来事につい
てのストーリーを語り、それらのストーリーに重要性を付与することだっ
た。彼らの世界観の中では、そうした重要性は減じることのできないもの
だった。

　第四に、なぜ福音書記者たちが読者に実在の歴史的人物についての実際
の情報を提供しようと願ったのか、その確かな理由が今や明らかになる。
これはスタントンやモールその他の学者たちが展開した議論を乗り越える
ものだ。彼らによれば、イエスを個人的に知らなかったキリスト教徒たち
は、彼について、そして何が彼に起きたのかについて正確に知りたいと願
うようになった。[93] これは間違いなく真実だが、どこかにわか仕立ての説
明であり、福音書記者たち（または彼らが用いた伝承）は非歴史的神話で
はなく、イエスについて語ることを意図していたという神学的提案を十分
に満足させるものではない。もし彼らがイエスのストーリーをイスラエル
のストーリーのクライマックスとして語ったのなら、彼らは単に伝記的興
味を満たそうとしたのではなかった。彼らが意図していたのは、そのスト
ーリーが明確な歴史上の指示対象を持つことだった。

93　Moule 1982 [1962], 4, 10f., 122f., そして 133 のサマリー、また Stanton 1974。

第13章　原始キリスト教のストーリー（1）　　729

　第五に、原始キリスト教徒が復活に与えた重要性の根拠について、強力な議論を始めることができるだろう[94]。私たちは10章で、復活こそ1世紀のユダヤ人たちが期待していたことだったのを見てきた。イスラエルの神がシオンに戻り、その民の繁栄を回復して下さるであろう歴史上の劇的な瞬間に起こるべき出来事の一つは、神が全ての義なる死者を起き上がらせることだ。しかし歴史の終わりではなくその真ん中で、たった一人の人物だけが死者の中から復活したこと（この出来事自体はもちろん非常に衝撃的だが）、そして他には何も変わらず歴史が流れていっているように見えること、それらは当時のユダヤ人たちをして、長年待ち望んだ贖い、捕囚からの最終的な解放が本当に起こったと宣言するにはあまりにも不十分なものだったということははっきり言っておく必要がある[95]。また、このイエスの復活という出来事に今日の多くの学者たちが想像するような重要性を当時の人々がただちに与えた、と言うこともできない。今日の西洋世界と同様に、古代のユダヤ世界でも死亡診断書付きの死を遂げた誰かが目に見える姿で生き返ることが意味するのは、世界は人々が考えるよりもずっと奇妙なところだという程度のものだっただろう。この奇妙な出来事の起きた人物が、それゆえ世界の救世主で「神の子」やそれに類する存在なのだという主張は、この出来事によってはとても正当化されなかっただろう。実際、もしイエスの傍らで十字架につけられていた二人のレスタイ（強盗）が数日後に死者の中から甦っても、それで彼らを世界の救世主と呼ぶというのは到底考えられなかっただろうし、この出来事からイスラエルの繁栄がついに回復され、イスラエルの神の王国が本当に始まったのだとはとても言えなかっただろう。このことは私たちに次の問いを突き付ける。ある人が死者の中から甦ったのだという信仰は、そのことがどう理解されたにせよ、実際に起こった結果［訳注：原始キリスト教運動の誕生］を生じさせることが可能だったのだろうか——十字架につけられ、それから

94　この議論は、モールのものといくらか類似性がある。Moule 1967, 1, 3-4章。
95　マタイ福音書27章52節参照。

730 第IV部 紀元1世紀のキリスト教

甦ったこの人について、ある事柄が知られ、また知られ続けていたのでなければ。

　この点を別の角度から考えよう。イエスが悪い性格の人物として知られていたと仮定しよう。例えば、彼が酒飲みや女たらしとして知られていたり、金銭的な報酬のために宣教をしていたという噂が立っていたならば、彼のローマの十字架刑による死が、復活を通じて他の人々の人生にとって何か重要なことを成し遂げたという考え、特に新約聖書でこれらの出来事に与えられた究極の意義は、単に笑止千万だとされてしまっただろう。また、もしイエスが偉大で時代を超えた、だが平凡な道徳を教える教師であったなら、彼がそもそも十字架につけられるべきだったのかどうか疑わしくなってしまう。しかし、こうした障害物を乗り越えても、イエスの死は、たとえその後に奇妙な復活が続いたとしても、その生涯における最も偉大な功績というよりも、むしろ悲しむべき挫折として理解されただろう。このような人物が復活したという主張が、イスラエルや世界が今や刷新されたのだという意味を持ったというのはほとんどありそうもない。それは何か新しい教え、特に「あの世」についてのストーリーが付け加えられるきっかけになったというのが関の山だろう（復活したイエスのものだとされる教えが、福音書や使徒言行録にはないことに注意されたい）。しかし、契約の神がその民を抑圧や捕囚から救い出すために歴史のただ中に介入して来られるという1世紀のユダヤ人たちが抱いていた信仰の文脈の中で、イエスが何事かを行いそして語ったと想定してみよう。そのようなイエスの言動が人々をして（彼らがどれほど混乱していたとしても）、彼らの神がイエスを通じてこの目的を成し遂げられたのだと信じたと仮定しよう。そのような場合、イエスの死の救済的意義について復活後に生まれた信仰が、初めはイスラエルの捕囚からの救出として語られたということは大いにあり得る。十字架と復活は、知られているほとんど全ての形態の原始キリスト教において中心に位置するものだった。しかし、このような原始キリスト教徒たちの理解は、この一人の人物について歴史として知られ続けてきたことを根拠にしてのみ納得できるものとなる。他の多くの人々

第 13 章　原始キリスト教のストーリー（1）　731

の中の一人としてエルサレムで十字架につけられたが、その信従者たちからその後すぐに生ける方として宣言されたのは、後にも先にもこの人物だけだ（この事実にはいくらかの重要性があるだろう）。したがって、復活はイエスが既に信じられていたような人物であることを立証したのである。復活だけがそのような信仰が生じた唯一の原因なのではない。

　もっと詳しく言えば、もし復活が契約の神がその民の繁栄を回復させるために用いる一連の複雑な出来事の一部だと信じられていたのなら、イエスについてのどんな「復活」のストーリー語りも、それがイエスのストーリーという形式におけるイスラエルのストーリー語りである場合にのみ、意味をなすものとなる。それは単に、無残な死を遂げたある人が実は生きていることが発見された、というような話ではない。ポイントはそこではない。原始教会、パウロ、そして福音書記者たちの福音とは、旧約聖書の約束がイエスの復活において実現したということなのである。パウロや他の人々が、イエスの死と復活が「聖書に書いてある通りに」、あるいは聖書の成就として起こったと主張し続けたのは、このためである。今日の人々はしばしば、イスラエルの神が遥か昔に復活を予告していたことを示す証拠テクストとして原始教会がこうした言い回しをしたのだと、彼らを賞賛したり叱責したりする。原始教会の人々はそのような証拠テクストを聖書の中に探し回り、ホセア書 6 章 2 節や（おそらく）ヨブ記 19 章 25 節のような断片を探し当てたのだろうと。あるいは、そのような聖書箇所はたいした証拠にはならないとばかりに原始教会の人々は証拠テクスト探しを断念し、特定の聖句を見つけたからではなくイスラエルの神がイエスにおいて働かれたという一般的な信仰から「聖書に書いてある通りに」というようなことを言ったに違いないと、ある人々は言う。しかし、本書の 8 章で見てきたように、「聖書に書いてある通りに」の本当の意味とは、イスラエルの聖書全体が契約について語っているということなのである。イスラエルの神がその民の罪の罰として彼らを捕囚に送ったこと、そしてそ

96　例として、1 コリント 15 章 3-4 節、等。

732 第Ⅳ部 紀元1世紀のキリスト教

の暗黒の時期が過ぎ去れば大いなる「帰還」が実現すること、それらのことを聖書は語っている。原始教会が全世界に、信仰による従順への呼びかけとしてイエスの復活のストーリーを語った時、彼らが言っていたのは、イエスにおいてイスラエルの歴史と、そしてイスラエルへの約束が実現したということだった。イエスはその死において、遥か彼方へと捕囚を引き受け、そしてその復活において、真の捕囚からの真の帰還を開始したのである。したがって、ここでもまた私たちは次の結論へと促される。復活を宣言すること、そして「聖書に書いてある通りに」とそれを宣言することは、イスラエルのストーリーをイエスのストーリーという形で語ることだったのだ。世界に対する教会の宣言の下に横たわっているのは、イスラエルの歴史がその地理的な場所と同様に創造された宇宙の中心にあるという、揺るぎない信仰だった。

　したがって、最初期の教会はイスラエルの歴史がイエスにおいてクライマックスに達したという信仰を表明するような形でイエスについてのストーリーを語った、ということが予想される。それが彼らの存在理由だったのである。第1コリント15章3節以下に代表されるこうした初期の信仰告白を見出す時、それに驚いてはならない。原始教会がイエスについてのストーリーを語ったのは、それがイエスの生と死と復活の中に見出した重要性を明らかにするための唯一の方法だったからだ。彼らはイエスについてのイスラエルのストーリーを語った。それらのストーリーの形式とスタイル、そしてその詳細な内容の全てが、これはイスラエルの全歴史のクライマックスなのだと叫んでいる。イスラエルのストーリーを語ることで、原始キリスト教徒たちは彼ら自身がその一部となっている運動を正当化した。彼らはもちろん、そのようにして自分たちの個人的な宗教体験を強固なものとした。しかしイスラエルのストーリーを語ることは、必然的にナザレのイエスについてのストーリーを語ることだった。そして「復活信仰」を、それが持つ意味と共にはっきり言い表すために（すべての原始キリスト教徒がそこから生まれてきた世界観があるとするならば、それが持ち得る意味は一つしかない）、彼らはイエスについてのストーリーを語

ることが必要だった。そしてそのストーリーは実際に起きた出来事を描いており、その形式と内容によって、イスラエルの歴史がまさにそれしかないやり方で、神の意図したクライマックスに達したことを説明するものだった[97]。

第六に、福音書記者たちはイエスのストーリーをイスラエルのストーリーのクライマックスとして語ることで、このストーリーが究極の結末ではないことを暗黙の内に語る。そうはなり得ないのだ。むしろそれは真の結末を視野に入れることを可能にしたのである。イエスのストーリーは全体のストーリーの中心的な部分の結末であり、それを先へと推し進めるものだが、それ自体が最終ゴールなのではない。今や更なる任務が待ち受けている。それは贖われたイスラエルを通じて、世界を創造主に服従させることである。この更なる任務は未だ完了していない。したがって、福音書記者たちは時空間世界の差し迫った終焉を期待していなかったのである。そんな考えは、単に彼らの用いた黙示的言語の読み違えから生じるものだが、そうした言語が真に指し示していたのはその時の世界秩序の終焉である[98]。祖父の死、あるいは一番年下の子供の結婚によって、家族は全く別のものになってしまう。それと同様に、創造主が被造世界を堕落から救出するための計画をクライマックスに導くべく決定的な行動を起こしたがゆえに、世界は別のものとなったのである（と福音書記者たちは語る）。もしユダヤのストーリーが本当に世界のストーリーの焦点であるなら、私たちはこのように考える他ない。これまで論じてきたように、それは福音書のストーリーそのものの物語分析の観点から見ることができる。

では、福音書の文学ジャンルについて何が言えるだろうか。文学ジャンルの問題は、福音書がどう読まれるべきなのかという問いへの重要な鍵となる[99]。これまで見てきたように、福音書はイエスのストーリーを、それがイスラエルのストーリーのクライマックスなのだという確信を伝えるよ

97　14章以下を参照せよ。

98　上巻第10章を参照。

99　Moule 1976, 100-14; Lemcio 1991; Baird 1991 他を参照。

734 第IV部 紀元1世紀のキリスト教

うな仕方で語る。したがって福音書はイスラエルのストーリーという様式を持ち、それは今や一人の人物の生涯という観点から描き直されている。イスラエルのストーリーは一人の男において体現されているので、福音書は伝記に非常に近い様式をも備えている。古代の世俗的な人物の伝記についての現代の研究が示すように、福音書は少なくとも伝記である。だが福音書はそれ以上のものだ。それらは実際、ユダヤ的な伝記であり、一人の人間の生涯において繰り広げられたイスラエルのストーリーの精髄を示すものとして意図されている。この意味で最も近いのは殉教文学で、そこで焦点が当てられるのはある人々の誕生の日付や髪の色ではなく、彼らのヤハウェへの忠誠とそれに伴う苦難、そして彼らの正しさが立証されることへの希望である。

イエスが成し遂げたことは個々の忠実なユダヤ人たちの列伝のクライマックスとなっただけでなくイスラエルの全歴史にクライマックスをもたらすものだったと、福音書記者たちは語った。それゆえに、福音書はイエスのストーリーをイスラエルの歴史の縮図として語った。批評家たちがそこかしこに見出す「予型」は、福音書記者たちのこの大きな目的の一部に過ぎない。マタイ福音書は初めの5章で「創世記」（1章1節）、「出エジプト記」（2章15節）、そして「申命記」（5-7章）を提示する。マタイはそれから王的また預言的な宣教活動を提示し、そして遂に「捕囚」（十字架）と「回復」（復活）を示す。これ以上何を求めるべきだろうか。福音書において、私たちはイスラエルとその神の歴史を目撃する。イスラエルは自らの歴史が創造主とその世界の真実の、だが秘密の歴史のストーリーであると信じていた。私たちはこのストーリーが創造主、イエス、そしてイスラエルのストーリーとして語られるのを目撃する。学者たちがこのつむじ風のようなストーリーをポスト啓蒙主義の範疇に当てはめようとして苦労しているのは驚くにはあたらない。風は思うがままに吹かせるべきなのだ。

しかし、これまで述べてきたことが的を射ているのなら、それが意味するのは福音書が単に多少ユダヤ的に修正されたヘレニズム的な伝記ではな

いということだ。福音書はユダヤのストーリーである。実際それらは唯一
のユダヤのストーリーだと主張する。そして今やこのストーリーはある人
物に関するもので、そしてこの人物のストーリーは、ストーリーそのもの
の成就の一部として今や異邦人世界に告げ知らされねばならないものなの
で、まさに伝記として語られる必要があった（それが異なる種類の伝記で
あっても）。このストーリーとそれを支える世界観とが異なる範疇のもの
であったのなら、それは「祖父たちの教訓」（ピルケ・アボット）や「ト
マスの福音書」のように書かれることが可能だっただろう。福音書は語録
集となることもあり得ただろう。しかし実際はそうではなかった。それら
は伝記として書かれたイスラエルのストーリーであり、世俗文学ジャンル
の方向に修正されてはいるが（ルカ福音書にその証拠を見ることができ
る）、世俗文学ジャンルそのものはその基礎でも目的でもない。以前の批
評家たちが福音書は伝記ではないと主張したことにも多少の真理があった
のだ。他のどんな解決策にもまして、このような見方は、福音書とそれに
類する世俗文学との間の類似性と相違点とをうまく説明することができ
る。[100]

　そうして福音書は読者をある世界観へと招く。この世界観には、世界の
創造者である神がおられ、その神は世界のただ中で選びの民であるイスラ
エルを通して働かれる。イスラエルの目的はイエスにおいて達成され、イ
スラエルの長い隷属期間も終わりを告げたと福音書記者たちは語る。福
音書がイエスの死と復活に焦点を合わせているのは「後代のキリスト教
神学」がイエスの「伝記」としてのストーリーに投影されたためであり、
元々は死と復活ばかりが強調されることはなかったのだ、というような説
明はなされるべきではない。福音書記者たちは死んで復活したこの人物の

100　驚かれるかもしれないが、これはケーゼマンの見方からそう遠くない
　　（1969 [1965], 97）：「福音書の比類のない文学様式」とは、それらが「極めて
　　独特な形で、ある人物の生涯を終末論的観点から、そして終末論的解釈によ
　　って提示している」ことである。むろん、ケーゼマンは私が提示してきたの
　　とは異なる「終末論」によってこう理解しているのだが。

736　第Ⅳ部　紀元 1 世紀のキリスト教

生涯と宣教、目的と達成の重要性を軽視してはいない。むしろ、その死と
復活が語られているストーリーの適切で必要なクライマックスだというこ
とを強調しているのである。福音書記者たちの神学的、牧会的企図は、ナ
ザレのイエスについて書くという彼らの意図を妨げるものではない。その
企図こそが、イエスの死と復活とに焦点をあてさせたのである。もしそう
しなかったのなら、彼らは読者に提供すると約束していた世界観を実際は
与えなかったことになり、それゆえ読者を欺いていることになる。近代の、
そしてポストモダン時代の読者は福音書記者たちの世界観をできるだけ問
題にしないようにしているが、この問題そのものは他の観点から論じられ
るべきものだろう。ポストモダニズムでさえ、歴史的時代錯誤を犯す言い
訳にはならない。

　だが、疑問は残る。このような仕方でのストーリー語りは、キリスト教
第二世代の初期に生み出された新機軸なのだろうか。マルコ、それにマタ
イやルカは、歴史（特にイスラエルの歴史と期待）とは元来ほとんど何も
関係のないようなメッセージを「歴史化」したのだろうか。これがブルト
マンとその学派の主要な議論だった。この学派は第二次大戦後に勢いを
失ってしまったように見える。そして「新しい探求」と次の「第三の探
求」において、イエス自身の使信と原始キリスト教の神学と宣教とが本質
的にユダヤ的であったことがますます強調されるようになってきた。[101]だ
が、ブルトマンの見方も近年復活の兆しを見せている。マック、クロッサ
ン、そしてキャメロンらの学者たちは、原始キリスト教はグノーシス的ま
たは犬儒学派的だったのだが、そこに共観福音書が問題を整理して「歴史
化」するために登場し、キリスト教第一世代には縁遠かったユダヤ的思考
法に時計の針を戻そうとした、と論じている。[102]この提題を評価するために、
原始キリスト教のストーリーという観点からは共観福音書の研究と同じく
らいあらゆる面で議論の絶えない別の研究分野に歩を進めていこう。最初

101　Neil & Wright 1988, 379-403 を見よ。

102　Mack 1988; Crossan 1973, 1983, 1991; Cameron 1982; Koester 1990 参照。

期の原始キリスト教文学の定まったポイントは一つしかない。パウロであ
る。

6. パウロ：アダムからキリストへ

　パウロを、彼の語るストーリーという観点から研究することはあまりな
されてこなかった。しかし、こうした研究を通じて彼の書簡から多くのも
のが得られると考えられる十分な理由がある。「手紙にはストーリーがあ
り、私たちはこれらのストーリーから、手紙とそれらのストーリーの両方
の物語世界を構築する。」[103]ノーマン・ピーターセンが画期的な著作『パ
ウロの再発見』で示したように、パピルスの切れ端にも「ピレモンへの手
紙」のような磨き上げられた名品にも、二つの段階で多くの光を当てるこ
とができる。第一の段階は詩的シーケンス［訳注：コミュニケーション理
論の用語で、「手紙の中の実際の議論」という意味］で、それはテクスト
そのものの中での物事の順序である。第二の段階は指示的シーケンス［訳
注：「実際の議論の背後にあるコンテクスト（文脈）」］で、それは手紙の
物語世界の前提となる、かつ／または、再構築される出来事の順序であ
る。[104]この第二段階の分析は、比較的単純な方法でなされる。「ピレモンへ
の手紙」を例に取ろう。ピレモンにはオネシモという逃亡奴隷（と通常考
えられている）がいたのだが、オネシモは逃亡先でパウロに出会い、キリ
スト教に回心した。パウロはオネシモをキリストにある兄弟として迎え入
れるようにと促す繊細な手紙を書き、それをオネシモに持たせてピレモン
の下に送り返した。読者としての私たちは、オネシモの到着とその後の結
果について思い巡らす。これが、第二段階の分析によって得られるこの手
紙の詳細な物語世界である。[105]この手紙の中では出来事がこのような順序

103　Petersen 1985, 43。

104　Petersen 1985, 47-9 参照。

105　Petersen 1985, 65-78, 287-302 では、他の要素と並んで、想定される物語

738 第IV部 紀元1世紀のキリスト教

で記されているわけではないが、それらはテクストの「詩的」シーケンスと間接的に係わっている。

　この段階では、ピーターセンはある意味でほとんどの歴史批評家たちがやろうとしていることに方法論上の呼び名を付けたに過ぎない。違いは、この第二段階の分析は「歴史」というよりも「ストーリー」と呼ばれるべきだという点にある。私たちはこの段階で、テクストの物語世界に関心を払っている（それが公共的な歴史における物語世界であるためには分析をさらに進める必要があるが）。ピーターセンはこの物語世界の研究によって、パウロ、オネシモ、そしてピレモンの複雑で暗黙裡の関係について、社会学的な分析を進めることができた。「ピレモンへの手紙」はパウロ書簡の中でも、このような方法を用いるための最も容易なケースである。しかし、こうした方法は原則的には他の書簡にも適用できる。例えばコリント人への書簡についてはもっと多くの作業を必要とするだろうし、より伝統的な方法での分析より実り多い結果が期待できるというわけではないかもしれない。コリント人への書簡の物語世界（パウロのコリントへの最初の訪問から計画されていた最後の訪問に至るまでの暗黙裡の出来事の推移）は、集中的な研究と憶測の対象となってきた。[106] しかし、パウロの手紙をもっと大きな物語世界を探求しながら読むという可能性は、パウロのより大きな物語世界を形作っているのはどんなストーリーなのかと問う時（つまり、本章で再構築しようとしている原始キリスト教徒たちの大きなストーリーという地図の中に、パウロを位置づけようとする時）、とても魅力的である。どんなストーリーがパウロの世界観に物語的な深みを与えているのだろうか。彼のシンボリックな世界において、不可欠な要素としてのストーリーとは何だろうか。

　　に仮想上の「結び」、結末を与える必要性があることが論じられている。ピレモンの物語世界について別の再構築がなされたとしても、一般的なポイントは有効である。別の再構築の例として、Knox 1935; Houlden 1970, 225f.; または Winter 1984, 1987。以下も参照せよ。Wright 1986a, 164-70; Nordling 1991。

106　George 1986 [1964]; Fee 1987, 4-15; Wright 1991a, 6章参照。

第13章　原始キリスト教のストーリー（1）　　739

　パウロの全書簡から、彼自身の人生と経験の物語世界を再構築するのは可能だろう。この場合の指示的シーケンスは、彼のファリサイ派としての教育から、召命 / 回心、苦難を伴う宣教的・牧会的活動へと続いていく。そこでは常に、将来の人生の幕引きが前提となっている。主が戻られる時に全く新しく変えられるか、あるいは死んでその後に復活するかのいずれかである。これが、パウロの日々の体験を納得たらしめた彼が依って立っていた物語世界だと、確信をもって言うことができる。この段階では、パウロの個人的な物語世界は、敬虔なファリサイ人の抱いていたユダヤのストーリーの、意図的で転覆的なバリエーションだと見なされるべきだ。パウロはそうしたストーリーを、例えばフィリピ書3章1-11節で語っている。ここで彼は、自らがどのようにして真の契約の一員、真の義認、イスラエルの神の民の真の一員であることを見出したのかを語っている。[107] このことの重要性は、パウロがどんな種類のストーリーを語っていないのかを認識することで把握できるだろう。彼は、地中海世界を行き巡って当時の人々の居心地の良い生き方について疑問を投げかけたという意味では、放浪の犬儒派かストア派の説教師のように振舞っていたといえるかもしれない。だが、パウロが自分自身について語ったストーリーは、例えばエピクテトスの「語録」の背後にある物語世界とは完全に異なっている。パウロとストア派との類似点も表面的なものに過ぎない。パウロの暗黙の物語世界とその世界観とに辿り着くや否や、パウロのストーリーが本質的にユダヤのストーリーであることを発見するだろう。その希望は果たされなかったか、または（パウロに言わせれば）その誤りが正されたものだったかもしれないが。

　パウロがなした主張の根拠を説明するのは難しくはない。彼の全ての書簡の中に、特にガラテヤ書とローマ書の中に、私たちはより大きな暗黙の物語を発見する。その物語（それは真の指示的シーケンスである）は、パ

107　フィリピ書3章2-11節については Wright 1991a, 88 を参照せよ。ガラテヤ書2章15-21節も参照せよ。ここには意図的なパラドクスが見られる（「律法に対しては律法によって死んだのです」等々）。

ウロの様々な手紙における諸々の修辞目的のために必要とされる詩的シーケンスの背後にある。パウロ自身のストーリーの場合と同様、このより大きなストーリーはユダヤのストーリーなのだが、ほとんどすべての点で従来の見方を覆すようなひねりが加えられている。パウロがこのストーリーを直接説明していない時でさえ、それは前提とされている。そして彼の様々な書簡に見られる、より限定された物語世界は、この全体のストーリー世界とそれを伴うシンボリックな宇宙の中の適切な場所に置かれることで初めて理解できるものとなる。[108]

このストーリーは、善良にして賢明なる唯一の神による世界の創造から始まる。ここまではとてもユダヤ的だが、パウロは第四エズラの著者のように、世界はイスラエルのために造られた、とは言わない。[109] それから、全人類の名祖であるアダムとエバの創造と堕落が続く。ノアを飛び越して、パウロのストーリーはアブラハムに光を当てる。パウロはアブラハムを、他のユダヤの伝統と同じく、[110] アダムの問題への神の対処の始まりと見ている。しかし、ユダヤの伝統とは異なり、アブラハムへ与えられた契約の約束はイスラエルの土地に留まらず、全コスモス、全世界なのだとパウロは主張する。[111] アブラハムの子と孫であるイサクとヤコブはこの約束の担い手となるが、イシュマエルとエサウはそこから除外される。ここでもまた、パウロは標準的なユダヤ人のストーリー語りを覆す。なぜなら彼は、このアブラハムへの約束の担い手の絞り込みのプロセスがヤコブ以降も続いていったと主張するからだ。[112] それからイスラエルの神はその民をモーセの指導の下エジプトから呼び出し、トーラーを与えた。昔も今も、

108　さらに深い議論については、Hays 1983, 1989; Wright 1991a, 諸所に、そして 1992b. 私はこの声明を実質たらしめる議論を、本シリーズの第 4 巻 ［Paul and the Faithfulness of God］ で論じる予定である。

109　第 4 エズラ 6 章 55-9 節；7 章 11 節。第 2 バルク 14 章 19 節；15 章 7 節；21 章 24 節；「モーセの遺訓」1.12f.

110　上巻 465 ページ以下参照。

111　ローマ書 4 章 13 節。

112　ローマ書 9 章 14 節以降；例として、「ヨベル書」と比較せよ。

第13章　原始キリスト教のストーリー（1）　741

正統派のユダヤ人にとってトーラーは、イスラエルの特別な地位と召命とを示す偉大な贈り物である。パウロにとってもそれは真実だが、そこには暗いひねりがあった。トーラーはイスラエルを罪に定めるがゆえに、イスラエルは捨てられる。そしてイスラエルの棄却は、世界が贖われるためなのだ。これがイスラエルの特別な地位と召命である[113]。トーラーがイスラエルにおいてすることの全ては、トーラーを最も忠実に順守する人々ですらアダムの罪を共有していることを悟らせることであり、それゆえ彼らがなしうる最善のことでさえ、異教徒の哲学者と同レベルなのだ（ここには痛烈な皮肉がある[114]）。

　トーラーはイスラエルに命と死、繁栄と捕囚とを提示し、それから申命記30章では捕囚／死の向こうにある新しい命について語る。イスラエルは捕囚／死を選んでしまう。預言者たちはこのことが起きるだろうと予言し、それはまさに起きてしまった。ここでもパウロは肉による同胞たちと共通理解に立っている。しかし、ここでもパウロはユダヤのストーリーを内側から覆す。この捕囚の終わり、そして真の「帰還」は、清められた土地、再建された神殿、厳格化されたトーラーという観点から体験されるであろう未来の出来事ではなくなっている。イスラエルの代表であるメシアのイエスがエルサレムの門の外で死に、異邦人の手によって、契約の呪

113　ローマ書9章14-29節；Wright 1991a, 152, 198f., 210-13, 239-48。

114　ローマ書7章7-21節；Wright 1991a, 196-200, 217-19, 226-30。次の点がこれらの議論に付け加えられるべきだ。ローマ書7章15-20節（「わたしは自分の望む善は行わず……」）は明らかにパウロの時代に異邦人世界において広く知られていた考え方（トポス）を反映している。例として、オヴィディウス「変身物語」7.19ff.; エピクテトス「語録」2.26.1-5（3.7.18; 4.1.147とも比較せよ）；プラウトゥス「三文銭」657; Hommel 1961-2の他の言及。これらの一節はすべてアリストテレスの「ニコマコス倫理学」第7巻に遡れるかもしれない。ローマ書7章でのパウロは、トーラーのイスラエルへの効用は、神の律法を追い求めたイスラエルが、賢いが当惑した異教徒と同じレベルにしか到達できなかったと分析している。ガラテヤ書5章17節以降とも比較せよ。

742　第Ⅳ部　紀元1世紀のキリスト教

いである捕囚を極限まで身に受けた時、捕囚は究極的な終わりを迎えた。[115]
イエスがイスラエルのメシアとして三日後に墓の中から現れた時、捕囚か
らの帰還も始まったのである。その結果、捕囚が終わる時に起きるであろ
うことへのユダヤ人の期待の全てがどっと一挙に実現した。イスラエルの
神はご自身の御霊を全ての肉に注がれた。神のことばは諸民族に届けられ
た。神はあらゆる人種や階級から男女の区別なく人々を召し出して新しい
民を誕生させた。パウロの神学のこれらの主要な特徴は、本質的にユダヤ
的なストーリーの大掛かりな語り直しという観点から見ることによっての
み意味をなす。それらはクライマックスの瞬間が既に到来し、そして今こ
そこの偉業を具現する時なのだと信じている人物の視点から見ることによ
ってのみ、意味をなすものなのだ。パウロは彼自身の物語世界をこのもっ
と大きな枠組みに適合させた。異邦人への使徒という彼自身の召命は、イ
スラエルの希望が既に実現したという物語世界の中においてのみ意味をな
す。

　明らかに未だに成就していない事柄が残っていた。ルカと同様パウロも
終わりは既に到来し、同時に未だ到来していないと信じていた。第1コリ
ント15章はユダヤのストーリーの未来の部分についてのパウロの語り直
しの完全版である。それは描き直された黙示であり、イスラエルのストー
リーという観点から見ることで初めて意味をなすのだ。このイスラエルの
ストーリーについては本書8章で学んだが、今やそれは新たな光で見られ
る。同じことはローマ書の「黙示的な」一節（8章18-27節）について
も言える。[116]物語は結末を必要とし、パウロはそれについてこの節や他の
節でヒントを与えている。被造物全体が滅びの縄目から解放されるだろう。
イスラエルのエクソダス（出エジプト）はイエスの死と復活のモデルとな

115　Wright 1991a, 7章を参照。

116　これについては、前提的な文章として、Wright 1992a, 10章を見よ。モー
　　ルがこの節を「非黙示的」だと表現した時（Moule 1982 [1962], 142, 267）、彼
　　が意味したのは「パルーシア（再臨）に言及したものではない」ということ
　　だったのだろうと私は理解した。

第13章　原始キリスト教のストーリー（1）　743

り、その両方の出来事がもっと偉大なエクソダスを指し示している。それは全宇宙がエジプトから、つまり現在の虚無の状態から解放される時である[117]。

　それは創造主なる神が被造世界と、そしてアダムとエバの種族を回復しようとしているストーリーとして理解されるイスラエルのストーリーであるので、このストーリーは異教世界と対峙し、彼らのストーリーを覆そうとする。それゆえパウロはしばしば、彼自身が言うように、「あらゆる思考をとりこにしてキリストに従わせようとしている」のを私たちは見る。パウロは異教的考えが自分の方にやって来るのを見ると、イエフのように彼らに命じて向きを変えさせ、自分の隊列に加わるようにと命じるのだった。少なくとも2世紀のマルキオン以降、ある読者らはこのことを、パウロがユダヤのストーリーをきっぱりと捨て去って、全く別のシンボリックな宇宙、別の物語世界を抱くようになった証拠だと見なす。だが、パウロの根源的な物語世界には1世紀のいかなる異教主義の物語世界とも深く響き合うものはない。それはイスラエルのストーリーと共鳴し続けている。イスラエルのストーリーは、全ての民族、全ての大地が自らのものだと主張する創造主なる神について語るので、パウロはこのストーリーからユダヤ人にも異邦人にも等しく訴えかけることができたのだ。それゆえパウロは、創造主なる神がアブラハムを初めに召し出した時の目的を、イエスのストーリーが成就したと主張したのだ。パウロのストーリー語りは同時代のユダヤ人たちの物語世界を覆すものだったが、それは契約の約束の真の意味を回復させた、というのがパウロの主張だった[118]。

　その違いをもたらしたのは、明らかにイエスだった。もっと詳しく言えば、イエスと神の霊だった。パウロの神学は、ユダヤ人の根源的な信仰をイエスと神の霊の光によって練り直されたものとして提示するのが最も確

117　私はこの点について、シルビア・キーズマットとの何度かの刺激的な議論に負うている。

118　特にローマ書4章；ガラテヤ書3章1節―4章7節；そしてローマ書10章1-4節を参照せよ。

744 第Ⅳ部 紀元1世紀のキリスト教

実だろう。そのユダヤ人の信仰とは、創造主なる契約の唯一の神への信仰、選び、そして終末論である。この神学はあらゆる点で練り直された物語世界と一体化している。

この観点からは、パウロの簡潔でしばしば唐突でさえあるキリストへの言及が、彼の書簡の中のミニ・ストーリーとしてどのような役割を果たしているのか、また偉大なユダヤの物語が今や新たな方向へと向かうことを示す小さな指標としてどのように機能しているのかを理解することができる。リチャード・ヘイズはこれらの節のいくつかをグレマスの分析手法の助けを借りて研究し、ガラテヤ書3章13-14節や4章3-6節のような短い定型表現においてさえ、「パウロが陰に陽に言及する福音のストーリーの存在と形」を見出す。[119] このような節のリストは切りがないほど増えていく。ローマ書だけでも明らかな箇所は、3章24-6節；4章24-5節；5章6-10節；6章9-10節；7章4節；8章3-4節；10章3-4節；15章3節、そして15章7-9節である。それら一つ一つの全てが、より大きなユダヤのストーリーのパウロによる読み直しがその物語世界の中で解釈されたイエスのストーリーに依存していることを示している。まとめて考えれば、それらはさらに強力になる。

パウロは通常どのようにしてこの思想世界、ストーリー化された世界観を喚起するのだろうか。他の多くの方法と並んで、パウロはまさに「キリスト」という言葉を用いることでそうしている、と私は提起する。パウロにとって、この言葉は単なる固有名詞ではない。それは「メシア」を意味する称号である。「メシア」は「イスラエル」を示唆する。イエスを「メシア」と呼ぶことは、イスラエルの運命は彼において成就したという主張を意味するのだ。他で論じたように、[120] パウロのイエス理解から「メシア性」を切り離そうとするいかなる試みも失敗するだろう。だがこれが意味するのは、「キリスト」という言葉が用いられているどの節にもこのよう

119　Hays 1983, 125。

120　Wright 1991a, 2-3章。

第 13 章　原始キリスト教のストーリー（1）　　745

な思考パターンが隠されているということだ。そして「キリスト」という
言葉が明示されている場合、それは挿入されたのではなく、あるべきとこ
ろに置かれた、ということなのである。

　パウロは人間イエスへの全ての関心を捨てたのだと考えられてきた、第
2コリントの有名な一節はどうだろう。

　　だから、これからは私たちは誰をも肉によって知ろうとはしません。も
　　し私たちがかつてメシアを肉によって知っていたとしても、今や私たち
　　はそうしません。だから誰でもキリストにあるならば、新しい創造なの
　　です！古いものは過ぎ去りました。そうです、今やそれは新しくなりま
　　した。[121]

　この一節についてのブルトマンの見方は強い影響力を及ぼしたが、彼に
よれば、パウロは人間イエスについての知識を拒否しただけではなく、そ
のような知識は無意味だと宣言した。[122] この見方は他の注釈者たちによっ
てきっぱりと拒否されたが、[123] 一部の学者の間には、パウロはイエスに無
関心だったのだという印象が未だに残っている。実際は、この一文全体
と、特にこの一節はブルトマンの結論に抗っているのだ。全体的な議論
は（2章14節-6章13節）、パウロが担っている新しい契約の働きを扱っ
ていて、そこでの焦点の一つは「イエス・キリストの御顔に輝く神の栄光
を悟る光」（4章6節）を見ることの意味を、4章7-15節で解説すること
だ。ここで問題の核心にあるのは、使徒が「いつもイエスの死を体にまと
っている」ことである（4章10節）。これとそれに続く節では、「イエス」
はまごうことなく人間イエスを、特に死に定められたイエスを指している。

121　2コリント5章16-17節（ライト訳）。

122　Bultmann 1951-5, 1.237-9; 1985 [1976], 155; Käsemann 1969 [1965], 121 n.16
　　とも比較せよ。

123　例として、Moule 1970; Barrett 1973, 171; Furnish 1984, 330-3. Meyer 1979,
　　73-5 も参照せよ。

746 第Ⅳ部 紀元1世紀のキリスト教

「キリスト」という言葉はこの部分には（4章7-15節）言及されていない。パウロが言おうとしたのは、死に至るイエスの宣教パターンが使徒たちの歩みの中でまさに繰り返されており、その事実こそが彼らの使徒職の正統性の根拠となっている、ということなのだ。

パウロが5章16節で拒否したのは歴史のイエスの知識でも、そのような知識の神学の有用性でもなく、メシアをある特定の仕方で知ることだった。「肉によって」（カタ・サルカ）はよく使われるパウロ特有の言い回しであり、ユダヤ人および／または幾人かのユダヤ人キリスト教徒たちのステイタス、態度、そして神学を意味する[124]。彼らが望んでいたタイプのメシアとは、彼らの民族的待望を確証し、また支持してくれる人物だった。だが、真のメシアであるイエスは別のメシア的な召命に忠実だった。それは再び起き上がるために「肉」に死ぬことだった。それゆえ第2コリント5章16節はイエスについての知識を得る可能性やその有用性を否定しているのではない。むしろ、こうした神学的主張をするためにそのような知識に依存しているのである。

これは、ローマ書15章1-9節を考察することによってさらに強められる。ここで注目すべきは、パウロがイエスの宣教について明らかに知られていること（ここではその死に焦点を当ててはいない）を用いて、それを彼の主張の根拠としていることだ。そしてこの主張は通常考えられているよりも、ローマ書の中でもっと大きな役割を果たしている。ここでは、ローマにいる雑多なキリスト教徒たちの異なる出自や背景が、共通の礼拝によって結ばれることの妨げとなってはならない、という主張がなされている。15章3節と15章7-9節は真のメシアが担った宣教について語るが、それはイエスのユダヤ人たちへの宣教が、神の全世界への目的の完遂のための一つの明確な段階であったことを認識するものだ。もしパウロがブルトマンや彼の追随者たちが言うような立場を採っていたのなら、パウロがここで歴史のイエスに言及するのは大きな誤りだっただろう。なぜならイ

124　ローマ4章1節；1コリント10章18節；ガラテヤ4章23節、等々。

エスへの関心の集中は、パウロが捨てたはずのユダヤ的キリスト教の特徴
だったからだ。パウロはイエスのストーリーの概要を知っていて、それを
そのままの形で用いたり、あるいは自らの神学的議論の土台として頻繁に
使うことができたのである。[125]

　もちろん、パウロについてのここでの研究は、まったく十分ではない。
別の機会へ積み残された論点は山ほどある。だが、原始キリスト教の最初
期の、ある時点でパウロによって語られたストーリーは、私たちがこれま
で見てきたルカ、マタイ、そしてマルコのストーリーと概ね同じ内容だと
いうことについては少なくとも論証できたと考えている。それはイエスの
ストーリーによって成就され、覆され、そして変容させられたイスラエル
のストーリーであり、それは今や他の世界のストーリーを覆しているので
ある。新しい形式において、このストーリーはシンボリックな世界を生み
出し、それを支えている。書簡や福音書の記者たちは、彼ら自身と読者が
その世界の中に生きていると理解していた。この世界の中で成就されたイ
スラエルのドラマは今や大団円へと向かっているが、それは未だ到達して
いない結末なのである。

7. ヘブライ人への手紙の物語世界

　パウロの詳細な研究の後にヘブライ人への手紙の世界に入ることは、バ
ッハを聴いた後にモンテヴェルディを聴くのに少し似ている。私たちは間
違いなく同じ世界にいるが、手ざわりは異なり、そこでほのめかされてい
るものも違っているので、全体的な香りも別のものになっている。ヘブラ
イ書についての十分な議論に加わる余裕もなければ、この時点でそうする

125　私はここではパウロのイエスの教えへの言及という厄介な問いについて
　　は棚上げする（例として、1コリント7章10-12節）。私の論点はこの件に言
　　及することなく確立される。

748　第Ⅳ部　紀元 1 世紀のキリスト教

必要もない。[126] 私は単にここで、その物語世界からあまり注目されること
のないある側面を引き出したい。それはこの書簡のクライマックスと、シ
ラ書のクライマックス的な最終セクションとの間の並行関係である。

　私たちは先に、シラ書 44 章 1 節 - 50 章 21 節の物語的な機能を瞥見し
た。[127] そこには世界の歴史、そしてイスラエルの歴史をエルサレム神殿で
のヤハウェ礼拝というクライマックスへと導く英雄たちの列伝があった。
そのクライマックスが、オニアの子、大祭司シモンの壮観な司式である。

　　　聖所の前を歩むその姿、
　　　主の家の垂れ幕を出てくる姿は、
　　　なんと栄光に満ちていたことか。
　　　彼は、雲間に輝く明けの明星、
　　　祭りのときの満月、
　　　いと高き方の聖所に輝く太陽、
　　　きらめく雲に照り映える虹のようだ。
　　　……
　　　彼が輝かしい衣をまとい、
　　　華麗な衣装に身を包み、
　　　聖なる祭壇に登ると、
　　　聖所の境内は輝いた。[128]

　イスラエルの歴史はここに導かれていく。壮麗な装いの偉大なる大祭司。
人々を祝福するための礼拝を終えて聖所から出てくる彼の輝かしさ。明ら
かに、ヘブライ書全体を特徴づけるテーマの響きがここから聞こえてくる。
イエスは「もろもろの天を通過された偉大な大祭司」で、「聖であり、罪

126　ヘブライ書全般についての近年の研究については、Lindars 1989; Attridge
　　1989; Hurst 1990; Lane 1991 を参照。
127　上巻 389 ページ参照。
128　シラ書 50 章 5-7、11 節。

第13章　原始キリスト教のストーリー（1）　749

なく、汚れなく、罪人から離され、もろもろの天よりも高くされている大
祭司」であり、「天におられる大いなる方の玉座の右の座に」着いておら
れる方で、天の聖所で自らの血を献げるという儀式を終えた後、「御自分
を待望している人たちに、救いをもたらすために」登場するだろう[129]。し
ばしば見落とされてきたのは、ヘブライ書11章の「信仰の英雄たち」の
リストは、シラ書44-50章のストーリーを覆すために、同様の主張をし
ているという点だ。イスラエルの歴史の向かう先を指し示しているのは現
職の大祭司ではなく、大祭司イエスである。ヘブライ書12章1-3節と11
章4-40節との関係は、シラ書50章1-21節と44章1節-49章16節との
関係と同じだ[130]。12章1-3節は、表面的には耐え忍ぶ信仰の最高の模範と
してのイエスが語られているが、8章1-10章28節の主張を暗黙のうちに
強めている。ここでも詩的シーケンスと指示的シーケンスとの違いが、テ
クスト間の相互関連性の響きを注意深く聞くことと相まって、テクストか
ら豊かな意味の鉱脈を引き出してくれる。

　ヘブライ書の詩的シーケンスの下には、明確な暗黙の物語シーケンス
［訳注：より大きな世界観や信仰体系］が横たわっている。世界とイスラ
エルのストーリーはあるポイントへと、つまり真の神のための真の礼拝の
確立へと導かれていく[131]。これはエルサレム神殿とその大祭司によってで
はなく、今やイエスによって成し遂げられた。ヘブライ書は一般的な神学
的あるいは実践的事柄よりも、神殿祭祀に焦点を当てているが、その根底
にあるストーリーは共観福音書やパウロ書簡に見出されるものと対応して
いる。イエスは、イスラエルのストーリーにパラドックス的なクライマッ

129　ヘブライ書4章14節；7章26節；8章1節；9章28節。

130　Frost 1987, 169 は、オニアの子シモンとイエスとの並行関係を見ているが、
　　　私がここで指摘した点についてはそこから導き出していない。

131　Bultmann 1956, 187 に反対して。ブルトマンは、ヘブライ書11章を読むキ
　　　リスト教徒にとって、「イスラエルの歴史はもはや彼らの歴史ではない」と大
　　　胆に宣言している。

750　第Ⅳ部　紀元1世紀のキリスト教

クスをもたらしたのだ。[132]

8.　ヨハネのストーリー

　ヨハネ福音書がルカ、マタイ、そしてマルコとは非常に異なった類の書であることは誰もが知っている。だが、そこまで全く異なっているわけでもない。四つの正典福音書を、再構築された「Q」資料、「トマス福音書」、「ペトロ福音書」、その他の断片的な資料と比較すれば、ヨハネ福音書と共観福音書との類似点は相違点に見劣りしない。ここで第四福音書の詳細な研究を行おうとすれば私たちの目的からは外れてしまう[133]。原始キリスト教を特徴づけている大きなストーリーに関する問いを探求する中で、私たちができることのすべては、この福音書の暗黙裡の物語世界を手短に探求することだ。[134]

　ヨハネのストーリーは私たちを全ての物事の初めへと、実にその初めよりも前へと導く。

　　初めに言があった。
　　言は神と共にあった。
　　言は神であった。
　　万物は言によって成った。
　　成ったもので、言によらずに成ったものは何一つなかった。

132　これが意味するのは、Koester 1982b, 272-6 で示唆されるような、ヘブライ書の「黙示的なグノーシス」という特徴づけを拒否すべきだということだ。

133　ヨハネについての近年の研究は、Kysar 1985; Beutler 1985; Ashton 1986, 1991; Hengel 1989b; Koester 1990, 3章 ; Lemcio 1991, 5章 ; Burridge 1992, 9章。1965年から1985年にかけては、Neill & Wright 1988, 430-9（Robinson 1985 の議論を含む）を参照。

134　換言すれば、極端に仮説的なものとなる資料の再構築はここでの仕事ではない。ヨハネ福音書に適用される物語批評については、Stibbe 1992 を見よ。

第13章　原始キリスト教のストーリー（1）　751

この言は、初めに神と共にあった。

言の内に命があった。

命は人間を照らす光であった。

光は暗闇の中で輝いている。

暗闇は光を理解しなかった。[135]

　ヨハネは読者を不思議な新しい創世記へと直面させる。彼のストーリーは他の何についてであれ、それは万物の創造の初めへと遡る物語世界の光に照らして解釈されるべきである。それにもまして、この福音書は明確にユダヤのストーリーに焦点を合わせている。創世記だけでなく、それに続く文書にも。

　　律法はモーセを通して与えられたが、

　　恵みと真理はイエス・キリストを通して現れたからである。[136]

　プロローグのこれらのヒントは、福音書本体の中で十分に展開されていく。アブラハムやモーセといった人物は文面に彩りや深みを与えるために添えられた単なる過去の英雄ではない。彼らは今や決定的な段階に達した長いストーリーの一部なのだ。8章のアブラハムと、その本当の子孫が誰かということについての長い議論は、ストーリー全体にとって決定的に重要である。この福音書で争われている問題の一部は、まさにイエスと当時のユダヤの人々のどちらが真のアブラハムの子孫なのか、ということだった。[137] この問いはもちろん全てのユダヤ人内部の議論において重要だったし、常にイスラエルのストーリー全体から理解されるべきものだった。ここかしこの文脈において、誰がアブラハムの真の継承者なのだろうか。同様に、モーセへの様々な言及は、トーラーの授与や、荒野の彷徨などを含

135　ヨハネ福音書1章1-5節。

136　ヨハネ福音書1章17節。

137　ヨハネ福音書8章31-59節。

752　第Ⅳ部　紀元1世紀のキリスト教

むストーリー、そしてユダヤ教の憲章としてのモーセ文書の変わることの
ない有効性が前提となっている[138]。

　そしてこれらのことは、イスラエルの過去への散発的な言及よりも、も
っと根の深いこの福音書の特徴を指し示す。この物語がユダヤの祝祭に脚
光を当てていることはたびたび指摘される。過越祭が三回、仮庵祭、神
殿奉献記念祭（ハヌカー）、そして別の名の記されていない祭りが各一回
ずつである[139]。ヨハネはイエスの宣教をユダヤの聖なる時の中に位置づけ
ているが、それぞれの祝祭は過去の歴史の特別な時を指し示すだけでなく、
人々の未来への明確な待望を形作るものだった。イエスはイスラエルの歴
史に、意図されていたゴールをもたらそうとしていたように見える。ここ
でも、ヨハネは物語においてイスラエルの過去の出来事を意図的に喚起し
ようとしていたようだ、「これら全てのことは、今や約束の成就を迎えた」
と言うために。イエスはモーセにもまして、荒野で天からのパンによっ
て人々を養った。エゼキエル書34章にあるように、イエスは偽の羊飼い
たちから区別されるべき真の羊飼いである。そして彼は真の過越の羊であ
る[140]。

　これら全てのために、ヨハネ福音書は共観福音書以上に、イエスと当時
のユダヤ人との、より正確に言えばイエスと（地理的な意味での）ユダヤ
地方の人々とのストーリーになっている[141]。しかし、物語が小さな点に注
目しているように見える時、そこにはヨハネ福音書を形作っているより大
きな全体像の種が含まれている。プロローグと、福音書全体を通じて様々

138　ヨハネ福音書1章45節；3章14節；5章45節以下；6章32節；7章19、
　　22、23節；9章28節参照。

139　　過越祭：ヨハネ福音書2章13-25節；6章4節；11章55-19章42節；仮
　　庵祭7章2節以降；ハヌカー10章22節；5章1節の「祭り」（過越祭の可能
　　性があるが、仮庵祭のほうが有力である、Robinson 1985, 138 n.48）。

140　ヨハネ福音書6章25-71節；10章11-18節；1章29、36節；19章31-6
　　節。さらに Dahl 1986 [1962], 128-32 を見よ。

141　ヨハネ福音書のホイ・ユダイオイの意味に関する議論については、Dahl
　　1986 [1962], 126ff.; Lowe 1976; Ashton 1985 などを見よ。

なところに置かれているヒントは、イエスとユダヤ地方の人々とのストーリーがどう読まれるべきなのかを指し示している。それは創造主なる神と世界のストーリーの縮図であり焦点なのである。驚くべき精妙さで、ヨハネはある面では共観福音書と同様に、ヘレニズム形式の伝記（ビオス）としてイエスのストーリーを語っている[142]。それはユダヤの物語世界の最も根本的なポイントの一つを内包するためである。契約の神がイスラエルの中で、またイスラエルになすことは、創造主なる神が世界の中で、また世界に対してなすことなのだ[143]。この点は冒頭から、プロローグの並行表現において浮かび上がってくる。

> 言は世にあった。世は言によって成ったが、
> 世は言を認めなかった。
> 言は、自分の民のところへ来たが、
> 民は受け入れなかった[144]。

　創造主とコスモス、世界についての問いは、イエスとイスラエルについての問いとなっている。そしてこの問いが解決される時、しかもユダヤ人の王の十字架刑というパラドックスとアイロニーによってそれが解決される時、世界は一挙にその受益者になるのだ。

　さて、祭りのとき礼拝するためにエルサレムに上って来た人々の中に、何人かのギリシア人がいた。彼らは、ガリラヤのベトサイダ出身のフィリポのもとへ来て、「お願いです。イエスにお目にかかりたいのです」と頼んだ。フィリポは行ってアンデレに話し、アンデレとフィリポは行って、イエスに話した。イエスはこうお答えになった。「人の子が栄光を受ける時が来た。はっきり言っておく。一粒の麦は、地に落ちて死な

142　Burridge 1992, 9 章。

143　Dahl 1986 [1962], 131f. 参照。

144　ヨハネ福音書 1 章 10-11 節。

754　第IV部　紀元1世紀のキリスト教

なければ、一粒のままである。だが、死ねば、多くの実を結ぶ……わた
しは地上から上げられるとき、すべての人を自分のもとへ引き寄せよ
う。」

「わたしを世にお遣わしになったように、わたしも彼らを世に遣わしま
した。……父よ、あなたがわたしの内におられ、わたしがあなたの内に
いるように、すべての人を一つにしてください。彼らもわたしたちの内
にいるようにしてください。そうすれば、世は、あなたがわたしをお遣
わしになったことを、信じるようになります。……わたしが彼らの内に
おり、あなたがわたしの内におられるのは、彼らが完全に一つになるた
めです。こうして、あなたがわたしをお遣わしになったこと、また、わ
たしを愛しておられたように、彼らをも愛しておられたことを、世が知
るようになります。」

イエスは重ねて言われた。「あなたがたに平和があるように。父がわた
しをお遣わしになったように、わたしもあなたがたを遣わす。[145]」

　そして福音書全体の暗黙の物語世界は、少なくとも4楽章を含むもので
なければならない。初めに創造があり、それはロゴスによって成し遂げら
れる。次にイスラエルの召命と歴史があり、それは曖昧な結果となる。世
界はその創造主に逆らい、イスラエルもその反逆に加わってしまうのだ。
それからイエスの宣教となる。ロゴスは今や人間であるナザレのイエスと
同定されるが、彼と同時代のユダヤ人たちは世界と同定され、今やイエス
に立ち向かう。物語の詩的シーケンスにおける様々なポイントは、物語世
界全体の中での指示的シーケンスの将来の完結を強く示唆している［訳
注：福音書のイエスのストーリーは、その前提である全被造世界のスト
ーリーの完結を強く示唆しているということ］。イエスの弟子たちはイス
ラエルの小宇宙的世界から出て、異邦人たちのより大きな世界へと向かう。
そして非ユダヤ世界に向かって、創造主なる神、イスラエルの神が世界を

145　ヨハネ福音書12章20-4節、32節；17章18-23節；20章21節。

贖った、と宣言するのだ。ここでのフォーカスがイエスのストーリーのみならず被造世界全体のためのイスラエルのストーリーの重要性に置かれていることは、ヨハネ福音書が共観福音書やパウロと同じく大きなストーリー世界を共有していることを示している。

　この印象は、ヨハネ福音書のプロローグそのものに焦点を当てることでしっかり確認できる。すでに示唆したように、冒頭の言葉は読者に創世記１章の響きを聞き取らせようとヨハネが意図したものだ。しかし、ヨハネにほど近い時代に書かれた「知恵の書」の一節にも創世記の強い響きを聞き取ることができる。ヨハネはそこで言われていることを、ストーリーの語り直しによって覆そうとしたのかもしれない。[146]

　　知恵は自分自身をほめたたえ、
　　その民の中で誇らしげに歌う。
　　いと高き方の御前での集会で知恵は語り、
　　天の万軍を前に誇らかに歌う。
　　「わたしはいと高き方の口から出て、
　　霧のように大地を覆った。
　　わたしは高い天に住まいを定め、
　　わたしの座は雲の柱の中にあった。
　　ひとりでわたしは天空を巡り歩き、
　　地下の海の深みを歩き回った。
　　海の波とすべての地と、
　　民も諸国もすべて、わたしの支配下にあった。
　　それらすべての中に憩いの場所を探し求めた、
　　どこにわたしは住もうかと。
　　そのとき万物の創造主はわたしに命じた。
　　わたしを造られた方は

146　この点については、特に Ashton 1986a を参照せよ。

わたしが憩う幕屋を建てて、仰せになった。

『ヤコブの中に幕屋を置き、

お前はイスラエルで遺産を受けよ。』

この世が始まる前にわたしは造られた。わたしは永遠に存続する。

聖なる幕屋の中でわたしは主に仕え、

こうしてわたしはシオンに住まいを定めた。

また、主はその愛する町にわたしを憩わせ、

わたしはエルサレムで威光を放つ。

わたしは栄光に輝く民の中に、

わたしのものとして主が選び分けた民の中に、

根を下ろした……

わたしはぶどうの木のように美しく若枝を出し、

花は栄光と富の実を結ぶ。

わたしを慕う人たちよ。わたしのもとに来て、

わたしの実を心行くまで食べよ……

わたしに従う者は辱めを受けず、

わたしの言うことを行う人は罪を犯さない。」

これらすべてはいと高き神の契約の書、

モーセが守るよう命じた律法であり、

ヤコブの諸会堂が受け継いだものである。

律法は、ピション川のように、

初物の季節のチグリス川のように、

知恵であふれている。

律法は、ユーフラテス川のように、

収穫の季節のヨルダン川のように、

理解力をあふれ出させる……

人間は、最初の者も知恵を完全には知らず、

最後の者も知恵を突き止めることはできない。[147]

　この驚嘆すべき詩全体を通じて、創世記1-2章の響きをはっきり聞き取ることができる。中心にある強調点も同様である。「知恵」はヤハウェの擬人化された息であり言葉であり、他の何よりも先に「初めに」造られ、この知恵を通じて全被造物は造られた（と密接に関連する他の箇所に書かれている）[148]——この知恵は今や、他の二つの擬人化された存在と同一視される。それはシェキナーとトーラーである。シェキナーはエルサレム神殿において、ヤハウェの臨在として「宿られる」。トーラーはもちろんモーセに与えられた律法である。このシラ書の一節を頭に入れてヨハネ福音書のプロローグを振り返れば、そこかしこに共鳴音が聞き取れる。ロゴス、「言（ことば）」があり、初めから創造主と共にいる、創造主の自己表現として。このロゴスはわたしたちの間に宿るために来た。ヨハネ福音書1章14節の「そしてわたしたちの間に宿られた」という言い回しのギリシャ語はカイ・エスケイノーセン・エン・ヘミーンだが、シラ書24章8、10節の言語とは似た響きがある。ギリシャ語のスケイネイ［訳注：エスケイノーセンの動詞の原形がスケイノーで、その名詞形がスケイネイ］は「テント」または「幕屋」で、興味深いことに、ヘブライ語のシェキナーと明らかに共鳴している。その結果「わたしたちはそのお方の栄光を見た」のだが、それは真の人間の栄光であり、「知恵の書」の知恵と同じく、彼は「比類のない」者であり、モノゲネイスなのだ［訳注：知恵の書7章22節でモノゲネイスは「単一」と訳されており、ヨハネ福音書1章14節では「独り子」と訳されている］。[149]さらには、このロゴスはシェキナーの地位を占めるだけでなく、トーラーの地位をも占める。「律法はモーセを通して与えられたが、恵みと真理はイエス・キリストを通して現れたからである」。この一節の真ん中に、「が」を追記しないようにすべきだ。まる

147　シラ書24章1-28節、傍点はライトによる強調。
148　箴言8章22-31節；知恵の書8章4節；9章9節。
149　知恵の書7章22節。

758　第Ⅳ部　紀元1世紀のキリスト教

でヨハネがマルキオンの先駆者として、モーセをロゴスと対立する者として描いているかのようになってしまうからだ［訳注：ギリシャ語本文には「が」はない。「律法」対「恵み」、「モーセ」対「イエス」、「旧約聖書（トーラー）」対「新約聖書」というマルキオン的な二項対立を立てるのはヨハネの意図ではない、という意味］。同様に、ヨハネが次のように言っているのも明らかだ。ユダヤ教がトーラーの中に見出したと考えていたものは、本当はイエスにおいて見出されると。シラ書24章にある他の響きも、ヨハネ福音書を通じて聞こえ続ける。イエスはまことのぶどうの木であり、生ける水を与える方である。[150]

　こうした背景がヨハネ福音書のプロローグに持つ重要性とは何だろうか。ブルトマンは古典となった研究の中で、シラ書とヨハネのプロローグの密接な関係を証明することで、ヨハネが初期グノーシス思想に依存していることを証明できると考えた。[151]このような指摘はもはや時代遅れであり、ユダヤ知恵文学の世界と初期グノーシス思想との大きな違いを指摘しなければならない。シラ書では、知恵は人々の間に、特にエルサレム神殿にとこしえに住まう。グノーシス主義によれば、救済者は人間の世界に降りてくるが、この邪悪な世界から逃れて真の故郷へと戻るためだけにそうするのである。ヨハネのプロローグの背景としての知恵文学は初期グノーシス主義の方向を指し示すものではなく、圧倒的にユダヤ的、現世肯定的な指向を持っている。

　ヨハネ福音書のプロローグが、シラ書の世界観の（多少の修正を加えた上での）単なる追認だと言っているのではない。むしろ、少なくともその一部は、シラ書のストーリーを覆すための語り直しと見られるべきだということだ。広いユダヤ教の伝統の中には、このストーリーを覆すような別の語り直しがある。特筆すべきは第1エノク42章で、ユダヤ黙示文学の中でも最もあからさまな宇宙的二元論を提示している。

150　ヨハネ福音書15章1−8節；4章13−15節；7章37−9節。

151　例として Bultmann 1989 [1923], Koester 1982b, 208 が追随している。

第13章　原始キリスト教のストーリー（1）　　759

知恵は自らが住むための場所を見出すことができなかった。
しかし天においては自分のための場所が見つかった。
それから知恵は人々の子らと共に住むために出かけて行ったが、
住むための場所を見つけ出せなかった。
それで知恵は自分の場所に戻り
天使たちの間にいつまでも住むことになった。

不正は自らの部屋を出て行き、
予期せぬ人々を見出した。
そこで彼女は彼らの間に住んだ、
砂漠の雨のように
渇いた地のしずくのように。

　シラの美しい詩のこのぞっとするようなパロディは、ユダヤ黙示思想が
どのようにグノーシス的な方向へと変容していったのかを示す明確な例で
ある。世界は回復不能となった。それよりもっと悪い。この語り直しにお
いて、知恵は（グノーシス主義のように）数少ない聖なる魂を破滅から救
うために、この世界から取り去るのではない。ここでは知恵は救済者では
なく、つかの間の孤独な来訪者に過ぎない。この一節はシラ書の主張のに
べもない否定である。知恵はどこかに住むところを探したが、どこにもな
く、自分の住処に戻ったのである。その代りに、不正はどこかに住むとこ
ろを探すべく出て行き、驚くべきことに、創世記2章やシラ書24章の川
のように完全に潤いを得ることのできる場所をどこかに見出したのだ。知
恵の住処であるべきだった場所は、不正の巣となってしまった。第1エノ
ク42章では、世界にもイスラエルにも個々の人間にも、希望はない。
　ヨハネによる「シラ書（ベン・シラの知恵）」の詩の覆し方は、全く別
の様相を呈している。ヨハネは、神の知恵が実際に住処を見つけた点で
はシラに合意している。彼は第1エノク42章の背後にある悲劇を認識し、

760　第Ⅳ部　紀元1世紀のキリスト教

理解している。世界はロゴス、その創造主を知らず、その民は彼を受け入れなかった。しかし、それでも彼はこの世界を見捨てて自分の住処に戻り、世界を「不正」に明け渡してしまうことはしなかった。光は闇の中で輝き、闇は光に打ち勝たなかった。ロゴスは、主流のユダヤ教が期待していたように世界を裁くためではなく、贖うためにやって来た[152]。しかし、知恵／ロゴスが住まい、神の栄光を現す場所は、シェキナーやトーラー、エルサレム神殿や契約の規則においてではなかった。その代り、ロゴスは肉となった、人間となり、ナザレのイエスとなった、とヨハネは語る。シラの肯定的な世界観は再確認されるが、今や第1エノクが認識していた問題が取り扱われる。シラ書は楽観主義的であるためにこの問題に取り組まなかったのだ。「その栄光を見た」ヨハネにとって、その栄光が最もよく啓示されたのは十字架だった。そこでロゴスは羊のために命を捨てる良い羊飼いとして、民を奴隷状態から解放する過越の羊として死んだ[153]。

　特に、ヨハネの神学全体の主眼にとって、ロゴスが人間となったことは決定的に重要だった。シラは、人間が知恵の深みを測ることができると尊大にも言うことができなかった。ヨハネは、この知恵が完全に人間になったのを見た。そうやって、自分が新しいヴァージョンの創世記を書いているのを意識していたのだ。創世記1章クライマックスは、創造主のイメージとして造られた人間の創造である（創世記1章26-8節）。ヨハネのプロローグのクライマックスでは、ロゴスが完全な人間となった方の到来であり、その人は知恵の特徴をとても多く備えているが、神のイメージの担い手としても見られていた[154]。ピラトが群集に対して「この人を見よ」と宣言した時、ヨハネは冒頭からずっとそこにある響きを読者が聞き取るように意図していた。ロゴスが肉になった者として、イエスは真の人間なのである[155]。

152　ヨハネ福音書3章17節、他。

153　ヨハネ福音書10章11、15、17節以降；11章49-52節参照。

154　知恵の書7章26節参照。

155　ヨハネ福音書19章5節；Johnston 1987参照。

第13章　原始キリスト教のストーリー（1）　　761

　非常に重要な二つの結論（一つは大きく、もう一つは小さい）がこのヨ
ハネ福音書の、特にそのプロローグの手短な分析によって与えられる。第
一に、プロローグにおいて語られるストーリーは明らかにユダヤ教の知恵
伝承をそのモデルとし、またそれを穏やかに、だがはっきり覆すものであ
る。その知恵文学も、ヨハネと同じように創世記を語り直し、ある点に焦
点を当てている。シラは、エルサレムと神殿が全宇宙の焦点であり、そこ
に創造主ご自身の知恵がやって来られ、比類ない仕方で住まわれると主張
した。ヨハネは全く同じことをイエスについて主張する。そこにはシラ書
24章と共鳴するものがあり、さらにその後ろには創世記の響きがあるこ
とを考えれば、ヨハネのプロローグの構造において14–18節がクライマ
ックスとなるように初めから思い描かれていたという可能性は非常に高い。
受肉を含まない初期の版が存在していたという想定や、人間ではないロゴ
スが天から下り再び天に昇って行ったというヨハネの原型となるグノーシ
スの詩が存在していたという想定は正当化できない。プロローグの初めの
数節を書いたのが誰であれ、14節がその自然なクライマックスとなり（そ
こにはシラ書と創世記の響きがある）、15–18節においてそれが展開され
ることが意図されていたのだ。[156]

　第二に（これが最も大切だが）、プロローグの語るストーリーは、福音
書全体のストーリーの縮図である。これは真理として語られるイエスのス
トーリーであり、真理として語られるイスラエルの贖いのストーリーであ
り、そして創造主と宇宙の贖いのストーリーである。徹頭徹尾、ヨハネ福
音書はそれとはっきり分かるイスラエルと世界のユダヤ的なストーリーを
語る。パウロや共観福音書が非常に異なる仕方でそうするように、ユダヤ
の希望を成就した方としてイエスに目を注ぎ、そうやってユダヤのストー
リーを覆す。この福音書の初めのエンディング（20章）は次々とプロロ
ーグのテーマを拾い上げる。暁の時に光は闇に打ち勝つが、その光は人間

156　Bultmann 1986 [1923], 31f.; Käsemann 1969 [1965], 6章; Dunn 1980, 239–45
　　を参照せよ。

762　第Ⅳ部　紀元 1 世紀のキリスト教

の真の命である。ご自身を受け入れた人々に対し、イエスはご自身の地位を分け合う権利を与える。「わたしの父であり、あなたがたの父である方、また、わたしの神であり、あなたがたの神である方のところへわたしは上る。[157]」

　プロローグが受肉したロゴスを「父の独り子」と語ってからというもの、この福音書が描き続けてきたことを、トマスはついに口にした。「わたしの主、わたしの神よ。[158]」1 章 1–18 節と 20 章との密接な符合は、プロローグが別の資料に基づき福音書の編纂の後の段階で付け加えられたのではなく、互いの関係を意識しながら書かれたと考えるべきさらなる理由である。[159]

　したがって、ヨハネはパウロやヘブライ書や共観福音書と輪郭において同じストーリー・ライン、同じ物語世界を共有している。私たちが本章で扱った内容からは、これらの文書は明らかにキリスト教徒のストーリー語りの最古の例を提示していると結論付けられる。ここで手短に研究した正典文書の大部分は、世界と、創造主と、救済についての認識を証ししており、それは今やイエスに焦点をあてることによってユダヤの根源的なストーリーを語り直すという形式を取っている。これは中核的で重要な結論であり、先の章の原始キリスト教の実践やシンボルの研究と固く結びつけられる。

　しかし、これらの書は原始キリスト教の全てのストーリーを正確に反映しているのだろうか。より大きな作品の中に含められた小さなストーリーはどうなのだろうか。そして初めは正典には含められていなかったが、後の段階で正典と認められた文書はどうなのだろうか。これらは次章の主題としなければならない。

157　ヨハネ福音書 20 章 17 節；1 章 12 節参照。

158　ヨハネ福音書 1 章 18 節（もちろんこの驚くべきフレーズには異読がある）；20 章 28 節。

159　Robinson 1984, 71–6 に反対して。

第14章　原始キリスト教のストーリー（2）

1．序　論：様式史批評

　伝記は通常、逸話を含んでいる。しかし、伝記と逸話は同じではない。ユダヤ人の歴史書や民話は、王、預言者、聖人、敬虔な女性のエピソードを含んでいる。しかし、ユダヤ人の歴史と個別の人々のエピソードは同じではない。これまで論じてきた正典福音書は、ヘレニズム的な伝記とユダヤ的な歴史とのユニークな組み合わせである。これらのほとんど全てはイエスについての逸話やエピソードを含んでいるが、こうした逸話やエピソードが福音書と同じ種類のものだと考えることはできない。私たちは前章で原始キリスト教の大きなストーリーをいくつか考察したが、そこに含まれている小さなストーリーに着目する必要がある（それらは多くの場合、より早い時期のものだ）。そしてそうした小さなストーリーが、大きなストーリーと同じパターンや関心を反映しているのかどうかを考察せねばならない。

　従って、これらのより小さくより早い段階のストーリーの研究は、本書の第Ⅲ部の議論の論理に従ってなされていく必要がある。そして、本書がそこに含まれるもっと大きなプロジェクトの、少なくとも一つの側面を視野に入れることが強く求められる。福音書に組み入れられる前のイエスのストーリーの様式を真剣に考察しなければ、証拠の重要な部分を無視しているという非難を免れないだろう。私たちは次巻の『イエスと神の勝利』においてイエス自身について考察する。しかし、イエスの次の世代の人々の間で流布していたストーリーの文脈や内容についての考察は、今ここで

764　第Ⅳ部　紀元1世紀のキリスト教

する方がずっと自然だろう。様式史批評はしばしばイエスについて発見するための単なる道具のように扱われてきたが、この批評学は主に原始教会に光を当てるために考案されたものだ。原始教会は私たちが扱っているテーマそのものなので、こうした問題はここで取り組むべきである。

　福音書のストーリーの初期段階における歴史研究は、伝統的に二つの名称でなされてきた。伝承史批評（tradition-history criticism）と様式史批評（form crticism）である。この二つは言い替え可能な用語として用いられることがあるが、正確に言えば「伝承史批評」はより広い意味で用いられ、すべての初期伝承を取り扱う。他方、「様式史批評」はもっと焦点を絞り、特殊で識別可能な「様式」を持つ伝承に着目する。これらすべての研究の背後にある原則は、専門性の迷路の中で曖昧にされてしまうことがあるので、ここでそれを詳しく説明しておく意義はあるだろう。

　伝承が形式を持たないまま放置されてしまうことはない。第Ⅱ部で見たように、すべての歴史には解釈が含まれる。そして何かが語られるためには、ある種の形式にする必要がある。形式がなく分類もされていないストーリーを聞かされることほど辟易させられるものはないだろう（子供や酔っ払いの話を聞くときのように）。意味のなさそうな言葉の背後には、傾聴に値する話が潜んでいるかもしれないのに！　しかし、形式が出来上がる道のりは様々だ。私たちが子供たちに、彼らの生まれた時のストーリーを語って聞かせようとすれば、妻と私がよくそうするように、医療的な事柄の詳細についてはあまり語らずに、新しい家族のメンバーが生まれたことに歓喜し興奮した親の様子を話すのが自然だろう。しかし、同じストーリーを医者に話そうとすれば、特に子供の現在の健康について心配がある場合には、私たちは異なる情報を選び、異なる事柄を強調するだろう。この場合、私たちの感情は重要ではない。子供が相応しい瞬間に呼吸を始めたかどうかのほうがずっと重要だ。したがって、基本的にはストーリーの持つ様式から（その強調点、大切なポイント、そして締めくくりの言葉）、それが語られた文脈や目的を推測できるだろう。

　様式史批評の基本的な洞察とは、この極めて明らかな点を福音書の題材

第14章　原始キリスト教のストーリー（2）　765

における小さな単位（ペリコペまたは段落）に適用することである。[1] こ
こにイエスについてのストーリーがある。彼は癒しを行い、論争をし、記
憶できるような言葉を語った。福音書のエピソードを台本として用いれば、
それを演じるのに数分もかからないだろう。私たちは、そのエピソードは
語られている内に凝縮されたのだと苦もなく推測できる。イエスのスト
ーリーは、あらゆる詳細な点を含んではいない。さらに、そのストーリー
が様々な様式で語られていたこと（それらの多くは失われてしまったが）、
出来事の様々な側面が強調されたこと（彼ら自身の思いや感情、傍観者た
ちが語ったことなど）を推測することができる。逸話は様々な理由で語ら
れ、そしてその理由が様式を決定する。福音書に収められているストーリ
ーは、それが語られ、語り直されていくうちに段々と焦点が定まっていき、
あるポイントが強調させるようになっていった。原則的には、そうしたポ
イントは、語り手がどんな状況に直面し、また係わっていたのかを私たち
に教えてくれる。それは「中立的な」情報ではない。これまでに見てきた
ように、そんなものは存在しないのである。それは特定の必要に迫られた
もので、ある特定のポイントを強調している。

　ここまでは、私たちは単に常識的な推論に従ってきた。しかし、「様式」
についての真剣な研究は、いくつかのストーリーが明確に定義されたパタ
ーンにある程度当てはまる時から始まる。その場合には、ストーリーの様
式から推定される舞台背景の種類を決定するための枠（グリッド）を構
築できる。これが、20世紀初頭に古典的様式史批評によって提供された、
福音書の中にあるストーリーを分析する方法である。この作業が進むにつ
れ、「伝承史批評」はもっと大きなカンバスの上にそれを据えて、特定の
伝承や特定のストーリー語りが原始教会の営みの異なるステージの中でど
のように発展していったのかを探るという、二次的な作業を試みる。

1　Schmit 1991; Dibelius 1934 [1919]; Bultmann 1968 [1921]; Taylor 1933 の古典的
　　研究を参照せよ。より近年の研究としては、Moule 1982 [1962] の諸所、特に
　　5章 ; Berger 1984 を見よ。英語での最も明確な研究は Sanders と Davies 1989,
　　第 III 部を見よ。

766　第Ⅳ部　紀元1世紀のキリスト教

　様式史批評は重要だが、困難な作業でもある。この研究が重要なのは、小さなストーリーが大きなストーリーよりも時間的に早い段階のもので、それらを通して私たちはパウロ書簡や使徒言行録を除いては何も分かっていない期間へと遡っていくことができるからだ。軽く見るべきでないこの作業に特有な困難さとは、書かれた文章の行間から口述段階でのストーリー語りの痕跡を拾っていかなければならないことだ。20世紀の人物の伝記に含まれている逸話の、文章になる前の段階について実証可能な仮説が立てられるかと問われれば、自信満々の様式史批評家ですら尻込みするだろう。1世紀の同じ類の文書について再構築しようというのは、もっとおこがましいだろう。しかし、自信に満ちた批評家がこうした問題を意に介さず、この研究にまつわる錯綜した理論、仮説、誤解、証明されていない憶測、あからさまな憶測などを放置してしまうので、この問題に新鮮な目で取り組もうとする人々は、とげだらけの垣根が進路を塞いでいるのを見出すことになる[2]。

　様式史批評をめぐる誤解について、ここでは三つを取り上げよう。第一に、様式史批評が第一次大戦後に表舞台に登場した時、それは主にイエスについて見出すために考案された道具ではなかった。様式史批評は特にルドルフ・ブルトマンによって、原始教会を発見するための道具として用いられた。ブルトマンはイエスについてある程度の事柄を知ることができると想定した——あまり多くの事柄ではないものの、それらは福音書の大部分のストーリーが実際には起きなかったということを知るためには十分だった。そこでブルトマンは、これらのストーリーが教会の信仰と歩みの特定の側面を表明するために語られたであろう、蓋然性のある原始教会の状況を知ろうとした。先に見てきたように、ブルトマンにとっては歴史的な意味でのイエスはキリスト教の中心にはなかった。はるかに重要なのは、原始キリスト教徒たちの信仰だった。ひとたびこのことに気がつけば、様

―――――――――――
2　様式史批評についてのよく知られた問題については、例として Hooker 1972; Stanton 1975; Güttgemanns 1979 [1971]; Schmithals 1980; Sanders と Davies 1989, 127-37。

式史批評への多くの反発、特にイングランドからの反発は、的外れである
ことが分かるだろう。このツールは元来イエスを発見するための手段とし
て考案されたのではなかった。だから様式史批評が歴史のイエスの発見に
役立たないことが証明されても、それは強力な批判とはならない。

　以前よく見られた第二の誤解とは、様式史批評という研究分野は原始教
会の起源と発展についての特定の仮説と結びついていなければならないと
いうものだ。この研究における主要な学者たちは、キリスト教がどのよう
に成長し変化したのかについて極めて明確な考えを持っていたので、福音
書の逸話や断片を原始キリスト教の歴史の別々の期間や段階に当てはめる
ことは、彼らとって比較的容易だった。ブルトマンはイエスについてある
程度のことは分かっていると考えていたので、原始教会についてもある程
度のことは分かると考えた。原始教会はグノーシス主義の亜種として始ま
ったが、いくらかユダヤ的な言語を用いていた。それから少なくとも二方
面に発展し、一つはグノーシスまたは「知恵」伝承の流れをくみ、もう一
つはユダヤ的な発展を遂げながらイエスを解釈した。その二つの流れは最
初に書かれた福音書において合流した。キリスト教はそもそもの基盤を超
えて急速に広まっていった。その基盤はたまたまユダヤ的だったものの、
最初期の表現の言語はヘレニズム的な思考様式に移植されていった。原始
キリスト教におけるユダヤ的な思考様式は本質的なものではなく、実際は
ヘレニズムと親和性のあるものだったので、それは容易にヘレニズム化さ
れていったのだ。[3] このブルトマン学派のパラダイムは、それがいかにF.
C. バウルに深く根差しているのかを示している。だから、ユダヤ的キリ
スト教とヘレニズム的キリスト教とは概ね独立して存在し、それらが第二
世代のある時期に融合して初期カトリック主義の始まりを形成するまでは
別々の道を歩んでいた、と考えたのだ。

　これらが様式史批評の草分けとなった人々の考えていたことだ。彼らの
様式の分析と、伝承が伝わっていく歴史の仮説とは、この仮想的な全体像

3　Bultmann 1951-5, 63-183; 1956, 175ff. 参照。

768　第Ⅳ部　紀元 1 世紀のキリスト教

に非常に強く依拠している。その結果、様式史批評に従事することはキリスト教の起源についてのこうした見解を受け入れることなのだ、としばしば考えられてきた。しかし、個々のペリコペの様式を検証し、蓋然性の高い原始教会の背景を探ろうとするために、原始キリスト教の歴史について特定の見方を受け入れる必要はない。

　第三の誤解は、初期伝承の中のストーリーはイエスの生涯よりも原始教会の歩みを反映しており、そして原始教会は（たぶん「イエスの霊」に導かれて）自分たちの問題に取り組むためにイエス語録を創作したのだという、初期の多くの様式史批評家たちの信念に関するものである。このような想定の主な問題は、原始教会の歴史における定点の一つ（つまりパウロ）が一連の反証を提示していることだ。それは二つある。

　一つは、しばしば指摘されるように、パウロが常に困難な問いに向き合っている時、彼が共観福音書の伝承のイエスの言葉を引用していないことである（それが彼を大いに助けるはずだったのにもかかわらず）。そしてイエスの言葉でないものをイエスが語ったことにするのはもっと稀だったように思われる。もし「イエスの言葉」がキリスト教徒の預言者たちによって平素から創作されていたとするならば、パウロは原始教会の問題を取り扱う際に――彼も確かに預言者の一人だったにもかかわらず――なぜこれほど寡黙だったのだろうか。

　もう一つはあまり指摘されない点だが、パウロ書簡は原始教会を動揺させたあらゆる種類の論議の証拠を提供しているにもかかわらず、共観福音書の伝承にはそれらの痕跡が残されていないことである。パウロの手紙から、私たちは割礼をめぐる問題が原始教会に亀裂を生じさせたことを知っ

4　他の困難については、例として Hill 1979, 7 章 ; Aune 1983, 1991b, 特に 222ff.; Meyer 1979, 74; Lemcio 1991。

5　Sanders & Davies 1989, 138-41 参照。だが、彼らもまた、原始教会の預言者たちは霊感されて主の言葉を発し、それがイエスの言葉だと見なされるようになったという可能性を無批判に受け入れている。前の注を参照。

第 14 章　原始キリスト教のストーリー（2）　　769

ている。だが共観福音書の伝承のどこにも割礼への言及はない。パウロ
書簡を通じて、私たちは原始教会の少なくとも一部で異言をめぐる問題が
あったことを知っている。だが共観福音書の主な部分には、異言への言及
はない。パウロによって、私たちは原始教会が異邦人の受け入れ問題を
解決する際に信仰義認の教理が決定的に重要だったことを知っている。だ
が共観福音書の伝承で、異邦人の受け入れについて言及する唯一の箇所で
は義認は語られないし、そして義認について言及する唯一の箇所では、異
邦人について何も語られない。パウロにとって、これらが自分自身や他
の人々の使徒職の資格要件について疑問を生じさせるほどの大問題だった
のは明白である。使徒職についてはもちろん共観福音書の伝承にも触れら
れているが、それはイースター後の使徒職に関する問題を扱うもので、そ
れに続く使徒の権威の問題については一つの例外を除けば（しかしここで
は、イスカリオテのユダが栄光の十二使徒の座を分かち合う者として見ら
れている）語られていない。パウロによって、私たちは地理上の優位性に
関する問題があったのを見る。エルサレムの教会は他の教会に対して首位
権を主張していたのだろうか。共観福音書の伝承では、エルサレムへの批
判はその過去と現在における失敗や、邪悪な支配構造に向けられるが、台
頭しつつあるキリスト教内部でのエルサレム教会の指導者たちに対する批
判はない。リストはまだまだ続く。奴隷、偶像にささげられた肉、女性の
かぶりもの、労働、やもめ、そして何よりもキリストと聖霊についての詳
細な教理。共観福音書の伝承は、これらの問題について「主キリスト」か
らの答えを創作したり、イエスのストーリーを語り直してこれらの問題へ

6　もちろん、イエス自身の割礼を除いて（ルカ福音書 2 章 21 節）。この割礼
　についての言及を容易に作り出すことができるのは、「トマス福音書」53 か
　ら明らかだ。

7　マルコ福音書の結びの長い方の版は、例外が原則を証明するものだ。マル
　コ福音書 16 章 17 節。

8　異邦人（しかし義認についてではない）は、例としてマタイ福音書 8 章 5-
　13 節。義認（しかし異邦人についてではない）は、ルカ福音書 18 章 9-14 節。

9　マタイ福音書 19 章 28 節。並行記事としてルカ福音書 22 章 30 節。

770　第Ⅳ部　紀元 1 世紀のキリスト教

の注釈を挿入することを断固として拒否している。このことは、共観福音書の伝承が 40 年代、50 年代、60 年代、そしてさらに後の 1 世紀の必要に応えるために創作されたものだというような考えに十分警戒するようにと、私たちを促す。

　反対に、共観福音書の伝承は第一世代の教会にとって重要でない題材や、あるいは明らかに彼らに受け入れられていた題材を保持していることがしばしば示されてきた。よく知られている例としては、イスラエルへの集中[10]、イエスの女性への態度[11]、そして他の多くの特徴についてもそう言える。モールはこう結論づける。「イエスの態度や宣教の各側面は伝承の中に保たれてきた。原始キリスト教徒たちがそれらに特に注目せず、またそれらの持つキリスト論的重要性を認識していなかったように見えるにもかかわらず、そうなのである[12]。」

　しかしこれらの点を認識しても、様式史批評という手法を断念すべきだということにはならない。反対である。早い段階のストーリーとその様式を研究すべき理由は十分にある。原始教会における口述伝承の歴史は強力で形成的だと言える根拠はしっかりあるのだ[13]。三つの基本的な事柄について押さえておく必要がある。一つはイエスについて、一つは彼の信従者たちについて、そして一つは「口述伝承の歴史」の意味についてである。

　第一に、イエスとその宣教について極めてありそうもない理解に立つのでもない限り、私たちはゲルト・タイセンの秀逸な作品『ガリラヤ人の影』で示されたようなイエスの人物像を思い描くべきだ。イエスは常にある場所から次の場所へと移動し、マスメディアの恩恵を受けずに活動していた。以下のようなことはありそうなだけでなく、極めて高い確度でそうだっただろう。すなわち、イエスは同じストーリーを微妙に違う言葉で繰

10　Caird 1965 参照。

11　Moule 1967, 63-6。

12　Moule 1967, 76。

13　特に Gerhardsson 1961, 1964, 1979, 1986; Riesenfeld 1970; Davids 1980; Riesner 1981; Kelber 1983; そして Wansbrough 1991 の重要なエッセイ集を見よ。

り返し何度も話したであろうということ。イエスは似たような疑問や問題
に遭遇し、それらについて似たようなことを話したであろうこと。イエ
スは村々を回るごとに微妙に異なる形で八福の教えを語ったであろうこ
と。イエスは異なる状況に合わせて、たとえやそれに似た語録を語り直し
ただろうこと。イエスは異なる文脈で強調点を変えながら格言を語ったで
あろうこと[14]。昔ながらの保守陣営の学者らは、共観福音書伝承の多様性を、
慎重に「イエスは二度語ったのかもしれない」と言って説明しようとする。
このような言い方はいつも言い訳がましく響く。なるほど、現代の政治家
が主要なスピーチを行う場合、彼もしくは彼女は通常それを繰り返さない。
しかし、こうした類比は完全に議論を誤らせる。イエスの宣教を 1 世紀の
歴史家として考えるなら、そしてマスメディアについての 21 世紀的発想
を忘れるのなら、イエスの語った大部分の事柄は二度どころか二百回も繰
り返し語られただろうし、そこには無数のバリエーションがあったと考え
る方が、圧倒的に蓋然性が高い[15]。

　第二に、イエスの語ったことを数回程度聞いた人々は、語られたことを
記憶していただろう。このような可能性が非常に高いのは、ある種の口承
文化においてなのは言うまでもない。現在の西洋社会においてでさえ、教
師や説教者が同じことを何度か語った場合、それを苦もなく復唱できる
人々がいる。彼らはしばしば声の調子や、劇的な間の置き方や、表情やし
ぐさの癖をまねすることができる。さらには、教師の言動を他の人々に伝
えたいという緊急の、興奮すべき理由がある時には、聞き手はしばしば一
度聞いただけでそれを要約することができる。そして、ストーリーが二度
か三度語られた場合には、それが同じ回数聞かれた場合と同様の効果をも
たらすだろう。これは常識的な点であり、それがあまりにもしばしば無視

14　Theissen 1987 参照。

15　したがって、オーヌのコメント（1991b, 240）は妥当かつ重要である。イ
　　エスの警句の研究は、「イエスの伝承の口述と記述による伝達の相互関係は非
　　常に複雑な現象で、それが満足ゆくように解明されることはおそらくないだ
　　ろう」という結論に導く。

772　第IV部　紀元1世紀のキリスト教

されることがなければここで詳しく説明する必要もないほどだ。ごく控え
めに言っても、パレスチナの文化では今日の私たちよりも教えを聞いてそ
れを繰り返すことに慣れていた可能性が遥かに高かっただろうし、イエス
の教えは本質的に覚えやすいものだったということからすれば、イエスの
教えが十数人かの人々の間で口述伝承として効果的に伝達されたと主張す
ることへの唯一の障害は、偏見だけである。[16] だから驚くべきは、同じ語
録のごくわずかに異なるバージョンがあまりにも多い（二度、三度、ある
いは四度）ことなのではない。むしろ、それがあまりにも少ないことなの
である。福音書記者たちが直面していた大きな問題とは、価値ある本を仕
上げるために十分な伝承を何とか工面してかき集めるということではなく、
多種多様な多くの伝承の中からどれを選択して組み入れるかということで
あったように思われる。[17] 福音書記者が手元にある伝承を全て含めようと
していたという古い考え方は、ひいき目に見てもひどく時代錯誤的な見方
である。[18]

　これらの利用可能な題材は「口述歴史」、つまりイエスが語ったり行っ
たりしたことについてのしばしば繰り返し語られた話である。これは「口
述伝承」とは区別すべきである。口述伝承とは、偉大な教師が弟子たちに
自分の与えた教えを正確に暗記するようにと骨を折って指示することであ
る。[19] もしこれがイエスの意図であり、弟子たちの習慣だったのなら、少
なくとも『主の祈り』と、主の晩餐の制定の物語に関する私たちの持つ

16　極端な例としては、Schmithals 1980 である。Güttenmanns（1979 [1971]）は、
　　口述と記述とは非常に異なるので、一方の形式を他方によって伝達すること
　　はできなかったと論じる。そうであったかもしれないにせよ、しかしこの議
　　論は、強力な初期の伝承が最終的に記述伝承という形になったということの
　　蓋然性を弱めるものではない。

17　もちろんこのことは、ルカ福音書1章1-4節；ヨハネ福音書20章30節；
　　21章25節に示唆されている。

18　Hooker 1975, 29 にある批判を参照せよ。

19　Sanders & Davies 1989, 141-3。

第14章　原始キリスト教のストーリー（2）　773

複数の資料（後者についてはパウロの手紙）は一致しているはずである[20]。
だが、イエスはラビのやり方、すなわち弟子たちが丸暗記するまで全く同
じことを何度も何度も語るというやり方はしなかったように思われる。彼
はむしろ預言者として行動し、似たような内容を様々な文脈で語った。弟
子たちだけでなく、もっと大きなグループの信従者たちは、その後何年か
の間イエスの語ったことを自分たちの言葉で伝えたのだろう。そしてより
確かなのは、彼らがこれらの題材を、意識すらせずに様々な様式によって
語ったということだ。今日私たちが目にしているのは、それらの最終的な
文学形式なのである。

　したがって、ひとたび不必要な想定を取り除いてしまえば、様式史批評
には正当で、そして実に重要な課題が残されている。私の知る限り、様式
史批評を批判する人々の中で、原始教会がどのようにストーリーを語った
のかについてそれに代わる優れたモデルを提示した人はいない[21]。ここに
福音書研究の欠けがある。様式史批評の盛んなりし頃は、宗教史学派の新
約聖書に関するヘレニズム的「説明」の盛んなりし頃と一致していた。後
者が第二次大戦後にユダヤ的な宗教史学派の仮説に取って代わられた時、
様式史批評への熱狂もまた冷めていった。1950年代、60年代の編集史批
評も、1970年代、80年代の真摯なイエス研究も、様式史批評を必要とは
しなかった。実際しばしば指摘されてきたのは、もし編集史批評が正し
いなら（つまり、もし福音書記者たちが題材を自由に扱っていたのなら）、
それ以前の文学様式を「純粋な」形で見出せる可能性は極めて低くなる[22]。

20　マタイ福音書6章9-13節；ルカ福音書11章2-4節；マタイ福音書26章
　　26-9節；マルコ福音書14章22-5節；ルカ福音書22章15-20節；1コリント
　　11章23-6節；「十二使徒の教訓」9.1-5；ユスティノス「第一弁明」1.66.3も
　　見よ。本書12章以下参照。
21　一つのレベルでは、注目すべき例外はMoule 1982[1962], 特に3f., 107-38
　　である。しかしモールは、彼自身の再構築に基づく共観福音書伝承の詳細な
　　研究を展開しなかった。
22　Kermode 1979, 68参照。イエスをめぐる研究については、例えばHarvey
　　1982やSanders 1985を参照すれば足りるだろう。この両者とも、イエスにつ

より最近の様式史批評への関心の回復は驚くことではないが、それはヘレニズム仮説の改良版を提示するブルトマン学派の復興と軌を一にしている。[23]早まった判断は避けるとしても、別のアプローチを採ることにはそれなりの根拠はあるようだ。

　様式史批評に関して、最後の予備的問題を取り扱う必要がある。初期の伝承が生み出したものを表すための最良の言葉は「神話」であるとしばしば考えられてきた。その理由は明らかだ。私たちがこれまで述べてきたように、共同体はしばしば遠い過去に関するストーリーを語るが、それは彼らの世界観を表明し、しっかり維持するための特徴的な手段である。社会の中の転覆分子（それがグループであれ個人であれ）はこれらの神話とは異なるストーリーを語り、世界観の修正を図ったり、より過激な場合には世界観を置き換えようとする。原始教会で流布していたイエスについてのストーリーは、原始キリスト教共同体と、彼らの母体であるユダヤ人共同体との相対する関係において、このような役割を果たしたことは極めてはっきりしている。したがって、これが私たちの意味するところの「神話」であるならば、イエスのストーリーはまさに神話である。

　残念ながら、話はそれほど単純ではない。しばしば指摘されるように、ブルトマンはこのような意味での「神話」（疑似歴史的なストーリーに正当性を与えたもの）と、他の意味での神話、特に原始的な人々が「自然」現象を説明するために用いた「神話」（雷を指すために「雷神が槌で打っている」と説明するようなケース）とを混同した。彼はまた、「神話」という概念に、個人の意識を現実に投影したものという考えを加えた。[24]第一の追加的な意味によって、ブルトマンは神話を「原始的」なものとして相対化することができた。第二の追加的な意味（投影）によって、彼は神

　　いての執筆に関して様式史批評をあまり活用していない。

23　Crossan 1973, 1983; Berger 1984; Mack 1988。

24　Bultmann 1961、それと同巻の他のエッセイ。Thiselton 1980, 10 章の十全な
　　議論を参照。Caird 1980, 13 章では九つ以上の異なる意味での神話を区分して
　　いる。

第 14 章　原始キリスト教のストーリー（2）　775

話がみせかけの客観性しか持たないと言うことができた。しかし、これは現実を正当に扱ってはいない。第一に、現在でも古代でも、多くの社会はこの世界で起きた出来事の背後に神の活動があると見なすような世界観を有している（それがどんなに啓蒙主義的思考様式の趣味に合わないものだとしても）。このような世界観を持った言語システムを「神話的」と表現することは、その言語システムがどのようなものかを考える上で役立つだろう。だからといって、このような世界観そのものが批判の対象になるわけではない。第二に、第Ⅱ部で論じたように、心象世界の外側、言語の世界の外側の事柄についての知識を得る可能性への経験主義者からの批判は、勝利を収めることがなかった。人間は現実に自分の考えを「投影」するが、彼らの語ることの全てを、また彼らの表明する世界観の全てを、単なる彼らの意識の投影であると還元することはできないのである。

　実際、ここにブルトマンによる福音書の題材分析へのアイロニーがある。彼は黙示的言語が本質的に「神話的である」と見なした点において正しかった。それらの言語は、人々の希望や主張、警告や恐れを表現するために古代中近東の神話的なイメージを借用し、「通常の」出来事の背後には創造者であり救済者である神の働きがあるという世界観を表明するものだった。しかしブルトマンは、イエスや彼の同時代の人々がこうした言語を文字通りの意味に取ったと考えた点で誤っている。イエスたちはこれらの言語が本物の時空間世界の終焉を指していると考えていて、現代の私たちだけがこれらの言語の「本当の」意味を見抜き、発見したのだとブルトマンは想像してしまった。そしてブルトマンにとっては、イエスについてのストーリーこそが本物の「根源的な神話」に他ならなかった。ブルトマンとその追従者たちは、比喩的言語を文字通りに、そして文字通りの言語を比喩的な意味に取ってしまった。私たちは今一度、ほとんど全ての言語、特に人が非常に個人的なレベルで深く関与している事柄を扱う言語は比喩的であり、また少なくとも隠喩を積み込んでいる（laden with）ことに注意すべきだ。この最後の言い回し自体が隠喩であり、抽象的な言語という物体がまるで荷車のようなもので、他の抽象的な「隠喩」（メタファー）と

776　第IV部　紀元1世紀のキリスト教

いう物体を積んでいることを示唆している。とりわけ神話の言語、特に終末論的神話のための言語（海、伝説上の怪物等）は聖書文学において、歴史的な出来事を示すための複雑な比喩的システムとして用いられていて、それらに神学的重要性を付与しているのである（上巻第10章を参照せよ）。言語は、歴史的な出来事の中に見出されるべきだと共同体が信じる、その十分な意味を見出すためのレンズとして機能する。歴史の中に意味を見出すという考えがポスト啓蒙主義にとってどんなに奇妙なものでも、そのような言語はイスラエルの根源的な唯一神信仰と契約神学から自然に発生したものだ。これを理解するのに失敗すること、例えば新約聖書記者たちが原始的で自然的な世界観に文字通り囚われていたと想像することは、全くの歪曲である。[25]

　神話についてのさらなるポイントは、福音書伝承の多くが神話で構成されているという理論に著しく不利に働く。ブルトマンが思い描く基本的な類型の神話（人々の世界観を表明するような準民話伝承）は、その発展のために長い時間を必要とする。そして少なくともそれは複雑で込み入った様式を採る。しかし、キリスト教の第一世代はそのような経過をたどるには短すぎるのだ。この点はしばしば指摘されてきたが、ここでもう一度繰り返す必要がある。キリスト教の第一世代が自らの信仰と歩みを正当化するために「根源的な神話」を語ったという原始教会についての仮説は、信頼するにはあまりにも複雑すぎる。マルコ福音書についてのブルトマンの見解によれば、二つの思考の流れが別々に発展していったということになる。その一つは原始キリスト教徒たちの体験であり、その体験は過去（イエスの過去を含む）ではなく、現在や未来を志向したものだった。それはすぐさまヘレニズム的カテゴリーに移植され、ヘレニズム的ケリュグマとなった（それは20世紀ではたいへん有名だが、1世紀にはおそらく誰も知らなかったケリュグマだ）。[26]このケリュグマの中で、「イエスのストー

25　Caird 1980, 219-21参照。歴史が「閉じられた連続体」であるという考えそのものが現代の研究における誤った想定である。

26　Bultmann 1951-5, 1.63-183参照。

第 14 章　原始キリスト教のストーリー（2）　777

リー」が創作され、共同体の必要を満たすように造り直されたというのである。他方で、僅かながらも本物の「イエスのストーリー」が幾人かの原始キリスト教徒たちの記憶の中に留まり続けていた。マルコがやったことは、これらを結合させてヘレニズム的ケリュグマをイエスのストーリーという形で言い表すことだった。つまり、歴史的だと考えられる題材を用いながらも、実際にはイエス自身を指すものではないストーリーを語ることだ。（ブルトマンにとって、これはマルコの秀逸な手法だった。マックにとって、それは破滅的なものだった。）このようなスキームは信じがたいほど複雑で、実際の証拠には合致しそうもない仮説（イエスはなにがしかの人物だったが原始教会は彼には興味がなかった、という仮説）を断念せずに、福音書という現象を説明するために考案された歴史の再構築であるのは間違いなさそうだ。これらの展開がせいぜい 40 年の間に起ったと示唆するのは、単に信じがたいほど複雑であるのみならず、全く信じがたい。

　それゆえ、福音書は原始キリスト教徒の世界観にとって根源的なストーリーであるという意味で、「神話」なのである。これらの福音書には「神話的な」言語が含まれているが、私たちは歴史家としてそれらを当時の他の「黙示的な」文書を参照することで解読することができる。だが、福音書がそうした特徴を備えているのは、その根源的な、基本的にユダヤ的な世界観のゆえである。創造的で契約的な、様々な形の唯一神信仰は、イスラエルの神が自らを知らしめる舞台が現実の歴史であることを要求する。だがこれが意味するのは、イスラエルがその歴史を適切に描くことのできる唯一の言語とは、時空間での実際の出来事を指し示す言語であるのと同時に、そうした出来事に歴史を超える重要性を付与する言語なのだ。そのような言語が「神話的」と呼ばれるのは、その言語が実際には起らなかった出来事を描いているからではなく、実際の出来事が究極の意義から［レッシングの言う、歴史と永遠の真理との間に横たわる］おぞましい溝によって分離されないことを示すためなのである。理神論や啓蒙思想はそのような溝を示唆するだろうが、究極の意義は実際の出来事の中にあるのだ。

2. 修正された様式史批評に向けて

（i）序　言

　伝承の歴史についてのあらゆる理論は、イエスと原始教会に関する複数の前提に基づいているので、いくつかの基本原則を確立するためにはそれぞれの前提についてなにがしかを述べておく必要がある。ここでもイエスから始めよう。イエスはユダヤ的な環境の下で生まれ、生き、働き、そして死んだ。これまで見てきたように、このユダヤ世界にはヘレニズムの影響が浸透していたが、それはイエスの深くて豊かなユダヤ的背景を過小評価する理由にはならない。さらにはイエスの教えの多くは、あらゆる面から見て、イスラエルの神の王国の到来に関係していた。私は本シリーズの次巻において、このユダヤ的背景こそが、イエスの目論見とその死の理由を意味深いものにしていると論じる（ユダヤ的背景は、最近流行している犬儒派的背景という代案よりも理に適っている）。つい最近まで、すべての主要なイエス研究はこのことを前提にしてきた。第二に、1世紀の後半にイエスについて書かれたすべての主要な文書は、ユダヤ的なストーリーという形を取ることを当然のこととし、イエスをその枠組みの中で解釈した。それはパウロにも当てはまる。大切なのは、もう少し後の世代のキリスト教徒（イグナティオス、ユスティノス、ポリュカルポス）が異教世界と対峙した時に、ユダヤ的であることがはっきり分かるキリスト教の形にしっかりと踏みとどまっていたことだ。少なくとも2世紀中葉までには、極めて異なる流れが現れてきていたのは明らかだ。それらのいくつかを、これから見ていこう。しかし、キリスト教の第一世代全体が、形式において本質的にユダヤ的であったことをはっきり認識する必要がある。その内容において、キリスト教がユダヤ教にとってどれほど転覆的なものだった

第14章　原始キリスト教のストーリー（2）　779

としても[27]。イエスがユダヤ的な人物で、ユダヤ人の期待と歴史理解とい
う世界の中で考え、行動していたとしよう。パウロも同じだったとしよう。
共観福音書の記者たちや、ヨハネですら、ユダヤのストーリーを語り、そ
のクライマックスがイエスと共にもたらされたのだと言おうとしたのだと
しよう。そして紀元2世紀の異教世界においてですら、キリスト教に同じ
刻印が刻まれていたとしよう――これらが本当ならば、早い時期にイエス
について語られたいくつものストーリーが同じ様式だったというのは大い
にあり得る。私たちが必要とし、そしてこの学問分野の歴史に未だかつて
決して存在しなかったもの、それは共観福音書の伝承がユダヤ的な様式だ
ったという仮説である。つまり最初期の様式はユダヤ的なもので、その発
展段階においてヘレニズム的な特徴が付加されたという可能性を正当に評
価するような仮説である。

　この問いは、次のようにさらに鋭いものとなる。福音書記者たちは、マ
ルコ（あるいは他の誰か）が本物のユダヤ伝承を手に入れるまでの間、も
ともとユダヤ的なストーリー・ラインを持たない伝承を「ユダヤ化」した
というのだろうか。これがブルトマン学派の仮説であり、私たちの世代に
も多くの支持者がいる。これらの学者の研究は、福音書テクストから「ユ
ダヤ的」要素を引きはがし、それから「オリジナル」のヘレニズム的な
（おそらく犬儒学派的な）意味を示そうとする[28]。しかし、これは歴史的に
見てまったく道理に合わない。イエス語録で犬儒学派のようなシンプルな
様式で存在するものはほとんどない。しばしば例外とされるのが『トマス
福音書』だが、それについては後で検証する[29]。キリスト教があまりユダ
ヤ的ではない運動としてスタートしたと仮定して、その運動が突然イエス
のことをユダヤ的枠組みの中で理解しようと努め始めたというのはまず
ありそうもない。紀元70年のエルサレムの壊滅の後に、それまでユダヤ

27　Koester 1982b, 198 でもこのことは認められている。「第一世代のキリスト
　　教徒全体を『ユダヤ人キリスト教徒』と呼ぶことは正当化できるだろう。」

28　例として、Downing 1988a, 諸所に。

29　793 ページ以下参照。

780　第IV部　紀元1世紀のキリスト教

的な伝承についてほとんど何も知らなかった異邦人のキリスト教徒が、ど
うして急にユダヤ的な枠組みに魅力を感じるようになるだろうか。歴史的
な可能性が極めて高いのは、むしろまったく反対のケースだろう。つまり
(i) キリスト教は明らかにユダヤ的文脈の中で始まった。(ii) イエスにつ
いての最も早い段階でのストーリー語りはユダヤ的な様式の枠組みに自然
と収まる。(iii) これらのストーリーが、ユダヤ的なストーリー語りをよ
く知らない文化的背景の中で語られるようになると、それらは明らかに非
ユダヤ的な様式を持ち始めるようになった。このような発展が本質的に妥
当であるのはヨセフスの例からも明白である。先に見たように、ヨセフス
はユダヤ的な伝承やアイデアを多くの場合に明らかにヘレニズム的なもの
に変容させた。この発展仮説は他の多くの場合のように、極めて単純なも
のだ。発展の軌跡において、あらゆる方向へ展開していく可能性は確かに
ある。だが、一般的な方向性についての仮説を立てるなら、ユダヤ的なも
のからギリシャ的なものへ変化していったと考える方がずっと可能性が高
く、その逆ではない。

　古典的な様式史批評は、ヘレニズム文学の世界から採られた様式を用い
て始まった。「アポフテグマ」、奇跡物語、などなどである（「アポフテグ
マ」とは、簡潔な言葉で締めくくられる短いストーリーだが、他のもっと
良い言い方は「クレイア（chreia）」である）[30]。これらと並行関係にあるも

30　Sanders & Davies 1989, 146-8 の専門用語についての議論を見よ。「クレイ
　ア」の例は、エピクテトスなどの作品に豊富にある。例として、『語録』1.9.1
　「神と人間との親族関係に関して哲学者たちによって語られたことが正しい
　のなら、ソクラテスが宇宙について尋ねられた時に取った道の他に、人には
　どんな道が残されていようか」。3.6.10「そして［ムソニウス］ルフスはほ
　とんどの場合、人に［哲学の探求を］断念させようとしていた。そのような
　努力を、資質に恵まれた人をそうでない人から区別する手段として用いてい
　た。なぜなら彼はよくこう言っていたからだ、『ただの石でも、あなたがそれ
　を取って上に投げれば、その質量のために地面に落ちてくるだろう。であれ
　ば、資質に恵まれた人はなおさらである。人がより多く彼の背中を打ち叩け
　ば、彼はよりいっそう本来の目的に向かうだろう』。」;『断片』11「アルケラ
　オス［マケドニアの王］がソクラテスを富ませようという意図で使いを遣わ

第14章　原始キリスト教のストーリー（2）　　781

のが例えばラビ文学などのユダヤ文献に見られるが、それらは一般的により後の時代のものだ。これらに古典的な様式史批評家たちは「たとえ話」や、あまり明確に定義されていないカテゴリーである「伝説」、そして今や悪名高い「神話」を加える。ブルトマンが考えたように、「純粋な」様式のストーリーがより複雑な様式へと発展していったのか、あるいはテイラーが提起するように、粗削りな伝承が時間をかけて「純粋な」様式へと整えられていったのか、今日に至るまで議論は続いている。伝承が拡大した場合と縮小した場合の両方の可能性があるので、一方向の単純な理論を拒否するべき理由は大いにある。[31]

　紀元1世紀のユダヤ世界におけるストーリーに関するこれまでの研究から、われわれはイエスの時代の人々がどんなストーリーを語り、また語り直していたのかを知っているということができよう。そのストーリーは、彼らがあらゆる現実を認識するための座標軸（グリッド）だった。[32] 彼らは、イスラエルは苦難に遭うけれどもその正しさが立証されるというストーリーを語った。彼らは捕囚と回復のストーリーを語り、過越、出エジプト、荒れ野での彷徨、そしてカナン定住のストーリーを語った。彼らはイスラエルの神がその民を贖うために来られるというストーリーを語った。神の解放のしるしとしての預言者や王たちの力強い働きのストーリーを語った。聖書のストーリーが暗黙のうちにであれ公然とであれ、現実となるようなストーリーを語った。これらはもちろん様式ではなく、内容についての記述である。それでも、内容は強く様式を示唆する。このことの優れた例は、シモン統治下（紀元前140-34）の様子についての第1マカバイ

した時、ソクラテスは伝令に以下の返答を持たせた。『アテネでは、四クォートの大麦の食事を一オボール金貨で買うことができるし、流れる水の泉がある』。」「クレイア」については、Buchanan 1984, 2章 ; Mack 1988, 179-92 などを見よ。クレイアという言葉そのものが、「必要」という非専門用語として非常に多くの場合に使われていたことも注記すべきだ。

31　この点については何よりも Sanders 1969 を参照せよ。

32　本書前巻8章を参照。

記の記述である。「イスラエルは平和と繁栄の内に生きていた」と言う代わりに、記者は預言者たちのあらゆる声がこだまするストーリーを語ることを選んだ。

> 人々は安んじて地を耕し、地は収穫をもたらし、野の草木は実を結んだ。
> 長老たちは大路に座し、互いに太平をめで、若者たちは栄えある軍服を身にまとった。
> シモンは町々を食糧で満たし、武器で強固にした。その名声は地の果てにまで響き渡った。
> シモンは地に平和をもたらし、イスラエルは無上の歓喜に酔いしれた。
> 人々は、おのおののぶどうの木、いちじくの木の下に憩う。
> 彼らを脅かす者はいない。
> 彼らに戦いを挑む者は一掃されて地上から消え、
> シモンが世にあるかぎり、王たちは砕かれた。
> シモンは民の低き者を残らず励まし、律法を順守した。
> シモンは、律法に従わず悪を行う者を根絶した。
> 彼は聖所に栄光をもたらし、祭具類の数を増やした。[33]

このように、典型的なユダヤ的方法によって、ストーリーに十分な意味が付与されたのだ。

福音書の伝承に話題を戻せば、口述歴史についての先の記述から、様式史批評の探求の出発点は次の質問から始められるべきことが示唆される。イエスの同時代の人々は、どのようにイエスを理解したのだろうか。ユダヤ的な背景を持つこれらの人々は、彼らが理解したイエスについて、どんなストーリーを語ったのだろう。そして、彼らの語るストーリーは自ずからどんな様式を取っただろうか。私たちがこのような問いを追求していく

33　第1マカバイ14章8−15節；列王記上4章25節；イザヤ17章2節；36章16節；ミカ4章4節；ゼカリヤ3章10節を参照せよ。

のなら（歴史的な観点からは、このような探求は極めて真剣になされるべきものだ）、その答えは驚くべきものとなる。

（ⅱ）預言者的な行動

イエスは預言者として理解されていた。ある人々はイエスのことを預言者以上の者だと考えていたが、彼を偽預言者だと見なす人たちもいた。それでも、イエスは「預言者」という分類で理解されるべきだと考えられていた。紀元1世紀のユダヤ教には他にも預言者的な人々がいた。彼らは自分に従う者たちにしるしと解放とを約束した。イエスが同じように見られていたというのは大いにあり得ることだ[34]。これが意味するのは、ガリラヤの村々で活動するイエスを目撃した多くの人々は、預言者に期待される行動を取っている人物として彼のストーリーを語っていただろうということだ。したがって、イエスがいにしえの預言者たちの話を思い起こさせるような奇妙な行動を取った時、そうした行動について語るストーリーが聖書の預言者たちの先例を反映しまた共鳴するような形にすぐさま整えられていったのは、ごく自然の成り行きだった[35]。

もちろんこれは、ある聖書学者たちの一般的通念を覆すものだ[36]。これらのストーリーの「聖書化」（biblicization）が起こったのはかなり後の、神学的な理解が深まった段階であると通常考えられている。しかし私にはなぜそうでなければならないのかが分からない。第Ⅲ部で描いた1世紀のユダヤ的背景からすれば、20年代や30年代のパレスチナのユダヤ人たちが、エリヤやエリシャを思い起こさせる不思議な癒し人の預言者のストーリーを語ったというのはまったくあり得ることなのだ。元来は預言者では

---

34 Horsley & Hanson 1985, 4 章；Crossan 1991, 8 章を参照。

35 Moule 1982 [1962], 109f. 参照。例として、マルコ福音書 10 章 46–52 とイザヤ 35 章 5 節以降；ルカ福音書 7 章 11–17 節と列王記上 17 章 17–24 節；列王記下 4 章 32–7 節とを比較せよ。ルカ福音書 9 章 8, 19 節；13 章 32 節以下を参照。

36 例として、Mack 1988, 8 章を参照。

なかったのに後の時代に預言者として語られるようになった、という可能性があるのと同じことだ。癒しの物語は、後にそのような話に発展していったというよりも、預言者のストーリーとして始まった可能性の方が高い。同じストーリーが、後にこうしたイスラエルの預言者たちのことを知らない聴衆の中で語られたとしたら、この時に初めてヘレニズム世界の奇蹟行為者、「聖なる人」との並行関係を考えるべきなのだ。

　もちろん、癒しの物語の「様式」には共通したパターンがある。病気が描かれる。イエスに助けが求められる。イエスが病苦者に何かを語るか行うかする。癒しが起る。癒された人と傍観者たちが驚きと喜びを表す。これが特に、[ブルトマンが主張するような、イエスの癒しの物語がヘレニズム起源であるということの]有力な証拠になるとは思えない。癒し物語がこれ以外の別の様式を取ることができたと考えるのは困難だからだ。聖書以外のヘレニズム的な癒し物語との様式上の並行関係は何も証明しない、ある癒しが他の癒しと似ているということ以外は。

　最も偉大な預言者の一人は、もちろんモーセだ。モーセはイスラエルの子らを導いて紅海を渡り、荒れ野で彼らを養うことができた神の使いだった。イエスが行った不思議なことのいくつか[37]——嵐を静めることや、パンを何百倍にもすること——は、明らかにモーセの行ったことを連想させる。ここでも癒しの物語の場合と同様に、これらのストーリーは出エジプトの響きや詩編で語られるヤハウェの大水への勝利の響きがこだまする、ユダヤ的枠組みの中で語られていると考えられる。そう考える方が、イエスの偉大な力は初めにヘレニズム的な神性の「証拠」として捉えられ後になって初めて旧約聖書と関連付けられた、と考えるよりもずっと蓋然性が高い[38]。

37　私たちはこれらを「奇跡」と呼ぶことに躊躇すべきだ。なぜならこの言葉は時代錯誤的な18世紀の発想を議論に持ち込んでしまうからだ。ルカはこれらを「パラドックス」と呼んでいる（5章26節）。例としてCraig 1986と、本シリーズの第二巻における議論とを参照せよ。

38　マタイ福音書14章13-27節他を参照。また例として詩編66編5節以下、

（ⅲ）論争的対話

　もしイエスが預言者として理解されていたのなら、彼はまたユダヤ教内部のある種の新しいグループ、運動、あるいはセクトの中心人物と目されていたということになる。先のセクトやグループについての研究から明らかなのは、こうした組織が、ユダヤに残れる義なる者たち（レムナント）がイスラエルの神のために異教の（あるいはユダヤの）権力者たちに立ち向かい、そしてその正しさが立証されるという聖書的なストーリーを何度も語り直していたということだ[39]。自らをこのような存在だと見なし始め、ストーリーを語り直すことで自己認識を強化しているグループは、自分たちや彼らの指導者への反対をごく自然に聖書の先例に照らして解釈したことだろう。こうした例は、死海文書の中にはっきり認めることができる。ハバクク書には、一方では義の教師と悪しき祭司との戦い、他方では共同体とキッテム（ローマ帝国のこと）との戦いについての秘密のヒントが隠されている[40]。様式においては異なるものの、内容においては共観福音書のストーリーと並行関係にある。「ハバクク書註解（1QpHab）」は共観福音書の場合と同じく、出来事そのものを語り直したというよりも、出来事に関する今日で言う学術演習のごときものを反映しているのだ。

　共観福音書の論争的対話は、似たような状況から生まれた可能性がある——学術演習という意味ではなく、自分たちへの反対を聖書の先例に照らして理解する小さなグループという意味でだ。イエスがその活動期間中に反対に遭ったという可能性は非常に高い。ここでそれを十分に論証することはできないが、本シリーズ第二巻で詳しく解説したい。このような対話が福音書の論争的対話の大部分を占めているとしても、こうした反対が一回限りの質問に対してイエスの一度きりの応答という形を取ったのではな

93章1-5節。

39　上巻第8章を参照。例として、ダニエル書補遺「スザンナ」。

40　邪悪な祭司については：1QpHab 1.12f.; 2.1-10; 5.9-12; 8.3-10.5; 11.3-12.10; キッテムについては2.11-5.8。

いという可能性も極めて高い。論争は脱線し、だらだらと長引き、マルコ福音書2章や3章のようなものであるよりも、ヨハネ福音書6章のようなとめどもない議論となった可能性の方が高い。そしてイエスの周りにいた人々、自分たちを神から召された残れる者、万物の刷新の先駆けとして考えていたような人々は、彼らへの反対を即座に聖書的な先例に照らして理解し、自分たちがなすべき戦いだと見なしたという可能性が極めて高い。彼らは公式な、または非公式な反対に遭遇するストーリーを何度も語り直しながら、自然とそれらを必要最小限のストーリーへと凝縮していったのだろう。正しさが立証されるのを待ちつつ、困難な状況を耐え忍んでいる刷新運動という自らのアイデンティティを強調するために。もしあるグループが、真のイスラエル人たちが当局から説明を求められた後に正しさが立証されるという聖書の話に希望をかき立てられていたのならば、そしてこのグループがそれと似た状況に自分たちがいると認識していたのならば、問題となる出来事をこのような期待のグリッドを通して「見た」だろうし、その出来事のストーリーを同じ様式を反映した形で語ったというのは大いにあり得ることだ。[41]

　したがって、「アポフテグマ」、「パラディグマ（範例）」、「宣言的様式」、「クレイア」、これらをどのように呼ぶにせよ、様式史批評の歴史は再吟味されるべきだし、その一般的な（つまりブルトマン流の）読み方は根本から問い直されるべきだ。[42] これらのストーリーはもちろんばらばらの個々の語録として始まり、徐々にストーリーとしての体裁を整えていったと通常考えられている。それはイエスの敵対者への強烈な応答に、よりぴったりの舞台を提供するためだ。原始教会は個々の必要のためにばらばらの語録を覚えていて（あるいは創り出し）、徐々にそれらのための物語的枠組

41　Nickelsburg 1980 はこのことを、受難物語との関連で論じ尽くした。私はこれが、より小さなスケールの論争ストーリーにも有効だと提起する。

42　伝統的な見解の新しい表明については Mack 1988, 7 章の一例として 199 ページを見よ。後の伝承はイエスを「犬儒派の賢者」から「尊大な裁判官」かつ「専制的な君主」に変えてしまった。

第14章 原始キリスト教のストーリー（2） 787

みを考えたのだとされる。これに対し、元来の文脈において、イエスの
支持者たちが彼の論争的言動についてのストーリーを語る最も自然なユダ
ヤ的方法とは、ダニエル書に見られるようなユダヤ的論争物語の様式にお
いてだったと、私は提起する。これらの文脈については、一つ一つ考察す
ることが可能だ。最初の段階は、イエスの宣教そのものである。イエスが
まだ同じ村にいる間に、彼についてのストーリーはすぐさま興奮気味に語
られただろう。次の段階では、イエスが他の場所に移って行った時に、彼
に関する出来事の記憶が語られたことだろう。さらに次の段階では、イー
スターの後に人々が抱いていたイエスの記憶がストーリーとして語られた
だろう。どの段階においても、ストーリーのパターンは同じであり、そこ
にはユダヤ的な伝承の響きがあったことだろう。真のイスラエル人たちは
大胆に行動する。彼らは当局者、または権威を自認する人々からの挑戦を
受ける。彼らは反対されても自分の信念を保つ、しばしば選りすぐられた
言葉と共に。そして彼らの正しさが立証される。ダニエル書の中でも最も
偉大な論争と立証のストーリーは、その正しさが立証される「人の子のよ
うなもの」のストーリーだ。福音書のストーリーはまさにこの様式であり、
イエスを「人の子」と言及する場合がしばしばそれに該当する。

　したがって、論争物語の最古の様式は、少数の残りの者や刷新運動に加
わった人々の葛藤と立証とを描いたユダヤ的ストーリーの様式である可能
性が高く、こうしたストーリーが時間を経るうちに、ヘレニズム世界の
「クレイア」のようになっていったと考えられる。特にイエスについての
知らせが、ユダヤ的な論争スタイルや、立証のストーリーが理解される地
域を超えて広がっていった場合には。私はこれが、「トマス福音書」のよ

43　この近年の好例はケスターの議論（1990, 85-113）である。「トマス福音
　　書」の語録の多くは共観福音書における並行箇所と比べてオリジナルなもの
　　だ、なぜならそれらは物語的構造を欠いていて、また黙示的審判のような特
　　徴を備えていないからだ、という議論である。
44　例として、マルコ福音書2章1-12, 15-17, 18-22, 23-28節；14章53-64
　　節（これら全てにマタイかつ／あるいはルカに並行記事がある）。

788　第IV部　紀元1世紀のキリスト教

うな作品の成立についての、最も蓋然性の高い説明だと考える。個々のイエス語録が短い「クレイア」になりそれがもっと長いストーリーになったという仮説よりも、その反対のプロセスの方が歴史的に見てずっと可能性が高いように思えるのだ。ルカ福音書における極めて多くの個々の語録は、この見解の確証の第一歩となるだろう。[45]

（iv）「たとえ話」

　私たちは既に、共観福音書の最もよく知られたたとえ話について論じた。そしてマルコ福音書4章1-20節は全体として、ユダヤ的文脈の中で考察されるべきで、黙示的啓示という様式により近いものとして理解すべきだと示唆した。[46] このような理解も、通常の様式史批評によるたとえ話の理解とは正反対のものだ。従来の理解はこうである。たとえ話は単純な様式で始まり、一つのポイントに的を絞ったもので、実生活に密着したものだった。伝承が発展しヘレニズム世界で広がっていく中で、内容がより空想じみたものになり、奇妙な詳細が付加され、結局は寓話となっていった（心配した通りの結論である[47]）。

　このような結論は、新約聖書のユダヤ的背景を完全に理解し損なっている世界でのみ導き出されるものだろう。後世の数名の教会教父たちの寓話的な空想のこっけいさは言うに及ばず、たとえ話はユダヤ文献を通じて見られる。そのハイライトは、よく見られる黙示的な、奇怪な幻想である。それらをもっと広い預言者的伝統から切り離されたものとして見るべきではない。預言者的伝統とは、イザヤ書のぶどう畑のたとえや、預言者自身

45　例として、ルカ福音書17章20-21節がある。これはまさに通常のヘレニズム的な「クレイア」に当たる様式であり、しかも孤立している。

46　本書110ページ以下参照。

47　よく知られた学問の流れとして、Jülicher 1910 [1899] から、Dodd 1978 [1935] を経て、Jeremias 1963 [1947] に至る。それとは反対の見解としては、例として Boucher 1977; Caird 1980, 160-7; Moule 1982 [1962], 111-18; Drury 1985。

第14章　原始キリスト教のストーリー（2）　789

の結婚体験と神とイスラエルとの結婚との奇妙な関係が全編を通じて考察されるホセア書や、豊かな男と貧しい男と子羊についてナタンがダビデに語った転覆的なストーリーなどである。イエスも預言者として、この豊かな伝統に連なるストーリーを語った。ナタンがダビデにしたように、イエスのストーリーは当時の聴き手の世界観を粉々に打ち砕くように考案されていた。ヤハウェとその民のための婚礼は今や盛大に開かれているが、それを享受できると思っていた多くの人々が実はそうではなかった、ということが宣告された。ぶどう畑と現在の農夫たちのところへ収穫を取りに来た主人の息子が拒絶されるストーリーが語られる。イエスの聴衆らがこれらや他のたとえを語り直した時、彼らはそれを預言的な、そして時には黙示的なストーリーとして語ったという歴史的な可能性は極めて高い。

前章で論じたように、マルコ福音書4章1–20節の様式はそうした可能性を示すものだ。マタイ福音書13章24–30節、36–43節の、麦と毒麦の（分割された）様式も同様で、黙示的なイメージは前面に押し出されている。

> だから、毒麦が集められて火で焼かれるように、世の終わりにもそうなるのだ。人の子は天使たちを遣わし、つまずきとなるものすべてと不法を行う者どもを自分の国から集めさせ、燃え盛る炉の中に投げ込ませるのである。彼らは、そこで泣きわめいて歯ぎしりするだろう。そのとき、正しい人々はその父の国で太陽のように輝く。耳のある者は聞きなさ[48]い。

これはまるで、第1エノクか第4エズラに見出される文章のようだ。このような伝承は、イエスの働きを通してユダヤ人の熱烈な希望が成就した

48　マタイ福音書13章40–43節。C. F. D. モール教授は私に、「泣きわめいて歯ぎしりする」は詩編112編10節への言及で、この節（詩編のコンテクストでは「邪悪な者たち」に向けられている）を反逆のイスラエルへの厳しい警告へと変容させているのかもしれない、と示唆した。

790　第Ⅳ部　紀元 1 世紀のキリスト教

と考える人々が心に抱き、語り直され、現在の様式となっていったように思われる。最初は単純だったものが徐々に黙示的要素を吸収していったと考えるよりも、このような可能性の方がずっと大きい。[49]これらのたとえ話の様式と内容は拒絶や反対について語っているが、それはイエスの宣教に対してではなく、紀元 50 年代やその後の時代の教会に向けられた迫害を反映しているという示唆は、文学様式とイエスの宣教の両方についての誤解から生じているのだろう。[50]同様に、イエスが語ったであろうシンプルなたとえ話が、ヘレニズム化するにつれて寓話化されていったと示唆するのは、トマス福音書の存在を無視することになる。トマス福音書は明らかにヘレニズム的でありまたグノーシス的でもあるが、にもかかわらず「寓話的」な説明は見当たらない！　また、共観福音書の中の極めてヘレニズム的な伝承にも、たとえに付加されるはずの「解釈」が全く見当たらない。伝承の発展は、徐々に寓話的な内容に変わっていったという示唆とは正反対の経路をたどったように見える。[51]むしろ、黙示的ユダヤ思想の観点からなされた、ストーリーのポイントを突いた説明は、（イエス自身に起源を持つ）非常に早い段階のものである可能性の方が高い。少なくともいくつかのケースでは、より唐突で謎めいた様式の方こそ、伝承の発展の中で付加されていったもののように見える。

（ⅴ）より長い単位

　共観福音書のより長い単位のいくつかについても、先の議論の場合と同

49　このたとえ話の現在の形について、福音書記者はマタイ福音書の 13 章 24-30 節と 36-43 節とを一つのユニットとして見出したか、あるいは知っていたが、それを意図的に分割し、短い二つのたとえ話と（13 章 31-32 節、33 節）とその要約（13 章 34-35 節）に分けたと考える方がずっと可能性が高いように思われる。

50　Mack 1988, 6 章に反対して。

51　例として、「トマス福音書」65（「不正な農夫たち」）。Kermode 1979, 43 参照、「［不正な農夫たちの］たとえは寓話であり、寓話としてでなければ意味をなさない。」

じく、早い時期から極めてユダヤ的な発展を遂げたと主張することができよう。マルコ福音書13章が同福音書の中の「異質な部分」だとは思えないということはすでに指摘した[52]。だがそれは、この章のような講話が十字架から10年あるいは20年の内に口述伝承の形を取らなかったという意味ではない。最近この可能性について、二つの大いに異なる視点から論じられた[53]。ここでそれらの研究について吟味する暇はないものの、それらが極めて真剣な議論であるということは記しておくべきだろう。同様に、イエスの裁判と死のストーリー（いわゆる「受難物語」）も早い時期に口述伝承によって伝えられたという観点から検証されている。その伝承は広く知られたユダヤ的様式を体現しており、最も初期の段階の様式は最初期の教会の歩みにおける出来事を反映している、という提案がなされている[54]。第1マカバイ記14章がシモンの統治のストーリーを語る時のように、イースター後の第一世代のキリスト教徒たちが聖書的で伝統的な響きを呼び覚ますような仕方でイエスの死のストーリーを語ったというのは大いにあり得ることだ[55]。この点についてもここで取り扱うスペースはないものの、こうした提案がなされるという事実そのものが、様式史批評が私たちに植え付けてきた考え、つまり初期のキリスト教は非物語的だったが後に「歴史化」されたストーリーを語るようになった、という考えとは正反対の方向を指し示している。

（vi）結　論

　紙面の制約からいささかバランスを欠いた議論になってしまったものの、共観福音書の題材を様式史批評の分類による主要な類型ごとに分析した結果、少なくとも次のことが言えるだろう。福音書のストーリーの初

52　本書108ページ参照。

53　Wenham 1984; Theissen 1991, 3章。

54　Nickelsburg 1980; Theissen 1991, 4章。受難物語理解の全く異なる試みについては、Crossan 1988 参照。

55　Moule 1982 [1962], 137f. も参照せよ。

期の様式は、イエスに初めに従った人々によく知られていた様式であった。その様式は1世紀のユダヤ教の中で用いられていたストーリーの特徴を備えており、特に神が預言者的またはメシア的な人物によって率いられる偉大な刷新運動を通じて行動するのを待望していた人々の間で用いられていた。これらの初期の様式が変化に晒され、特にヘレニズム的なストーリーや「クレイア」の方向へと修正されていったという可能性は十分にある。これとは反対に、短い「クレイア」が長いストーリーへと発展していったのだというしばしばなされる示唆は、私たちが原始キリスト教について十分知らないという事実からすれば行き過ぎた主張である。黙示的なるものを趣味に合わないものと見なすこうした見方は、「無垢」という新たな神話を生み出した。この神話によれば、原始キリスト教もイエスその人も、黙示思想という邪悪な概念には全く汚染されておらず、一世代後のマルコや他の人々が黙示的要素を伝承の中に挿入したというのである。しかしこれは奇妙なヘレニズム的無垢である。それは私たちが知るところのイエスや初代教会、あるいは第二世代の教会とはほとんど関係がない。皮肉にも、これはブルトマン的な意味での「神話」をさらに発展させたものだ。それは無から創造され、20世紀の世界観を維持するために呼び起こされたように見える。キリスト教の最初の二百年間に合致する唯一の視点とは、トマス福音書や（仮想上の）初期のＱ資料に代表される奇妙で非物語的な世界だというのである。だが、非常に早い時期に流布していたイエスのストーリーの大部分が原始キリスト教徒たちの神学やアジェンダによって形成されたのと同時に、それらがイエスについてのストーリーであり続けていたのだと考える十分な理由があるのだ。[56]

56　ここでいささか場違いなアナロジーを用いることをお許し願えるだろうか。有名なモルト・ウィスキーのブランドは、シェリー酒のために用いられていた大樽に貯蔵されている、という事実を宣伝の材料として用いることができる。それはウィスキーに特徴的なブーケと香りを与える。だがそれはウィスキーのままである。イエスのストーリーが一世代にわたって貯蔵された原始キリスト教の大樽は、それらにあらゆる方法で芳香を与えた。しかしそれらはイエスのストーリーのままである。

3. 一つのストーリーではなく、多くのストーリーなのか？
Q資料とトマス福音書

20世紀中葉の50年間、ほとんど全ての新約聖書学者は、マタイとルカの主な資料がマルコ福音書と、便宜上Qと呼ばれる資料だったと信じていた[57]。この仮説の人気は20世紀の後半には陰っていったが、強い批判に晒されながらも熱心に擁護されている[58]。しかし、学界におけるその役割は多くの部分で劇的な、そして興味深い変化を遂げている。

同時に、原始キリスト教を学ぶ学徒の間では、1945年に上エジプトのナグ・ハマディで発見された冊子写本（コーデックス）の中の、トマス福音書と呼ばれるイエスの語録集がキリスト教の発展において比較的後期に属するものだというのが長いこと一般常識となってきた[59]。それは3世紀初頭にヒッポリュトスとオリゲネスによって初めに言及された。短い語録が無原則に収集されていて、ほとんど常に「イエスは言われた」というフレーズから始まり、冒頭と結びさえ、物語と結びつけようとする試みがなされていない。Qと同じく、新約聖書学におけるその役割はここ数年の間に劇的に変化した。

57　この二資料仮説の理由と歴史については、例として Bellinzoni 1985; Neil & Wright 1988, 128-36 を参照；近年の議論としては、Lührmann 1989; Piper 1989; Koester 1990, 128-71。古典的なテクストは、Streeter 1930 [1924]。

58　批判としては、例として Farmer 1964; Stoldt 1980 [1977]。擁護としては、例として Neirynck 1974; Moule 1982 [1962] の中の Styler, 285-316, 特に 298-304; Tuckett 1983b。関連した話題の近年の代表的な論文としては Boismard およびその他（編）1990 を見よ。

59　後にコプト語のテクストはギリシャ語のオリジナルの翻訳であると認定された。いくつかのギリシャ語テクストの写本の断片が知られている。十全な議論については、Koester 1990, 75-128 を参照されたい。「トマス福音書」とギリシャ語のパピルス写本との比較については、Fallon & Cameron 1988 を見よ。Koester 1990, 43f. では、「トマス福音書」やほかの外典福音書への「一般的な偏見」について語られている。

794　第Ⅳ部　紀元1世紀のキリスト教

　Q仮説のそもそもの提唱者たちは、ほとんど数学的な議論によってそれを始めた。マタイ福音書とルカ福音書では重なり合っているが、マルコ福音書とはまったく被らない部分が多くある。こうした部分は、失われた共通の文書に依拠していると考えるのが理に適っている。Qは、証拠に合致する単純な仮説を生み出すための方法だった。Qは明らかにマタイ福音書とルカ福音書よりも前のものなので、早い時期のものだ。共観福音書の問題に取り組むオックスフォード大学の学者たちの努力は、ストリーターの主要作品である「四つの福音書」に結実した。彼らのQへの関心は、主に「歴史の」イエス（それは彼らにとって「本物の」イエスを意味した）に辿り着くための手段への関心だった。マルコ福音書はイエスの宣教と主な出来事についての概略を与えてくれる、と彼らは考えた。Qはイエスの言葉の確かな語録だった。そのどちらも、おおよそイエスその人に遡るものとして確信を持って受け入れられていた。マタイ福音書やルカ福音書に追加されたものについてはそれほど確かなことは言えないが、ダーフィット・フリードリヒ・シュトラウスと彼の後継者らによる伝統的なキリスト教への破壊的な攻撃を食い止めるという目論見のためには、この点は（ストリーターと彼の同僚にとって）それほど重要ではなかった[60]。

　Q仮説はこの半世紀の間、ほとんど疑問を呈されることがなかった。強力な異議申し立てが学界主流の外側から表明されて、内側からの批判は些細な点についてだった[61]。だが、コンセンサスが崩れることはなかった。ファーマーの著作（1964）はその土台を揺さぶる最初のもので、その土台を貧弱だと考える学者は今日では少なくない[62]。しかし、共観福音書問題が時代遅れのクロスワード・パズルのようなものだと見られるようになった時、Qの研究について新しい動機が台頭してきた。それはほとんど死に

60　ドイツと英国におけるこの目論見については、Lührmann 1989, 51-3を参照。

61　Jeremias 1966 [1930], 90-2; Chapman 1937; Farrer 1955。

62　Sanders & Davies 1989, 112-19; O'Neill 1991。オニールはこう示唆している。「新約学の専門家たちのコミュニティは、オッカムの剃刀によって自らをひどく傷つけてしまった」（483）。

第14章　原始キリスト教のストーリー（2）　795

かかったように見えた家内産業に新鮮な活力を与えるのに十分なものだっ
た[63]。

　今日の学界の一部では、Qは文書として存在しただけでなく、ある程度
その軌跡が追えるような形で発展したのだ、と信じられている。さらに
は、オリジナルのQ文書の存在は私たちをイエスの実像に肉薄させてく
れるが、そのイエスはストリーターやその同僚たちがこの道を辿ることで
発見できると考えたイエスとは似ても似つかない人物なのである。そのオ
リジナルな形において、Qは初期のキリスト教共同体を強く反映している
が、その共同体ではユダヤ的なストーリーは様式においても内容において
も特に重要ではなかったというのだ。代わりに注目されるのが別のスタイ
ルと内容の教えである。それは、犬儒学派として知られるヘレニズム哲学
と、秘密の英知、秘密のグノーシスを提供する教えの伝承だ。実際、その
共同体はトマス福音書に非常に満足したであろう共同体なのである。イエ
スは格言的、疑似グノーシス的、疑似犬儒派的な知恵の教師だった。彼の
最初の追従者たちは彼の語録を蒐集したのだが、そのやり方は、ある種の
教師についてそうすることが期待されていたような（例えばアリアヌスが
エピクテトスについてしたような）やり方だった。Qはこうしたプロセス
の結果の一つである。マタイとルカによるその語録の利用は、非歴史的で
格言的で、ひょっとするとグノーシス的な思想をユダヤ的なスタイルによ
るイエスのストーリー語りと混ぜ合わせようという試みを表している（後
の段階のQにおいてもこうした試みは始められている）。そこから生まれ
たイエスのストーリー（the Jesus-Story）はその方向においても強調にお
いても、初期のQに体現されているものに根本的な変更が加えられてい
るのだ[64]。こんな見方を、現在の全てのQ仮説支持者たちがしているので

63　近年のQ研究の全てがこの流れの中にあるのではない。例として、
　Theissen 1991, 5章や、以下の注65を参照せよ。

64　例として、Kloppenborg 1987; Downing 1988; Mack 1988; Crossan 1991 を参照。
　学術誌などにおける多くの詳細な研究については、一例として Seeley 1992 を
　見よ。

796　第Ⅳ部　紀元1世紀のキリスト教

はないことは強調されるべきである。ある学者らは、この文書を犬儒学派、ストア派、あるいはグノーシスの土壌から生まれたものではなく、預言者的またユダヤ人キリスト教的なものとして理解すべきだと主張している。[65] しかし、近年のQ研究者の大多数は、私が描いたような学統にしっかりと属している。

　この「Q‐トマス福音書」仮説は、原始キリスト教のストーリーを次のように語る見方と密接に関連しており、それらは互いに双方を補強し合っている。[66]

　［以下は「Q‐トマス福音書」仮説と密接に関連する、原始教会の歴史の再構築である。］

　最初期の段階、すなわちイエスの死後10年から30年の間はQの最初のバージョンに代表される時代である。これは基本的に「知恵文学」的な文書で、読者に二つの道、知恵の道と愚かな道との選択を促す。この段階では、Qは黙示的な将来の希望とは何の関係もなく、「人の子の到来」については沈黙している。「終わり」はイエスの教えと共に既に到来していたのである。特に、聴き手を世界から分離させる特別な隠された知恵が提供されることによって。これはいわば「水平的」ではなく「垂直的」な終末論である。「終わり」はイスラエルが待ち望んでいた出来事とは何の関係もなく、むしろ新たな秘密の神的啓示なのである。ユダヤ人の希望とは何の関連もない。イエスの追従者たちとバプテスマのヨハネの追従者たちの間には、何の言い争いもなかったのだ。

　したがって、Qのこの（推定上の）最初の段階においては、実質においても形式においてもトマス福音書と極めて近い。トマス福音書は黙示的な未来については何も語らない。大切なのは、現在隠されている知恵なのである――「実現された終末論」は、ユダヤ的な「終末論」とは何の係わりもなく、イエスが弟子たちに現在分け与えた秘密、あるいは隠された啓示

65　例として、Tuckett 1989; Theissen 1991, 5章 ; Catchpole 1992 参照。

66　例として、Kloppenborg 1987; Koester 1990, 128‐71 参照。

に関するものなのだ。トマス福音書とQはほとんど同じなので、マタイかルカのどちらか一方だけに登場する語録は、トマス福音書との並行関係が認められればQ語録だとされた。一つの福音書にしか登場しないのは、マタイやルカが彼ら独自の題材を用いたためではなく、片方の福音書記者がそれを省いたというわけだ。[67]

ここからQは、編纂プロセスを経ていく。この段階で、以前には見られなかったモチーフが挿入される。「Qの二次的加筆の最も明らかなしるしは、裁きや人の子の到来の黙示的な宣言の中に見出される。それらは、知恵語録や預言者的宣告における王国の現在性の強調とは相容れない。」[68]このことは、様式というレベルでいくらか痕跡を残している。知恵文学的な講話集は、知恵文学プラス黙示的な書となった。しかし、この説の提唱者たちの抗議の声にもかかわらず、基本的な相違点は神学的なものであるというのは明らかだ。オリジナルのQの神学は実現された終末論だった。つまり「神の王国」は今ここにあるのだ。編集されたQは未来志向になり、よりユダヤ的な終末論に近くなった。[69]

だいたいこの段階、つまり紀元70年の少し後に、ルカはQを用いた。Q仮説を支持する人々からは、ルカ福音書はマタイ福音書よりも推定上の「オリジナルのQ」に近いと信じられてきた。これら二つの正典福音書がどちらも「Q文書」を用いている場合、ルカのほうが初期段階のあまり発展していないQを用いたと、通常考えられている。[70]しかし、マタイに見られる「発展」が、福音書記者自身の手によってなされたということではない。Qのさらなる発展形は、ルカとマタイの中間に位置するようなのだ。

67　例として、ルカ福音書17章20節以降と「トマス福音書」113との並行記事。Koester 1990, 89 を参照。

68　Koester 1990, 135, Lührmann 1969 を引用している。Kloppenborg 1987。

69　Koester 1990, 149f. 参照。

70　短い「逸話（chreiai）」の方が、場合によってはもっと「発展した」形態で、ユダヤ的なスタイルの物語の方がより初期のものだという私の先の提案は、この問いに再考を促すかもしれない。

798　第Ⅳ部　紀元 1 世紀のキリスト教

この中間地点で、Q の（第二の）編纂者は自分の属する共同体の判断、つまりユダヤ教のトーラーを守り続けるというキリスト教徒たちの判断を受け入れる。このような判断は、それ以前の段階には存在しなかった。最終的に、マタイはこのように二度編纂された Q を用い、それを自らが新たに考案した様式に織り込んだ。[71]

　［以上が、原始教会の歴史の再構築である］

　このような詳細で複雑な仮説について、何が言えるだろうか。ある人は、Q に冷笑を浴びせるのは簡単なことだと思うかもしれない。「Q」とは結局のところ、学者たちの空想の産物（つまり仮説）に過ぎないのではないかと。この文書の一部だと考えられるような写本のひとかけらも証拠としては見つかってはいない。もちろん校訂するための資料は何もない。マタイ福音書に組み込まれた最終版の Q に至るまでの、想定上の三つの段階は、紀元 1 世紀の確かな証拠に基づくものというよりも、近代の新約聖書学の一つの流れである宗教史学派の神学的な好みを反映しているだけなのではないかと疑いたくなる。Q の最初期の形態と、トマス福音書との驚くべき「偶然の一致」は、(a) 編纂の各段階を探り当てるための見事な憶測と (b) トマス福音書が非常に早い時期に書かれたという想定、この二つが生み出したのではなかろうか。歴史においてはほとんどどんなことでも起こり得るので、初めからこの提案を除外することはできない。だが同様に（ある人にとっては明らかに）この提案は、(a) 原始キリスト教がトマス福音書のようなものであって欲しいという現代の読者の側の願望と、(b) 宗教史学派の理論にたまたま合致するような Q の「初期のバージョン」を発見するために、仮想上のものでしかない Q 文書をバラバラに分解するという批判的作業、これらから生まれたのかもしれない。率直に言って、この提案されたモデルに沿って展開されるいくつかの議論は非常にナイーブなものに見える。他の議論も、明らかに循環論法的である。[72]

71　Koester 1990, 162-71 参照；ルカとマタイの間での Q の発展については、167-70。

72　その起源についてトマス福音書の証言（語録 12）を額面通りに受けいれ

第 14 章　原始キリスト教のストーリー（2）　　799

「Q‑トマス福音書」仮説のこれらの一般的な問題点は、さらなる固有の
問題へと私たちを向かわせる。それはカテゴリーに関する問題である。第
一に、1 世紀のパレスチナの未知のユダヤ人キリスト教徒のグループに起
源を持つとされる仮想上の文書に関して、「知恵」伝承と「預言」伝承と
の明確な区分が付けられると、どうやって主張できるのだろうか。ケスタ
ーは賢明にもそれらを統合的に考えようとしている[73]。だが、近年の他の
研究においては、それらは明らかに対立的なものと見なされている[74]。し
かし、ひとたび Q の中に「預言」的な題材があるのを認めると、1 世紀
のパレスチナにおける黙示的言語やイメージの大きな存在感を考えれば、
「黙示的」要素をそこから締め出すのは極めて難しくなる[75]。Q は、知恵伝

ているケース（Crossan 1991, 427）や、マタイについての伝承を「トマス福
音書」や「救い主の対話」から引用しているケース（Koester 1990, 166f.）な
どは、もし正典福音書で同じような議論をしたならば笑い飛ばされるだろう。
危なっかしい循環論法は Kloppenborg 1987, 262 に見られる（誘惑物語は後の
段階で Q に組み入れられた、なぜならそれは Q が「物語的、あるいは伝記的」
方向に向かうのを示しているからだ。Theissen 1991, 206‑20 と比較せよ！）；
Koester 1990, 137（初期の Q に語録があったとされる、なぜならそれらはトマ
ス福音書と並行関係にあるからである。そしてトマス福音書と初期の Q が並
行関係にあったと考える唯一の理由は、トマス福音書と初期の Q が似ている
からだ！）；146（忠実なしもべと不忠実なしもべのたとえ話は初期の Q では
あり得ない、なぜならそれは「人の子の到来という期待にすっかり覆われた
寓話的な勧告」だからである。そして人の子に関する語録は初期の Q にはあ
り得ない、なぜならこの文書は知恵文学的、また実現した終末論的な語録し
か含まれていなかったからだ、と他の場所では論じられているのである）；そ
の他を参照せよ。

73　Koester 1990, 156f.

74　「知恵文学」を支持するものとして Kloppenborg 1987。「預言的」なるもの
　　に好意的なものとして Sato 1998（だが、Biblica 72, 1991, 127‑32 のダウニン
　　グのレビューを参照せよ）そして Catchpole 1992。分裂については、Crossan
　　1991, 227‑30 やその他を参照。

75　Catchpole 1992, 220f. を見よ。「黙示」の性質については、上巻第 10 章を見
　　よ。そこでの議論がおおよそ正しければ、Q やトマス福音書についての近年
　　の議論における「黙示」の理解全体が再考されるべきだ。

800　第Ⅳ部　紀元1世紀のキリスト教

承と預言的講話の組み合わせのようにますます見えてくる。そして、ある学者たちによって考案された架空のモデルとは正反対の、1世紀のパレスチナ宗教の実際の歴史の枠内では、これらの組み合わせがとても自然であると考える十分な理由があるのだ。

　同じように、「実現した」終末論と「未来的」終末論とを分離すべきではないためのしっかりした根拠がある。これら二つの終末論にくさびを打ち込んで、初期のQは現在的終末論で後期のQは未来的終末論だと主張するのは全く正当化できない。ここでケスターの本格的なQについての議論では決して言及されることのない、よく知られたユダヤ文献に目を向けよう。クムランで発見された「共同体の規則」は、仮想上のQのように、人が従うべき「二つの道」、知恵の道と愚かな道とを提示する書である（3章13節–4章26節）。同書からは、この共同体が既に救いの時に生きていたことがはっきり分かる。「実現された終末論」は全ての行間からにじみ出てくる。なぜなら共同体の存在そのものの根拠が、イスラエルの神はこのグループと契約を新たにされたという信仰にあるからだ。この「実現された終末論」を垂直的にだけでなく、水平的に理解するべき理由もある。なぜなら同書の末尾にある素晴らしい賛歌は、その前後の文脈を無視すれば、いかにもトマス福音書にありそうないくつかの節を含んでいるからだ。[76] 同じく「共同体の規則」は、共同体にとっては来るべき未来があることも示している。油を注がれたイスラエルとアロンはまだ来ていないし（9章11節）、「報復の日」は未だ待ち望まれている（9章23節）。ここにはトマス福音書よりも私たちが手にしているQ（つまり、マルコ福

76　例として、1QS 11.5–7:「私の心の光は、神の驚嘆すべき神秘から来る。私の目は永遠なるものを凝視する、人の目からは隠された知恵を、人の子らからは［隠された］知識と知恵を；肉なる者らの集会からは［隠された］義の源を、力の貯蔵庫を、栄光の泉を」。1QSとグノーシスの文書の類似点は、例えばRudolph 1983 [1977], 280によって観察されている。彼は、グノーシス主義はユダヤ的黙示思想といくらかのつながりがあるものの、後者はグノーシスの「垂直的」終末論に対して「水平的」終末論を保持していることを強調している（277f.）。

第14章　原始キリスト教のストーリー（2）　　801

音書とは重ならない、マタイ・ルカ両福音書から再構築される最も可能性
の高いQ）に遥かに近い文書がある。「共同体の規則」は明らかにユダヤ
教のセクトによる文学だが、もしQが存在していたのなら、Qもそうだ
ったに違いない。「共同体の規則」はこのグループのマニフェストであり、
グループの創始者の教えを銘記するためのものである一方、共同体の現在
の秩序や体験と希望とを言い表したものでもある。そしてもしQが存在
していたのなら、Qもまたこのような種類の文書であったに違いないのだ。
それゆえクムランの「共同体の規則」は、クロッペンボーグや他の人々が
主張する、Qにおける「実現した」終末論と「未来的」終末論という分離
が紀元1世紀の宗教の歴史には存在しないことの強力な証拠を突き付ける。
むしろこうした分離は現在の神話に属しており、憶測上の歴史に根拠のな
い分類を投影しているだけなのだ。

　「Q‐トマス福音書」仮説の最も分かりやすい短所の一つは、トマス語録
に「神の王国」（このフレーズは、トマス福音書では通常「父の王国」と
なっている）についての記述が含まれていることだ[77]。私たちが先に行っ
たユダヤ教研究から得られた証拠からは、ある共同体がこの王国のモチー
フを全く新たに、しかもトマス的な用法で（つまり、天の世界の秘密につ
いての宗教的知識という意味で）採用したというのはどうにも考え難い。
むしろ明らかにユダヤ的な運動に起源を持つユダヤ的言語として用いられ
た可能性の方がずっと大きい。そしてこの言葉はユダヤ人たちが主に考え
ていた意味で用いられていただろう。すなわち「神の王国」という言葉
には、捕囚の終わり、イスラエルの回復、神殿の再建、ヤハウェのシオン
への帰還、等々の含意があっただろう（これらの思想は、イエスの宣教と
彼に従った最初の人々の生き方において大きく変容されたのだが）。もし
「神の王国」というフレーズの意味があるものから別のものへと変化した
のだとしても、それまで誰も知らなかったグノーシス的な意味からユダヤ
的な意味へと変化した（そうした変化はトマス福音書が書かれた後、マル

77　特に「トマス福音書」3, 22, 46, 97, 113, 114 を見よ。

802　第Ⅳ部　紀元1世紀のキリスト教

コ福音書が書かれるまでの間に起ったとされる）というのは考え難い。む
しろ、そもそものユダヤ的な意味から疑似グノーシス的な意味へと変化し
たと考える方が遥かに理に適っている。

　もしこの「Q-トマス仮説」がこれほど多くの問題を生み出すのなら、
私たちはQ仮説をすっかり断念すべきなのだろうか。決してそうではない。
この仮説を語るための別の方法があり、それは今まで述べてきた批判から
は自由で、共観福音書の問題をそのままの形で解決しようという試みで
ある。また、近年の学界ではQに関して全く異なる伝承・歴史の可能性
が提起されている。ここではタイセンの研究を例に挙げれば十分だろう。[78]
この仮説のいくつかの類型は今後も実りあるものであり続けるだろう。だ
が、Qが堅固で再構築が可能な文書だったというよりは、マタイとルカが
利用することができた流動的な伝承だった可能性の方が高いと私は考える。
また、Qについての推測が多ければ多いほど、あまりもっともらしくない
仮説が現れるように思われる。

　このように言うと、Qの提唱者から不平の声が上がるかもしれない。彼
らの良い仮説は、悪い仮説のために正しく評価されていないのだと。悪貨
が良貨を駆逐してしまっているのだと。確かに、提唱されている仮説のい
くつかは悪貨である。証明されていない、また互いに矛盾するあまりにも
多くの事柄がQに関して言われているので、門外漢の人々は議論そのも
のを時間の無駄だと感じてしまうだろう。特に、議論がマルコとQとの
潜在的な関係に及ぶや否や、懐疑主義者たちはこう抗議するに違いない。
そもそも最初にQ仮説を言い出した人々は、マルコ福音書とは重複しな
いマタイ福音書とルカ福音書の共通部分がQを構成する、と言っただけ
ではないのか。もしQが存在し、またほとんどのQの提唱者が考えるよ
うに、Qがマタイとルカには共通しマルコとは重ならない部分よりも大き
いのだとしたら、そこには何の証拠も得られないような多くのものが含ま
れているのだろう。Qには誕生物語、受難物語、ペトロの告白、そしてあ

78　Theissen 1991。

らゆる種類のキリスト論、黙示、その他の題材が含まれていた可能性がある。私たちはこれらについて端的に何も知らない。ひとたび福音書記者の誰かまたは記述伝承の伝達者が手元にある証拠のかけらを削除する決断をしたのなら、仮想上の初期Q文書について確実なことを知る手立てはない[79]。だからQ仮説の支持者は注意すべきだ。もし1世紀の編集者が題材を削除することも付加することもできたのなら、ルカが単にマタイを用いたという説はますますもっともらしく見えてくる[80]。したがって、例えばQには受難物語が含まれていないという事実を重要視するどんな理論にも厳しく目を光らせなければならない。この手の道を進んで行くのは、地図なしで迷路の中を歩んでいくようなものだ。

　最後にQについて。もし何らかの形でQが存在し、そこに含まれていただろうと考えられてきた題材が概ね含まれていたとしたら、これまで描いてきたものよりも蓋然性の高い「生活の座」というものはあるのだろうか。ここでもまた、他の研究者たちと同様、私たちはイエスとそれに続く教会についての仮定に依存することになる。誤った循環論法を避けるために、こうした仮定は、説明されるべき題材以外のもので検証されなければならない。このプロセスにおいて、パウロから得られる証拠を無視することはできないし、Qがパウロに代表されるようなキリスト教とは完全に異なる一派に属するのだと考えることもできない。Qは、イエスの信従者たちによる初期の宣教共同体の枠内にあるものだが、ではこのグループをどのように理解すればよいだろうか。王国を宣べ伝えた預言者としてのイエスという強い認識を持ち続け、この王国は既存のユダヤの権力構造を転覆させるだろうという明確な意識を持っていたパレスチナの原始キリスト教徒たちは、彼らの同時代の人々が待ち望んでいた王国が（それは彼らが想像していたものとは異なっていたが）イエスにおいて、またイエスを通じて到来したと宣言したことに疑いはない。だが、人々の期待と現実との最

79　パウロ研究におけるこの問題については、Wright 1991a, 100 を参照。
80　Goulder 1974 と、Sanders & Davies 1989, 112-15 の議論を参照せよ。

804　第Ⅳ部　紀元1世紀のキリスト教

大の違いとは、その王国が本質的にユダヤ的でも歴史上のものでもなくグ
ノーシス的またはプラトン的なものだった、ということではなかった。む
しろその違いとは、王国がユダヤ民族の首位性を回復するものではなく、
イエスに基づくものだったということだ。イエスはユダヤ民族主義を覆し
てしまったのだ。それは「黙示的」語録と「知恵文学的」語録の両方の伝
承を用いることのできた使信だったのであり、その二つの間には多くの
「預言者的」要素も含まれていた。もしQ文書が存在していたのなら、そ
れは物語全体を語ろうとする試みであるよりも、説教者の扱う題材のコレ
クションのようなものであったかもしれない。だが、もしキャッチポール
やその他の人々が正しく、Qがバプテスマのヨハネのストーリーから始ま
るのなら、それはイエスの抽象化された語録ではなく、イエスのストーリ
ー全体を初めから提示していたものだった可能性がある。もしそうなら、
そのストーリーは私たちがこれまで素描してきた、原始キリスト教運動を
特徴づける大小のストーリーの地図上に明確に位置づけられる。それは犬
儒派的なスタイルの文書ではなかっただろう。それはイエスを知恵文学的、
預言的、黙示的伝承の焦点として見るものだったのと同時に、イスラエル
の神、全世界の創造者の世界に広がる王国を開始した人物として見るもの
だっただろう。[81]

　最後にトマス福音書について。トマスの語録のいくらかは共観福音書に
由来し、他のいくらかは（それらは非常に古い可能性がある）独立したも
のだったのは明らかなように思える。[82]しかし、（たとえ話を除いた）その
どれもがストーリーを含んでいるというのはありそうもなく、そしてこの
作品全体には詩的シーケンスの段階では筋（プロット）のようなものはな

81　Qには犬儒派的背景があるかどうかについては、Downing 1988（賛成派）
　　とTuckett 1989（反対派）を参照せよ。

82　Tuckett（1988）は、トマス福音書の語録のいくらかは編集された共観福音
　　書の要素を反映していると強力に論じている。そのことは、共観福音書の元
　　になった題材よりも、共観福音書そのものに依拠していることを示すものだ。
　　議論全体については、Fallon & Cameron 1988, 4213-24を見よ。

第 14 章　原始キリスト教のストーリー（2）　805

い。このこと自体、トマス福音書を生み出した母体がこれまでの 3 章で考察してきた文脈の外にあるという強力な証拠となる[83]。詩的シーケンスにおける物語あるいはプロットの欠如を所与として、トマス福音書における暗黙の物語世界は何であるのかと問う場合、そこから得られる答えは実に啓発的である。そこで想定されるストーリーにはユダヤ教の伝統的な関心事が占める場所はどこにもない。その暗黙のストーリーは、秘密の隠された知恵を近しい人々に分け与えようとする人物に関するものであり、その人々は新たな真理を理解し、それによって救われるのである。「トマス的キリスト教徒たちには、彼らの神的な起源についての真理が語られ、彼らの天の故郷への旅路において有効な秘密のパスワードが与えられる[84]。」これは明らかにグノーシス主義の非歴史的なストーリーだ。原始キリスト教のストーリーの議論を締めくくるに当たり、トマスは私たちが検証してきた全てのテクストの中でも際立っていると言わざるを得ない。明確な歴史的見地からは、トマス福音書が 1 世紀のキリスト教を極めて異なる種類の宗教に変えてしまおうとする過激な試みであり、転覆行為であるのは明らかである。それは、四福音書が歪めてしまった福音の原型などではない。いくつかの専門用語や識別可能な多くの語録の変種がそこには含まれてい

83　Koester 1990, 124 に反対して。このことは、Koester 1990, 80 の抗議にもかかわらず、トマスが根本的にシラ書や知恵の書とは異なっていることをも示すものだ。後者の二つの書にはシーケンスがあり、またある程度はプロットが存在する。それは箴言のある部分（1-9 章）にさえ当てはまる。ヤコブの手紙や「十二使徒の遺訓（ディダケー）」もケスターによって並行関係にあるものとして引用されているが、それらはもっと深く知恵文学に根差しており、ほとんど全てが「イエスは言われた」から始まる語録集とは明らかに異なっている（だがヤコブ書については Schenke 1983, 特に 225-7 を参照せよ）。この議論に加えるべきもう一つの文書である「父祖たちの教訓」（ビルケ・アボット）でさえ、トマスに比べれば思考に運動的要素が見られる。1 世紀において、トマスと本物の並行関係が認められるのは Q だけだということになる——特に、Q の「初期の」バージョンはトマスとの並行関係を認めようとする者たちによって綿密に「再構築された」Q なのである。

84　Koester 1990, 125, 124-8 を参照。Fallon & Cameron 1988, 4230-6 と比較せよ。

806　第Ⅳ部　紀元1世紀のキリスト教

るが、福音の本質は変えられてしまっている[85]。トマスはシンボリックな宇宙と世界観とを反映しているが、それは私たちが研究してきた古代ユダヤ教や原始キリスト教とは過激なほど異なっている。トマス福音書は、より長い四福音書やパウロとは異なるものとして自らを位置づけている。それは四福音書の大部分を構成する、より短いユニットとも異なっている。そしてさらにはQ（もし存在すればだが）とさえも異なっているのだ。

85　これはケスターが言うような偏見ではなく、歴史的な判断である。

第 15 章　原始キリスト教徒たち

予備的な素描

1.　序　論

　私たちには本書の第Ⅳ部で考察してきた思考の糸を縒り合わせるという課題が残されている。原始キリスト教徒とは何者だったのか。彼らの目的と目標とは何だったのか。彼らは何を信じていたのか。彼らはどんな希望を抱いていたのか。これらの検討課題と結論について、現時点ではおおよそのことしか言えない。イエスとパウロについての十分な考察や、福音書とその伝承についてのさらなる詳細な研究なしには、私たちが到達したいと願うところにまで達することはできないのだ（私は次巻以降でそれを成し遂げたいと願っている）。しかし、ここでいくつかの予備的な素描をすることは可能だ。全ての歴史的再構築と同様に、私たちはここでリスクを取ることになる。「リスクのある実験を行おうとしない人は、その堅実な方針において尊敬に値しよう。しかし反対に、再構築なしには歴史的作業を行えないということにも、その人は同意するだろう。[1]」

1　Käsemann 1969[1965], 83。

808　第IV部　紀元1世紀のキリスト教

2.　目　的[2]

　エルサレムはイエスの死を目撃した。それから遅くとも25年以内には、アテネとローマもそれを耳にした。これは原始キリスト教についての二つの根本的な事柄を言い表している。それは燎原の火のごとく広がって行った。宗教や哲学としてはそのスタートは驚くほど早く、そしてすぐに出自とは異なる文化圏に入り込んでいった。ギリシャ・ローマ世界は、ユダヤ起源のこの使信との折り合いをつけるように強いられることになった。

　私は先の数章で、キリスト教の拡大は、キリスト教徒たちが語っていたストーリーの性格と密接な関係があることを論じてきた。キリスト教の異邦人世界での拡大の原因について、イエスを信じたユダヤ人たちが先祖からの伝統にあまりこだわらずに、より広い世界で受け入れられるためにユダヤ的な風習を修正したり放棄したりする用意があったからだ、としばしば言われてきた。宣教という観点からは、ギリシャ人から忌み嫌われていた割礼を強いることはキリスト教の魅力を減じさせただろうから、こうした主張にも一抹の真理が含まれている。だがこれは皮相な見方に過ぎない。どのような背景を持つ異邦人にとっても、キリスト教がそれまでには想像もできなかった自己犠牲、社会的な村八分、投獄、拷問、そして死を招くような忠誠を要求することはとても早い時期から知られていた。原始キリスト教は聴き手の期待や願望に合わせてその要求を緩めることで拡大してきた、というのはどうにもありそうにない。そこで、宣教する側と改宗する側の両方の動機についてもっと考察する必要がある。キリスト教拡大という歴史のドラマの「内幕」に分け入っていかなければならないのだ[3]。

　原始キリスト教を宣教に駆り立てた動機は、キリスト教の第一世代の間で共有されていたストーリーによって明らかになる。このストーリーは、

2　Meyer 1986, 15ff. 参照。
3　上巻第3章を参照せよ。Meyer 1986, 31f.

イエスの光によって解釈し直されたユダヤ教の中核的な信仰と希望の中に見出される。これまで吟味してきたキリスト教徒たちのストーリーや、それらのストーリーと密接に絡み合う実践とシンボルは、ストーリーの語り手が次のことを信じていた場合にのみ意味をなすものだった。それは、ユダヤの偉大なストーリーが長い間待ち望んだ結末を迎え、今や世界の歴史が新たな段階に入ったこと、その最終段階のドラマにおいてはユダヤのストーリーもその一部でしかない、ということである。ユダヤ人の中には、自分たちが贖われる時には異邦人たちもその祝福に共に与るだろうと信じる人々がいた。この点は、しばしば危険や代価を伴う宣教へと原始キリスト教徒たちを突き動かした原動力について考える際に考慮しなければならないポイントだ。原始キリスト教徒による異邦人宣教は、イスラエルが今や捕囚から贖われ、それゆえ異邦人たちの時代が到来したという信仰の観点からのみ説明できるからだ。私が別の機会に論じ、また本シリーズの第四巻でも詳細に論じるように、これがパウロ神学を考える上での基本的な想定の一つである[4]。だがそれは原始キリスト教の異邦人宣教のあらゆる局面で想定されることでもある。パウロの場合、彼が心に抱いていたいくつかのストーリーは異邦人宣教への情熱を燃え立たせ、またそれに正当性を与えるものだった。それらのストーリーは非常に個人的なもので、パウロ自身のために死んだイエスの十字架や、パウロ自身のよみがえりの主との遭遇に焦点を当てたものだった[5]。だがパウロ以外の宣教者がそのような個人的体験を持たなかったり、または似たような体験を別の言い方で語っている場合でも、異邦人伝道への同じような動機を見出す。異邦人宣教に関してパウロと見解を異にする人々については（例えば、イエスを信じる共同体に異邦人を無条件で受け入れることへの反対。使徒言行録 15 章 1 節、またはガラテヤ書 2 章 11-15 節）、パウロと彼らの不一致の原因の最も妥当な説明とは、そうしたキリスト教宣教者たちがユダヤのストーリ

4　Wright 1991a。

5　ガラテヤ 2 章 19-21 節；1 コリント 15 章 9 節以下；2 コリント 4 章 1-15 節、等。

810　第Ⅳ部　紀元1世紀のキリスト教

ーを、パウロとは別の観点から語り直していたというものだ。多くのユダヤ人たち、特に1世紀のユダヤ人たちは、イスラエルの神がその民を贖う時、異邦人たちは祝福に与ることはなく、むしろそれまでの罪の責任を糾弾されるだろうと信じていた。このような観点からは、救われたいと願う異邦人は誰でもイスラエルの神への服従を示さなければならない。そして服従を示す方法とは、もちろんトーラーに従うことだった。［パウロに反対するキリスト教宣教団が異邦人信徒にトーラーを守らせようとした神学的動機は、こうした背景から理解できる。］アセナテの謙虚な回心は、異邦人が神の民に加えられることが実現するためのモデルだっただろう[6]。

　これらのことが示しているのは、原始キリスト教の歴史が、ユダヤ的な強調点をヘレニズム的なものに組織的に翻訳することでより広い聴衆を獲得していったというものではなかった、ということだ[7]。もちろんキリスト教は、普及していった先の異邦人たちの言語を採用した。しかし、11章でしっかり論じたように、キリスト教の最初の1世紀の確実なポイントから全面的に認められる思考の構造は、明らかにユダヤ的だった[8]。

　原始キリスト教徒たちが自らを伝道に駆り立てる動機について語る時、彼らは常に神の霊という観点から語った。これは、イスラエルの神がイエスの死と復活の出来事においてついにその民の正しさを立証された、という彼らの信仰から論理的に導き出されたものだろう。神の民の正しさが立証される時、神が彼らに新しい仕方で霊を注ぐことを告げる預言は数多くあった。死海文書を書いた人々は、これらの約束が自分たちの中で実現したと信じていた。しかし、原始キリスト教徒たちが神の霊について語る時、彼らの用いた言葉はこうした旧約聖書テクストの論理的、神学的な考察によって生み出されたものであるようには思えない。むしろ霊を言い表すための言語は論理的推論とは対極の、経験から生まれた言葉であるように響く。それは内側から湧き出る新しい種類の動機であり、それによって宣教

6　「ヨセフとアセナテ」については上巻第8章を参照のこと。

7　これがブルトマンの根本的な立場である。例として、1956, 175-9。

8　Dix 1953 も参照せよ。

第15章　原始キリスト教徒たち　　811

へと駆り立てられたのだ。彼らはそれを神の御霊の注ぎによるとしか説明
できなかった。この体験を通じて、彼らが目撃したイエスに関する奇妙な
出来事は本当にイスラエルの契約の希望の成就であり、本当に捕囚の終わ
りであり、イスラエルが待ち望んでいた「来るべき世」の始まりであると
結論付けた[9]。

　新しい信仰と、新しい体験。この二つは大切なものではあるが、そのど
ちらもあまりに臨床的なので、それらを活用してより大きな全体像を描く
ことにしよう。より大きな全体像とは何だろうか。「神学」だろうか。神
学はゆっくり発展していき、2世紀後半までにはキリスト教の活動にとっ
て不可欠で中心的なものとなっていった。もちろん、1世紀のユダヤ人や
原始キリスト教徒たちがイスラエルの神について考えたり話したりするこ
とができなかったわけではないし、彼らは神について賢明で首尾一貫した、
あるいは愚かで支離滅裂なことを語り合っていたかもしれない。それでも、
明確に言い表された最初期の神学、つまりパウロの神学が現れる以前にも、
キリスト教の宣教はどんどん進められていたのである。「体験」について
言えば、現代と同じく古代世界においても、あらゆるタイプの宗教的体験
やその変種が提供されていた。原始キリスト教徒だけが奇妙で新しい異言
を語ったのではなかった。悪霊祓いや癒しは多くの文化でよく知られてい
た。神的な存在との一体感は密儀宗教では一般的だった。人が従うべき特
別な神からの召命という信念は、原始キリスト教徒をストア派から区別す
るための際立った特徴ではなかった。家や家族を離れて流浪の福音宣教者
としての人生を送ることは、犬儒派のライフスタイルといくつかの点で類
似していた。イスラエルの神の霊が自分自身や自らの属する共同体に注が
れていると信じることは、原始キリスト教とエッセネ派との共通項だった。
新しい形の「宗教体験」だけでは、先に列挙した定まったポイントを通じ
ての原始キリスト教の発展を歴史的に説明できないのだ。

　では、「神学」や「体験」を超えるより大きな全体像とは何だろうか。

9　Dunn 1975 参照。

812 第IV部 紀元1世紀のキリスト教

最も有力な候補は原始共同体そのものであり、その中に神学や体験も収められる。もちろん他にも宗教的な共同体は存在したし、他のユダヤ教セクトもあった。だが、原始キリスト教の共同体に比肩するようなものはなかった。最初期の証拠によれば、キリスト教徒たちは自らを新しい家族、イスラエルの家に直接のルーツを持つが、それが変容されたものであると見なしていた。

3. 共同体と定義

共同体、「エクレシア」は初めからシンボルとして、また実践面でも神学面でも中核的な役割を担っていた。この共同体についてのあらゆることは、イスラエルの希望の成就と、世界に対する新たな使命の両方を語っていた[10]。バプテスマという聖礼典的な行為はキリスト教運動の始まりをヨハネのバプテスマと直接結びつけ、したがってユダヤ教セクトのイメージと結びつけた（そこには出エジプトの予型的理解が含まれる）。しかし非常に早い時期から、バプテスマを通じて人はイスラエルの神の終末的な民に参与する、という感覚があったことが見てとれる。なぜならバプテスマとはイエスに関することだからであり、イエスはイスラエルの歴史を定められた運命へと導き、メシアとして自らのもとにイスラエルを呼び集めたのである。キリスト教のバプテスマの最も初期の証拠には、イエスの名と（時にはより長い式文が用いられる）、そしてイエスの死と復活とが含まれている[11]。歴史的人物としてのイエスの特殊性は、イスラエルの神の約束がイエスにおいて実現し、そしてその公生涯がある出来事によってクライマックスを迎えたことにある。そして、これらのことは初めからキリスト教徒たちのバプテスマ理解に組み込まれていた。同じように、バプテスマ

10　Meyer 1986, 2-4章。
11　例として、マタイ福音書28章19節；使徒2章38節；8章16節；ローマ6章2-11節。

第 15 章　原始キリスト教徒たち　　813

はすべての人のためのものだった。ユダヤ人にも異邦人にも、ユダヤ人祭
司にも信徒にも、奴隷にも自由人にも、男性にも女性にも。異邦人の改宗
者が割礼を受けるべきかどうかについての論争が最高潮に達した時も、彼
らにバプテスマを執り行うことが正しいかどうかという疑問は決して生じ
なかった。特に、異邦人世界ではバプテスマは特定の共同体への参入のし
るしと見られることも可能だった、ちょうどいろいろなカルトへの参入の
ための様々なタイプのイニシエーションのように。キリスト教のバプテス
マが異教のカルトの儀式から派生したことを示そうとする試みがなされて
きたが、それには十分な根拠がない。[12] しかし、たとえ神学的には皮相でも、
そこには目に見える並行関係があると仮定するのはそれほど物議を醸すこ
とではない。だが、バプテスマと直接的な関連があったのはイスラエルの
歴史であり、特に出エジプトのシンボルであった。新しいセクトはこのシ
ンボルを用いた。そしてバプテスマはすべての人がこの疑似セクトに参入
するための入り口だった。バプテスマはこれら二つの要素をイエス自身に、
特に彼の死と復活という歴史上の特別な事柄に結び合わせるためのシンボ
リックな、そして言語的な方法だったのだ。
　ユーカリスト（主の晩餐）も同じことを効果的に表明している。パウロ
がユーカリストにおける不適切な振る舞いについてコリントの会衆を叱る
ことができたという事実は、この祝祭的な食事が原始キリスト教の構造に
既に組み込まれていたことを示している。そのために、非常に早い時期に
成立した会衆にとってでさえ、この食事は当たり前のことであり、それを
乱用することができたのである。パウロのコリント人への訴えかけを、共
観福音書における主の晩餐制定の物語や「十二使徒の遺訓」とイグナティ
オスの中のユーカリストへの言及と併せて考えれば、この聖礼典は、バプ
テスマのように、出エジプト、過越、そして（ダビデ的）王国というユダ
ヤ的背景と直接関連付けられる。[13] それはユダヤ人共同体における過越祭

12　特に Wedderburn 1987 を見よ。
13　1 コリント 10 章 1-22 節；11 章 17-34 節；「十二使徒の遺訓」9.1-5; イグ
　ナティオス「エフェソ人へ」20.2。

814　第Ⅳ部　紀元1世紀のキリスト教

と似たような意味合いを持っていたが、それとの違いは、ユーカリストは年一回だけでなく、少なくとも毎週祝われることだった。それは週の最初の日のイエスの復活を定期的に祝うためのものだった。したがって、これは原始キリスト教の歩みをイスラエルの歴史の歩みにしっかり結びつけるものだった。同時に、パウロはユーカリストについて、異教の祝祭に危ういほど近い用語を用いることにも躊躇しなかった。[14] 同じように、私たちは初期のユーカリストにおいてイエスの死に言及しなかったケースを知らない。それは出エジプトの出来事を朗唱しない過越の集会がないのと同じことだ。ユーカリストには、バプテスマのように、イスラエルの歴史との連続性が組み込まれており、それは異教世界とイエスとの対峙を暗黙の内に主張していた。

　それゆえバプテスマとユーカリストは原始共同体の歩みの最も驚くべき特徴へと私たちの目を向けさせる。それはイエスへの礼拝である。このことについては既に論じた。[15] この礼拝は、キリスト教の最初の世紀において、この共同体が創造主であり契約の主である唯一の神への信仰から離れてしまったことを示すしるしではない。むしろそれは、唯一神信仰の枠組みの中での徹底的な再解釈を示すしるしなのである。十字架刑から70年以内に、ローマの司教のクレメンスは次のような初期の三位一体的な文章を書くことができた。

　　ひとりの神、ひとりのキリスト、そしてひとりの御霊の恵みが私たちに注がれたのではなかったか……
　　なぜなら神は生きておられ、主イエス・キリストが生きておられ、聖霊が生きておられるからだ[16]……

　しかし、これらの言葉が既に一世代前から予期されていたのは間違いな

14　Wright 1991c を参照。
15　本書 12 章を参照。
16　「第 1 クレメンス」46:6; 58:2。

第 15 章　原始キリスト教徒たち　　815

い[17]。イエスを、そして神の霊を、より発展的な神学上の理論的根拠なしに（つまり神の人格、性質、本質などの考察なしに）唯一神信仰の枠組みの中に置いていたことは、原始キリスト教におけるイエス礼拝の中心性を明確に示すものだった。

　このイエスに焦点を当てたシンボリックな実践（もちろんこれだけに限定されないが）を中心とする教会の共同の歩みは、その初めから代替的な家族という機能を果たしていたように見える。原始教会において財産の共有を促した原動力は、エッセネ派の規律とある意味で驚くほど類似した組織形成を物語るものだ[18]。貧しい人々、特にやもめとの関連で生じる問題は、教会をそれまでの社会生活には影響を及ぼさない、単にうまの合う人々が集まったパートタイムの自主的な団体として見るのではなく、明確な境界線を持ったグループとして見ることで容易に理解できるようになる[19]。もしある人が教会に帰属したら、先に帰属していたグループ（それが家族であれ人種的なグループであれ）には、これまでと同じように帰属することはない。キリスト教徒が元々の家族や人種や文化との接点を持ち続けたという事実そのものは疑問視されなかったが、そこから生じる問題の扱われ方はポイントを証明するものだ。それは境界線を曖昧にしようということではなく、教会に帰属することから生じる変則的な問題をどう取り扱うのか、ということだった[20]。

　これは新しい社会的・政治的姿勢への呼びかけだった。一方では、「もう一人の王」がおり、そしてこの王が要求する忠誠や礼拝は、カエサルや

17　例として、ガラテヤ 4 章 1-6 節 ; 1 コリント 12 章 4-6 節。

18　使徒 2 章 44-7 節 ; 4 章 32-7 節 ; 5 章 1-11 節参照 ; Capper 1985 参照。

19　使徒 6 章 1 節 ; 1 テモテ 5 章 3-16 節参照。この新しい責務が乱用されうることは、例えば 2 テサロニケ 3 章 6-13 節から明らかだ。

20　例として、ローマ 9 章 1-5 節 ; 10 章 1-2 節 ; 1 コリント 5 章 9-13 節参照。私たちはここで、原始キリスト教のグループを社会学的に描写する問題に深く立ち入ることはできない、それは重要な研究であるのだが。Judge 1960; Theissen 1978, 1982; Meeks 1983; Malherbe 1983 [1977]; Stambaugh & Bach 1986 等を参照。

816 第Ⅳ部 紀元1世紀のキリスト教

その他の王たちによって要求される忠誠や礼拝を徹底的に覆してしまうほどのものだった。他方では、ここで言われている転覆とは通常の政治的な革命行動ではなく、平時においてキリスト教徒は正当な権威に対して服従しなければならなかった。[21]これが意味するのは、ユダヤ人キリスト教徒、特にエルサレムに住むユダヤ人キリスト教徒は、ローマへの戦争の準備や、戦争そのものに加わってはならないということだった。このようなユダヤ人セクトは、ヨセフスのように（しかし非常に異なる意味で）反乱に加わるユダヤ人たちにとっては危険分子だった。彼らは、ローマによるエルサレムの破壊を、イスラエルが神の御心に背いた直接の結果と見なしたのである。[22]それゆえ原始教会は初めから家族的共同体として線引きされていたのであり、その共同体への忠誠は他の全てを凌ぐものだった。[23]

　その結果、この家族はユダヤ人社会の中でも異邦人社会の中でも完全にはくつろげなかった。もちろん、このような緊張関係がパウロのような厳格派からすれば妥協と見なされる行動によって緩和されたことを示す証拠はたくさんある。そのような妥協はユダヤ人社会（ガラテヤ書を参照）でも、異邦人世界（第1コリントを参照）でも起こった。しかし、この共同体がユダヤ人からも異邦人からも、その初めの10年間において迫害されていた証拠もたくさんある。異邦人による迫害については既に見てきた。[24]ユダヤ人がこの新しい運動を最初から迫害していたことも明らかだが、しかし誰が、また何のためにキリスト教徒を迫害していたのかについては多くの議論が続いている。[25]パウロが自ら行ったキリスト教徒への迫害の話

21　ローマ13章1-7節；1ペトロ2章13-17節；1コリント10章32節と比較せよ。イエスの親類がドミティアヌス帝にした返答も参照せよ（32ページ以下を見よ）。

22　ルカ福音書13章1-5節；19章41-44節；21章10-19節とその並行記事を参照。

23　マタイ福音書10章34-39節とその並行記事；マルコ福音書3章31-35節とその並行記事；8章34-38節とその並行記事、その他。

24　本書11章を見よ。

25　Moule 1982 [1962], 154-64; Hengel 1991, 5章；Hill 1992, 2章参照。

をでっち上げたというのはほとんどあり得ない（ガラテヤ1章13節）。また、パウロをよく知っていた教会に宛てられた手紙において、彼がユダヤ人たちから受けた迫害の詳細な話をでっち上げたというのもほとんどありそうにない（第2コリント11章24節）。

　だが、なぜ原始教会は迫害されたのだろうか。なぜあるグループが迫害されたのだろうか。私たちは既に異教徒による迫害を見てきたが、答えは一見したところ様々だ。ネロはスケープゴートを欲していたからだ。キリスト教徒たちは隠れた悪徳を行っていると疑われていたからだ。彼らは無神論者だったからだ。彼らは皇帝にしかるべき賛辞を贈らなかったからだ。これらは全て納得できるものだし、どの場合も迫害のための十分な条件の一部であったのは間違いない。だが、これらは繰り返される迫害や、当局者でもない人々が頻繁にキリスト教徒を密告した理由をうまく説明できない。帝国内の多くのカルトは、秘密裡にまたは公然と悪徳を行っていた。多くの人々はエキセントリックな神学的見解を抱いていた。犬儒派哲学者のような人々は、当局への義務を軽く見ていた。人々の目からは、キリスト教徒たちはこれらすべてのカテゴリーに当てはまっただろうが、それらのどれ一つをとっても証拠を満足に説明できるほどには大きなものではなかった。

　私たちがここで直面しているのは、共同体としての疑似家族的、疑似民族的な生活が帝国の通常の社会的・文化的生活にとって脅威と見なされるような共同体の存在である。似たような現象の証拠は、私たち自身の時代にも豊富にある。ケベック地方の田舎の結束の強いローマ・カトリック共同体の一員がバプテストになれば、彼の家は燃やされ、村から逃れなければならなくなるだろうし、そのことで警察は何もしないだろう。北アイルランドのプロテスタントの牧師が、クリスマスの日に広場の反対側にあるローマ・カトリックの司祭に向けて和解のジェスチャーをしようものなら、聖餐の場で教会の長老たちから死の脅迫を受けるだろう。パレスチナ西岸

26　プリニウス「書簡集」10.97。

818 第Ⅳ部 紀元1世紀のキリスト教

地区の占領地のイスラムの少年がキリスト教徒の病院で手当てを受けてキ
リスト教に改宗したら、彼は家族のもとに帰ることができなくなるだろう。
なぜなら彼は殺されてしまうだろうから。ユダヤ人の女性が自分はキリス
ト教徒になったと語ったならば、彼女がイスラエルに住む権利には疑問符
が付くだろう。これらの共同体がそのように反応する唯一の理由は、彼ら
の存在の土台そのものが揺るがされていると感じるからである。単なる信
仰、つまりいくつかの命題的声明を受け入れることだけでは、こうした暴
力を引き起こすのには十分ではない。人々はあらゆる種類の奇妙な事柄を
信じるし、またそれらは容認される。だが、その信仰が破壊的なものだと
見なされると、すべてが変わってしまう。広い範囲での迫害が、異教徒か
らもキリスト教徒からもキリスト教の最初の世紀の段階で普通の状態だと
見なされていたという事実は、キリスト教とは何であり、またどのように
見られていたのかを示す強力な証拠である。それは新しい家族であり、ユ
ダヤ人でも異邦人でもない、「キリストにある」ところの「第三の種族」
だったのである。その存在そのものが、異邦人社会の根源的なもろもろの
前提への脅威だった。マルコ福音書に収められた、イエスの裁判の夜にピ
ラトの妻がうなされたストーリーについて、クロッサンは次のように巧み
に記している。

　もちろんこのような出来事は決して起こらなかったが、にもかかわらず
　それは真理なのである。それはローマ帝国にとっての悪夢の始まりの前
　触れだったのだ。[27]

　だが、なぜユダヤ人たちはキリスト教徒を迫害したのだろうか。彼らは
同じ境遇にいたのではなかったのだろうか。どちらも無神論者の汚名を着
せられて、人間のくずと見なされ、逆境の時はさげすまれ、順境の時には
不愉快に思われていたのではなかったのか。その答えは、同じ母体の中か

27　Crossan 1991, 394。

第15章　原始キリスト教徒たち　819

ら生まれた異なる圧力団体や派閥、あるいはセクトの間で戦わされる論争
の激しさにある。身内の間での競争心は、親族間に分け合うべき相続財産
がある場合や、他の相続人が相続そのものを無効にしてしまうように思わ
れる時に、最も苛烈になるものだ。パウロ書簡の行間を読むと、少なくと
も彼の場合にはこれが当てはまるように思われる。ファリサイ派のトーラ
ー厳格化プログラムはキリスト教運動によって根源的な疑義が呈せられた
が、それはキリスト教徒たちが異邦人たちを迎え入れたからではなかった
（多くのユダヤ人が異邦人と食卓を共にしていた。8章で見てきたように、
同化に傾く流れは常にあったのだが、私たちが知る限り、ファリサイ派は
その動きを暴力で押さえつけようとはしなかった）。むしろ、キリスト教
徒たちは異邦人たちを迎え入れることで、自分たちはイスラエルが長い間
抱いてきた希望の成就を祝っているのだと主張したからだった。このこと
と、第1コリント7章19節におけるパウロの意図的なアイロニーとの間
には、直接的な類似性がある。「割礼の有無は問題ではなく、大切なのは
神の掟を守ることです」、そしてもちろん、割礼も神の掟に含まれている。
このようなアイロニーと、明らかな矛盾を通してしか表現できない事柄と
いうものがあり、原始キリスト教の主張もその中の一つではないかと私は
考えている。彼らの主張とは、イスラエルへの神の目的全体に従っている
というものだったが、まさにそれはイスラエルが何世紀にもわたってそれ
らのために命を賭けてきた、伝統的な実践や伝統的なシンボルを放棄する
ことだった。

　私たちはここで核心に到達した。迫害を誘発したのは、人々が抱く世界
観に疑問を投げかけ、シンボリックな世界を根本からひっくり返してしま
う彼らの主張だった。他の1世紀のユダヤ人たちにとって、自分たちこそ
真の神殿であると見なす人々はいくらか脅威であったし、そんな考えは砂
漠の閉鎖的な共同体に閉じ込めてしまうほうがよかった。しかし、クムラ
ンが抱いていた信仰には、トーラーの厳格化や、土地の清めや、民族の純
潔性の熱心な追求や、エルサレムで神殿を再建して清めることへの願いが
含まれていた。それゆえファリサイ派は彼らと激しい論争を交わしたとし

820 第Ⅳ部　紀元1世紀のキリスト教

ても、彼らを根絶しようと祭司長たちから権限を得ようとはしなかっただ
ろう。クムランの信仰には、ユダヤ的世界観の非常に多くの中核的特徴が
含まれていたからだ。だが、キリスト教徒が抱いていたそれに相当する信
仰には、そのような欠けを補う特徴は含まれていなかった。彼らはヘロデ
神殿に代わる新しい神殿が建てられるのを願わなかった、なぜならイエス
とその民とが本物の、そして最終的な神殿だったからだ。トーラーの厳格
化はこの共同体を特徴づけるものではなかった、なぜならイエスへの信仰
だけがこの共同体を特徴づけていたからだ。[28] 彼らはどんな土地にも特別
な愛着を抱くことはなかったし、主流派のユダヤ人にとってのエルサレム
に相当する聖都も持たなかった。特定の土地は今や全世界へと変容し、聖
都は新しいエルサレムへと変容した。ユダヤ人の黙示作家たちが思い描い
た新しいエルサレムが現れる時には、エリシャを取り囲んだ火の馬と戦車
のように、天にあることが地の上でも実現されるのだ。[29] 人種的なアイデ
ンティティには意味はない。この新しい共同体のストーリーはアブラハム
のみならずアダムにまで遡る。また、イエスの先駆けとなった人物が、神
は石ころからでもアブラハムの子らをお造りになることができると語った
ことは記憶にとどめられていた。[30] ひとたび世界観がどのように機能して
いるのかを理解すれば、ユダヤ人の隣人たちが原始キリスト教徒たちをど
のように見ていたのかが分かるようになる。それは、モネの愛好家がピカ
ソの愛好家を見るようにではなく、絵画の愛好家がアート・ギャラリーに

28　以下を参照せよ。マタイ福音書だけはその例外である可能性がある。本プ
　　ロジェクト［キリスト教の起源と神の問題］の第5巻を参照せよ。

29　列王記下6章15-17節。ガラテヤ4章26節；ヘブライ12章22節；黙示録
　　21章2, 10-27節参照；イザヤ28章16節；54章11-14節；エゼキエル40章1
　　節-48章35節；トビト13章7-18節；第4エズラ10章27, 50-5節；「第2バ
　　ルク」4章1-6節参照。これらの節の解釈はもちろん興味深いものだ、なぜ
　　なら現在の地上のエルサレムの再建への期待と、将来の「天上的な」エルサ
　　レムの栄光のビジョンとの間の明確な区分がないからだ。Davies 1974; Lincoln
　　1981参照。

30　マタイ福音書3章9節。並行記事として、ルカ福音書3章8節。

放火する人を見るようなものだった。そしてユダヤ人たちは、自分たちは
芸術を守るために行動しているのだと主張した[31]。

　それゆえ、主流のユダヤ教と萌芽期のキリスト教との分離が起り始めた
のは紀元 70 年ではなく、また歴史性がそもそも疑わしい「ヤムニア公会
議」において布告されたとされる祈祷文のためでもないと私は提案する[32]。
むしろそれは非常に早い時期に起っており、サウロと呼ばれる若きファリ
サイ派は、この小さなセクトを攻撃し追い立てるために当局から権限を得
ることを神からの召命だと信じていた。ユダヤ世界における類比は、この
パターンが正しいことを示唆している。エッセネ派とハスモン家との深い
分断、そしてエッセネ派とファリサイ派との深い亀裂は、エッセネ派の文
献において次第にはっきり現れてくる。だが、それらの文献を生み出した
実際の分裂は、それらが書かれる以前の特定の時期に起きている。同じよ
うに、神殿と土地とトーラーについての聖書的な約束の相続人であること
を主張するグループと、イエスに基づいて同じことを主張するグループと
の間のさらに深い亀裂は、私たちが実際に手にし、またはその存在を推測
するどんな文書や布告よりも前に生じていたのだ。そして、恐れおののき
困惑していた幾人かのユダヤ人たちが、死者の復活、捕囚からの帰還、罪
の赦し、これらすべてのイスラエルの希望が十字架に架けられたイエスに
おいて実現したと結論づける瞬間が訪れたのも、それらよりも前に遡る。
今日の議論においては注意深く記す必要があるが、このことによってキリ
スト教が反ユダヤ的だということにはならない。それはエッセネ派や、フ
ァリサイ派や、その他のセクトが反ユダヤ的ではないのと同じことだ[33]。

　教会は、初めから圧力の下で歩んできたのである。そして、他の多くの
圧力が教会を分裂に追い込もうとした時に教会が結束を保つことができた
のは、他の何にもましてこの体験があったためだったのだろう。

31　ユダヤ人によるキリスト教徒の迫害については、Moule 1982 [1962], 154-
　76、そしてそこにある他の参考文献を見よ。

32　上巻 292 ページ以下を見よ。

33　全般的な議論については、Segal 1986; Dunn 1991 参照。

822　第Ⅳ部　紀元1世紀のキリスト教

4. 発展と多様性[34]

　キリスト教が多様な形で発展していったことは驚くにあたらない。「キリスト教の起源についての神話」、あるいはより通俗的な言い方では教会の起源の「ビッグバン」仮説は、後の時代にキリスト教フィクションとして登場した。すべての人が全く同じことを信じ、何の問題も争論もない共同体の中に生きており、そこで来るべき偉大な教会のために真実な教理を練り上げた、とされる「純粋な」時代など決して存在したことはなかった。[35] 使徒言行録の記者も「争論のない時代など存在しませんでした」と言ったであろうことを指摘するのは大切かもしれない。しばしば使徒言行録は原始キリスト教の欠点を覆い隠そうとする試みのように見られるが、もしそのような試みがあったなら、それは不首尾に終わったと評価されねばならない。アナニアとサフィラの罪、ギリシャ語を話すユダヤ人とヘブライ語を話すユダヤ人との言い争い、ペトロの優柔不断、割礼を巡る大きな亀裂、パウロとバルナバとの激しい争論。使徒言行録のヒーローたちでさえ、はっきり土の器として描かれている。[36] 初期の教会の統一性や安定性という考えは、1世紀の文献からというよりも、エウセビオスとその後継者たちに負うところが多い。1世紀の記者たちが教会の欠点を覆い隠すには、時間が近すぎたのだろう。

　同時に、この容易に誤りだと分かる神話を退けることで、より巧妙な神話が入り込んでくることにも抵抗しなければならない。もし原始教会が模倣すべき純粋な共同体でないならば、それが模倣すべきエキュメニカル運

34　この点については、Dunn 1977; Moule 1982 [1962]、そして上巻第7章を参照せよ。

35　Wilken 1971 参照。

36　使徒5章1-11節；6章1節（Hill 1992参照）；10章1節-11章18節；15章1節以下；15章36-40節。

動の先駆けだと考えることもできない。[37] マルコがイエスとその信従者たちを鮮やかで非歴史的な言葉で描いて「無垢の神話」を作り出したというバートン・マックの説が正しかろうとそうでなかろうと、マックもまた新手の異なる神話を作り出しているのだ。それは、マックのヒーローである犬儒派的なイエスと犬儒派的な追従者たちが表舞台に登場する原始キリスト教の創世神話である。[38] そしていずれの場合も、真の難題には取り組んでいない。真の難題とは、なぜ私たちは「原始」キリスト教を自動的に「規範的」だと想定すべきなのだろうかという問いである。[39]

この段階で整然さを強く求めるべきではない、と言っておく必要がある。だが、このことは大部分の新約聖書学者にとっては困難なことである。彼らは長い訓練によって、収集し、分類し、ラベルをはり、整理する習慣を身に着けている。この性向は、（神学的な理由から）歴史的作業の困難さを避けようとするこの研究分野における傾向と、新たな発見が乏しいので私たちがキリスト教の最初の1世紀についてあまり多くを知らないという事実によっていっそう助長されている。この無知を推測によって補おうとしたり、歴史とは関係のない仮説を立ててしまうということは余りにも容易に起こってしまうのだ。[40] それゆえ、次のような通俗的見解が新約聖書研究のあらゆるレベルで1世紀以上もの間維持されてきてしまった。すなわち、原始教会は人種的に分断されておりそれが神学的グループ化に決定的役割を果たした、という見解である。いわく、ユダヤ人キリスト教徒たちは堅くトーラーを守り、異邦人キリスト教徒たちはそれを拒否した。こ

37　これはある部分では Dunn 1977 に見られる傾向であり、また他の作家にも見られるものだ。

38　Mack 1988. F. Gerald Downing による Smith 1990 のレビューを見よ（*JTS* 42, 1991, 705）。

39　上巻第1章を参照せよ。

40　Hengel 1979, 130 参照：「古代史の領域では、現存する資料の偶発性や断片性と、古代人と現代人の意識の違いから、過去の現実を過度に単純化して提示してしまうのは至極あり得ることだ。」これは意図的な（ほとんど英国的な！）控えめな発言である。

824　第Ⅳ部　紀元1世紀のキリスト教

の分裂は使徒言行録6章1節のヘブライ語を話すユダヤ人とギリシャ語を話すユダヤ人との分裂にまで遡る。これはパウロと、彼と敵対したペトロとの関係を説明してくれる。この分裂によって私たちは原始キリスト教の文書をきっちりと分類することができるし、それはもちろん教育においても有益である。この理論はあらゆる点で好ましい。一つの点を除いては。その一つの点とは、これが真の歴史とは何の関係もないことだ。[41]

　初めに強調すべきなのは、すべての原始キリスト教はユダヤ的キリスト教だったということだ。[42]異邦人への最初のすべての宣教活動は、ユダヤ人キリスト教徒によって担われた。異邦人回心者に割礼を要求しないという決断は、それに激しく反対する人々の立場と同じく「ユダヤ人キリスト教的」だと呼ぶことができる。新約聖書のどの文書も、ある意味では「ユダヤ人キリスト教的」である。例えば、マタイがユダヤの食事規定の廃棄を黙認したことは、この文書を「非ユダヤ的」にするものではない。[43]パウロの神学は、かつて彼がファリサイ派として抱いていたユダヤ的世界観を組織的に再考し構築し直したものだが、それでもユダヤ的神学として見られることによってのみ納得できる。それは間違いなく異教の神への信仰の変種ではない。

　歴史家がこの基本的事実を扱うことのできる唯一の方法は、可能な限り広くて多様な見解の幅（そこには「ユダヤ人キリスト教的」な視点が含ま

41　特に Hill 1992 を再度参照せよ。重要なポイントの先駆的な研究で、その後の議論において概ね無視されているものとして、Moule 1958-9 を参照せよ。Moule 1982 [1962], 201f.; Hengel 1983, 1-11, 54-8; Meyer 1986, 68 を比較せよ。ステファノの重要性については、Bruce 1979; 2 章 ; Stanton 1980; Hengel 1983, 18-25; Meyer 1986, 68f.; Hill 1992, 3 章を参照。

42　Koester 1982b, 198; Conzelmann 1973, 37f. 参照。しかし、コンツェルマンはこれを初めの数年間だけに限定している。それから後は、キリスト教とユダヤ教との関係は単に表面的なものであり、「当時の注意深い人たち」はそれに気がついたかもしれない、というのだ（79）。

43　Pettem 1989 は「ユダヤ人キリスト教徒」の限定的な定義を用いているが、この観点からはマタイはこのカテゴリーから除外される（私見では、これは作為的だ）。

第 15 章　原始キリスト教徒たち　825

れる）を設定し、この範囲内で人々が様々な立場から立場へと移行する余
地があったことを認めることである。様々な研究者が、ある程度の確から
しさをもってこうした多様な見解を描こうと試みてきたが、そこに「成
功」を求めるのは過度な要求というものだ。なぜならその時代に何が起こ
っていたのか、私たちには正確なところは分からないからだ。ユダヤ人[44]
キリスト教徒が持ちうるあらゆる見解について、それらを支持する少なく
ともいくらかのキリスト教徒がいた、という可能性は極めて高い。

　ローマへの抵抗に関する態度について、幅のある見解を見出せる。最悪
の事態が最悪の人々に起きた時に、キリスト教徒たちは祖国に忠実なユダ
ヤ人たちと運命を共にしたのだろうか、それとも革命活動には関与しない
と決意していたのだろうか。清潔律法への態度についても、幅のある見解
が見られる。ある人たちは生涯にわたって食事の習慣を変える必要性を見
出さなかっただろう。他の人々は、マルコ福音書 7 章 14-23 節でイエス
が語ったことの意味を示すために、あらゆる説明をする用意があっただろ
う。エルサレム神殿への態度を巡っても、また別の幅のある見解が見られ
る。キリスト教徒たちはそこで献げものを続けるべきか否か。さらに幅の
ある意見が見られるものとして、異邦人の割礼という広く知られた問題に
どう対処するかということがある。他にも、倫理的行動や、新たな終末的
期待の性格や、礼拝や聖書朗読・研究においてヘブライ語・アラム語・ギ
リシャ語のどの言語を用いるべきかという問題、イエスについての神学的
疑問、等々がある。そして、これらの各種の問題についての異なる見解が
互いに対応し合っていると考える理由はない。ある一つの事柄については
厳格な人も、他の点については「妥協している」ように見えたかもしれな
い。これまで十分に考察してきたように、1 世紀のユダヤ教は極めて多様
な形態を採っていた。その中核的なシンボル、ストーリー、そして実践は、
中心的なテーマについて多種多様な変種を容認するものだった。キリスト
教がまさにそのような多様性をもって始まり、さらなる多様性を生み出す

44　Brown 1983; Riegel 1978; Hill 1992, 特に 193-7。

826　第Ⅳ部　紀元1世紀のキリスト教

強力な推進力を備えていたと考えるだけの十分な根拠がある。そして、ある初期のユダヤ人キリスト教徒たちはマルキオン派のようであって、他の人たちはエビオン派のようで、また他の人たちは原始グノーシス主義者のようで、また別の人たちはメシアがもう到来したと信じた普通のラビたちで、またある人たちはこれらすべてのことに驚き困惑しながらもそれらを理解しようと努力している人たちだったとしても、これこそがまさに私たちが予期すべきことなのである。

　ユダヤ人キリスト教について、これまで述べてきたことが真理であるならば、異邦人キリスト教についてはもっと強力な理由からこれが真理だと言える。ただし、「異邦人キリスト教」もある意味では「ユダヤ人キリスト教」の一部であることを思い出す必要がある、なぜならその起源も、聖典も、教会の組織形態も、その聖礼典も、そして信じる神すらも、ユダヤ人キリスト教に由来しているからだ。驚くべきは、1世紀の間にどれほど多くの新しい形態のキリスト教が生まれたかということではなく、それが地理的にも文化的にも極めて広い領域に素早く拡大したにもかかわらず、驚くほどしっかりと結び合わされていたことである。台頭しつつある異邦人キリスト教の多様性についての真の歴史的研究はほとんどなされていないものの、ひとたびステレオタイプな理解から抜け出すことができれば探求されるべきことは山ほどあるのだ[45]。

　ユダヤ人と異邦人の関係をこのように範囲設定し、その中でユダヤ人キリスト教と異邦人キリスト教の両方の変種を見ていくことは、資料の中に見出される驚くべき差異を座標上に位置づけるための唯一の方法なのである。他にも思い浮かぶことは、次のように列挙できるだろう。あるキリスト教徒らは救済史を強調したが、彼らにとってイスラエルとの連続性は極めて重要だったように見える。他の人々は「垂直的な」終末理解を持つ非歴史的な信仰を抱いていた。あるキリスト教徒らは、クレメンスやイグナ

45　タイセン（1982）とミークス（1983, 1986）が未だに先駆者であるという
　事実は、このことの十分な証拠である。

第15章 原始キリスト教徒たち　　827

ティオスがあまりにも柔軟すぎると感じた牧会の形態を高く評価していた。
そしてこれら二人の司教を含む他の人々は、安定した牧会の形態が教会に
とって有効であり、不可欠でさえあるという認識を提唱していた。あるキ
リスト教徒らは大いなる宇宙的破局をはっきり期待していた（だが、その
ような人々の数は通常考えられているよりもずっと少ない、と以下で論じ
る）。他の人々は、神の時と人の時とは異なる尺度で動いていることを知
っていた。ある人々は、イエスを単に比類のない人物だと見なしていただ
ろう。他の人々は、イエスをユダヤ教の唯一神信仰における神の領域の枠
内にしっかりと位置づけていた。[46] ある人々は十字架の救済的効力をあま
り強調しなかった。他の人々は（これは決してパウロ的伝統だけに限定さ
れない）神の救済計画における十字架の中心性を強調していた。ある人々
は間違いなく「熱狂主義者」たちだった。他の人々は「初期カトリック主
義者」たちだった。ある分析によれば、ルカはその両方だった。[47] ここで
再び、次のことを強調すべきだ。これらの幅のある見解は、簡単に描くこ
とのできる単一のパターンに収斂されることなく共存していたであろうと
いうことだ。これら全てを「ユダヤ人／異邦人」のカテゴリーに押し込も
うとする試みは、失敗の憂き目にあう。純粋な原初のユダヤ的福音が、ヘ
レニズム的なカテゴリーによって台無しになり、固定的な形式と厳格なド
グマを採るようになってしまったというようなことがしばしば示唆されて
きた。またその反対に、福音が非ユダヤ化されることで、原初の「純粋
な」ヘレニズム的ケリュグマが回復されたのだ、というようなことも示唆
されている。同様に、これらを時系列上に並べようとする試みも惨憺たる
結果に終わる。一つの主要な研究分野においてそのような例を挙げよう。
ガラテヤ書とローマ書である。前者では未来の希望は言及されていないの
に対し、後者にはそれがあるのだ。別の例を挙げよう。新約聖書のキリス
ト論の最も初期の証拠は、パウロ以前の伝承の断片であった可能性のある

46　Hengel 1983, 30-47; Marshall 1972-3 を参照。

47　Dunn 1977, 352-8。

828 第Ⅳ部　紀元1世紀のキリスト教

フィリピ書2章6-11節だ。そこには極めて「高いキリスト論」が見られる[48]。しかし3世紀の偽クレメンス文書には、明快でよく練られた「低いキリスト論」が見出せる[49]。これらすべてによれば、原始キリスト教は私たちが想像するよりもずっと多様であり、それほど論理的でも整然としてもいなかったと考えられるのである。

　この多様性の中で、では原始キリスト教をしっかりと結びつけたものはあったのだろうか[50]。この疑問は近年様々な形で問われているが、実際には理解を深めてくれそうもない最低限の共通項を作り上げてしまう危険が常にある。本書の第Ⅱ部で詳しく論じた世界観と神学の分析という角度からこの問いを考察するならば（そして第Ⅲ部では、既にそれらをユダヤ教に適用しているのだが）、いくつかの普遍的なものがはっきり見えてくる。そしてそれらは豊かで幅広い多様性の中で、よりいっそう強く浮かび上がってくるのだ[51]。

　12-14章で考察してきたように、最初期のキリスト教徒たちの世界観は、共同体としての実践、ユダヤ教のシンボルに取って代わった彼らのシンボル、そしてユダヤ的なストーリーの多様で多彩な語り直しに焦点を当てていた。主要な世界観についての問いと、特定の信仰体系を生み出した神学に到達する前に、次のことを明確にする必要がある。すなわち、あらゆる多様性よりもさらに深いところで原始キリスト教徒たちを結び付けていた

48　Wright 1991a, 4章参照；Caird 1968 と比較せよ。

49　Hennecke 1975, 532-70 参照。

50　Meyer 1986, 16f.,「唯名論的、実証主義的前提」を採用することで、学界は常に原始教会が統合主義的だったという誤ったイメージを作り上げてしまう危険があることを警告している。

51　正しくも、Moule 1982 [1962], 214; Hengel 1983, xi を参照：「御霊の働きによってもたらされる全ての多様性によっても、私は最初期のキリスト教が本質的に結合された、驚嘆すべきほど一貫した運動だったと見なしている……最初期のキリスト教をばらばらでつながりのない『いくつかの発展の流れ』に還元しようとする人は誰でも、2世紀の教会がその多様性にもかかわらず、なぜ一致を保つことができたのかを説明できない。……彼らの見解によれば、教会は無数のグループへと分解されるべきなのだ。」

第15章 原始キリスト教徒たち 829

ものは、彼らがある種のイスラエルのストーリーを語り、またその中に生きていたということだった。そのストーリーはイエスにおいてクライマックスを迎え、そして御霊による新しい人生と任務とを生み出したのである。彼らの多様性は、この基本的な点を理解するための多様な方法だったのである。彼らの間の論争は、固定化された原理原則に訴えたり、旧約聖書を支離滅裂な仕方で証拠聖句として用いたりするのではなく、論点を際立たせてくれるストーリーの新鮮な語り直しによってなされたのである。彼らの論争の中心にあったのは（それはあまりも強力なので、ユダとイグナティオス、ヤコブと殉教者ユスティノスのような多彩な面々の中にも容易にそれを見出せる）、新しい倫理の理論ではなく、抽象的なドグマや丸暗記できるような教えでもなく、語られ、またその中に生きるためのストーリーだった。トマス福音書のような作品でさえ、頻繁なユダヤ的仄めかしは、その根がどこから伸びたのかを示している。たとえそれが今や他の土壌に移植され、異なる泉から水やりされているのだとしても。キリスト教第1世紀における確実なポイントを通じて、原始教会はシンボリックな世界の中に生きていたのだが、その世界は第一に異教的ではなく明らかにユダヤ的であり、第二に民族的な、またトーラーに基づくアイデンティティという観点からはユダヤ的であるよりも明らかにキリスト教的だった。キリスト教徒がすべての現実を見るためのレンズは、ユダヤ人の世界観の明らかな変種だった。シンボルは根本から変容されているが、ストーリーはそのままであり、その新たな語り直しを通してシンボルが根本的に変容された理由を提示しているのだ。

5. 神 学

　12章の終わりに、原始キリスト教徒のシンボルと実践とが、世界観に関する問いについて予備的な一連の答えを生み出しているのを見てきた。現在の議論に照らして、それらを神学という観点から探求する時、ある種

830　第Ⅳ部　紀元1世紀のキリスト教

の事柄が再びはっきり浮かび上がってくる。この神学が問題にしていたものは、後の時代のキリスト教徒たちの固有の問題ではあり得ない。後の時代においてそれらがどんなに切実な問題だったとしても、それらを1世紀に投影してしまうのは浅はかな時代錯誤である。以下の素描はもちろん簡単でまた偏ったものだが、それが論点を明確にし、十分ではないにせよ主張をはっきりさせることに役立つことを願っている。[52]

　原始キリスト教は、ユダヤ教が唯一神信仰であり異教信仰がそうではなかったという意味で、唯一神信仰だった。原始キリスト教徒たちは創造的、契約的、それゆえ終末論的な唯一神信仰を抱いていた。彼らは多神教徒でも、汎神論者でも、あるいはエピクロス派的な理神論者のひな形でもなかった。彼らの唯一神信仰は必然的に主流のユダヤ教を特徴づけていた二つの二元性を内包しながらも、それらによって損なわれることはなかった。その二つとは創造主と被造世界という二元性と、善と悪という二元性だった。同様に、彼らの唯一神信仰は必然的に、創造主は被造世界との関係でどのように行動するのかという問題と、善なる創造主が被造世界の中にある悪を取り扱うためにどのように行動するのかという問題に取り組みながらも、その取り組みのために損なわれることはなかった。ユダヤ教においては、これらの問題は私たちが9章で学んだ様々な方法によって取り扱われた。原始キリスト教徒たちは同じ問題に直面し、ユダヤ的な資料からはっきり見出されるような方法でそれらを取り扱った。しかし、彼らはそれらのテーマを何度も何度も二つの定まったポイントを中心にして認識した。イエスと神の霊である。パウロはこのことを徹底的に議論した最も偉大な神学者の一人だが、同じようなスキームはどこにでも明白に見られる。

　創造主が被造世界の中でどのように行動するのかという問いに答えるために、ユダヤ人たちは先に見てきたように、知恵、トーラー、霊、そしてシェキナーについて語る様々な言語を発展させた。最も根源的な意味で、

52　このセクションで用いられる用語とカテゴリーについては、上巻第5章と第9章を見よ。

第15章　原始キリスト教徒たち　831

これらは世界のただ中での唯一の創造主なる神の臨在、力、恵み、そして
摂理を強力に主張するための方法だった。別の言い方をすれば、被造世界
とイスラエルのただ中で働く神的な力が唯一の創造主なる神から独立した
力であるとか対立している力であるなどとは考えるべきでないと主張する
ために、こうした言語が必要だったのである。別の観点からは、これらの
言語はユダヤ教のユニークな主張を確立するための方法だった。その主張
とは、この創造主なる神はあらゆるところで力強く活動しているが、特に
イスラエルの歴史のただ中で働いておられるという主張だ。原始キリスト
教徒たちはまさにこの同じ考えを発展させ、それらの考えを繰り返しイエ
スと神の霊についての言語に置き換えた。それゆえ彼らは異教礼拝と二元
論に反対するユダヤ的な唯一神信仰を主張しつつ、ユダヤ教のユニークで
驚くべき主張に新たな中心点を与えた。創造主なる神はイエスにおいて特
別で決定的な仕方で行動し、そして今やご自身の霊を通じて新しい方法で
（つまりイエスの仕方で）行動し続けている。

　創造主は被造世界の中にある悪をどのように取り扱うのか、という問い
へのユダヤ人の基本的な答えとは、神はそのためにイスラエルを召し出し
たというものだ。先に見てきたように、このことは二次的な問題を生み出
した。なぜならイスラエルは解決のための手段であるのと同時に、いわば
問題の一部になってしまったからだ。正典の「新約聖書」とそれ以外の資
料から知り得る全てのことから分かるのは、原始キリスト教徒たちはこの
ユダヤ人の基本的な答えを受け入れ、また二次的な問題を認識していたと
いうことだ。そして彼らは、イスラエルの神はイエスによってこの問題に
対処し、そうすることで基本的な答えを是認したと主張した。イスラエル
の目的はイエスの働きにおいて重大な局面を迎え、その死と復活において
相応しい、だが逆説的な成就を迎えた。今やイエスの民に属する人々は民
族的なイスラエルとは同じではなかった、なぜならイスラエルの歴史はそ
の意図された成就に達したからだ。彼らは、自分たちが新しい状況におい
て継続しているイスラエルだと主張し、自分たちのアイデンティティを表
明するために自由にイスラエルのイメージを用いることができたし、イス

832　第Ⅳ部　紀元1世紀のキリスト教

ラエルの聖書を（メシアと御霊というレンズを通して）読んで、それを自らの歩みに当てはめることもできた。彼らはこうした主張と自らの聖書理解によって押し出され、世界のためにイスラエルの召命を果たそうとしたのである。

　このような見方はマタイ福音書でもパウロでも明らかであり、ルカ福音書でもヘブライ書でもしっかりと理解されていて、ヨハネ黙示録でもローマ書でも前提となっているものだ。さらには、この見方は使徒言行録15章に登場する論争に敗北したファリサイ派出身のキリスト教徒たち、少なくともいくつかのパウロ書簡に現れるパウロの敵対者たち、そしてイグナティオスやクレメンスが一致をもたらそうと苦心した分裂状態にある教会、これらの人々の前提でもあった。最初の80年あるいは100年間のキリスト教徒の間での論争は、私たちが知る限りにおいて、この世界観の中で、そしてこの基本的な神学を受け入れた人たちの間でなされていた。トマス福音書のような作品においてのみ、根本的に異なる世界観を覆い隠すためにあからさまにキリスト教用語を用いた他のグループとの衝突を見出せる。

　創造主が被造世界の中でどのように行動し、そこにある悪の問題にどう対処するのか、この二つの根源的な問いを一つにすれば、原始キリスト教神学の持つ以下のような枠組みが得られる。その根本的な神学的立ち位置は、創造主と被造世界、被造世界の中にある悪とその悪からの被造世界の救出、成就した希望とこれから実現する希望、救済される者であるのと同時に救済する者でもある人々、これらの中にある。キリスト論、聖霊論、そして教会論は、この基本的な立場から自然発生的に、またユダヤ性を基礎として発展したのだ。

　特に、救いと義認のユダヤ教の教理は原始キリスト教のいたるところに反映されており、それらの用語が使われていない場合ですらそうだった。教会は、創造主なる神がついにその民を救出するというユダヤ人の信仰を借用し、その救出を大いなる法廷での情景において解釈した。これが「神の義（ディカイオスーネー・セオウ）」の教理であり、それは神の契約的忠実さという観点から最もよく理解できる。そしてこれはパウロのロー

マ人への手紙の中に最もよく言い表されている。この点についてのキリスト教徒とユダヤ人の見方の根本的な違いとは、その判決がイエスの死と復活とにおいて既に宣告された、とキリスト教徒たちが信じたことにあった。イスラエルの神はついに決定的な行動を起こし、ご自身の契約への忠実さを現わし、民を罪から救い出し、新しい契約の到来を告げられた。その結果、現在の義認についての問いは、あたかも両方面から答えられたかのようだ。ユダヤ人の問い（「未来において義とされるのは誰なのかを、どうやって現在において語ることができるのか」）に対し、キリスト教徒は第二の問いを加えた。「イエスの死と復活とに暗黙裡に含められている人が誰なのかを、どうやって現在において語ることができるのか。」これはユダヤ人の問いに異なる形式を与え、異なる答えのための文脈を作り出すものだ。契約の神がついに救い出す人々、イエスの死と復活の出来事に加えられたと見なされる人々は、人種や出生地や父祖伝来の教えによって制限されることはなく、イエスによって、それゆえ信仰によって決まるのである。現在における義認の教理は（それは主にパウロ書簡で用いられる言語だが、実際は原始キリスト教のあらゆるところに見出される）二つの極の間で、つまり現在と将来の間で、教会の自己定義の問題として練り上げられたのだ。[53]

6. 希 望

このような世界観と神学とに基づいて、原始キリスト教徒たちは何を望んでいたのだろうか。ここにも徹底的な再定義がある。ユダヤ人の希望は既に成就した、ということは原始キリスト教徒にとって根本的なことだった。パウロは「神の約束は、ことごとくこの方において『然り』となっ

53　本シリーズの第四巻［Paul and the Faithfulness of God］を参照せよ。

834　第Ⅳ部　紀元 1 世紀のキリスト教

たからです」と語った。[54] 新約聖書学界のかなりの人々は、次のようなまったく空想的な仮説に取りつかれてしまっている。すなわち、1 世紀のユダヤ人たちは「パルーシア」と呼ばれる時空間世界の終焉と、雲に乗ってやってくる（超人的な？）人物の到来を期待し、原始キリスト教徒たちはこの希望をまるごと受け継いで、それをイエスに当てはめたというのである（イエス自身がそんなことを言ったにせよ言わなかったにせよ）。上巻第 10 章での黙示一般についてと、特にダニエル書 7 章の再解釈によれば、普通のユダヤ人が期待し待ち望んでいたのは捕囚からのイスラエルの解放とヤハウェのシオンへの帰還だった。この希望を表明するために用いられた偉大なイメージの中には、人の子のような人物が獣たちよりも高く上げられ、イスラエルの神の主権の下に支配と統治とを与えられる、というものがあった。文字通りの歴史的な希望を言い表すために用いられたもう一つの偉大なるメタファーは、復活だった。いくつかのユダヤ人のグループでは、特に迫害下においてこのメタファーは文字通りの意味で用いられ始めた。原始キリスト教徒たちは、メシアと信じるナザレのイエスが死者の中からよみがえったことで、この言語的プロセスをさかさまにして、復活を文字通りに理解し、捕囚からの帰還をイエスの復活の重要性を説明するための偉大なメタファーとして扱うことができたのだ。

　だが、このような信仰の形成そのものはもう一つの希望、いまだに実現していない希望を必要とした。イエスの復活は、捕囚と悲惨の歴史の真ん中において一人の人間がよみがえったということであり、捕囚と悲惨の歴史に終止符を打つべく全ての義人がよみがえったのではなかった。そのため、この出来事の向こうにはさらなる結末がなければならないのだ。原始キリスト教の希望には四つの要素が生まれつつあったが、それらすべては革新的なものであり、ユダヤ人の希望をイエスと御霊の光に照らして再考した結果だった。

　原始キリスト教の希望の第一の要素は、正しさの立証についてである。

54　2 コリント 1 章 20 節。

第15章　原始キリスト教徒たち　835

イエスは顔を火打ち石のようにして、預言者としてエルサレムにその顔を向けた。イエスの預言者としての評価は、神殿が破壊されるという主張にかかっていた。（イエスがこの件について語ったとされる共観福音書の全ての言葉が否定されたとしても、彼がそう語ったと広く信じられていたのは明らかだ。）これに鑑みれば、イエスの信従者たちにとってヘロデ神殿とそれを取り囲む都が存在し続けていたことはパラドックスそのものだった。神殿が敵の手によって破壊されない限り、イエスの真の預言者としての正しさが証明されることはない。（エッセネ派もまたそのようなことを期待していたこと、そしてヨセフスが神殿の破壊に神の御手を見たことが思い起こされたい。）しかし、神殿が破壊された時に正しさが立証されたのはイエスだけではなかった。神殿は、原始教会が迫害された少なくとも一つの原因を生み出したシステムを体現していた。その破壊は彼らの救いとなっただろう。マルコ13章はこのことについて多くを語っている。[55]原始キリスト教における「救い」という言葉の主な一つの意味は、十字架につけられたメシアと自分たちこそ今やヤハウェの宿られる場所なのだ、と主張する人々を迫害する大いなる都からの解放だった、というのは十分にあり得る。マルコ13章とその並行記事の、力強いオリーブ山の講話が共観福音書の全てに見出せることから、[56]最初期のキリスト教グループのほとんどの人々は、彼らの運動がエルサレムの来るべき破壊と何らかの形で密接な関係にあったと信じていたように思われる。パウロ（あるいは彼の模倣者）が主の日の到来について語った時（第2テサロニケ2章2節）、この箇所が時空間世界の終焉を指しているというのはあり得ない。そこで問題になっていたのは、テサロニケの人々がある手紙によって大いなる出来事について耳にしたかも知れないという可能性だった。これはユダヤ教の場合のように、原始キリスト教においても「黙示的な」言語がこの世の

55　本書111ページ以下を見よ。

56　これは非常に早い時期のオリジナルに遡るのかもしれない。本書14章を参照せよ。

836　第Ⅳ部　紀元1世紀のキリスト教

出来事を指し示していたことを示す重要な指標である[57]。

　原始キリスト教の希望の第二の要素は、イスラエルの神の王国が全世界へと広がっていく定めにあるということだった。この運動は2世紀に向かって明確な究極のアジェンダなしに突き進んでいったが、そこには明確な方向性があったのである。「天にあるように、地においても、あなたの御心が行われますように。」この祈りがユダヤ的な起源を持つことは、すこぶる抽象的な王国の理解の仕方や、別の世界へ逃れようという半分グノーシス的な考えの入る余地を締め出す。このようなフレーズを用いていないルカの伝承においてでさえ、「あなたの王国が来ますように」という強力な言葉が保持されている[58]。ルカもそのストーリーの結末で、パウロがローマにおいてイスラエルの神の王権を宣言する様を描いている。パウロも自ら、すべての思考を虜にしてキリストに従わせることや、世界を支配する全ての主権者や権力者が十字架において敗北し、今やキリストの権威の下にあることを宣言している[59]。マタイ福音書のイエスは、天にあるように地においても一切の権威が自分に与えられたと宣言し、その事実に基づいて弟子たちを派遣して全世界で多くの弟子を獲得させた。ヨハネ福音書では、イエス自身の敗北において世界を敗北させ、今やイエス自身の愛によってその世界を抱擁するのである[60]。この使命が果たされたかどうかは、少なくとも福音書記者からすれば、追従者の数や社会・文化的影響力の大きさという観点から測られるものではないことは明らかだ。だが、福音書記者たち全てがフィリピ2章の賛歌にあるように（これはパウロ以前の伝承に基づいている可能性がある賛歌だ）、全ての膝がイエスの前にかがみ、

57　Moule 1982 [1962], 169-71 参照。

58　マタイ福音書6章9-13節；ルカ福音書11章2-4節；「十二使徒の遺訓」8.2.

59　使徒28章31節；2コリント10章4-5節；ローマ8章38節以下；1コリント3章22節以下；コロサイ1章15-20節；2章15節。

60　マタイ福音書28章29節；ヨハネ福音書16章33節；3章16節；10章11-18節；12章31節以降。

第15章　原始キリスト教徒たち　　837

全ての舌が彼をキュリオス（これはローマ皇帝のための称号だった）として認めるようになることを思い描いていた、ということも明らかだ。

　原始キリスト教の希望の第三の要素を見出すのは、この王国の希望に焦点をあてていないところにおいてであった。ファリサイ派のように、そしておそらく大部分の他のユダヤ人のように、キリスト教徒たちもまた、創造主であるイスラエルの神がいつの日にかご自身の民を死の中から再び創造することを信じていた。だが、ファリサイ派たちとは異なり、キリスト教徒たちはこの未来の希望がイエスの復活において既に実現し始めており、そしてイエスの復活の出来事が他の人々の復活の原型となることを信じた。パウロはここでもこのような見解の最も明快なスポークスマンの一人なのだが、ヨハネ福音書、第１ペトロ、ヨハネ黙示録やその他においてもこの見解は強調されている。[61] 事柄の性質上、この希望の細かな点についてはユダヤ教の文献の場合と同様に曖昧なままである。[62] しかし、墓場の反対側には新しい体を伴う命があり、それはヘレニズム的な不滅の魂といったものには還元され得ないものだった。そして、この希望は早い段階からあらゆる局面で当然視されていた。異教世界の多くのグループにおいて、密儀宗教では不滅の魂が強調され、ある種のグノーシス主義では非物質的な至福だけが大切なのだと主張されていた時に、パウロから始まってポリュカルポスやその先に至るまで原始キリスト教徒たちが体のよみがえりという希望をしっかりと抱いていたという事実は、教会がそのユダヤ的な起源を保持していたことを証明するものだ。使徒言行録23章6節では、パウロはユダヤの法廷で自分が民族の希望、つまり死者の中からの復活の希望のために裁判にかけられているのだと主張している。これはパウロの背景から見ても後の福音書記者たちの背景から見ても、真実味がある。

　パウロ書簡とヨハネ黙示録には、個人的、あるいは教会的なものすら超える、被造世界全てを包み込むような希望を表明した箇所が三つある。ロ

61　1コリント15章12-28節；ヨハネ福音書11章25節；1ペトロ1章3-5節；黙示録2章10節；等々。
62　上巻566-7ページを参照せよ。

838　第Ⅳ部　紀元1世紀のキリスト教

ーマ書8章18-27節は、旧約聖書の出エジプトが単なる前味に過ぎなくなるほどの、全被造世界が体験するエクソダスについて語っている。[63]第1コリント15章20-8節はすでに始まっているイエスのメシア的王国が最終的に死そのものを打ち滅ぼし、存在するすべてのものがイエスと真の神とに服従させられ、ついには王国が完成することを語っている。ヨハネ黙示録の21章と22章は、刷新される世界秩序について、天と地とが一つに結ばれることについて、生ける創造主なる神とイエスの臨在により神殿がもはや必要ではなくなる都について、太陽と月とがもはや必要ではなくなる世界について、より鮮やかな言語で語っている。イエスの光に照らしてユダヤ的な黙示を豊かに書き直したこれらの箇所は、より広範な希望を表明しており、それは将来の復活という特定の信仰のための背景となっている。新しい体を持つ人類には、住むための新しい世界が必要になる。この変革された世界秩序においては、覆いは常に取り去られる。天上の世界の現実は、目に見える形で地上の世界の現実と結び合わされるだろう。

　原始キリスト教の希望の第四の、そして最後の要素はイエスの再臨への期待である。この件でよく引用されるテクストのほとんどはこの期待とは無関係であり、そしてこの期待と直接関係のある他のテクストがいくつかあることの両方を強調するのは重要である。本書10章の解説に従えば、「人の子が雲に乗って来る」という表現の1世紀における明らかな意味が、真のイスラエルの正しさが立証されることの予告であるのは明らかである。さらには、共観福音書でこれらのテクストがどのように用いられているのかを見れば、イエスがこの真のイスラエルの地位を占めたのだと原始キリスト教徒たちが信じていたのは明白だ。異教徒たちの手によって苦しみを受けるはずであり、そして今やその苦しみを受け、その後に正しさが立証されたのがまさにイエスだったからだ。原始キリスト教におけるマルコ13章のような「黙示的な」テクストの中で表明されているのは、イエスの再臨への期待ではない。これらの最も妥当な意味とは、復活と高挙によ

63　Wright 1992a, 8章参照。

第15章　原始キリスト教徒たち　　839

ってイエスの正しさが既に立証されただけでなく、自らに敵対した都の破壊を極めて厳しい言葉で警告したイエスの言葉が確証されることで、イエスの正しさが重ねて立証されることなのである。ユダヤ人記者たちがポンペイウスの悲惨な末路を見て、彼が以前にエルサレム神殿を冒瀆したことに対してついに神の怒りが下ったと解釈したように、原始教会もエルサレムの破壊を目撃して、平和の道を宣べ伝えた人物を拒否したことへの神の怒りがこの都に注がれたのだと解釈した[64]。この正しさの立証の前触れとして、ルカはイエスの復活後の顕現が止んだことについてダニエル書7章と強く共鳴する表現で語っている。「イエスは彼らが見ているうちに天に上げられたが、雲に覆われて彼らの目からは見えなくなった」（使徒1章9節）。「復活」が捕囚からの帰還を示す比喩ではなくなり、歴史的な事実となったことで、捕囚を説明するために他のイメージが用いられるようになった。同じように、ルカにとって「雲に覆われて（イスラエルの神のもとに）行った」というこのくだりは比喩ではなく歴史的な事柄となり、他のイメージ（戴冠、主権）もこのダニエルのビジョンに組み入れられることになった。

　ルカのストーリーでは、ここで初めてイエスの再臨についての言及がなされる。

　　イエスが離れ去って行かれるとき、彼らは天を見つめていた。すると、白い服を着た二人の人がそばに立って、言った。「ガリラヤの人たち、なぜ天を見上げて立っているのか。あなたがたから離れて天に上げられたイエスは、天に行かれるのをあなたがたが見たのと同じ有様で、またおいでになる[65]。」

これはまさに新機軸である。ユダヤ教には人が天からこのような形で現

64　ポンペイウスについては「ソロモンの詩編」2章25-31節を参照；上巻288ページを見よ。
65　使徒言行録1章10-11節。

840　第Ⅳ部　紀元1世紀のキリスト教

れるという考えは存在しなかった。しかしこれはでたらめな新機軸ではな
い。パウロの二段階の復活の説明のように（初めにイエス、それから後に
彼の民）、この新機軸はイエスの生涯、死、そして復活という実際の出来
事によってイスラエルの希望が再定義されたことから直接生まれたものだ。
イエスがイスラエルの運命を彼自身の身に引き受け、ダニエル書1-6章
そして7章がそのモデルとなったように力と権威とを帯びる地位へと高め
られたからには、世界の究極の未来においてイエスに居場所がないなどと
いうことは、原始キリスト教の世界観においてはありえないことだ。そし
てその究極の未来とは、肉体から遊離した至福の世界ではなく、全被造世
界の刷新であり、その時には悪は裁かれ敗北するだろう。そして世界の刷
新と、裁きと、イエスの再臨とは、互いに緊密に結び合わさったものとな
るだろう[66]。

　当然これが意味するのは、「パルーシア（再臨）の遅れ」という古くか
らの陳腐なテーマが使い古されたものとなり、それを金輪際お払い箱にで
きるようになるということだ。このことは少なくとも一部の学者によって
ますます認識されるようになってきた。ヘンゲルはこのような考えを「言
い古された決まり文句（tired cliché）」と呼んでいる[67]。「パルーシア」とい
う言葉そのものが誤解を呼ぶものだ、なぜならこの言葉は単に「いること
（presence）」という意味だからだ。パウロはこの言葉を自分が教会にいる
ことを指して用いることができたし、それでパウロは自らが雲に乗って空
から登場するのを想像していたのだと考える人はいないだろう[68]。遅れと

66　これはマタイ福音書25章31節を納得できるものにする、一つの可能な文
　脈である。ここにはゼカリヤ書14章5節への言及があり、そしてダニエル書
　7章13節から「人の子のような者が雲に乗って来る」というアイデアを「借
　用」している。そしてそれを、例えばマタイ福音書24章30節とは異なる文
　脈に据えている。あるいは、この一節はイエス自身の義認を含む大いなる裁
　きへのもう一つの言及として見ることも可能だ。

67　Hengel 1983, 184 n.55. Bauckham 1980 も見よ。

68　2コリント10章10節；フィリピ1章26節；2章12節。1コリント16章
　17節；第2コリント7章6節以降を参照。

第 15 章　原始キリスト教徒たち　　841

いうモチーフ（「いつまで、主よ、いつまでですか[69]」）は既にユダヤ教に
おいて確立されていて、しばしば言われるような、それがキリスト教によ
るイノベーションだというのはほとんどありそうもない。よく学者たちに
よってなされる次のような原始キリスト教の歴史の構築——原始教会はイ
エスの再臨をひたすら待ち望み、未来のためにだけ生きて過去のことは何
も振り返らなかった（イエス自身の記憶も含めて）が、再臨の遅れに落胆
し、その埋め合わせとしてイエスの歴史を執筆したのだが、彼らの神経は
ひどく参っていた——こんな原始教会の描写に歴史的根拠はない[70]。教会
は、一世代の内にある一連の出来事が起こることを期待していて、それら
は実際に起ったのだ。しかし、紀元 30 年から 70 年までのどこかの時点で、
ある人々はそれらの出来事は本当に起こるのだろうかと思い巡らした結果、
その遅れを黙示的言語によって描いた。そして、エルサレムは倒れた。イ
エスの良い知らせと、イスラエルの神の王国は、エルサレムやアテネと同
じく、ローマでも宣べ伝えられた。だが、紀元 70 年より後の時代から伝
わる文献からは、イエスの再臨が起こらなかったことでキリスト教徒たち
がうろたえていたのを示す形跡は見当たらない。クレメンスは、タイミン
グについては何も触れずにイエスの再臨を待ち望んだ[71]。イグナティオス
は多くのことを思い煩ったが、この件に関してはそうではなかった。2 世
紀中葉の殉教者ユスティノスは他の誰よりも来臨を強調した。彼はそれが
いつなのかは知らなかった。けれども、新約聖書の鍵となる聖句には、そ
れが驚きとなるだろうことが常に語られている[72]。2 世紀の末に、テルトゥ

69　黙示録 6 章 10 節参照。

70　Moule 1982 [1962], 139f., 143f.:「この延期された希望が心を病ませたことが
　　ほとんどないのは、より印象的である。」2 ペトロ 3 章 1‒13 節は原則ではな
　　く例外であり、おそらくユダヤの黙示的言語の非ユダヤ的誤解を取り扱って
　　いるのだろう。

71　「第 1 クレメンス」23:4f., イザヤ書 13 章 22 節とマラキ書 3 章 1 節とを引用
　　している。

72　ユスティノス「第 1 弁明」51 はマタイ福音書 25 章 31 節を引用し（この箇
　　所は、先に見たようにダニエル書 7 章 13 節とゼカリヤ書 14 章 5 節を組み合

842　第Ⅳ部　紀元1世紀のキリスト教

リアヌスはイエスの再臨を競技場や劇場で見ることのできるどんなものにも勝る、地上における最大のショーとして待ち望んでいた[73]。原始キリスト教徒たちにとって最も重要な出来事——イエスの復活——は既に起きていた。これから起こるであろう出来事のタイミングについては、思い煩う必要はなかった。キリスト教第一世代に話を戻せば、パウロは出来事の複雑な全体像を容易に看て取ることができたが、その中には主の再臨がいつでも起こり得ることが含まれていた。第1テサロニケ4章と5章はそのことを証ししている。しかし、主の再臨が一世代の内に起らなければならないというような示唆も、それが起らなかったために危機が生じたというようなことも、あるいはそのような危機が過ぎ去った後に初めて、教会は単に将来の主の再臨を待ち望むのではなく、イエスの実際の生涯にその基盤を求め始めた、というようなことを示すものもない。

　それゆえ、「黙示的な」キリスト教という神話には根本的な修正が必要である。確かに原始キリスト教徒たちは「黙示的な」言語を使い続けた。しかし全ての証拠は、彼らが1世紀のユダヤ人たちのようにそれを用いたことを示している。つまり、時空間の現実に神学的重要性を付与するためにそうしたということだ。現代においても、そしておそらく古代において

わせている）、それをエレミヤに帰している。この不正確さは驚きではない、なぜなら彼はダニエル書7章を1世紀のユダヤ人たちのようには読まなかったように見えるからだ（本書10章を参照）。「十二使徒の遺訓」の最終章（16章）はマタイ福音書24章やその並行箇所に強く依拠しており、それは私が示唆したような読み方、つまりエルサレムの崩壊の予告（この場合、もちろん執筆時期を極めて早く設定する）としてか、あるいはユスティノスのように、ユダヤ的黙示を非ユダヤ的な仕方で読み直し始めたのか、そのどちらの読み方も可能だ。復活を出来事の「タイムテーブル」に含めていることや、早い時期の執筆がありそうもないことから、後者の読み方が示唆される。この場合、キリスト教第二世代の期待には、再臨の「遅れ」への懸念が含まれていなかったというもう一つの証拠を得ることになる。イエスの再臨の時期が分からないことについては、1テサロニケ5章1-11章を比較せよ。それについてはCaird 1980, 14章を見よ。

73　「見世物について」30。

第 15 章　原始キリスト教徒たち　　843

も、「文字通りに理解する」ことにまつわる問題は、ユダヤ的背景が無視
されたり誤解されたりした時にのみ生じるのだ[74]。

7. 結　論

　どんな世界観の分析の妥当性をテストする場合にも、その世界観が人々
の行い語ったことについて納得できる説明を提供できるかどうかを問わね
ばならない。私は、原始キリスト教徒についてのここまでの簡潔な解説
がこのテストに合格したと考えている。私が主張したほとんど全ての点
は、もちろん議論を呼ぶものだ。それでも、先の三つの章でなされた原始
キリスト教の実践、シンボル、そしてストーリーの研究から得られたもの
を少なくとも簡潔な仮説として提示できたように思う。この仮説は、原始
キリスト教徒たちがどんな信仰と希望を抱いていたので、あのような形で
共に生き、働き、宣教活動に従事し、迫害に直面し、書簡を書き、博学な
ユダヤ人たちと論争し、皇帝たちの前で申し立てを行ったのか、これらの
ことを少なくともある角度からは納得できるような全体的な文脈を提供す
る。しばしば語ってきたように、あらゆる良い仮説はすべてのデータを組
み込まなければならないし、しかもそこには単純さが伴っていなければな
らない。そしてその仮説は他の分野にも光を当てるものでなければならな
い。これまでの記述によって、適切な種類の単純さ、つまり批判的な知識
の形態としての歴史に備わるべきものが提供できたと考えている。複雑で

74　このことは、ある種のよく知られた理論、例えば「黙示」は「全てのキリ
　　スト教神学の母である」（Käsemann 1969 [1965], 4 & 5 章）、に根本的な修正を
　　要求するものだ。私は「黙示」の役割についてケーゼマン（とシュヴァイツ
　　ァー）に同意するが、「黙示」が何を意味するのか、という点については根本
　　的に見解を異にすることをはっきりさせるべきだろう。ケーゼマン自身の警
　　告（「黙示を征することなくしては害を受けるだろう」前掲書, 115 n. 8）は有
　　効であり続けている。だが、現代の学界において、黙示の真の征服者とは誰
　　だろうか。

844　第Ⅳ部　紀元1世紀のキリスト教

多彩なデータを含めるようないくつかの方法が、この枠組みの中で定着し始めると提案してきたが、次巻以降ではさらに多くのことを検証していきたい。加えてこの観点からは、なぜキリスト教があのように発展していき、またキリスト教徒を自称しながら根本的に異なる世界観を抱いた人々の別の運動が、なぜその中から出て行ったのか、それらを理解するのは難しいことではない。しかし、そのことについては別の機会に取り上げよう。

第Ⅴ部　結　論

第 16 章　新約聖書と神の探求

1. 序　論

　「風は思いのままに吹く。あなたはその音を聞いても、それがどこから来て、どこへ行くのかを知らない。」1世紀の宗教運動の発展の歴史は、どこかこのように感じられる。私たちはこれらの宗教運動の偉大で騒々しい響きやその残響を聞くが、それらは人間の霊の、おそらくは神の霊の運動なのだろう。しかし、運動の起源をたどることはとても難しい。私たちはこうした運動が向かって行った先についてはいくらかのことを知っている、なぜならその後の何世紀にもわたる同じ運動を観察できるからだ。しかし、ユダヤ教とキリスト教が初めの信仰者たちの期待したとおりに、または意図したとおりに発展したとは必ずしも言えない。

　私たちはユダヤ教とキリスト教の文学、歴史、そして神学を、それらの最も忘れがたい瞬間の一つにおいて研究してきた。その瞬間とは、キリスト教の誕生と、ユダヤ教の死と再生の瞬間である。こうした1世紀の運動のストーリーを語り直すことで、その歴史についての現実的で、それでいて徹底して批判的な理解へと向かっていくことを期待したのだ。特に私たちはこれらの運動そのものが語っていたストーリーを検証したのだが、それは彼らが自分たちをどのように認識していたのかを理解するためだった。つまるところ、私たちは驚くべき事実に直面することになる。紀元1世紀が終わりに近づくころ、はっきり区別できる二つのグループが存在していたが、それぞれがおおよそ同じような主張をしていた。イエスの死から50年も経たない時代、イグナティオスもアキバもまだ若者だったこ

ろ、イエスの信従者を自認する人々は、創造主なる神がアブラハム、イサク、ヤコブに与えた約束の真の相続人は自分たちであり、旧約聖書をこの新たな成就という視点から読むべきだと主張した。同じころ、紀元70年の衝撃の余波の中で再構築されたユダヤ教は、同じ土台の上に建てられていた。創造主なる神は、たとえそのようには見えなくてもアブラハム、イサク、ヤコブとの契約に忠実であり続け、今やトーラーとして読まれる正典の中に御心を知らしめている、と彼らは信じたのだ。

　これらの共同体が互いに完全に遠ざけあったのでもない限り、これら二つが様々な方法で衝突するのは避けがたいことだったのを見てきた。自分たちがぶどう園の真の農夫だというキリスト教の主張はおのずと反発を招くものだった。それはちょうど、ファリサイ派とサドカイ派とエッセネ派とが、競合する主張で互いに反発し合っていたのと同じ構図だった。少なくとも第一世代においては、キリスト教とユダヤ教は互いに遠ざけ合うのとは程遠い状態にあり、切り離せないほどに密接に絡み合っていた。ユダヤ人の共同体は、イエスの道が彼らのただ中で生まれ成長していったのを知っていた。原始キリスト教徒たちもそれを知っていた。第一世代の多くのイエスの信従者たちにとって、二つの共同体があるということすら明らかなことではなかった。使徒言行録によれば、非常に早い時期にしばしば大勢のユダヤ人がキリスト教に回心した。創造主なる神の民を構成する旧約時代から続く民族集団と、イエスを中心に形成された新しい共同体とは結局は重なり合っているのだと、ある人たちは何の疑問もなく思ったことだろう。

　二つの共同体。二つの異なる聖書の読み方。二つの自己認識の仕方。一つの共通の起源。この現象を研究する学徒が直面する疑問は次のようであるに違いない。なぜその現象は、こうした仕方で起こったのか。この現象の「意味する」ものは何だろうか。これらの主張を検証することは可能だろうか、そして可能なら私たちは何を見出すのだろうか。こうした課題に取り組む時に浮かび上がってくる三つの焦点とは、イエスの問題、新約聖書の問題、そして最後に、神の問題である。

848　第Ⅴ部　結　論

2.　イエス

　本書でこれまで検証してきた証拠に直面する1世紀の歴史家は、イエスの問題におじけづくわけにはいかない。これらの証拠からはあまり多くのことを引き出すことはできない、このような探求の結果は神学的に疑わしい、新しい発見はそれほど多くはない、などと感じるかもしれない。しかし二つの共同体、二つの「神の民」、ユダヤ人とキリスト教徒の存在は、それらの起源に目を向けるようにと歴史家を強く促す。それが心地よいものであろうとなかろうと、骨が折れリスクを伴うものであろうともだ。私たちはこう尋ねなければならない。なぜこのユダヤ教のセクトは、1世紀のユダヤ教内の様々なグループや運動の中から他とは驚くほど異なる形で発展したのだろうか。そしてこのような問いをもって原始キリスト教の文献に近づくときに、こうした発展が単にセクト内での初めの頃の集団決議によるのでもなければ、熱狂や抜け目ない計画やその他によって生じたのでもない、という強い印象を受ける。そのような発展は、イエス自身から生まれたものだった[1]。

　このことは、次巻に待ち受ける課題へと私たちの視線を向けさせる。本書は多くの面で、そのための道備えとなる。イエスとは誰だったのか。彼の目的とは何だったのか。歴史的な観点からは、なぜ彼は死んだのか。そして、なぜ原始キリスト教はこのように発展していったのか。イースターではいったい何が起こったのか。イースターこそが、この新しい運動をこのような形で誕生させ、キリスト教徒たちがこのような主張をする原因となったのだが。イエスはこの二つの共同体の間にいた。彼は、第Ⅲ部で詳細に描いた1世紀のユダヤ教の中で生きて働き、また第Ⅳ部で詳細に論じた共同体の出発点だと言われている。彼の信従者たちの共同体は明らかに

1　　Hengel 1991, 82 のこれに関連する発言を参照せよ。「学者たちが原始教会について論じる際、あたかもイエスが存在しなかったか、あるいは彼がすっかり忘れ去られていたかのように論じることがしばしばだ。」

ユダヤ的な性格を残していたが、その信仰と歩みは非常に新しい仕方で塗り替えられていった。この歴史のジグソーパズルを完成させる唯一の方法は、イエス自身についてのこれらの基本的な問いに答える試みの中にある。私たちはこれまでの数章で、新約聖書や他の多くの初期キリスト教文献にある大小のストーリーがイエスについて語ることを目的としているのを見てきた（20世紀の学界における、それとは反対の示唆にもかかわらず）。これに基づいて私たちは慎重に前進することができるし、またそうしなければならない。そして、バプテスマのヨハネの働きとキリスト教会の出現の間に横たわる歴史を再構築するという、たいへん困難な課題に真剣に取り組まなくてはならない。

3. 新約聖書

歴史家はイエスの問題に直面する。神学者は神の問題に直面する。文学評論家は（この場合、歴史家や神学者は文学評論家にもならなければならない）新約聖書の問題に直面する。では、何をすべきなのだろうか。

私は本書の第I部と第II部において、新約聖書のストーリーを忠実に語り直し、そこから聞こえる上音（overtones）だけでなく基音（fundamentals）をも聞き取るような全体的な読み方を論じた。この課題を遂行する作業は、ある見方からは、注解者と説教者だけでなく歴史家と神学者の問題でもある。しかし後者の人々は、キリスト教が生まれた二つの世界にまたがる構成要素を見ることによってのみ新約聖書は理解できると主張しなければならない。新約聖書はユダヤ的な書であり、ユダヤ的なストーリーを語るが、それらのストーリーは世界のために語られる。新約聖書は世界の書であり、イスラエルのストーリーとして世界のストーリーを語り直し、そしてイエスのストーリーとしてイスラエルのストーリーを語り直す。そうすることで、世界の様々なストーリーを覆し、世界の前でイエスが世界の主権者であるという主張をしているのだ。それはキリスト教徒の書であり、ユダヤ

850　第Ⅴ部　結　論

教の古い革袋の中に新しいぶどう酒を注ぎ、世界の古い革袋の中に新しい
ユダヤのぶどう酒を注ぐ。その狙いは、この二重の注ぎが必然的かつ爆発
的な二重の効果をもたらすことである。

　それゆえ、新約聖書の文書群は、新しい「神の民」を自認し世界をひっ
くり返すような共同体から生まれたことを認識することによって、初めて
適切に理解できるようになる。これらの文書は、1世紀のキリスト教に関
する傍観者の手によって書かれた解説ではない。つまり、それらは1世紀
のキリスト教についての情報を提供するために書かれたのではないのだ。
むしろこうした文書は、1世紀のキリスト教という複雑な運動そのものの
一部だった。もちろん私たちは1世紀のキリスト教の描写と分析のための
主な証拠として新約聖書を用いなければならない。なぜなら、それに優る
証拠は存在しないからだ。だが、新約聖書は主に証拠を提供するために書
かれたのではないということを知っておくべきだ。今や新約聖書を構成す
るようになった文書群は、原始教会の日々の生活の中からおのずと生まれ
たものである。これらの文書を執筆するという任務は、説教と祈り、宣教、
聖餐、そして瞑想の中に織り込まれていた。新約聖書の適切な読み方を見
出すためには、これら全てを十分に考慮しなければならない[2]。

　しかし、新約聖書をどう扱うべきかという問いはこれで解決されたので
はなく、むしろ問い直されたのである。どんな本に関しても、作者が望む
ようにそれを正しく扱うためにはどうすべきなのかを理解することは難し
い。それにもかかわらず、本の扱い方についてはある程度の幅を認めるこ
とができる。ここで本書1章の描写に立ち戻ってみよう。シェイクスピア
の戯曲をエリザベス朝の社会や言語の研究のために用いるのは作者の意図
を反映したものとは言えないが、それは非常に価値のある仕事かもしれな

2　もし他の資料が存在していたとしても（例えば部外者による原始教会につ
　いての記述）、エッセネ派についてのヨセフスの記述やエジプト人についての
　ヘロドトスの記述（「歴史」第二巻）を鑑みれば、それが部外者によって書か
　れたという事実と、それゆえそこには無理解や歪曲があるという疑いを十分
　に考慮しなければならない。

いし、戯曲とは演じられるためのものである、ということを読者が忘れて
しまわない限りにおいて、作者もそうすることには原則的には反対しない
だろう。しかし、その同じ本を壊れたテーブルの脚を補強するために用い
るのは、適切とは言えまい。同様に、新約聖書の適切な用い方にはある種
の幅があるだろう。原始キリスト教徒たちの歩み、言語、宗教、そして信
仰を再構築するために、新約聖書は極めて適切に用いられるだろう。ただ
し、新約聖書がそのような目的のために書かれたのではないし、むしろ演
じられるために書かれた戯曲に似ているということ、つまりそれは共同体
のための憲章として、（非常に異なる仕方で）礼拝と証言とを燃え立たせ
るために考案された一連の文書であることを忘れてはならない。しばしば
なされるように、これらの文書を神学的、政治的、あるいは敬虔主義的な
スキームの綻びを補強するために用いるのは、適切性の幅においては最も
低い所に位置づけられるだろう。究極的には、新約聖書はそのままの姿で
あり続けられるように扱われなければならない。タルムードを調べ上げて、
いわゆる「キリスト教的」な、歪められたユダヤ教理解を誤って正当化す
るために用いるのが適切ではないように、新約聖書をその本来の姿を損な
うような仕方で用いるべきではない。もしそんなふうに用いられるとした
ら、そのような利用によって新約聖書が何らかの権威を持つ、といういか
なる印象もきっぱりと拒絶されなければならない。

　それゆえ私たちは、回り道をしながらも本書の1章と5章で集中的に考
えた問いに戻ることになる。新約聖書はどのような種類の権威を持ってい
るのだろうか。しばしば言われるように、その答えは新約聖書がキリスト
教の起源と台頭について歴史的に最も近い証人だからだ、ということなら、
そんな答えを拒絶する人々がいるだろう。Q（もしそれがあるならば）は
さらに早い時期のものかもしれないのだ。もし誰かがエジプトの砂漠の中
からQを掘り出したなら、私たちはそれをマタイ、マルコ、そしてルカ
と並べて聖書に加えるだろうか。ある人々は、「トマス福音書」の方が早
い時期に書かれたと言う。もしこれが本当なら、トマスは正典の新約聖書
よりも権威があると見なされてしまうのだろうか。トマスの早期執筆説の

852　第Ⅴ部　結　論

支持者たちによれば、私たちはそう考えるべきだということがしばしば言われる。だが、この考えは早い時期のキリスト教は自動的に権威を持つという信念に基づいており、その信念は自家撞着的である。なぜなら、原始キリスト教において時期の早さは権威を伴うものだと信じていた人はいなかったようだからだ。

　ここで再び、私たちの問いは認識論の尺度の中で行きつ戻りつする。一方の極みにはヴレーデの実証主義がある。キリスト教の正典は無意味で、私たちの課題は事実を描写することのみであり、過去のどのようなことも今日における規範と見なすことはできない。その反対の極みには主観主義という名のゲットーがある。キリスト教徒らは新約聖書を「彼らの」本、私的なテクストだと見なし、それは彼らにとっては何事かを意味するけれども、それが他の人にとっても同じ意味であると期待することはできないし、そうする必要もないのである。第三の見解として私たちが先に提唱した批判的実在論は、物語と結びつけられた権威というモデルを支持するだろう。新約聖書は明示的にも暗黙の内にも一連のストーリーと、一つの「ストーリー」を提供する。それはあらゆるストーリーと同様に、注目されるべきだと主張する。単に神話として扱われるストーリーの場合ですらそうなのだ。歴史には無頓着で、おとぎ話やトールキンの「中つ国」のような世界に居心地の良さを感じる人にとっても、新約聖書は強力で感動的なものになり得るのだ。だが、歴史的な研究によってまさにこのストーリーが実際に起ったのだということが示されても、この神話的な力が失われることは決してないし、むしろそれは促進される。もちろんこのような歴史研究によって相対主義者たちの主張、つまりイエスのストーリーは歴史に基づかない神話だが、しかしそれは真理への道を提供してくれるのだ、というような主張には疑問が呈せられることになる。そのため、相対主義者たちは歴史と神話を統合しようとする試みを強く批判する。もし私たちが新約聖書をありのままの姿で読むならば、どのページを読んでも、そこに書かれていることは公共の領域における真理なのだと主張しているのに気づく。新約聖書は、他の多くの書がそうであるように、単なる個人的な

霊的成長のための指南書ではない。新約聖書のそんな読み方は、シェイクスピアを単に試験に受かるために読むようなものだ。新約聖書は創造主と世界のストーリー、あらゆるものを転覆させるストーリーであると主張しており、そのように読まれることを要求している。このプロセスにおいて新約聖書が行使する権威は静的なものではなく、ダイナミックなものだ。新約聖書は自らを遥かな高みから押しつけることはしないし、新約聖書をそのように用いるのは乱用である。その主張は脆弱なものではなく、それが真理であるならば、もっと強力なものだ。新約聖書は自らを全世界の本物のストーリー、本物の神話、本物の歴史として提供しているのである。

4. 神の問題

　私たちはとうとうこのプロジェクト全体を通じて取り組む問題にたどり着いたが、それは新約聖書と関連した問題である。歴史家がイエスの問題を避けることはできず、文学批評家が新約聖書の問題を避けることができないなら、神学者は神の問題を避けることができない。ここで再び、歴史家と文学批評家が彼らの主題に真摯に向き合うならば、こうした主題が神を考察の対象から除外するいかなる専門化にも疑問を投げかけるのを見出すだろう。第Ⅱ部で見てきたように、究極的には歴史、文学、そして神学は分離できないのである。

　新約聖書についての非常に多くの著作において目を引くのは、神の問題が取り扱われていないことだ。だが神の問題は、頻繁に議論されるほとんど全ての事柄の根底に横たわっている。パウロと律法（トーラー）の問題は、根本的には神についての問題である。マタイ福音書、あるいはヨハネ黙示録によって提起される論点の核心にあるのは神についての問題である。これらの問題において、あたかも「神（god）」という指示対象に関しては合意がなされているという前提があり、この（知られている）神が何を望み、何をなし、また何をすることを意図していたのかが問われているよう

854 第V部 結 論

に見える。しかし、彼らはより深いレベルでの考察を始めており、そこに
は前提とされるものは何もない。彼らは「神」という言葉そのものの意味
を問うている。旧約聖書が語ってきたこの神、アブラハム、モーセ、ダビ
デ、そして預言者たちに自らを現してきたこの神とはいったい何者なのか。
(少なくとも私たちが問題としてきた二つの共同体の中で)どの共同体が
真実に、少なくともより真実に、この神について語っているのだろうか。
原始キリスト教が発展するにつれて、この根本的なレベルにおいて新しい
主張がなされているのが強く感じられる。それは言語のみならず、シンボ
ルと実践において、特にユダヤ人の正典を新しい仕方で読むというシンボ
リックな実践において、そうした主張がなされている。

　　新約聖書の記者たちの主張とは、イエスの到来によって人類の全ての状
　　況が改まり、それは「神」という言葉の意味をも変化させたのだ、とい
　　うものだ[3]。

　新約聖書についてのこのような事実は、神の問題がはっきりとは提起さ
れていない時ですらこれらの文書が力と魅力、そして固有の権威を持って
いると感じさせることを説明する鍵を提供している。これらの文書がそれ
ぞれ異なる仕方で書かれたのは、新しい世界観を明確に示し、聴き手にそ
の世界観を共有するように招くためだったのである。この世界観の中心に
は「神(god)」への新しい見方があり、それは「神(God)」を語るため
の新しい方法の提案ですらあったのだ。

　ユダヤ人とキリスト教徒はそれぞれが「神の民」であると主張したが、
この神という言葉は世界を創造した超越的な存在を意味していた。この神
は、イスラエルとの契約に入った神だが、その民の人生と歩みとを導く神
である。ユダヤ人もキリスト教徒も、創造主である契約の神がいつの日に
か世界を正すべく行動を起こし、真の神の民を抑圧から救い出して下さる

―――――――――――――

3　Caird 1980, 51. Morgan 1987, 200 n. 14; Räisänen 1990a, 138 も参照せよ。

第 16 章　新約聖書と神の探求　855

と信じていた。しかし、このような主張をする明確に異なる二つの共同体
があったのなら、どのようにしてそうなったのかという歴史家の問いは、
次のようないくつかの神学者の問いに対応する。これら二つの共同体の主
張は等しく首尾一貫したものなのだろうか。1 世紀の視点からは、どちら
か一方がより納得できる、といえるような研究方法があるのだろうか。私
たちにとっては、どちらの主張がより納得できるのだろうか。後の世代の
共同体（それが 2 世紀であれ 21 世紀であれ）がこれら 1 世紀の二つの共
同体のいずれかと連続している、と主張することにどんな意味があるのだ
ろうか。

　こうした複雑な問いに対して、ある人々はこう答えようとするだろう。
これら二つの組織体は単に異なっているのだ、と。どちらもそれ自体の世
界においては納得できるもの、それらを 1 世紀の視点で（21 世紀につい
ては言うまでもない）比較するのは意味をなさない、と。

　　ユダヤ教とキリスト教は完全に異なる宗教であり、一つの宗教の異なる
　　二つのバージョンではない。……二つの信仰は、異なる人々に異なる物
　　事について語りかける、異なる人々を表している。[4]

　21 世紀における相互理解と共通の対話へのアプローチとして、これに
ついては言うべきことがある。私たちの世代のユダヤ教とキリスト教が互
いに対してどんな課題や責務を担っているにせよ、私たちが互いのことを
奇妙な変異種、つまりキリスト教徒はユダヤ教徒のできそこないであり、
逆もまた真であると考えるならば、こうした課題を遂行することも責務を
果たすこともできない。だが、私たちが紀元 1 世紀の世界に分け入ってい
くならば、これら二つを完全に区別できるという主張は全くの誤りである
ように思われる。それは、これら二つの宗教は実は同じものだったのだと
いう主張と同じくらい明らかな誤りである。このような主張は、この二つ

4　Neusner 1991, 1; 28, 129 参照。

856　第Ⅴ部　結　論

の運動を互いに混ぜ合わせ、違いを過小評価し、とがった部分を削り取り、そうして当たり障りはないが歴史的には信頼できない二つの宗教の姿を作り出そうとするものだ。

　ニューズナーは、この二つが実は同じだという後者の提案を受け入れるには優れた歴史家であり過ぎた。だが、この二つは完全に区別できるという彼の主張も、ある意味で同様に相対主義的だ。ローマ・カトリック教会のマリア崇敬のような、（彼からすれば）あまりにも遠くに感じられる宗教的特徴を正当に扱い、また敬意すら表するために、ニューズナーはユダヤ教もキリスト教も共に一つの神的現実への別々のゆがんだアプローチの手段にしてしまうという危険を冒している。究極的には、二つの提案（1.二つの宗教は、実は同じである。2.　二つの宗教は、同じ神への根本的に異なる応答である）は同じ方向へと導いていく。もし「神（god）」という言葉の意味について誰も確かなことが言えないのであれば、私たちは自分たちの違いを認識しながらも、そうした違いは大して重要ではないと認めることが可能なのだと。だが、このような提案はモダニズムやポストモダニズムの時代には受け入れやすいものではあるが、1世紀のユダヤ教とキリスト教の世界とはほとんど何の係わりもない。それゆえ「神」という言葉の意味の問題は、私たちが研究してきた1世紀の共同体の記述の核心部分に横たわっている。

　では、「神」という言葉の意味についてどんな主張がなされるのだろうか。私は「序文」において、頭文字に小文字の g を用いることを正当化するために、「神（God）」を一つの意味しか持たない明瞭な言葉だと考えるのは極めて危ういと指摘した。その顕著な具体例として、ニューズナーがユダヤ教とキリスト教とを互いに遠ざけておこうとする試みが挙げられる。

5　Gager 1983; Gaston 1987; その他。「二契約」説、つまりユダヤ教はユダヤ人のために意図された宗教で、キリスト教は異邦人のためのものだとする説はF. ローゼンツヴァイクによって先鞭をつけられたが、ニューズナーによって「恩着せがましい」と批判された（1991, 118f.）。

第 16 章　新約聖書と神の探求　　857

［互いの共通点を捜すために］他のどんな理解を追い求めることができ
るだろうか。私の答えはごくありふれた事実から得られるものだ。そ
れは、私たちは実は一つの神（God）を礼拝しており、それは同じ神
（God）であること、そしてそれは唯一の神（God）であることである。
そして私たち［ユダヤ教徒とキリスト教徒］は、イスラム教徒と共にい
るのである。こうしたあり方の共通の土壌において、私たちの前にはあ
る人類の課題が現れてくる。それは見知らぬ人であり外部者である他者
の宗教体験を探求することであり、そのようにしてこの世界のただ中に
いる私たちは、彼らと自分たちとを重ね合わせることができるのだ[6]。

　これはまさに「啓蒙主義」の目論見と提案である。「神（God）」という
言葉を使う人々は、みな同じ意味でその言葉を用いているのは「当然のこ
と」だというのである。そして私たちに残された課題とは、「宗教体験」
を探求することなのだと。こうした見方の問題は、18 世紀の神学のやり
方を 1 世紀のそれへと投影し、そうすることで歪めてしまうことである。
1 世紀においては、どんな神（god）についての主張も考察の対象になり
うるし、論争にすらなった。イスラエルの神に対して、異邦人たちが挑ん
できた彼らの神々についての主張は常に論争的だったし、そこには現実の
軍事的、社会的、経済的圧力が伴っていた[7]。イスラエル側からの反論は、
異邦人世界全体を敵に回すような、常に論争的なものだった。イスラエル
の文学には、異邦人たちがイスラエルの神を真の神として認めるようにな
るという物語や[8]、イスラエルの神が異邦人の神々と戦って打ち負かすと

6　Neusner 1991, 121; cf. 29。
7　サムエル上 17 章 43 節；イザヤ 36 章 18-20 節（36 章 10 節と比較せよ！）；
　　ダニエル 3 章 12-29 節；5 章 3-4 節、23 節；ベルと竜 4-5; 24-5; 第 1 マカバ
　　イ 1 章 43 節、等々。
8　列王記下 5 章 15-18 節；ゼカリヤ 8 章 22-23 節；ダニエル 2 章 47 節；3 章
　　29 節；4 章 2-3 節、34-7 節；6 章 26-7 節；「ヨセフとアセナテ」等々。

858　第Ｖ部　結　論

いう話が溢れるほどある。バビロンが打ち倒された後にイスラエルの物見やぐらから歓喜の叫びが上がるという話の要諦は、イスラエルの神が真の王であり、バビロンの神は単なる偶像に過ぎないのをこの出来事が証明するだろう、ということなのである。

> いかに美しいことか
> 山々を行き巡り、良い知らせを伝える者の足は。
> 彼は平和を告げ、恵みの良い知らせを伝え
> 救いを告げ
> あなたの神は王となられた、と
> シオンに向かって呼ばわる。
> 主は聖なる御腕の力を
> 国々の民の目にあらわにされた。
> 地の果てまで、すべての人が
> わたしたちの神の救いを仰ぐ。

　後の時代のユダヤ教において、同じ論争がキリスト教に対して何度も何度も向けられた。キリスト教徒たちは三つにして一つなる神を礼拝するというが、ユダヤ人にはそれが唯一神信仰への妥協に見えた。キリスト教徒たちはイエスがこの一つの神の十全で完全な啓示であるというが、ユダヤ人はそれがほとんど名辞矛盾であり、彼らの信じる神の異教化であると見なした。多くの人が紀元 1 世紀のものだと見なす文書おいて（だがそれは、その後の時代の空気をも映し出している）、あるラビはミニム（「異端者

9　サムエル上 5 章 1－5 節；17 章 26 節、36 節、45－6 節；イザヤ 37 章 23 節；第 1 マカバイ 4 章 30－3 節、等々。

10　イザヤ 52 章 7 節、10 節。

11　例として、Epstein 1959, 134：「キリスト教の『一致における三位一体』は……唯一の神の直接的な否定であり続けており、その神は初めからイスラエルを御自身への奉仕のために選んだのである」（Epstein による強調）。

たち」、おそらくキリスト教徒も含まれる）が「彼［イスラエルの神］を知り、そして彼を否定している」と宣言した。[12] その理由は、彼らが純粋でユダヤ的な神の概念に、イエスが単にメシア的な意味にとどまらずに存在論的な意味で「神の子」であるという信仰を導入したからだ。それゆえユダヤ人の目から見れば、キリスト教は一種の異教信仰であり、今日に至るまである著作家らによってまさにこの理由で酷評されているのである。[13] （ユダヤ教が退廃した宗教の一形態だと信じるいくらかのキリスト教著作家らは、この評価の背後にある歴史的判断に喜んで賛同してきた）。

　だが、この批判は原始キリスト教を正当に扱ってはいない。それはちょうど、何世紀にも及ぶ「キリスト教」による批判が1世紀のユダヤ教を正当に扱ってこなかったのと同じことだ。前章で見てきたように、1世紀においてイスラエルの神が今やイエスと神の霊において、またイエスと神の霊を通じて、さらにはイエスと神の霊として、自らを現したのだという主張が何度もなされた。1世紀の神学を研究する歴史家にとって、二つの共同体が提起する選択から逃れる術はない。ユダヤ教は、キリスト教が神の教理の真ん中にイエスを据えることでその教理を修復できないほどに壊してしまったと主張した。キリスト教は、主流のユダヤ教が民族的特権という考えに執着するあまりイエスの死と復活における神ご自身の義なる救いの業を認識し損ない、契約から落ちてしまったのだと主張した。どちらの宗教も、自分たちこそ「神」という言葉に真の意味を与え（それは旧約聖書の啓示とも合致する）、もう一方の宗教はそうではないと主張した。

　1世紀のユダヤ人にとって、トーラーが神の啓示であることに議論の余地はなかった。キリスト教徒たちはこの点において無頓着であるように見えた。したがってキリスト教徒たちは間違っている。多くのユダヤ人にとって、異邦人の汚れから神殿と土地を守ることは神からイスラエルに課された任務の一部だった。したがってキリスト教徒たちは間違っている。し

12　トセフタ「シャバット」13.5; Urbach 1987, 26 を見よ。

13　例として、Maccoby 1986; 1991。

860 第Ⅴ部 結 論

かもそれは単に細かな点についてではなく、イスラエルの神について間違っている。逆の立場から言えば、原始キリスト教徒たちにとって、イエスの死と復活は唯一の神の行動における完全な啓示であり、それはイスラエルが待ち望んでいた偉大なる神の行動なのである。さらにこのことは、イスラエルの神、世界の創造主がイエスにおいて比類のない形でご自身を知らしめたことを意味する。異邦人もユダヤ人もこのイエスを認めようとせず、したがってイエスがなしたことの中にこの神を認識することを拒否したのである。ローマ書1章や、アレオパゴスの丘の上での演説や、あるいはローマ書9-11章において非キリスト教徒との間に共通の基盤が探し求められている時でさえ、そこでなされる議論は、異邦人やユダヤ人は真の神に直面したが、彼らはその神がどなたであるのかという現実を受け入れるのを拒否したというものだった。[14] パウロ、ヨハネ、そしてその他の人たちは、二元論（非キリスト教徒は真の神について何も知らない）、異教礼拝（私たちは私たちの神を礼拝し、あなたがたはあなたがたの神を礼拝する。私たちは別々の道を行く）、理神論（神は遠く離れたところにおり、私たちはその神について多くを知ることはできない）、そして相対主義（私たちは同じ神秘の山を登って行くために、別々のルートを辿っていく）、これらを避けるために慎重に道を進んで行った。新約聖書の記者たちは、唯一の神のみがおられるが全人類はこの一人の神について誤った考えを抱いている、と主張した。このように誤って理解された神を礼拝することで、彼らは偶像を礼拝しているのである。異教徒たちは木と石で出来た神を礼拝し、被造物を礼拝することで創造主を歪めている。これと並行する議論で、パウロはユダヤ人たちが彼らの民族的アイデンティティと安全という偶像をこしらえて、彼らの神、アブラハムの神の契約への忠実さが常に意味してきたことを見誤ってしまったと論じた。[15] 新約聖書文書の

14　ローマ1章18-23節；使徒17章22-31節；ローマ10章2-3節、16-17節。ヨハネ福音書8章39-59節も参照せよ。

15　ローマ2章17-29節、これは1章18-32と並行関係にあり、またそこから引用している。ローマ2章17節以降はさらに拡張され、そのアイロニーは

第16章　新約聖書と神の探求　　861

受け手としてのキリスト教徒たちも明らかに偶像礼拝の可能性から免責されてはおらず、「イエス」や「キリスト」という言葉を用いながら、実は別の神を礼拝しているということもありうるのだ。1世紀のユダヤ教とキリスト教の歴史の研究は、真の神についての彼らの主張のどちらも正しいということはあり得ないという結論を容赦なく導き出す。

　もちろん、両方とも間違っているのかもしれない。ストア派が正しいのかもしれない。ストア派によれば一つの神がいる、それは全世界が神性を持ち、私たち人間もその一部であるからだ。エピクロス派と、その現代における後継者である理神論者たちが正しいのかもしれない。神は存在する、それは一つ以上なのかもしれないが、その神について私たちの誰もよく知ってはおらず、無知と歪曲の中でほんの少し認識しているだけなのだ。異教礼拝者たちが正しいのかもしれない。世界には異質な「神的な」力が存在する、それらの怒りはなだめられる必要があり、そうでない場合は私たち自身の利益のために制御されるべきである。グノーシス主義者たちが正しいのかもしれない。神は存在するが、それは隠された神であり、私たちの幾人かに自らを顕し、悪い神の被造物である物質と肉でできた邪悪な世界から私たちを救い出そうとしている。あるいは現代の無神論者や唯物論者が正しいのかもしれない。

　ここには中立地帯などどこにもない。私たちは世界観レベルでの議論の渦中におり、そこには究極の選択がかかわってくる。1世紀およびそれ以後のユダヤ教の主張とは、世界の創造者は自らをトーラーの中に啓示し、その啓示の現し方は、ストア派、エピクロス派、異教礼拝者、グノーシス主義者やその他の主張——あるいはキリスト教徒たちの主張を、容認できないものとする。最初期およびそれ以後のキリスト教の主張とは、アブラハムの神である世界の創造者は自らをキリストを通して、そしてご自身の

───────────────
　7章7−25節；9章30−10章13節で最高潮に達する。

16　例として1コリント12章1−3節（その後に暗に三位一体的な箇所が続く。12章4−6節）；ガラテヤ4章8−11節（その直前に暗に三位一体的な箇所が置かれている。4章1−7節）；1ヨハネ5章21節。

862　第Ⅴ部　結　論

霊を通して現したが、その啓示の現し方は様々な異教の主張——そしてイエスを拒絶したユダヤ教の主張をも容認できないものとする。もちろんこの結論は、遠くて知り得ない神々というネオ・エピクロス派的な考えに支配された私たちの世界の趣味に合わない。自称「宗教」コミュニティの間での暴力の醜い再燃を目のあたりにすると（そこで生み出される暴力は、その名を冠した宗教とは何の関係もないものだったとしても）、こうした結論はなおいっそう不快感を与える。だがそれは、1世紀において真の神の民であると主張する二つの共同体の中で、物事がどのように見られていたのかを表している。

　これらの競合する主張の間で、どのような判断を下すことができるだろうか。1世紀のユダヤ人たちは公共的な出来事を待ち望んでいたが、それはイスラエルにとって偉大なる解放をもたらす神の業だった。彼らの神は全世界に対し、そのような出来事において、またそれを通じて、自らが単なる地方の氏神ではなく全てのものの創造者であり主権者であることを明らかにするだろう。ヤハウェはあらゆる民族の目の前でイスラエルの救いを現わすだろう。地の果ての人々は、神がその民の正しさを立証するのを見るだろう。原始キリスト教徒たちは、特に新約聖書と呼ばれるようになる文書の中に、そのような出来事を振り返る。この出来事において、またそれを通じて、イスラエルの神はまさにそのことを成し遂げたのだ。神のなさったことに基づいて、この奇妙な自称「神の民」の中から生じた新約聖書は、この民のストーリーを語った。このストーリーはイスラエルの過去に根差しており、世界の未来に向かって続いていくようにデザインされている。それはユダヤ人の主張を繰り返した。このストーリーは単なる神（a god）についてではなく、唯一の神（God）に関する。それはユダヤ人の証拠を再検証した。この主張は民族的な解放においてではなく、イエスに関する出来事においてその正しさが証明されたのだ。

文献表

略語表

ANF	Ante-Nicene Fathers
ANRW	*Aufstieg und Niedergang der Römischen Welt*, ed. H. Temporini and A. Haase. Berlin: de Gruyter.
Arist.	Aristotle
CAH	*Cambridge Ancient History*
cf.	confer
CHJ	*Cambridge History of Judaism*
Compendia	*Compendia Rerum Iudaicarum ad Novum Testamentum*. Section One: *The Jewish People in the First Century*, ed. S. Safrai and M. Stern. 2 vols. Section Two: *The Literature of the Jewish People in the Period of the Second Temple and the Talmud*, ed. M. J. Mulder, M. E. Stone and S. Safrai. 3 vols. Philadelphia: Fortress; Assen/Maastricht: Van Gorcum. 1976–87.
cp.	compare
Dio Cass.	Dio Cassius
Diod. Sic.	Diodorus Siculus
Epict.	Epictetus (*Disc.* = *Discourses*)
esp.	especially
Euseb.	Eusebius
Ign.	Ignatius
Jos.	Josephus
JTS	*Journal of Theological Studies*
LCL	Loeb Classical Library
LXX	Septuagint version of the Old Testament (see below)
NRSV	New Revised Standard Version (see below)
NT	New Testament
OT	Old Testament
par(s).	and parallel(s) [in the synoptic tradition]
PG	J. P. Migne, *Patrologia Graeca*. Paris, 1857–66.

SB	H. L. Strack and P. Billerbeck, *Kommentar zum Neuen Testament aus Talmud und Midrasch.* 6 vols. Munich: C. H. Beck, 1926–56.
Schürer	E. Schürer, *The History of the Jewish People in the Age of Jesus Christ (175 B.C.–A.D. 135).* Rev. and ed. M. Black, G. Vermes, F. G. B. Millar. 4 vols. Edinburgh: T & T Clark, 1973–87.
Suet.	Suetonius
Tac.	Tacitus
TDNT	*Theological Dictionary of the New Testament*, ed. G. Kittel and G. Friedrich. 10 vols. Trans. and ed. G. W. Bromiley. Grand Rapids, Mich.: Eerdmans, 1964–76.

文献表　865

A. 一次文献

1. 聖書

Biblia Hebraica Stuttgartensia, ed. K. Elliger and W. Rudolph. Stuttgart: Württembergische Bibelanstalt Stuttgart, 1968–76.

Septuaginta: Id est Vetus Testamentum Graece iuxta LXX interpres, ed. A. Rahlfs. 8th edn. 2 vols. Stuttgart: Württembergische Bibelanstalt Stuttgart, 1965 [1935].

Novum Testamentum Graece, ed. K. Aland, M. Black, C. M. Martini, B. M. Metzger, and A. Wikgren. 26th edn. Stuttgart: Deutsche Bibelgesellschaft, 1979 [1898] [= 'Nestle-Aland'].

The Holy Bible, Containing the Old and New Testaments with the Apocryphal/ Deuterocanonical Books: New Revised Standard Version. New York & Oxford: OUP, 1989.

2. ユダヤ教の資料

The Mishnah, Translated from the Hebrew with Introduction and Brief Explanatory Notes by Herbert Danby. Oxford: OUP, 1933.

The Old Testament Pseudepigrapha, ed. James H. Charlesworth. 2 vols. Garden City, N.Y.: Doubleday, 1983–5.

The Apocryphal Old Testament, ed. H. F. D. Sparks. Oxford: Clarendon Press, 1984.

The Authorised Daily Prayer Book of the United Hebrew Congregations of the British Commonwealth of Nations, trans. S. Singer. New edn. London: Eyre & Spottiswood, 1962.

Josephus: *Works*, ed. H. St. J. Thackeray, R. Marcus, A. Wikgren, and L. H. Feldman. 9 vols. LCL. Cambridge, Mass.: Harvard U. P.; London: Heinemann, 1926–65.

Philo: *Works*, ed. F. H. Colson, G. H. Whitaker, J. W. Earp, and R. Marcus. 12 vols. LCL. Cambridge, Mass.: Harvard U. P. London: Heinemann, 1929–53.

Qumran: *Die Texte aus Qumran*, ed. E. Lohse. Darmstadt: Wissenschaftliche Buchgesellschaft, 1964.

———, trans.: *The Dead Sea Scrolls in English*, trans. and ed. G. Vermes. 3rd edn. London: Penguin Books, 1987 [1962].

3. その他の初期キリスト教および関連資料

Aristides: *The Apology of Aristides*, in ANF 9:257–279.

Apostolic Fathers: *The Apostolic Fathers*, ed. and trans. J. B. Lightfoot. 5 vols. London:

Macmillan, 1889/90.

———: *The Apostolic Fathers*, ed. and trans. Kirsopp Lake. 2 vols. London: Heinemann; Cambridge, Mass.: Harvard U. P., 1965.

———, trans.: *Early Christian Writings*, trans. Maxwell Staniforth, introd. and ed. Andrew Louth. London: Penguin Books, 1968.

———, trans.: *The Apostolic Fathers*, 2nd edn. (of Lightfoot 1889/90). Ed. Michael W. Holmes. Grand Rapids: Baker, 1989.

E. Hennecke, *New Testament Apocrypha*, ed. W. Schneemelcher. ET ed. R. McL. Wilson. 2 vols. London: SCM; Philadelphia: Westminster, 1963–5 [1959–64].

Eusebius, ed. and trans.: *Eusebius. The Ecclesiastical History*, ed. and trans. Kirsopp Lake, H. J. Lawlor and J. E. L. Oulton. 2 vols. London: Heinemann; Cambridge, Mass.: Harvard U. P., 1973–5.

———, trans.: *Eusebius. The History of the Church from Christ to Constantine*, 2nd edn., trans. G. A. Williamson, rev. and ed. with a new introduction by Andrew Louth. London: Penguin Books, 1989.

Justin Martyr: in ANF 1:157–306.

Minucius Felix: *Octavius*, trans. G. H. Rendall. LCL. Cambridge, Mass.: Harvard U. P.; London: Heinemann, 1984.

Nag Hammadi texts: *The Nag Hammadi Library in English*, ed. James M. Robinson. Leiden: Brill; San Francisco: Harper & Row, 1977.

Origen: *Contra Celsum*. In ANF vol. 4.

Orosius: *Historiae adversus Paganos*, ed. K. Zangemeister. Stuttgart: Teubner, 1889.

Synesius: *De Insomniis*. In PG 66.1281–1320.

Thomas: *The Gospel According to Thomas*, ed. A. Guillaumont et al. Leiden: Brill; London: Collins, 1959.

Tertullian: *Apology; De Spectaculis*, trans. T. R. Glover. LCL. Cambridge, Mass.: Harvard U. P.; London: Heinemann, 1984.

4. 非キリスト教資料

Aristotle: *Aristotle. The 'Art' of Rhetoric*. Ed. and trans. J. H. Freese. LCL. London: Heinemann; Cambridge, Mass.: Harvard U. P., 1947.

———, *Nicomachaean Ethics: The Ethics of Aristotle*. Trans. J. A. K. Thomson. London: Penguin Books, 1955 [1953].

Cicero: *De Natura Deorum*. In vol. 19 of *Cicero*. Ed. and trans. H. Rackham. LCL. London: Heinemann; New York: G. P. Putnam's Sons, 1933.

Dio Cassius: *Dio's Roman History*. Ed. and trans. E. Cary. LCL. 9 vols. London: Heinemann; Cambridge, Mass.: Harvard U. P., 1954–5.

文献表　867

Diodorus Siculus: *Diodorus Siculus*. Ed. and trans. C. H. Oldfather and others. LCL. 12 vols. London: Heinemann; New York, Putnam, 1933–67.

Dionysius of Halicarnassus: *The Roman Antiquities of Dionysius of Halicarnassus*. Ed. and trans. E. Cary. LCL. 7 vols. London: Heinemann; Cambridge, Mass.: Harvard U. P., 1937–50.

Epictetus: *The Discourses as reported by Arrian, the Manual, and Fragments*. Ed. and trans. W. A. Oldfather. LCL. 2 vols. London: Heinemann; Cambridge, Mass.: Harvard U. P., 1978–9.

Hecataeus: in *Fragmente der griechischen Historiker*, ed. F. Jacoby, 1923– , vol. 1.

Herodotus: *Herodoti Historiae*, ed. C. Hude. 3rd edn. 2 vols. Oxford: OUP, 1926.

————, trans.: *Herodotus. The Histories*. Newly translated and with an Introduction by Aubrey de Sélincourt. London: Penguin Books, 1954.

Juvenal: *Juvenal: The Satires*. Ed. J. Ferguson. New York: St Martin's Press, 1979.

————, trans.: *Juvenal, the Sixteen Satires*. 2nd edn. Trans. P. Green. London: Penguin Books, 1974 [1967].

————, trans.: *Juvenal: The Satires*. Trans. N. Rudd; introd. and notes by W. Barr. Oxford: Clarendon Press, 1991.

Lucian: *Lucian*. Ed. and trans. A. M. Harmon et al. LCL. 8 vols. London: Heinemann; Cambridge, Mass.: Harvard U. P., 1913–67.

Ovid: *Ovid. Metamorphoses*, trans. F. J. Miller. LCL. 2 vols. Cambridge, Mass.: Harvard U. P.; London: Heinemann, 1960.

Plautus: *T. Macci Plauti Comoediae*, ed. W. M. Lindsay. 2 vols. Oxford: Clarendon Press, 1905.

————, trans.: *Plautus: The Rope and Other Plays*, trans. E. F. Watling. London: Penguin Books, 1964.

Pliny the Elder: *Pliny the Elder*. Ed. and trans. H. Rackham et al. LCL. 10 vols. London: Heinemann; Cambridge, Mass.: Harvard U. P., 1949–62.

Pliny the Younger: *C. Plini Caecili Secundi Epistularum Libri Decem*, ed. R. A. B. Mynors. Oxford: OUP, 1963.

————, trans.: *The Letters of the Younger Pliny*, trans. with an introduction by Betty Radice. London: Penguin Books, 1963.

Sallust: *Sallust*. Trans. J. C. Rolfe. LCL. London: Heinemann; Cambridge, Mass.: Harvard U. P., 1975.

Sophocles: *Sophocles: The Text of the Seven Plays*. Ed. R. C. Jebb. Cambridge: CUP, 1897.

————, trans.: R. C. Jebb, *The Tragedies of Sophocles Translated into English Prose*. Cambridge: CUP, 1904.

868

Suetonius: *C. Suetoni Tranquili Opera*, vol. 1. *De Vita Caesarum Libri VIII*. Ed. M. Ihm. Stuttgart: Teubner, 1978 [1908].

————, trans.: *Suetonius. The Twelve Caesars*, trans. Robert Graves. London: Penguin Books, 1957.

Tacitus, *Agricola: Cornelii Taciti de Vita Agricolae*, ed. H. Furneaux. 2nd edn. by J. G. C. Anderson. Oxford: Clarendon Press, 1922.

Tacitus, *Annals: Cornelii Taciti Annalium ab Excessu Divi Augusti Libri*, ed. C. D. Fisher. Oxford: Clarendon Press, 1906.

————, trans.: *Tacitus. The Annals of Imperial Rome*, trans. with an introduction by Michael Grant. London: Penguin Books, 1956.

Tacitus, *Histories: Cornelii Taciti Historiarum Libri*, ed. C. D. Fisher. Oxford: Clarendon Press, n.d.

————, trans.: *Tacitus. The Histories*, trans. Kenneth Wellesley. London: Penguin Books, 1964.

Thucydides: *Thucydidis Historiae*, ed. H. S. Jones. 2 vols. Oxford: OUP, 1898.

————, trans.: *Thucydides: History of the Peloponnesian War*. Trans. with an introduction by Rex Warner. London: Penguin Books, 1954.

文献表　869

B.　二次文献

Abbagnano, Nicola. 1967. 'Positivism.' In *The Encyclopedia of Philosophy*, ed. P. Edwards, vol. 6, 414–19. New York: Macmillan Co. & The Free Press; London: Collier-Macmillan Ltd.

Alexander, Loveday C. A. 1986. 'Luke's Preface in the Context of Greek Preface-Writing.' *Novum Testamentum* 28:48–74.

———. 1993. *The Preface to Luke's Gospel: Literary Convention and Social Context in Luke 1:1–4*. Society for New Testament Studies Monograph Series. Cambridge: CUP.

Alexander, Philip S. 1972. 'The Targumim and Early Exegesis of "Sons of God" in Genesis 6.' *Journal of Jewish Studies* 13:60–71.

Allison, Dale C. 1985. *The End of the Ages has Come: An Early Interpretation of the Passion and Resurrection of Jesus*. Philadelphia: Fortress.

Alon, Gedalyahu. 1977. *Jews, Judaism and the Classical World: Studies in Jewish History in the Times of the Second Temple*. Trans. I. Abrahams. Jerusalem: Magnes Press.

Alter, Robert. 1981. *The Art of Biblical Narrative*. New York: Basic Books.

Appignanesi, Lisa, and Hilary Lawson. 1989. *Dismantling Truth: Reality in the Post-Modern World*. London: Wiedenfeld & Nicolson.

Applebaum, S. 1976. 'Economic Life in Palestine.' In *Compendia* 1.2.631–700.

Ashton, John. 1985. 'The Identity and Function of the Ioudaioi in the Fourth Gospel.' *Novum Testamentum* 2740–75.

———, ed. 1986a. *The Interpretation of John*. Issues in Religion and Theology, no. 9. Philadelphia: Fortress; London: SPCK.

———. 1986b. 'The Transformation of Wisdom. A Study of the Prologue of John's Gospel.' *New Testament Studies* 32:161–86.

———. 1991. *Understanding the Fourth Gospel*. Oxford: Clarendon Press.

Attridge, Harold W. 1984. 'Historiography.' In *Compendia* 2.2.157–84.

———. 1989. *The Epistle to the Hebrews*. Hermeneia. Philadelphia: Fortress.

Aune, David E. 1976. 'Orthodoxy in First-Century Judaism? A Response to N. J. McEleney.' *Journal for the Study of Judaism* 7:1–10.

———. 1983. *Prophecy in Early Christianity and the Ancient Mediterranean World*. Grand Rapids, Mich.: Eerdmans.

———. 1987. *The New Testament in Its Literary Environment*. In *Library of Early Christianity*, ed. Wayne A. Meeks. Philadelphia: Westminster.

870

———. 1991a. 'On the Origins of the "Council of Javneh" Myth.' *Journal of Biblical Literature* 110:491–3.

———. 1991b. 'Oral Tradition and the Aphorisms of Jesus.' In *Jesus and the Oral Gospel Tradition*, ed. H. Wansbrough, 211–65. Journal for the Study of the New Testament Supplement Series, vol. 64. Sheffield: Sheffield Academic Press.

Ayer, A. J. 1946 [1936]. *Language, Truth and Logic*. 2nd edn. London: Gollancz.

———. 1956. *The Problem of Knowledge*. London: Penguin Books.

Bacon, B. W. 1930. *Studies in Matthew*. London: Constable.

Baird, J. Arthur. 1991. *A Comparative Analysis of the Gospel Genre: The Synoptic Mode and its Uniqueness*. Lewiston/Queenston/Lampeter: Edwin Mellen Press.

Balch, David L., ed. 1991. *Social History of the Matthean Community: Cross-Disciplinary Approaches*. Minneapolis: Fortress.

Bammel, Caroline P. H. 1982. 'Ignatian Problems.' *Journal of Theological Studies* 33:62–97.

Banner, Michael C. 1990. *The Justification of Science and the Rationality of Religious Belief*. Oxford: Clarendon Press.

Baras, Zvi. 1987. 'The *Testimonium Flavianum* and the Martyrdom of James.' In *Josephus, Judaism and Christianity*, ed. L. H. Feldman and G. Hata, 338–48. Leiden: Brill.

Barbour, Ian G. 1966. *Issues in Science and Religion*. London: SCM.

———. 1974. *Myths, Models and Paradigms: A Comparative Study in Science and Religion*. New York: Harper & Row.

Barclay, John M. G. 1987. 'Mirror-Reading a Polemical Letter: Galatians as a Test Case.' *Journal for the Study of the New Testament* 31:73–93.

Barker, Margaret. 1991. *The Gate of Heaven: The History and Symbolism of the Temple in Jerusalem*. London: SPCK.

Barnett, P. W. 1975. ' "Under Tiberius all was Quiet".' *New Testament Studies* 21:564–71.

Barr, James. 1987. 'Words for Love in Biblical Greek.' In *The Glory of Christ in the New Testament: Studies in Christology in Memory of George Bradford Caird*, ed. L. D. Hurst and N. T. Wright, 3–18. Oxford: Clarendon Press.

Barraclough, Geoffrey. 1967 [1964]. *An Introduction to Contemporary History*. London: Penguin Books.

Barrett, C. K. 1970 [1961]. *Luke the Historian in Recent Study*. 2nd edn. Philadelphia: Fortress; London: SPCK.

———. 1973. *A Commentary on the Second Epistle to the Corinthians*. Black's New Testament Commentaries. London: A & C Black.

———., introd. & ed. 1987 [1956]. *The New Testament Background: Selected*

文献表　871

Documents. Rev. edn. London: SPCK; New York: Harper & Row.

Barton, J. 1984. *Reading the Old Testament: Method in Biblical Study*. London: Darton, Longman & Todd.

―――. 1986. *Oracles of God*. London: Darton, Longman & Todd.

Bartsch, Hans-Werner. 1960. 'Das Thomas-Evangelium und die synoptische Evangelien: zu G. Quispels Bemerkungen zum Thomas-Evangelium.' *New Testament Studies* 6:249–61.

Bauckham, Richard J. 1980. 'The Delay of the Parousia.' *Tyndale Bulletin* 31:3–36.

―――. 1981. 'The Worship of Jesus in Apocalyptic Christianity.' *New Testament Studies* 27:322–41.

―――. 1983. *Jude, 2 Peter*. Word Biblical Commentary, vol. 50. Waco, Tex.: Word Books.

―――. 1990. *Jude and the Relatives of Jesus in the Early Church*. Edinburgh: T & T Clark.

Baumgarten, A. I. 1983. 'The Name of the Pharisees.' *Journal of Biblical Literature* 102:411–28.

―――. 1991. 'Rivkin and Neusner on the Pharisees.' In *Law in Religious Communities in the Roman Period: The Debate Over Torah and Nomos in Post-Biblical Judaism and Early Christianity*, ed. Peter Richardson and Stephen Westerholm, 109–26. Studies in Christianity and Judaism, no. 4. Waterloo, Ontario: Wilfrid Laurier U. P.

Baur, Ferdinand Christian. 1878–9 [1860]. *History of the Church in the First Three Centuries*. Trans. Allan Menzies. 3rd edn. London: Williams & Norgate.

Beardslee, William A. 1969. *Literary Criticism of the New Testament*. Philadelphia: Fortress.

―――. 1989. 'Recent Literary Criticism.' In *The New Testament and Its Modern Interpreters*, ed. Eldon J. Epp and George A. MacRae, 175–98. Atlanta, Ga.: Scholars Press; Philadelphia: Fortress.

Beasley-Murray, G. R. 1986. *Jesus and the Kingdom of God*. Grand Rapids, Mich.: Eerdmans.

Beckwith, Roger T. 1980. 'The Significance of the Calendar for Interpreting Essene Chronology and Eschatology.' *Révue de Qumran* 38:167–202.

―――. 1981. 'Daniel 9 and the Date of Messiah's Coming in Essene, Hellenistic, Pharisaic, Zealot and Early Christian Computation.' *Révue de Qumran* 40:521–42.

Bellinzoni, Arthur J. 1985. *The Two-Source Hypothesis: A Critical Appraisal*. Macon, Ga.: Mercer U. P.

Berger, Klaus. 1984. *Formgeschichte Des Neuen Testaments*. Heidelberg: Quelle & Mayer.

872

————. 1988. 'Jesus als Pharisäer und Frühe Christen als Pharisäer.' *Novum Testamentum* 30:231–62.

Berger, Peter L. 1969. *The Sacred Canopy*. New York: Doubleday.

Berger, Peter L., and Thomas Luckmann. 1966. *The Social Construction of Reality: A Treatise in the Sociology of Knowledge*. Garden City, N.Y.: Doubleday.

Bergonzi, Bernard. 1990. *Exploding English: Criticism, Theory, Culture*. Oxford: Clarendon Press.

Berkhof, Louis. 1941 [1939]. *Systematic Theology*. London: Banner of Truth.

Bernstein, R. J. 1983. *Beyond Objectivism and Relativism: Science, Hermeneutics and Praxis*. Oxford: Blackwell.

Best, Ernest. 1983. *Mark: The Gospel as Story*. Studies of the New Testament and its World. Edinburgh: T & T Clark.

————. 1986. *Disciples and Discipleship: Studies in the Gospel According to Mark*. Edinburgh: T & T Clark.

Betz, Hans-Dieter. 1979. *Galatians: A Commentary on Paul's Letter to the Churches in Galatia*. Hermeneia. Philadelphia: Fortress.

Beutler, Johannes. 1985. 'Literarische Gattungen Im Johannesevangelium: Ein Forschungsbericht 1919–1980.' *ANRW* 2.25.3:2506–68.

Bilde, P. 1979. 'The Causes of the Jewish War According to Josephus.' *Journal for the Study of Judaism* 10(2):179–202.

————. 1988. *Flavius Josephus, between Jerusalem and Rome: His Life, his Works, and their importance*. Journal for the Study of the Pseudepigrapha Supplement Series, no. 2. Sheffield: JSOT Press.

Blenkinsopp, Joseph. 1981. 'Interpretation and the Tendency to Sectarianism: An aspect of Second-Temple History.' In *Aspects of Judaism in the Greco-Roman Period*, ed. E. P. Sanders, A. I. Baumgarten and Alan Mendelson. *Jewish and Christian Self-Definition*, vol. 2, 1–26. Philadelphia: Fortress.

Boismard, M.-E., William R. Farmer, F. Neirynck, and David L. Dungan, ed. 1990. *The Interrelations of the Gospels: A Symposium Led by M.-E. Boismard, W. R. Farmer, F. Neirynck, Jerusalem 1984*. Biblotheca Ephemeridium Theologicarum Lovaniensium, vol. 95. Leuven: Leuven U. P./ Peeters.

Bokser, B. M. 1982/3. 'The Wall Separating God and Israel.' *Jewish Quarterly Review* 73:349–74.

Borg, Marcus J. 1971. 'The Currency of the Term "Zealot".' *Journal of Theological Studies* 22:504–12.

————. 1984. *Conflict, Holiness and Politics in the Teachings of Jesus*. Studies in the Bible and Early Christianity, vol. 5. New York & Toronto: Edwin Mellen Press.

文献表　873

―――. 1987. 'An Orthodoxy Reconsidered: The "End-of-the-World Jesus".' In *The Glory of Christ in the New Testament: Studies in Christology in Memory of George Bradford Caird*, ed. L. D. Hurst and N. T. Wright, 207–17. Oxford: OUP.

Borgen, Peder. 1984. 'Philo of Alexandria.' In *Compendia* 2.2.233–82.

Bornkamm, Günther. 1969. *Early Christian Experience*. Trans. P. L. Hammer. London: SCM.

Boucher, Madeleine. 1977. *The Mysterious Parable: A Literary Study*. Catholic Biblical Quarterly Monograph Series, no. 6. Washington: Catholic Biblical Association of America.

Brearley, Margaret. 1988. 'Hitler and Wagner: The Leader, the Master and the Jews.' *Patterns of Prejudice* 22:3–22.

Brooke, George J. 1985. *Exegesis at Qumran: 4QFlorilegium in Its Jewish Context*. Journal for the Study of the New Testament Supplement Series, vol. 29. Sheffield: JSOT Press.

Broshi, Magen. 1982. 'The Credibility of Josephus.' *Journal of Jewish Studies* 33:379–84.

―――. 1987. 'The Role of the Temple in the Herodian Economy.' *Journal of Jewish Studies* 38:31–7.

Brown, Raymond E. 1983. 'Not Jewish Christianity and Gentile Christianity but Types of Jewish/Gentile Christianity.' *Catholic Biblical Quarterly* 45:74–9.

Brown, Raymond E., and John P. Meier. 1983. *Antioch and Rome: New Testament Cradles of Catholic Christianity*. New York: Paulist.

Bruce, F. F. 1969. *New Testament History*. London: Thomas Nelson.

―――. 1972. *New Testament History*. Garden City, N.Y.: Doubleday, Anchor.

―――. 1977. *Paul: Apostle of the Free Spirit* [in USA: *Paul: Apostle of the Heart Set Free*]. Exeter: Paternoster; Grand Rapids, Mich.: Eerdmans.

―――. 1979. *Men and Movements in the Primitive Church* [in USA: *Peter, Stephen, James and John: Studies in Early Non-Pauline Christianity*]. Exeter: Paternoster; Grand Rapids, Mich.: Eerdmans.

Brueggemann, Walter. 1977. *The Land: Place as Gift, Promise and Challenge in Biblical Faith*. Overtures to Biblical Theology. Philadelphia: Fortress.

Buchanan, George W. 1984. *Jesus: The King and His Kingdom*. Macon, Ga.: Mercer.

Buckert, W. 1985. *Greek Religion*. Oxford: Blackwell.

Bultmann, Rudolf. 1910. *Der Stil der paulinischen Predigt und die kynisch-stoische Diatribe*. Göttingen: Vandenhoek und Ruprecht.

―――. 1951–5. *Theology of the New Testament*. Trans. Kendrick Grobel. New York: Scribner's; London: SCM.

—―—. 1956. *Primitive Christianity in Its Contemporary Setting*. Trans. R. H. Fuller. New York: Meridian; London: Thames & Hudson.

—―—. 1958 [1934]. *Jesus and the Word*. Trans. L. P. Smith and E. H. Lantero. New York: Scribner's.

—―—. 1960. *Existence and Faith*. Ed. Schubert M. Ogden. Living Age Books. New York: World Publishing, Meridian.

—―—. 1967. *Exegetica*. Tübingen: Mohr.

—―—. 1968 [1921]. *The History of the Synoptic Tradition*. Trans. John Marsh. Oxford: Blackwell.

—―—. 1985 [1976]. *The Second Letter to the Corinthians*. Trans. Roy A. Harrisville. Minneapolis: Augsburg.

—―—. 1986 [1923]. 'The History of Religions Background of the Prologue to the Gospel of John.' Trans. John Ashton. In *The Interpretation of John*, ed. John Ashton. Issues in Religion and Theology, no. 9. Philadelphia: Fortress; London: SPCK.

Bultmann, Rudolf, with Ernst Lohmeyer, Julius Schniewind, Helmut Thielicke, and Austin Farrer. 1961. *Kerygma and Myth: A Theological Defense*. Rev. edn. Ed. Hans Werner Bartsch. Trans. Reginald H. Fuller. New York: Harper & Row, Harper Torchbooks/Cloister Library.

Burridge, Richard A. 1992. *What Are the Gospels? A Comparison with Graeco-Roman Biography*. Society for New Testament Studies Monograph Series, vol. 70. Cambridge: CUP.

Bury, J. B. 1951 [1909]. *A History of Greece to the Death of Alexander the Great*. 3rd edn. London: Macmillan.

Butterfield, H. 1969. *Man on His Past*. Cambridge: CUP.

Caird, George B. 1955. *The Apostolic Age*. London: Duckworth.

—―—. 1964. 'The Descent of Christ in Ephesians 4:7–11.' In *Studia Evangelica II = Texte und Untersuchungen* 87:535–45.

—―—. 1965. *Jesus and the Jewish Nation*. London: Athlone Press.

—―—. 1968. 'The Development of the Doctrine of Christ in the New Testament.' In *Christ for Us Today*, ed. N. Pittenger, 66–80. London: SCM.

—―—. 1980. *The Language and Imagery of the Bible*. London: Duckworth.

Calloway, Phillip R. 1988. *The History of the Qumran Community: An Investigation*. Journal for the Study of the Pseudepigrapha Supplement Series, vol. 3. Sheffield: JSOT Press.

Cameron, Ronald D. 1982. *The Other Gospels: Non-Canonical Gospel Texts*. Philadelphia: Westminster.

Campenhausen, Hans von. 1963 [1955]. *The Fathers of the Greek Church*. Trans. L. A.

文献表　875

Garrard. London: A & C Black.

Capper, Brian J. 1985. *PANTA KOINA: A Study of Earliest Christian Community of Goods in Its Hellenistic and Jewish Context*. Unpublished Ph. D. Dissertation. Cambridge University.

Carnegy, Patrick. 1973. *Faust as Musician. A Study of Thomas Mann's 'Doctor Faustus'.* London: Chatto & Windus.

Carr, E. H. 1987 [1961]. *What is History?* Ed. R. W. Davies. 2nd edn. London: Penguin Books.

Carson, Donald A. 1987. 'The Purpose of the Fourth Gospel: John 20:31 Reconsidered.' *Journal of Biblical Literature* 106:639–51.

Cary, M. 1954 [1935]. *A History of Rome Down to the Reign of Constantine*. 2nd edn. London: Macmillan.

Casey, P. Maurice. 1991. 'Method in Our Madness, and Madness in Their Methods. Some Approaches to the Son of Man Problem in Recent Scholarship.' *Journal for the Study of the New Testament* 42:17–43.

Catchpole, David R. 1992. 'The Beginning of Q: A Proposal.' *New Testament Studies* 38:205–21.

Chabrol, Claude. 1976. 'An Analysis of the "Text" of the Passion.' In *The New Testament and Structuralism*, ed. Alfred M. Johnson, Jr., 145–86. Pittsburgh Theological Monograph Series, no. 11. Pittsburgh: The Pickwick Press.

Chadwick, Henry. 1966. *Early Christian Thought and the Classical Tradition: Studies in Justin, Clement, and Origen*. Oxford: OUP.

Chapman, John. 1937. *Matthew, Mark and Luke: A Study in the Order and Interrelation of the Synoptic Gospels*. London: Longmans, Green & Co.

Charlesworth, James H. 1969. 'A Critical Comparison of the Dualism in 1QS III, 13— IV, 26 and the "Dualism" Contained in the Fourth Gospel.' *New Testament Studies* 15:389–418.

―――. 1979. 'The Concept of the Messiah, in the Pseudepigrapha.' *ANRW* 19.2.188– 218.

―――. 1980. 'The Origin and Subsequent History of the Authors of the Dead Sea Scrolls: Four Transitional Phases Among the Qumran Essenes.' *Révue de Qumran* 10:213–33.

―――, ed. 1983. *The Old Testament Pseudepigrapha*. Vol. 1. *Apocalyptic Literature and Testaments*. Garden City, N.Y.: Doubleday.

―――, ed. 1985. *The Old Testament Pseudepigrapha*. Vol. 2. *Expansions of the 'Old Testament' and Legends, Wisdom and Philosophical Literature, Prayers, Psalms and Odes, Fragments of Lost Judaeo-Hellenistic Works*. Garden City, N.Y.: Doubleday.

Chester, Andrew. 1991. 'Jewish Messianic Expectations and Mediatorial Figures and

876

Pauline Christology.' In *Paulus und das antike Judentum*, ed. Martin Hengel and Ulrich Heckel, 17–89. Wissenschaftliche Untersuchungen zum Neuen Testament, vol. 58. Tübingen: Mohr.

Chilton, Bruce D. 1980. 'Isaac and the Second Night: A Reconsideration.' *Biblica* 61:78–88.

———. 1983. *The Glory of Israel: The Theology and Provenience of the Isaiah Targum.* Journal for the Study of the Old Testament Supplement Series, vol. 23. Sheffield: JSOT Press.

———. 1984. *A Galilean Rabbi and His Bible.* Wilmington: Michael Glazier.

Cohen, Shaye J. D. 1979. *Josephus in Galilee and Rome: His Vita and Development as a Historian.* Columbia Studies in the Classical Tradition, vol. 8. Leiden: Brill.

———. 1980. Review of Rivkin, *A Hidden Revolution. Journal of Biblical Literature* 99:627–9.

———. 1984. 'The Significance of Yavneh: Pharisees, Rabbis, and the End of Jewish Sectarianism.' *Hebrew Union College Annual* 55:27–53.

———. 1987. *From the Maccabees to the Mishnah.* In *Library of Early Christianity*, ed. Wayne A. Meeks. Philadelphia: Westminster Press.

Collingwood, R. G. 1956 [1946]. *The Idea of History.* New York: OUP, Galaxy.

———. 1968. *Faith and Reason: Essays in the Philosophy of Religion.* Ed. Lionel Rubinoff. Chicago: Quadrangle.

Collins, John J., ed. 1979. *Apocalypse: The Morphology of a Genre.* Semeia, vol. 14. Missoula, Mont.: Scholars Press.

———. 1984. 'Testaments.' In *Compendia* 2.2.325–55.

———. 1987. *The Apocalyptic Imagination.* New York: Crossroad.

———. 1990. 'Was the Dead Sea Sect an Apocalyptic Movement?' In *Archaeology and History in the Dead Sea Scrolls: The New York University Conference in Memory of Yigael Yadin*, ed. Lawrence H. Schiffman, 25–51. Journal for the Study of the Pseudepigrapha Supplement Series, vol. 8. Sheffield: JSOT Press.

Conzelmann, Hans. 1960 [1953]. *The Theology of Luke.* Trans. Geoffrey Buswell. London: Faber & Faber; New York: Harper & Row.

———. 1969. *An Outline of the Theology of the New Testament.* Trans. John Bowden. New York: Harper & Row.

———. 1973. *History of Primitive Christianity.* Trans. John E. Steely. Nashville: Abingdon.

Cotterell, Peter, and Max Turner. 1989. *Linguistics and Biblical Interpretation.* London: SPCK.

Craig, William Lane. 1986. 'The Problem of Miracles: A Historical and Philosophical

文献表 877

Perspective.' In *Gospel Perspectives*, ed. David Wenham and Craig L. Blomberg, vol. 6. *The Miracles of Jesus*, 9–48. Sheffield: JSOT Press.

Cranfield, Charles E. B. 1982. 'Thoughts on New Testament Eschatology.' *Scottish Journal of Theology* 35:497–512.

Crenshaw, James L. 1985. 'The Wisdom Literature.' In *The Hebrew Bible and Its Modern Interpreters*, ed. Douglas A. Knight and Gene M. Tucker, 369–407. Chico, Calif.: Scholars Press; Philadelphia: Fortress.

Crites, Stephen. 1989 [1971]. 'The Narrative Quality of Experience.' In *Why Narrative? Readings in Narrative Theology*, ed. Stanley Hauerwas and L. Gregory Jones, 65–88. Grand Rapids, Mich.: Eerdmans.

Cross, Frank M. 1958. *The Ancient Library of Qumran and Modern Biblical Studies*. Garden City, N.Y.: Doubleday.

Crossan, J. Dominic. 1973. *In Parables: The Challenge of the Historical Jesus*. New York: Harper & Row.

———. 1976. *Raid on the Articulate: Cosmic Eschatology in Jesus and Borges*. New York: Harper & Row.

———. 1980. *Cliffs of Fall: Paradox and Polyvalence in the Parables of Jesus*. New York: Seabury Press.

———. 1983. *In Fragments: The Aphorisms of Jesus*. San Francisco: Harper & Row.

———. 1988a. *The Cross That Spoke: The Origins of the Passion Narrative*. San Francisco: Harper & Row.

———. 1988b [1975]. *The Dark Interval: Towards a Theology of Story*. 2nd edn. Sonoma, Calif.: Polebridge Press.

———. 1991. *The Historical Jesus: The Life of a Mediterranean Jewish Peasant*. San Francisco: Harper; Edinburgh: T & T Clark.

Dahl, Nils A. 1986. 'The Johannine Church and History.' In *The Interpretation of John*, ed. John Ashton, 122–40. Issues in Religion and Theology, no. 9. Philadelphia: Fortress; London: SPCK.

Daly, R. J. 1977. 'The Soteriological Significance of the Sacrifice of Isaac.' *Catholic Biblical Quarterly* 39:45–75.

Davids, Peter H. 1980. 'The Gospels and Jewish Tradition: Twenty Years After Gerhardsson.' In *Gospel Perspectives: Studies of History and Tradition in the Four Gospels*, ed. R. T. France and David Wenham, vol. 1, 75–99. Sheffield: JSOT Press.

Davies, Philip R. 1977. 'Hasidim in the Maccabean Period.' *Journal of Jewish Studies* 28:127–40.

———. 1982. *The Damascus Covenant: An Interpretation of the 'Damascus Document'*. Journal for the Study of the Old Testament Supplement Series, vol. 25. Sheffield: JSOT Press.

―――. 1985. 'Eschatology at Qumran.' *Journal of Biblical Literature* 104:39–55.

―――. 1987. *Behind the Essenes: History and Ideology in the Dead Sea Scrolls.* Brown Judaic Studies, vol. 94. Atlanta, Ga.: Scholars Press.

―――. 1990. 'The Birthplace of the Essenes: Where is "Damascus"?' *Révue de Qumran* 14:503–19.

Davies, Philip R., and Bruce D. Chilton. 1978. 'The Aqedah: A Revised Tradition History.' *Catholic Biblical Quarterly* 40:514–46.

Davies, W. D. 1964. *The Setting of the Sermon on the Mount.* Cambridge: CUP.

―――. 1974. *The Gospel and the Land: Early Christianity and Jewish Territorial Doctrine.* Berkeley: U. of California Press.

―――. 1980 [1948]. *Paul and Rabbinic Judaism.* 4th edn. Philadelphia: Fortress.

―――. 1987. 'Canon and Christology.' In *The Glory of Christ in the New Testament: Studies in Christology in Memory of George Bradford Caird*, ed. L. D. Hurst and N. T. Wright, 19–36. Oxford: Clarendon Press.

Davies, W. D., and Dale C. Allison. 1988, 1991, 1997. *A Critical and Exegetical Commentary on the Gospel According to Saint Matthew.* 3 vols. International Critical Commentary, new series. Edinburgh: T & T Clark.

de la Mare, Walter. 1938. *Stories, Essays and Poems.* London: J. M. Dent.

Derrett, J. D. M. 1975. 'Cursing Jesus (1 Cor. xii:3): The Jews as Religious "Persecutors".' *New Testament Studies* 21:544–54.

Dibelius, Martin. 1934 [1919]. *From Tradition to Gospel.* Trans. Bertram Lee Woolf and Martin Dibelius. New York: Scribner's.

Dihle, A. 1983. 'Die Evangelien und die griechische Biographie.' In *Das Evangelium und die Evangelien*, ed. P. Stuhlmacher, 383–411. Wissenschaftliche Untersuchungen zum Neuen Testament, vol. 28. Tübingen: Mohr.

Dillistone, F. W. 1977. *C. H. Dodd: Interpreter of the New Testament.* London: Hodder & Stoughton.

Dimant, D. 1984. 'Qumran Sectarian Literature.' In *Compendia* 2.2.483–550.

Dix, Gregory. 1953. *Jew and Greek: A Study in the Primitive Church.* London: A & C Black.

Dodd, C. H. 1978 [1935]. *The Parables of the Kingdom.* Rev. edn. London: Nisbet; New York: Scribner's.

Donaldson, T. L. 1990. 'Rural Banditry, City Mobs and the Zealots.' *Journal for the Study of Judaism* 21:19–40.

Donfried, Karl P., ed. 1991 [1977]. *The Romans Debate.* 2nd edn. Peabody, Mass.: Hendrikson.

Doran, R. 1990. *Theology and the Dialectics of History.* Toronto: U. of Toronto Press.

文献表   879

Downing, F. Gerald. 1980a. 'Redaction Criticism: Josephus' *Antiquities* and the Synoptic Gospels (I).' *Journal for the Study of the New Testament* 8:46–65.

———. 1980b. 'Redaction Criticism: Josephus' *Antiquities* and the Synoptic Gospels (II).' *Journal for the Study of the New Testament* 9:29–48.

———. 1982. 'Common Ground with Paganism in Luke and Josephus.' *New Testament Studies* 28:546–59.

———. 1988a. *Christ and the Cynics: Jesus and Other Radical Preachers in First-Century Tradition.* JSOT Manuals, no. 4. Sheffield: Sheffield Academic Press.

———. 1988b. 'Quite Like Q. A Genre for "Q": The "Lives" of Cynic Philosophers.' *Biblica* 69:196–225.

———. 1991. Review of Smith 1990. *Journal of Theological Studies* 42:703–5.

———. 1992. 'A Paradigm Perplex: Luke, Matthew and Mark.' *New Testament Studies* 38:15–36.

Doyle, B. R. 1988. 'Matthew's Intention as Discerned by His Structure.' *Révue Biblique* 95:386–403.

Droge, Arthur J., and James D. Tabor. 1992. *A Noble Death: Suicide and Martyrdom Among Christians and Jews in Antiquity.* San Francisco: HarperSanFrancisco.

Drury, John. 1985. *The Parables in the Gospels: History and Allegory.* London: SPCK.

Dunn, James D. G. 1975. *Jesus and the Spirit: A Study of the Religious and Charismatic Experience of Jesus and the First Christians as Reflected in the New Testament.* London: SCM; Philadelphia: Westminster.

———. 1977. *Unity and Diversity in the New Testament: An Inquiry Into the Character of Earliest Christianity.* London: SCM; Philadelphia: Westminster.

———. 1980. *Christology in the Making: A New Testament Inquiry Into the Origins of the Doctrine of the Incarnation.* London: SCM; Philadelphia: Westminster.

———. 1985. 'Works of the Law and the Curse of the Law (Galatians 3.10–14).' *New Testament Studies* 31:523–42.

———. 1988. 'Pharisees, Sinners and Jesus.' In *The Social World of Formative Christianity and Judaism: Essays in Tribute to Howard Clark Kee*, ed. Jacob Neusner, Ernest S. Frerichs, Peder Borgen, and Richard Horsley, 264–89. Philadelphia: Fortress.

———. 1990. *Jesus, Paul and the Law.* London: SPCK.

———. 1991. *The Partings of the Ways Between Christianity and Judaism and Their Significance for the Character of Christianity.* London: SCM; Philadelphia: Trinity Press International.

Dunn, James D. G., and James P. Mackey. 1987. *New Testament Theology in Dialogue.* Biblical Foundations in Theology. London: SPCK.

Eagleton, Terry. 1991. *Ideology: An Introduction*. London & New York: Verso.

Edwards, R. A. 1985. *Matthew's Story of Jesus*. Philadelphia: Fortress.

Eichrodt, Walther. 1961, 1967. *Theology of the Old Testament*. 2 vols. Trans. J. A. Baker. The Old Testament Library. Philadelphia: Westminster; London: SCM.

Elton, G. R. 1984 [1967]. *The Practice of History*. London: Flamingo.

Epp, Eldon J., and George W. MacRae, ed. 1989. *The New Testament and Its Modern Interpreters*. In *The Bible and Its Modern Interpreters*, ed. Douglas A. Knight. Atlanta, Ga.: Scholars Press; Philadelphia: Fortress.

Epstein, Isidore. 1959. *Judaism: A Historical Presentation*. London: Penguin Books.

Evans, Christopher F. 1990. *Saint Luke*. SCM/TPI New Testament Commentaries. London: SCM; Philadelphia: Trinity Press International.

Evans, Craig A. 1989a. 'Jesus' Action in the Temple and Evidence of Corruption in the First-Century Temple.' In *Society of Biblical Literature 1989 Seminar Papers*, ed. David J. Lull, 522–39. Atlanta, Ga.: Scholars Press.

———. 1989b. 'Jesus' Action in the Temple: Cleansing or Portent of Destruction?' *Catholic Biblical Quarterly* 51:237–70.

Falck, Colin. 1989. *Myth, Truth and Literature: Towards a True Post-Modernism*. Cambridge: CUP.

Fallon, Francis T., and Ron Cameron. 1988. 'The Gospel of Thomas: A *Forschungsbericht* and Analysis.' In *ANRW* 2.25.6:4195–251.

Farmer, William R. 1956. *Maccabees, Zealots, and Josephus: An Inquiry Into Jewish Nationalism in the Greco-Roman Period*. New York: Columbia U. P.

———. 1964. *The Synoptic Problem: A Critical Analysis*. London & New York: Macmillan.

Farrer, Austin M. 1955. 'On Dispensing with Q.' In *Studies in the Gospels: Essays in Memory of R. H. Lightfoot*, ed. Dennis E. Nineham, 55–86. Oxford: Blackwell.

———. 1964. *The Revelation of St John the Divine*. Oxford: OUP.

Fee, Gordon D. 1987. *The First Epistle to the Corinthians*. The New International Commentary on the New Testament. Grand Rapids, Mich.: Eerdmans.

Feldman, Louis H. 1984. *Josephus and Modern Scholarship*. Berlin & New York: de Gruyter.

Ferguson, Everett. 1987. *Backgrounds of Early Christianity*. Grand Rapids: Eerdmans.

Filson, Floyd V. 1965. *A New Testament History*. London: SCM.

Finkelstein, Louis. 1962 [1938]. *The Pharisees: The Sociological Background of Their Faith*. 3rd edn. Philadelphia: Jewish Publication Society of America.

Fishbane, Michael. 1985. *Biblical Interpretation in Ancient Israel*. Oxford: OUP.

文献表　881

Fitzmyer, Joseph A. 1971. *Essays on the Semitic Background of the New Testament*. London: Geoffrey Chapman.

Flannery, Austin, ed. 1975. *Vatican Council II: The Conciliar and Post Conciliar Documents*. Dublin: Dominican Publications.

Florovsky, G. 1974. *Christianity and Culture*. Collected Works, vol. 2. Belmont, Mass.: Nordland.

Flusser, David. 1976. 'Paganism in Palestine.' In *Compendia* 1.2.1065–1100.

Ford, David F. 1989. *The Modern Theologians: An Introduction to Christian Theology in the Twentieth Century*. 2 vols. Oxford: Basil Blackwell.

Fornara, C. W. 1983. *The Nature of History in Ancient Greece and Rome*. San Francisco: U. of California Press.

Fowl, Stephen E. 1990. *The Story of Christ in the Ethics of Paul: An Analysis of the Function of the Hymnic Material in the Pauline Corpus*. Journal for the Study of the New Testament Supplement Series, vol. 36. Sheffield: Sheffield Academic Press.

Fowler, Robert M. 1991. *Let the Reader Understand: Reader-Response Criticism and the Gospel of Mark*. Minneapolis: Fortress.

France, R. T. 1982. 'The Worship of Jesus: A Neglected Factor in Christological Debate?' In *Christ the Lord: Studies in Christology Presented to Donald Guthrie*, ed. H. H. Rowdon, 17–36. Leicester: IVP.

Freeman, Gordon M. 1986. *The Heavenly Kingdom: Aspects of Political Thought in Talmud and Midrash*. Lanham and Jerusalem, Philadelphia, Montreal: University Press of America; Jerusalem Centre for Public Affairs.

Frei, Hans W. 1974. *The Eclipse of Biblical Narrative: A Study in Eighteenth and Nineteenth Century Hermeneutics*. New Haven: Yale U. P.

Freyne, S. 1980. *Galilee from Alexander the Great to Hadrian: A Study of Second Temple Judaism*. Wilmington, Del.: Glazier/Notre Dame U. P.

―――. 1988. *Galilee, Jesus and the Gospels: Literary Approaches and Historical Investigations*. Philadelphia: Fortress.

Frost, Stanley. 1987. 'Who Were the Heroes? An Exercise in Bi-Testamentary Exegesis, with Christological Implications.' In *The Glory of Christ in the New Testament: Studies in Christology in Memory of George Bradford Caird*, ed. L. D. Hurst and N. T. Wright, 165–72. Oxford: Clarendon Press.

Frye, Northrop. 1983. *The Great Code: The Bible and Literature*. San Diego: Harcourt Brace Jovanovich.

Fuller, Reginald H. 1989. 'New Testament Theology.' In *The New Testament and Its Modern Interpreters*, ed. Eldon J. Epp and George W. MacRae, 565–84. Atlanta, Ga.: Scholars Press; Philadelphia: Fortress.

Fuller, Russell. 1991. 'Text-Critical Problems in Malachi 2:10–16.' *Journal of Biblical*

882

Literature 110:47–57.

Funk, Robert. 1988. *The Poetics of Biblical Narrative.* Sonoma, Calif.: Polebridge Press.

Furnish, Victor P. 1984. *II Corinthians.* Anchor Bible. New York: Doubleday.

Gafni, Isaiah M. 1984. 'The Historical Background [i.e. to Jewish Writings of the Second Temple Period].' In *Compendia* 2.2.1–31.

———. 1987. 'The Historical Background [i.e. to the Literature of the Sages].' In *Compendia* 2.3.1–34.

Gager, John G. 1983. *The Origins of Anti-Semitism.* Oxford: OUP.

Galland, Corina. 1976. 'An Introduction to the Method of A. J. Griemas.' In *The New Testament and Structuralism,* ed. and trans. Alfred M. Johnson Jr., 1–26. Pittsburgh Theological Monograph Series, vol. 11. Pittsburgh: The Pickwick Press.

Garcia-Martinez, F., and A. S. van der Woude. 1990. 'A "Groningen" Hypothesis of Qumran Origins and Early History.' *Révue de Qumran* 14:521–41.

Garnsey, Peter, and Richard Saller. 1982. *Greece and Rome: New Surveys in the Classics No. 15. The Early Principate: Augustus to Trajan.* Oxford: Clarendon Press.

Gärtner, Bertil. 1965. *The Temple and the Community in Qumran and the New Testament.* Society for New Testament Studies Monograph Series, vol. 1. Cambridge: CUP.

Gaston, Lloyd. 1987. *Paul and the Torah.* Vancouver: U. of British Columbia Press.

Geertz, Clifford. 1973. *The Interpretation of Cultures.* New York: Basic Books.

Georgi, Dieter. 1986 [1964]. *The Opponents of Paul in Second Corinthians.* Trans. H. Attridge and others. Studies of the New Testament and its World. Edinburgh: T & T Clark; Philadelphia: Fortress.

Gerhardsson, Birger. 1961. *Memory and Manuscript: Oral Tradition and Written Transmission in Rabbinic Judaism and Early Christianity.* Uppsala: Gleerup.

———. 1964. *Tradition and Transmission in Early Christianity.* Uppsala: Gleerup.

———. 1979. *The Origins of the Gospel Tradition.* London: SCM.

———. 1986. *The Gospel Tradition.* Lund: Gleerup.

Gerhart, Mary, and Allan Russell. 1984. *Metaphoric Process: The Creation of Scientific and Religious Understanding.* Fort Worth: Texas Christian U. P.

Gilkey, Langdon. 1976. *Reaping the Whirlwind: A Christian Interpretation of History.* New York: Seabury Press, Crossroads.

———. 1981. *Society and the Sacred: Toward a Theology of Culture in Decline.* New York: Seabury Press.

Ginzberg, L. 1928. *Students, Scholars, and Saints.* Philadelphia: Jewish Publication Society of America.

Glasson, T. F. 1977. 'Schweitzer's Influence—Blessing or Bane?' *Journal of Theological*

文献表　883

Studies 28:289–302.

Golb, N. 1985. 'Who Hid the Dead Sea Scrolls?' *Biblical Archaeologist* 48:68–82.

———. 1989. 'The Dead Sea Scrolls.' *The American Scholar* 58:177–207.

Goldberg, Michael. 1982. *Theology and Narrative: A Critical Introduction.* Nashville: Abingdon.

Goldingay, John E. 1989. *Daniel.* Word Biblical Commentary, vol. 30. Dallas, Tex.: Word Books.

Goldstein, Jonathan A. 1981. 'Jewish Acceptance and Rejection of Hellenism.' In *Jewish and Christian Self-Definition*, vol. 2. *Aspects of Judaism in the Greco-Roman Period*, ed. E. P. Sanders, A. I. Baumgarten, and A. Mendelson, 64–87. Philadelphia: Fortress.

———. 1987. 'Biblical Promises and 1 and 2 Maccabees.' In *Judaisms and Their Messiahs at the Turn of the Christian Era*, ed. Jacob Neusner, William S. Green, and Ernest S. Frerichs, 69–96. Cambridge: CUP.

———. 1989. 'The Hasmonean Revolt and the Hasmonean Dynasty.' In *Cambridge History of Judaism*, vol. 2, 292–351. Cambridge: CUP.

Goodblatt, D. 1989. 'The Place of the Pharisees in First Century Judaism: The State of the Debate.' *Journal for the Study of Judaism* 20:12–29.

Goodman, Martin. 1987. *The Ruling Class of Judaea: The Origins of the Jewish Revolt Against Rome A.D. 66–70.* Cambridge: CUP.

Goppelt, Leonhard. 1981. *Theology of the New Testament.* Vol. 1. *The Ministry of Jesus in Its Theological Significance.* Trans. John E. Alsup. Ed. Jürgen Roloff. Grand Rapids, Mich.: Eerdmans.

———. 1982. *Theology of the New Testament.* Vol. 2. *The Variety and Unity of the Apostolic Witness to Christ.* Trans. John E. Alsup. Ed. Jürgen Roloff. Grand Rapids, Mich.: Eerdmans.

Goulder, Michael. 1974. *Midrash and Lection in Matthew.* London: SPCK.

Gowan, Donald E. 1977. 'The Exile in Jewish Apocalyptic.' In *Scripture in History and Theology: Essays in Honor of J. Coert Rylaarsdam*, ed. Arthur E. Merrill and Thomas W. Overholt, 205–23. Pittsburgh Theological Monograph Series, vol. 17. Pittsburgh: Pickwick.

Greene, John. 1981. *Science, Ideology and World View: Essays in the History of Evolutionary Ideas.* Berkeley: U. of California Press.

Griemas, A. J. 1966. *Sémantique structurale.* Paris: Seuil.

———. 1970. *Du Sens.* Paris: Seuil.

Gruenwald, Ithamar. 1980. *Apocalyptic and Merkavah Mysticism.* Arbeiten zur Geschichte des Antiken Judentums und des Urchristentums, vol. 14. Leiden: Brill.

884

Gunton, Colin E. 1985. *Enlightenment and Alienation: An Essay Towards a Trinitarian Theology*. Contemporary Christian Studies. Basingstoke: Marshall, Morgan & Scott.

———. 1988. *The Actuality of Atonement: A Study of Metaphor, Rationality and the Christian Tradition*. Edinburgh: T & T Clark.

Gutmann, Joseph, ed. 1981. *Ancient Synagogues: The State of Research*. Brown Judaic Studies, no. 22. Chico, Calif.: Scholars Press.

Güttgemanns, Erhardt. 1979 [1971]. *Candid Questions Concerning Gospel Form Criticism. A Methodological Sketch of the Fundamental Problematics of Form and Redaction Criticism*. Pittsburgh: Pickwick.

Hall, Stuart G. 1991. *Doctrine and Practice in the Early Church*. London: SPCK.

Hare, Douglas R. A. 1990. *The Son of Man Tradition*. Minneapolis: Fortress.

Hare, Richard M. 1963. *Freedom and Reason*. Oxford: Clarendon Press.

Harnack, Adolf. 1924 [1921]. *Marcion: Das Evangelium von fremden Gott*. 2nd edn. Texte und Untersuchungen, no. 45. Leipzig: Hinrichs.

———. 1957 [1900]. *What is Christianity?* Trans. Thomas Bailey Saunders. New York: Harper & Row, Harper Torchbooks/Cloister Library.

Harper, George. 1988. *Repentance in Pauline Theology*. Ph.D. Dissertation, McGill University, Montreal.

Harvey, Anthony E. 1982. *Jesus and the Constraints of History: The Bampton Lectures, 1980*. London: Duckworth.

Harvey, David. 1989. *The Condition of Postmodernity: An Enquiry Into the Origins of Cultural Change*. Oxford: Blackwell.

Hauerwas, Stanley, and L. Gregory Jones, ed. 1989. *Why Narrative? Readings in Narrative Theology*. Grand Rapids, Mich.: Eerdmans.

Hawking, Stephen W. 1988. *A Brief History of Time: From the Big Bang to Black Holes*. London: Transworld.

Hayman, Peter. 1991. 'Monotheism—A Misused Word in Jewish Studies?' *Journal of Jewish Studies* 42:1–15.

Hays, R. B. 1983. *The Faith of Jesus Christ: An Investigation of the Narrative Substructure of Galatians 3:1–4:11*. SBL Dissertation Series. Chico, Calif.: Scholars Press.

———. 1989. *Echoes of Scripture in the Letters of Paul*. New Haven: Yale U. P.

Hayward, C. T. R. 1991. 'Sacrifice and World Order: Some Observations on Ben Sira' s Attitude to the Temple Service.' In *Sacrifice and Redemption: Durham Essays in Theology*, ed. Stephen W. Sykes, 22–34. Cambridge: CUP.

Hellholm, David. 1983. *Apocalypticism in the Mediterranean World and the Near East: Proceedings of the International Colloquium on Apocalypticism, Uppsala, August*

文献表　885

12–17, 1979. Tübingen: Mohr.

Hemer, Colin J. 1989. *The Book of Acts in the Setting of Hellenistic History.* Ed. Conrad J. Gempf. Tübingen: Mohr.

Hengel, M. 1974. *Judaism and Hellenism: Studies in Their Encounter in Palestine During the Early Hellenistic Period.* Trans. John Bowden. 2 vols. London: SCM; 1 vol. edn., Philadelphia: Fortress (1991).

———. 1976. *The Son of God: The Origin of Christology and the History of Jewish-Hellenistic Religion.* Trans. John Bowden. Philadelphia: Fortress.

———. 1977 [1976]. *Crucifixion in the Ancient World and the Folly of the Message of the Cross.* Trans. John Bowden. London: SCM; Philadelphia: Fortress.

———. 1979. *Acts and the History of Earliest Christianity.* Trans. John Bowden. Philadelphia: Fortress.

———. 1983. *Between Jesus and Paul: Studies in the Earliest History of Christianity.* Trans. J. Bowden. London: SCM.

———. 1989a. *The 'Hellenization' of Judaea in the First Century After Christ.* London: SCM; Philadelphia: Trinity Press International.

———. 1989b. *The Johannine Question.* Trans. John Bowden. London: SCM; Philadelphia: Trinity Press International.

———. 1989c [1961]. *The Zealots: Investigations Into the Jewish Freedom Movement in the Period from Herod I Until 70 A.D.* Trans. David Smith. Edinburgh: T & T Clark.

———. 1991. *The Pre-Christian Paul.* Trans. John Bowden with Roland Dienes. London: SCM; Philadelphia: Trinity Press International.

Hennecke, Edgar. 1963. *New Testament Apocrypha.* Ed. Wilhelm Schneemelcher and R. McL. Wilson. Vol. 1. *Gospels and Related Writings.* Philadelphia: Westminster Press; London: SCM.

———. 1965. *New Testament Apocrypha.* Ed. Wilhelm Schneemelcher and R. McL. Wilson. Vol. 2. *Writings Related to the Apostles: Apocalypses and Related Subjects.* Philadelphia: Westminster Press; London: SCM.

Hill, Craig C. 1992. *Hellenists and Hebrews: Reappraising Division Within the Earliest Church.* Minneapolis: Fortress.

Hill, David. 1979. *New Testament Prophecy.* London: Marshall, Morgan & Scott.

Hirst, R. J. 1967. 'Phenomenalism.' In *The Encyclopedia of Philosophy*, ed. P. Edwards, vol. 6, 130–5. New York: Macmillan Co. & The Free Press; London: Collier-Macmillan Ltd.

Holmes, Arthur F. 1983a. *All Truth is God's Truth.* Downer's Grove, Ill.: IVP.

———. 1983b. *Contours of a Worldview.* Grand Rapids, Mich.: Eerdmans.

Holz, Traugott. 1968. *Untersuchungen über die alttestamentlichen Zitate bei Lukas.* Texte und Untersuchungen, vol. 104. Berlin: Akademie.

Hommel, H. 1961/2. 'Das 7. Kapitel des Römerbriefes im Licht antiker Überlieferung.' *Theologia Viatorum* 8:90–116.

Hooker, Morna D. 1967. *The Son of Man in Mark.* London: SPCK.

———. 1972. 'On Using the Wrong Tool.' *Theology* 75:570–81.

———. 1975. 'In His Own Image?' In *What About the New Testament? Essays in Honour of Christopher Evans*, ed. Morna D. Hooker and Colin Hickling, 28–44. London: SCM.

———. 1991. *A Commentary on the Gospel According to St Mark.* Black's New Testament Commentaries. London: A & C Black.

Horbury, William. 1982. 'The Benediction of the *Minim* and Early Jewish-Christian Controversy.' *Journal of Theological Studies* 33:19–61.

———. 1984. 'The Temple Tax.' In *Jesus and the Politics of His Day*, ed. Ernst Bammel and Charles F. D. Moule, 265–86. Cambridge: CUP.

———. 1985. 'The Messianic Associations of "the Son of Man".' *Journal of Theological Studies* 36:34–55.

Horsley, Richard A. 1979a. 'Josephus and the Bandits.' *Journal for the Study of Judaism* 10(1):37–63.

———. 1979b. 'The Sicarii: Ancient Jewish "terrorists".' *Journal of Religion* 59:435–58.

———. 1981. 'Ancient Jewish Banditry and the Revolt Against Rome, A.D. 66.' *Catholic Biblical Quarterly* 43:409–32.

———. 1984. 'Popular Messianic Movements Around the Time of Jesus.' *Catholic Biblical Quarterly* 46:471–95.

———. 1986a. 'Popular Prophetic Movements at the Time of Jesus: Their Principal Features and Social Origins.' *Journal for the Study of the New Testament* 26:3–27.

———. 1986b. 'The Zealots: Their Origin, Relationships and Importance in the Jewish Revolt.' *Novum Testamentum* 28(2):159–92.

———. 1987. *Jesus and the Spiral of Violence: Popular Jewish Resistance in Roman Palestine.* San Francisco: Harper & Row (from 1992: Philadelphia: Fortress).

Horsley, Richard A., and John S. Hanson. 1985. *Bandits, Prophets and Messiahs: Popular Movements at the Time of Jesus.* Minneapolis: Winston Press; Edinburgh: T & T Clark.

Houlden, J. Leslie. 1970. *Paul's Letters from Prison.* London: Penguin Books.

———. 1984. 'The Purpose of Luke.' *Journal for the Study of the New Testament* 21:53–65.

House, John. 1977. *Monet.* Oxford: Phaidon Press; New York: E. P. Dutton.

文献表　　887

Hubbard, Benjamin J. 1979. 'Luke, Josephus and Rome: A Comparative Approach to the Lukan *Sitz Im Leben.*' In *Society of Biblical Literature 1979 Seminar Papers*, ed. Paul J. Achtemeier, 59–68. Missoula, Mo.: Scholars Press.

Hultgren, Arland J. 1987. *Christ and His Benefits: Christology and Redemption in the New Testament.* Philadelphia: Fortress.

Hurst, Lincoln D. 1990. *The Epistle to the Hebrews: Its Background of Thought.* Society for New Testament Studies Monograph Series, vol. 65. Cambridge: CUP.

Iersel, Bas van. 1989 [1986]. *Reading Mark.* Trans. W. H. Bisscheroux. Edinburgh: T & T Clark.

Isaac, B., and A. Oppenheimer. 1985. 'The Revolt of Bar Kokhba: Ideology and Modern Scholarship.' *Journal of Jewish Studies* 36:33–60.

Jacobson, D. M. 1988. 'King Herod's "Heroic" Public Image.' *Révue Biblique* 95:386–403.

Jeanrond, Werner G. 1990. 'Hermeneutics.' In *A Dictionary of Biblical Interpretation*, ed. R. J. Coggins and J. L. Houlden, 282–4. London: SCM; Philadelphia: Trinity Press International.

Jencks, Charles. 1989 [1986]. *What is Post-Modernism?* 3rd edn. London: Academy Editions.

Jeremias, Joachim. 1963 [1947]. *The Parables of Jesus.* Rev. edn. Trans. S. H. Hooke. London: SCM; New York: Scribner's.

———. 1966 [1930]. 'Zur Hypothese einer schriftlichen Logienquelle Q.' In *Abba: Studien Zur Neutestamentlichen Theologie und Zeitgeschichte*, 90–2. Göttingen: Vandenhoek und Ruprecht.

———. 1969a. *Jerusalem in the Time of Jesus: An Investigation Into Economic and Social Conditions During the New Testament Period.* Trans. F. H. Cave and C. H. Cave. Philadelphia: Fortress.

———. 1969b. 'Paulus als Hillelit.' In *Neotestamentica et Semitica: Studies in Honour of M. Black*, ed. E. E. Ellis and M. Wilcox, 88–94. Edinburgh: T & T Clark.

———. 1971. *New Testament Theology: The Proclamation of Jesus.* Trans. John Bowden. New York: Scribner's.

Jewett, Robert. 1979. *Dating Paul's Life.* London, Philadelphia: SCM, Fortress.

Johnson, Alfred M. Jr., ed. and trans. 1976. *The New Testament and Structuralism.* Pittsburgh Theological Monograph Series, no. 11. Pittsburgh: The Pickwick Press.

Johnston, George. 1987. '*Ecce Homo!* Irony in the Christology of the Fourth Evangelist.' In *The Glory of Christ in the New Testament: Studies in Christology in Memory of George Bradford Caird*, ed. L. D. Hurst and N. T. Wright, 125–38. Oxford: Clarendon Press.

Jonas, Hans. 1963 [1958]. *The Gnostic Religion: The Message of the Alien God and the*

888

Beginnings of Christianity. 2nd edn. Boston: Beacon Press.

Jones, A. H. M. 1967 [1938]. *The Herods of Judaea*. Oxford: Clarendon Press.

Judge, Edwin A. 1960. *The Social Pattern of Christian Groups in the First Century*. London: Tyndale Press.

Juel, D. 1977. *Messiah and Temple: The Trial of Jesus in the Gospel of Mark*. Missoula: Scholars Press.

Jülicher, Adolf. 1910 [1899]. *Die Gleichnisreden Jesu*. 2nd edn. Tübingen: Mohr.

Kadushin, M. 1938. *Organic Thinking: A Study in Rabbinic Thought*. New York: Bloch Publishing.

Kampen, John. 1988. *The Hasideans and the Origin of Pharisaism: A Study in 1 and 2 Maccabees*. SBL Septuagint and Cognate Studies Series, no. 24. Atlanta: Scholars Press.

Käsemann, Ernst. 1964 [1960]. *Essays on New Testament Themes*. Trans. W. J. Montague. Studies in Biblical Theology, vol. 41. London: SCM.

———. 1969 [1965]. *New Testament Questions of Today*. Trans. W. J. Montague. London: SCM.

———. 1970. *Das Neue Testament als Kanon*. Göttingen: Vandenhoek und Ruprecht.

———. 1971 [1969]. *Perspectives on Paul*. Trans. Margaret Kohl. London: SCM.

———. 1973. 'The Problem of a New Testament Theology.' *New Testament Studies* 19:235–45.

———. 1980. *Commentary on Romans*. Trans. and ed. Geoffrey W. Bromiley. Grand Rapids: Eerdmans.

Kasher, Aryeh. 1990. *Jews and Hellenistic Cities in Eretz-Israel: Relations of the Jews in Eretz-Israel with the Hellenistic Cities During the Second Temple Period (332 BCE–70 CE)*. Texte und Studien zum Antiken Judentum, vol. 21. Tübingen: Mohr.

Katz, S. T. 1984. 'Issues in the Separation of Judaism and Christianity After 70 C. E.: A Reconsideration.' *Journal of Biblical Literature* 103:43–76.

Kee, Howard C. 1977. *Community of the New Age: Studies in Mark's Gospel*. London: SCM.

———. 1990. 'The Transformation of the Synagogue After 70 C.E.: Its Import for Early Christianity.' *New Testament Studies* 36:1–24.

Kelber, Werner. 1983. *The Oral and Written Gospel*. Philadelphia: Fortress.

Kellerman, Ulrich. 1979. *Auferstanden in den Himmel. 2 Makkabäer 7 und die Auferstehung der Märtyrer*. Stuttgarter Bibelstudien 95. Stuttgart: Verlag Katholisches Bibelwerk.

Kelly, J. N. D. 1972 [1950]. *Early Christian Creeds*. 3rd edn. London: Longman.

Kelsey, David H. 1989. 'Paul Tillich.' In *The Modern Theologians: An Introduction to*

Christian Theology in the Twentieth Century, ed. David F. Ford, vol. 1, 134–51. Oxford: Basil Blackwell.

Kermode, Frank. 1968. *The Sense of an Ending: Studies in the Theory of Fiction*. Oxford: OUP.

―――. 1979. *The Genesis of Secrecy: On the Interpretation of Narrative*. Cambridge, Mass: Harvard U. P.

Kerr, Fergus. 1989. 'Idealism and Realism: An Old Controversy Dissolved.' In *Christ, Ethics and Tragedy: Essays in Honour of Donald MacKinnon*. Ed. Kenneth Surin, 15–33. Cambridge: CUP.

Kimelman, Reuven. 1981. '*Birkat Ha-Minim* and the Lack of Evidence for an Anti-Christian Jewish Prayer in Late Antiquity.' In *Aspects of Judaism in the Greco-Roman Period*. In *Jewish and Christian Self-Definition*, ed. E. P. Sanders with A. I. Baumgarten and Alan Mendelson, 226–44, 391–403. Philadelphia: Fortress.

Kingdon, H. Paul, 1972–3. 'The Origins of the Zealots.' *New Testament Studies* 19:74–81.

Kingsbury, Jack D. 1988 [1986]. *Matthew as Story*. 2nd edn. Philadelphia: Fortress.

Klinzing, Georg. 1971. *Die Umdeutung des Kultus in der Qumrangemeinde und im Neuen Testament*. Studien zur Umwelt des Neuen Testaments, vol. 7. Göttingen: Vandenhoek & Ruprecht.

Kloppenborg, J. S. 1987. *The Formation of Q: Trajectories in Ancient Wisdom Collectons*. Studies in Antiquity and Christianity. Philadelphia: Fortress.

Knibb, Michael A. 1976. 'The Exile in the Literature of the Intertestamental Period.' *Heythrop Journal* 17:253–79.

―――. 1983. 'Exile in the Damascus Document.' *Journal for the Study of the Old Testament* 25:99–117.

―――. 1987. *The Qumran Community*. Cambridge Commentaries on Writings of the Jewish and Christian World, 200 BC to AD 200. Cambridge: CUP.

Knox, John. 1935. *Philemon Among the Letters of Paul*. Chicago: Chicago U. P.

Koch, Klaus. 1969. *The Growth of the Biblical Tradition: The Form-Critical Method*. New York: Scribner's.

―――. 1972 [1970]. *The Rediscovery of Apocalyptic: A Polemical Work on a Neglected Area of Biblical Studies and Its Damaging Effects on Theology and Philosophy*. Trans. Margaret Kohl. Studies in Biblical Theology, vol. 2.22. London: SCM.

Koester, Helmut. 1982a [1980]. *Introduction to the New Testament*. Vol. 1. *History, Culture and Religion of the Hellenistic Age*. Philadelphia: Fortress; Berlin & New York: de Gruyter.

―――. 1982b. *Introduction to the New Testament*. Vol. 2. *History and Literature of Early Christianity*. Hermeneia: Foundations and Facets. Philadelphia: Fortress;

Berlin & New York: de Gruyter.

―――. 1989. 'From the Kerygma-Gospel to Written Gospels.' *New Testament Studies* 35:361–81.

―――. 1990. *Ancient Christian Gospels: Their History and Development.* London: SCM; Philadelphia: Trinity Press International.

Kraft, Robert A., and George W. E. Nickelsburg, ed. 1986. *Early Judaism and Its Modern Interpreters.* In *The Bible and Its Modern Interpreters*, ed. Douglas A. Knight. Atlanta, Ga.: Scholars Press; Philadelphia: Fortress.

Krenkel, M. 1894. *Josephus und Lucas. Der schriftstellerische Einfluss des jüdischen Geschichtschreibers auf der christlichen nachgewiesen.* Leipzig: Haessel.

Kuhn, Thomas S. 1970 [1962]. *The Structure of Scientific Revolutions.* 2nd edn. Chicago: Chicago U. P.

Kümmel, Werner G. 1972 [1970]. *The New Testament: The History of the Investigation of Its Problems.* Trans. S. M. Gilmour and H. C. Kee. Nashville: Abingdon; London: SCM.

―――. 1973. *The Theology of the New Testament: According to Its Major Witnesses, Jesus—Paul—John.* Nashville: Abingdon.

Küng, Hans. 1964 [1957]. *Justification: The Doctrine of Karl Barth and a Catholic Reflection.* Trans. T. Collins, E. E. Tolk, and D. Grandskou. London: Burns & Oates.

―――. 1967. *The Church.* Trans. Ray Ockenden and Rosaleen Ockendon. New York: Sheed & Ward.

Kysar, Robert. 1985. 'The Fourth Gospel: A Report on Recent Research.' In *ANRW* 2.25.3:2389–480.

Landman, Leo, ed. 1979. *Messianism in the Talmudic Era.* New York: Ktav.

Lane, William L. 1974. *The Gospel of Mark: The English Text with Introduction, Exposition and Notes.* New International Commentary on the New Testament. Grand Rapids, Mich.: Eerdmans.

―――. 1991. *Hebrews 1–8, 9–13.* Word Biblical Commentary, vol. 47. Dallas, Tex.: Word Books.

Lane Fox, Robin. 1986. *Pagans and Christians.* New York: Alfred A. Knopf; London: Penguin Books.

Lang, Bernhard, ed. 1981. *Der einzige Gott: die Geburt des biblischen Monotheismus.* Munich: Kösel.

Lapide, P. E., and J. Moltmann. 1981 [1979]. *Jewish Monotheism and Christian Trinitarian Doctrine: A Dialogue.* Trans. Leonard Swidler. Philadelphia: Fortress.

Layton, Bentley, ed. 1980. *The Rediscovery of Gnosticism: Proceedings of the International Conference on Gnosticism at Yale, New Haven, Connecticut, March*

文献表 891

28–31, 1978. Vol. 1. *The School of Valentinus*. Studies in the History of Religions (Supplements to *Numen*). Leiden: Brill.

―――, ed. 1981. *The Rediscovery of Gnosticism: Proceedings of the International Conference on Gnosticism at Yale, New Haven, Connecticut, March 28–31, 1978*. Vol. 2. *Sethian Gnosticism*. Studies in the History of Religions (supplements to *Numen*). Leiden: Brill.

Leaney, A. T. C. 1966. *The Rule of Qumran and Its Meaning: Introduction, Translation and Commentary*. London: SCM.

Leavis, F. R. 1963 [1932]. *New Bearings in English Poetry: A Study of the Contemporary Situation*. London: Penguin Books.

Lemcio, Eugene E. 1991. *The Past of Jesus in the Gospels*. Society for New Testament Studies Monograph Series, vol. 68. Cambridge: CUP.

Levine, Lee I. 1978. 'On the Political Involvement of the Pharisees Under Herod and the Procurators.' *Cathedra* 8:12–28.

―――, ed. 1987. *The Synagogue in Late Antiquity*. Philadelphia: American School of Oriental Research.

Lewis, C. S. 1943 [1933]. *The Pilgrim's Regress: An Allegorical Apology for Christianity, Reason and Romanticism*. 2nd edn. London: Bles.

―――. 1961. *An Experiment in Criticism*. Cambridge: CUP.

Lewis, J. P. 1964. 'What Do We Mean by Jabneh?' *Journal of Bible and Religion* 32:125–32.

Lincoln, Andrew T. 1981. *Paradise Now and not Yet: Studies in the Role of the Heavenly Dimension in Paul's Thought with Special Reference to His Eschatology*. Society of New Testament Studies Monograph Series, vol. 43. Cambridge: CUP.

―――. 1990. *Ephesians*. Word Biblical Commentary, vol. 42. Waco, Tex.: Word Books.

Lindars, Barnabas. 1989. 'The Rhetorical Structure of Hebrews.' *New Testament Studies* 35:382–406.

Loewe, R. 1981. ' "Salvation" is not of the Jews.' *Journal of Theological Studies* 22:341–68.

Logan, A. H. B., and A. J. M. Wedderburn, ed. 1983. *The New Testament and Gnosis: Essays in Honour of Robert McL. Wilson*. Edinburgh: T & T Clark.

Longenecker, Bruce W. 1991. *Eschatology and the Covenant in 4 Ezra and Romans 1–11*. Journal for the Study of the New Testament Supplement Series, vol. 57. Sheffield: Sheffield Academic Press.

Lonergan, Bernard J. F. 1973. *Method in Theology*. 2nd edn. New York: Herder & Herder.

―――. 1978. *Insight: A Study of Human Understanding*. New York: Harper & Row.

Louth, Andrew. 1983. *Discerning the Mystery: An Essay on the Nature of Theology*. Oxford: Clarendon Press.

Lowe, Malcolm. 1976. 'Who Were the ' Ἰουδαῖοι?' *Novum Testamentum* 18:101–30.

Lucas, John R. 1976. *Freedom and Grace*. London: SPCK.

Lüdemann, Gerd. 1980. *Paulus, der Heidenapostel*. Vol. 1. *Studien zur Chronologie*. Forschungen zur Religion und Literatur des Alten und Neuen Testaments, vol. 123. Göttingen: Vandenhoek & Ruprecht. [ET 1984: *Paul, Apostle to the Gentiles: Studies in Chronology*. Philadelphia: Fortress.]

Lührmann, Dieter. 1969. *Die Redaktion der Logienquelle*. Wissenschaftliche Monographien zum Alten und Neuen Testament. Neukirchen-Vluyn: Neukirchener Verlag.

———. 1989. 'The Gospel of Mark and the Sayings Collection Q.' *Journal of Biblical Literature* 108:51–71.

Lundin, Roger, Clarence Walhout, and Anthony C. Thiselton. 1985. *The Responsibility of Hermeneutics*. Grand Rapids: Eerdmans; Exeter: Paternoster.

Lyotard, Jean-François. 1984 [1979]. *The Postmodern Condition: A Report on Knowledge*. Trans. Geoff Bennington and Brian Massumi. Theory and History of Literature, vol. 10. Manchester: Manchester U. P.

Lyttleton, Margaret, and Werner Forman. 1984. *The Romans: Their Gods and Beliefs*. London: Orbis.

———. 1991. *Paul and Hellenism*. London: SCM; Philadelphia: Trinity Press International.

McEleney, Neil J. 1973. 'Orthodoxy in Judaism of the First Christian Century.' *Journal for the Study of Judaism* 4:19–42.

McGrath, Alister E. 1986. *The Making of Modern German Christology: From the Enlightenment to Pannenberg*. Oxford: Blackwell.

MacIntyre, Alasdair. 1985 [1981]. *After Virtue: A Study in Moral Theory*. 2nd. ed. Notre Dame, Ind.: Notre Dame U. P.

McKelvey, R. J. 1969. *The New Temple: The Church in the New Testament*. London: OUP.

MacKinnon, Donald M. 1979. *Explorations in Theology*. London: SCM.

McLaren, James. 1991. *Power and Politics in Palestine: The Jews and the Governing of Their Land 100 BC–AD 70*. Journal for the Study of the New Testament Supplement Series, vol. 63. Sheffield: JSOT Press.

McManners, J. 1981. 'The Individual in the Church of England.' In *Believing in the Church: The Corporate Nature of Faith*, The Doctrine Commission of the Church of England, 209–36. London: SPCK.

文献表　893

MacMullen, Ramsey. 1967. *Enemies of the Roman Order*. Cambridge, Mass.: Harvard U. P.

———. 1974. *Roman Social Relations 50 B.C. to A.D. 284*. New Haven: Yale U. P.

———. 1981. *Paganism in the Roman Empire*. New Haven: Yale U. P.

Macquarrie, John. 1966. *Principles of Christian Theology*. London: SCM; New York: Scribner's.

———. 1990. *Jesus Christ in Modern Thought*. London: SCM; Philadelphia: Trinity Press International.

Maccoby, Hyam. 1986. *The Mythmaker: Paul and the Invention of Christianity*. London: Wiedenfeld & Nicolson.

Mack, Burton L. 1988. *A Myth of Innocence: Mark and Christian Origins*. Philadelphia: Fortress.

Maddox, R. 1982. *The Purpose of Luke-Acts*. Edinburgh: T & T Clark.

Malherbe, Abraham J. 1983 [1977]. *Social Aspects of Early Christianity*. 2nd edn. Philadelphia: Fortress.

———. 1987. *Paul and the Thessalonians: The Philosophic Tradition of Pastoral Care*. Philadelphia: Fortress.

Mann, Thomas. 1961. *The Genesis of a Novel*. Trans. Richard Winston and Clara Winston. London: Secker & Warburg.

———. 1968 [1947]. *Dr Faustus: The Life of the German Composer Adrian Leverkühn as Told by a Friend*. Trans. H. T. Lowe-Porter. London: Penguin Books.

Marin, Louis. 1976a. 'Jesus Before Pilate: A Structural Analysis Essay.' In *The New Testament and Structuralism*, ed. Alfred M. Johnson, Jr., 97–144. Pittsburgh Theological Monograph Series, no. 11. Pittsburgh: The Pickwick Press.

———. 1976b. 'The Women at the Tomb: A Structural Analysis Essay of a Gospel Text.' In *The New Testament and Structuralism*, ed. Alfred M. Johnson, Jr., 73–96. Pittsburgh Theological Monograph Series, no. 11. Pittsburgh: The Pickwick Press.

Marshall, I. Howard. 1972–3. 'Palestinian and Hellenistic Christianity: Some Critical Comments.' *New Testament Studies* 19:271–87.

Marshall, Paul A., Sander Griffioen, and Richard J. Mouw, ed. 1989. *Stained Glass: Worldviews and Social Science*. Lanham, N. Y.: University Press of America.

Martin, Luther H. 1987. *Hellenistic Religions: An Introduction*. New York & Oxford: OUP.

Mason, S. N. 1988. 'Priesthood in Josephus and the "Pharisaic Revolution".' *Journal of Biblical Literature* 107:657–61.

———. 1989. 'Was Josephus a Pharisee? A Re-Examination of *Life* 10–12.' *Journal of Jewish Studies* 40:31–45.

894

―――. 1991. *Flavius Josephus on the Pharisees: A Composition-Critical Study*. Studia Post-Biblica, vol. 39. Leiden: Brill.

Matera, Frank J. 1987. 'The Plot of Matthew's Gospel.' *Catholic Biblical Quarterly* 49:233–53.

Mealand, David L. 1991. 'Hellenistic Histories and the Style of Acts.' *Zeitschrift für die neutestamentliche Wissenschaft* 82:42–66.

Meeks, Wayne A. 1983. *The First Urban Christians: The Social World of the Apostle Paul*. New Haven: Yale U. P.

―――. 1986. *The Moral World of the First Christians*. Philadelphia: Westminster; London: SPCK.

Menuhin, Yehudi. 1977. *Unfinished Journey*. London: MacDonald and Jane's.

Meshorer, Yaakov. 'Jewish Numismatics.' In *Early Judaism and Its Modern Interpreters*, ed. Robert A. Kraft and George W. E. Nickelsburg. In *The Bible and Its Modern Interpreters*, ed. Douglas A. Knight, 211–20. Atlanta, Ga.: Scholars Press; Philadelphia: Fortress.

Meyer, Ben F. 1979. *The Aims of Jesus*. London: SCM.

―――. 1986. *The Early Christians: Their World Mission and Self-Discovery*. Good News Studies, no. 16. Wilmington, Del.: Michael Glazier.

―――. 1989. *Critical Realism and the New Testament*. Princeton Theological Monograph Series, vol. 17. Allison Park, Pennsylvania: Pickwick Publications.

―――. 1990. 'A Tricky Business: Ascribing New Meaning to Old Texts.' *Gregorianum* 71(4):743–61.

―――. 1991a. 'A Caricature of Joachim Jeremias and His Work.' *Journal of Biblical Literature* 110:451–62.

―――. 1991b. 'The Philosophical Crusher.' *First Things: A Monthly Journal of Religion and Public Life* 12 (April):9–11.

Milbank, John. 1990. *Theology and Social Theory: Beyond Secular Reason*. Signposts in Theology. Oxford: Blackwell.

Millar, Fergus G. B. 1981 [1967]. *The Roman Empire and Its Neighbours*. 2nd edn. London: Duckworth.

―――. 1990. 'Reflections on the Trial of Jesus', ed. P. R. Davies and R. T. White. In *A Tribute to Geza Vermes: Essays on Jewish and Christian Literature and History*, 355–81. Journal for the Study of the Old Testament Supplement Series, vol. 100. Sheffield: JSOT Press.

Miller, Patrick D. 1985. 'Israelite Religion.' In *The Hebrew Bible and Its Modern Interpreters*, ed. Douglas A. Knight and Gene M. Tucker, 201–37. Chico, Calif.: Scholars Press; Philadelphia: Fortress.

文献表　895

Millgram, A. E. 1971. *Jewish Worship*. Philadelphia: Jewish Publication Society of America.

Moltmann, Jürgen. 1974. *The Crucified God: The Cross of Christ as the Foundation and Criticism of Christian Theology*. Trans. R. A. Wilson and John Bowden. New York: Harper & Row.

———. 1985. *God in Creation: A New Theology of Creation and the Spirit of God*. Trans. Margaret Kohl. San Francisco: Harper & Row.

———. 1990 [1989]. *The Way of Jesus Christ: Christology in Messianic Dimensions*. Trans. Margaret Kohl. London: SCM.

Momigliano, Arnaldo. 1984 [1981]. 'Greek Culture and the Jews.' In *The Legacy of Greece: A New Appraisal*, ed. M. I. Finley. 2nd edn., 325–46. Oxford: OUP.

Moore, George Foot. 1927–30. *Judaism in the First Centuries of the Christian Era: The Age of the Tannaim*. 3 vols. Cambridge, Mass.: Harvard U. P.

Moore, Stephen D. 1989. *Literary Criticism and the Gospels: The Theoretical Challenge*. New Haven & London: Yale U. P.

Morgan, Robert. 1973. *The Nature of New Testament Theology: The Contribution of William Wrede and Adolf Schlatter*. Studies in Biblical Theology, 2nd series, no. 25. London: SCM.

———. 1977. 'A Straussian Question to "New Testament Theology".' *New Testament Studies* 23:243–65.

———. 1987. 'The Historical Jesus and the Theology of the New Testament.' In *The Glory of Christ in the New Testament: Studies in Christology in Memory of George Bradford Caird*, ed. L. D. Hurst and N. T. Wright, 187–206. Oxford: Clarendon Press.

———. 1988. *Biblical Interpretation*. In collaboration with John Barton. Oxford Bible Series. Oxford: OUP.

Mørkholm, O. 1989. 'Antiochus IV.' In *Cambridge Ancient History*, ed. W. D. Davies and L. Finkelstein, vol. 2. *The Hellenistic Age*, 278–91.

Moule, Charles F. D. 1958/9. 'Once More, Who Were the Hellenists?' *Expository Times* 70:100–2.

———. 1967. *The Phenomenon of the New Testament: An Inquiry Into the Implications of Certain Features of the New Testament*. Studies in Biblical Theology, 2nd series, vol. 1. London: SCM.

———. 1970. 'Jesus in New Testament Kerygma.' In *Verborum Veritas (für G. Stählin)*, ed. O. Böcher and K. Haaker, 15–26. Wuppertal: Brockhaus.

———. 1975. 'On Defining the Messianic Secret in Mark.' In *Jesus und Paulus: Festschrift Für Werner Georg Kümmel Zum 70. Geburtstag*, ed. E. Earle Ellis and Erich Grässer, 239–52. Göttingen: Vandenhoek & Ruprecht.

896

———. 1977. *The Origin of Christology*. Cambridge: CUP.

———. 1982 [1962]. *The Birth of the New Testament*. 3rd edn. London: A & C Black; San Francisco: Harper & Row.

Mulder, Michael Jan. 1987. *Mikra: Text, Translation, Reading and Interpretation of the Hebrew Bible in Ancient Judaism and Early Christianity. Compendia* 2.1.

Munck, Johannes. 1959 [1954]. *Paul and the Salvation of Mankind*. Trans. Frank Clarke. London: SCM; Richmond, Va.: John Knox.

Murphy, Frederick J. 1985. '2 *Baruch* and the Romans.' *Journal of Biblical Literature* 104:663–9.

Murphy-O'Connor, J. 1974. 'The Essenes and Their History.' *Révue Biblique* 81:215–44.

Myers, Ched. 1990. *Binding the Strong Man: A Political Reading of Mark's Story of Jesus*. Maryknoll, N.Y.: Orbis.

Neill, Stephen C. 1976. *Jesus Through Many Eyes: Introduction to the Theology of the New Testament*. Philadelphia: Fortress.

Neill, Stephen C., and N. Thomas Wright. 1988 [1964]. *The Interpretation of the New Testament, 1861–1986*. 2nd edn. Oxford: OUP.

Neirynck, Frans. 1974. *The Minor Agreements of Matthew and Luke Against Mark*. Bibliotheca Ephemeridum Theologicarum Lovaniensium, no. 37. Leuven: Leuven U. P.

Neusner, Jacob. 1970. *A Life of Johanan Ben Zakkai*. Studia Post-Biblica, vol. 6. Leiden: Brill.

———. 1971. *The Rabbinic Traditions About the Pharisees Before 70*. Leiden: Brill.

———. 1973. *From Politics to Piety*. Englewood Cliffs: Prentice-Hall.

———. 1979. 'The Formation of Rabbinic Judaism: Yavneh (Jamnia) from A.D. 70 to 100.' In *ANRW* 2.19.2:3–42.

———. 1987. ed., with W. S. Green and E. Frerichs. *Judaisms and Their Messiahs at the Turn of the Christian Era*. Cambridge: CUP.

———. 1989. 'Money-Changers in the Temple: The Mishnah's Explanation.' *New Testament Studies* 35:287–90.

———. 1991. *Jews and Christians: The Myth of a Common Tradition*. London: SCM; Philadelphia: Trinity Press International.

Newbigin, Lesslie. 1986. *Foolishness to the Greeks: The Gospel and Western Culture*. Geneva: WCC.

———. 1989. *The Gospel in a Pluralist Society*. London: SPCK; Grand Rapids, Mich.: Eerdmans.

Newton-Smith, W. H. 1981. *The Rationality of Science*. London: Routledge.

Nickelsburg, George W. E. 1972. *Resurrection, Immortality and Eternal Life in*

文献表　897

Intertestamental Judaism. Harvard Theological Studies, vol. 26. Cambridge, Mass.: Harvard U. P.

―――. 1980. 'The Genre and Function of the Markan Passion Narrative.' *Harvard Theological Review* 73:153–84.

―――. 1981. *Jewish Literature Between the Bible and the Mishnah.* Philadelphia: Fortress; London: SCM.

―――. 1984. 'The Bible Rewritten and Expanded.' In *Compendia* 2.2.89–156.

Nineham, Dennis. 1976. *The Use and Abuse of the Bible: A Study of the Bible in an Age of Rapid Cultural Change.* Library of Philosophy and Religion. London: Macmillan.

Nolland, John. 1989. *Luke 1—9:20.* Word Biblical Commentary, vol. 35a. Dallas, Tex.: Word Books.

Nordling, John G. 1991. 'Onesimus Fugitivus: A Defense of the Runaway Slave Hypothesis in Philemon.' *Journal for the Study of the New Testament* 41:97–119.

O'Donovan, Oliver M. T. 1986. *Resurrection and Moral Order: An Outline for Evangelical Ethics.* Leicester: IVP; Grand Rapids, Mich.: Eerdmans.

O'Neill, John C. 1991. 'The Lost Written Records of Jesus' Words and Deeds Behind Our Records.' *Journal of Theological Studies* 42:483–504.

Oakman, Douglas E. 1986. *Jesus and the Economic Questions of His Day.* Studies in the Bible and Early Christianity, vol. 8. Lewiston, Queenston: Edwin Mellen Press.

Olthuis, James H. 1989 [1985]. 'On Worldviews.' In *Stained Glass: Worldviews and Social Science,* ed. Paul A. Marshall, Sander Griffioen, and Richard J. Mouw, 26–40. Lanham, N. Y.: University Press of America.

Oppenheimer, A. 1977. *The Am Ha-Aretz: A Study of the Social History of the Jewish People in the Hellenistic-Roman Period.* Leiden: Brill.

Pannenberg, Wolfhart. 1968 [1964]. *Jesus: God and Man.* Trans. Lewis L. Wilkins and Duane A. Priebe. Philadelphia: Westminster Press.

―――. 1970 [1963]. *Basic Questions in Theology: Collected Essays.* Philadelphia: Westminster; London: SCM.

―――. 1971 [1967]. *Basic Questions in Theology: Collected Essays.* Philadelphia: Westminster; London: SCM.

Passmore, John. 1967. 'Logical Positivism.' In *The Encyclopedia of Philosophy,* ed. P. Edwards, vol. 5, 52–7. New York: Macmillan Co. & the Free Press; London: Collier-Macmillan Ltd.

Patte, Daniel. 1976. *What is Structural Exegesis?* Philadelphia: Fortress.

―――. 1983. *Paul's Faith and the Power of the Gospel: A Structural Introduction to the Pauline Letters.* Philadelphia: Fortress.

Patte, Daniel, and Aline Patte. 1978. *Structural Exegesis: From Theory to Practice.*

Philadelphia: Fortress.

Pearson, Birger A. 1980. 'Jewish Elements in Gnosticism and the Development of Gnostic Self-Definition.' In *Jewish and Christian Self-Definition*, vol. 1. *The Shaping of Christianity in the Second and Third Centuries*, ed. E. P. Sanders, 151–60. Philadelphia: Fortress.

———. 1984. 'Jewish Sources in Gnostic Literature.' In *Compendia* 2.2.443–81.

Perkins, Pheme. 1984. *Resurrection: New Testament Witness and Contemporary Reflection*. London: Geoffrey Chapman.

Perrin, Norman. 1970. *What is Redaction Criticism?* London: SPCK.

———. 1983 [1974]. 'Apocalyptic Christianity.' In *Visionaries and Their Apocalypses*, ed. Paul D. Hanson, 121–45. Issues in Religion and Theology, no. 2. Philadelphia: Fortress; London: SPCK.

Perrin, Norman, and Dennis C. Duling. 1982 [1974]. *The New Testament: An Introduction. Proclamation and Parenesis, Myth and History*. 2nd edn. New York: Harcourt Brace Jovanovich.

Petersen, Norman R. 1978. *Literary Criticism for New Testament Critics*. Philadelphia: Fortress.

———. 1985. *Rediscovering Paul: Philemon and the Sociology of Paul's Narrative World*. Philadelphia: Fortress.

Pettem, Michael. 1989. *Matthew: Jewish Christian or Gentile Christian?* Unpublished Doctoral Dissertation, McGill University, Montreal.

Piper, Ronald A. 1989. *Wisdom in the Q Tradition: The Aphoristic Teaching of Jesus*. Society for New Testament Studies Monograph Series, vol. 61. Cambridge: CUP.

Pixner, Bargil. 1976. 'An Essene Quarter on Mount Zion?' *Studia Hierosolymita* 1:245–84.

Polanyi, Michael. 1958. *Personal Knowledge: Towards a Post-Critical Philosophy*. London: Routledge & Kegan Paul.

———. 1966. *The Tacit Dimension*. Garden City, N.Y.: Doubleday.

Polzin, Robert M. 1977. *Biblical Structuralism: Method and Subjectivity in the Study of Ancient Texts*. Philadelphia: Fortress; Missoula: Scholars Press.

Porton, Gary G. 1986. 'Diversity in Postbiblical Judaism.' In *Early Judaism and Its Modern Interpreters*, ed. Robert A. Kraft and George W. E. Nickelsburg. In *The Bible and Its Modern Interpreters*, ed. Douglas A. Knight, 57–80. Atlanta, Ga.: Scholars Press; Philadelphia: Fortress.

Powell, Mark A. 1992. 'The Plot and Subplots of Matthew's Gospel.' *New Testament Studies* 38:187–204.

Poythress, Vern S. 1978–9. 'The Philosophical Roots of Phenomenological and

文献表　899

Structuralist Literary Criticism.' *Westminster Theological Journal* 41:165–71.

Propp, Vladimir. 1968. *The Morphology of the Folktale*. Trans. L. Scott. 2nd edn. Austin, Tex.: U. of Texas Press.

Quasten, J. 1950. *Patrology*. Vol. 1. *The Beginnings of Patristic Literature*. Utrecht: Spectrum.

Rad, Gerhard von. 1962. *Old Testament Theology*. Trans. D. M. G. Stalker. Vol. 1. *The Theology of Israel's Historical Traditions*. New York: Harper & Row.

Räisänen, Heikki. 1990a. *Beyond New Testament Theology: A Story and a Programme*. London: SCM; Philadelphia: Trinity Press International.

———. 1990b [1976]. *The 'Messianic Secret' in Mark*. Trans. Christopher M. Tuckett. Edinburgh: T & T Clark.

Rajak, Tessa. 1983. *Josephus: The Historian and His Society*. London: Duckworth; Philadelphia: Fortress.

———. 1990. 'The Hasmoneans and the Uses of Hellenism.' In *A Tribute to Geza Vermes: Essays on Jewish and Christian Literature and History*, ed. Philip R. Davies and Richard T. White, 261–80. Journal for the Study of the Old Testament Supplement Series, vol. 100. Sheffield: Sheffield Academic Press.

Ramsey, Ian T. 1964a. *Models and Metaphors*. London: OUP.

———. 1964b. *Models and Mystery*. London: OUP.

Rapske, Brian M. 1991. 'The Prisoner Paul in the Eyes of Onesimus.' *New Testament Studies* 37:187–203.

Reinhartz, A. 1989. 'Rabbinic Perceptions of Simeon Bar Kosiba.' *Journal for the Study of Judaism* 20:171–94.

Rhoads, David M. 1976. *Israel in Revolution 6–74 C.E. A Political History Based on the Writings of Josephus*. Philadelphia: Fortress.

Rhoads, David M., and Donald Michie. 1982. *Mark as Story: An Introduction to the Narrative of a Gospel*. Philadelphia: Fortress.

Riches, John K. 1990. *The World of Jesus: First-Century Judaism in Crisis*. Understanding Jesus Today. Cambridge: CUP.

Ricoeur, Paul. 1977. *The Rule of Metaphor: Multi-Disciplinary Studies of the Creation of Meaning in Language*. Trans. Robert Czerny, Kathleen McLaughlin, and John Costello. Toronto: Toronto U. P.; London: Routledge & Kegan Paul.

———. 1984, 1985, 1988. *Time and Narrative*. Trans. Kathleen McLaughlin and David Pellauer. 3 vols. Chicago: Chicago U. P.

Riegel, Stanley K. 1978. 'Jewish Christianity: Definitions and Terminology.' *New Testament Studies* 24:410–15.

Riesenfeld, Harald. 1970. *The Gospel Tradition*. Philadelphia: Fortress.

Riesner, Rainer. 1981. *Jesus als Lehrer*. Tübingen: Mohr.

Rivkin, Ellis. 1969–70. 'Defining the Pharisees: The Tannaitic Sources.' *Hebrew Union College Annual* 40/41:205–49.

———. 1978. *A Hidden Revolution*. Nashville: Abingdon.

———. 1984. *What Crucified Jesus?* Nashville: Abingdon; London: SCM.

Robinson, John A. T. 1976. *Redating the New Testament*. London: SCM.

———. 1984. *Twelve More New Testament Studies*. London: SCM.

Rofé, Alexander. 1988. 'The Onset of Sects in Postexilic Judaism: Neglected Evidence from the Septuagint, Trito-Isaiah, Ben Sira, and Malachi.' In *The Social World of Formative Christianity and Judaism: Essays in Tribute to Howard Clark Kee*, ed. Jacob Neusner, Peder Borgen, Ernest S. Frerichs, and Richard Horsley, 39–49. Philadelphia: Fortress.

Roth, C. 1962. 'The Pharisees in the Jewish Revolution of 66–73.' *Journal of Semitic Studies* 7:63–80.

Rowe, William. 1989. 'Society After the Subject, Philosophy After the Worldview.' In *Stained Glass: Worldviews and Social Science*, ed. Paul A. Marshall, Sander Griffioen, and Richard J. Mouw, 156–83. Lanham, N. Y.: University Press of America.

Rowland, Christopher C. 1982. *The Open Heaven: A Study of Apocalyptic in Judaism and Early Christianity*. New York: Crossroad.

———. 1985. *Christian Origins: From Messianic Movement to Christian Religion*. London: SPCK; Minneapolis: Augsburg.

Rowley, H. H. 1946. *The Re-Discovery of the Old Testament*. Philadelphia: Westminster.

Rudolph, Kurt, ed. 1975. *Gnosis und Gnostizismus*. Wege der Forschung, vol. 162. Darmstadt: Wissenschaftliche Buchgesellschaft.

———. 1983 [1977]. *Gnosis: The Nature and History of an Ancient Religion*. Trans. and ed. R. McL. Wilson. Edinburgh: T & T Clark.

Runnals, D. R. 1983. 'The King as Temple Builder.' In *Spirit Within Structure. Essays in Honour of George Johnston on the Occasion of His Seventieth Birthday*, ed. E. Furcha, 15–37. Allison Park, Penn.: The Pickwick Press.

Russell, Bertrand. 1961 [1946]. *History of Western Philosophy and Its Connection with Political and Social Circumstances from the Earliest Times to the Present Day*. 2nd edn. London: George Allen & Unwin.

———. 1967 [1957]. *Why I Am not a Christian and Other Essays on Religious and Related Subjects*. Ed. Paul Edwards. London: George Allen & Unwin.

Safrai, S. 1976a. 'Religion in Everyday Life.' In *Compendia* 1.2.793–833.

———. 1976b. 'The Temple.' In *Compendia* 1.2.865–907.

文献表　901

————, ed. 1987. *Compendia*. Section Two. Vol. 3. *The Literature of the Sages, First Part: Oral Torah, Halakha, Mishnah, Tosefta, Talmud, External Tractates.* Philadelphia: Fortress; Assen, Maastricht: Van Gorcum.

Safrai, S. and Stern, M., ed. 1974–6. *Compendia*. Section 1. *The Jewish People in the First Century: Historical Geography, Political History, Social, Cultural and Religious Life and Institutions.* 2 vols. Philadelphia: Fortress; Assen, Maastricht: Van Gorcum.

Saldarini, Anthony J. 1975. 'Johanan Ben Zakkai's Escape from Jerusalem: Origin and Development of a Rabbinic Story.' *Journal for the Study of Judaism* 6:189–204.

————. 1988. *Pharisees, Scribes and Sadducees in Palestinian Society.* Wilmington, Del.: Michael Glazier; Edinburgh: T & T Clark.

Salmon, Edward T. 1968 [1944]. *A History of the Roman World 30 B.C.—A.D. 138.* Methuen's History of the Greek and Roman World. London: Methuen.

Sanders, E. P. 1969. *The Tendencies of the Synoptic Tradition.* Society for New Testament Studies Monograph Series, no. 9. Cambridge: CUP.

————. 1977. *Paul and Palestinian Judaism: A Comparison of Patterns of Religion.* London: SCM; Philadelphia: Fortress.

————. 1983. *Paul, the Law, and the Jewish People.* Philadelphia: Fortress; London: SCM.

————. 1985. *Jesus and Judaism.* London: SCM; Philadelphia: Fortress.

————. 1990a. *Jewish Law from Jesus to the Mishnah: Five Studies.* London: SCM; Philadelphia: Trinity Press International.

————. 1990b. 'Jewish Association with Gentiles and Galatians 2:11–14.' In *The Conversation Continues: Studies in Paul and John in Honor of J. Louis Martyn*, ed. Robert T. Fortna and Beverly R. Gaventa, 170–88. Nashville: Abingdon.

————. 1991a. 'Defending the Indefensible.' *Journal of Biblical Literature* 110:463–77.

————. 1991b. *Paul.* Past Masters. Oxford: OUP.

————. 1992. *Judaism: Practice and Belief, 63 BCE—66 CE.* London: SCM; Philadelphia: Trinity Press International.

————. 1992b. 'Sin/Sinners (NT).' In *Anchor Bible Dictionary*, ed. D. N. Freedman, vol. 6, 40–7. New York: Doubleday.

Sanders, E. P., and Margaret Davies. 1989. *Studying the Synoptic Gospels.* London: SCM; Philadelphia: Trinity Press International.

Sato, Migaku. 1988. *Q und Prophetie.* Wissenschaftliche Untersuchungen zum Neuen Testament. Tübingen: Mohr.

Schäfer, Peter. 1975. 'Die sogennante Synode von Jabne: Zur Trennung von Juden und Christen im ersten/zweiten Jh. n. Chr.' *Judaica* 31:54–64, 116–24.

902

―――. 1979. 'Die Flucht Johanan b. Zakkais aus Jerusalem und die Gründung des "Lehrhauses" in Jabne.' In *ANRW* 2.19.2:43–101.

―――. 1990. 'Hadrian's Policy in Judaea and the Bar Kokhba Revolt: A Reassessment.' In *A Tribute to Geza Vermes: Essays on Jewish and Christian Literature and History*, ed. Philip R. Davies and Richard T. White, 281–303. Journal for the Study of the Old Testament Supplement Series, vol. 100. Sheffield: Sheffield Academic Press.

―――. 1991. 'Der vorrabinische Pharisäismus.' In *Paulus und das antike Judentum*, ed. Martin Hengel and Ulrich Heckel, 125–72. Wissenschaftliche Untersuchungen zum Neuen Testament, vol. 58. Tübingen: Mohr.

Schäferdiek, Knut. 1991. 'Christian Mission and Expansion.' In *Early Christianity: Origins and Evolution to AD 600. In Honour of W. H. C. Frend*, ed. Ian Hazlett, 65–77. London: SPCK.

Schechter, S. 1961 [1909]. *Aspects of Rabbinic Theology: Major Concepts of the Talmud*. New edn. New York: Schocken Books.

Schenke, Hans-Martin. 1983. 'The Book of Thomas (NHC II.7): A Revision of a Pseudepigraphical Epistle of Jacob the Contender.' In *The New Testament and Gnosis: Essays in Honour of Robert McLachlan Wilson*, ed. A. H. B. Logan and A. J. M. Wedderburn, 213–28. Edinburgh: T & T Clark.

Schiffman, Lawrence H. 1983. 'Legislation Concerning Relations with Non-Jews in the *Zadokite Fragments* and in Tannaitic Literature.' *Révue de Qumran* 11:378–89.

―――, ed. 1989. *Archaeology and History in the Dead Sea Scrolls*. Journal for the Study of the Pseudepigrapha Supplement Series, vol. 8. Sheffield: JSOT Press.

Schlatter, Adolf. 1955 [1926]. *The Church in the New Testament Period*. Trans. Paul P. Levertoff. London: SPCK.

―――. 1960 [1931]. *Das Evangelium des Lukas: aus seinem Quellen erklärt*. 2nd edn. Stuttgart: Calwer Verlag.

―――. 1973 [1909]. 'The Theology of the New Testament and Dogmatics.' In *The Nature of New Testament Theology*, ed. and trans. Robert Morgan, 117–66. London: SCM.

Schmidt, F. 1982. 'Hésiode et l'Apocalyptique: acculturation et résistance juive à l' hellénisme.' *Quaderni Di Storia* 15.

Schmidt, Karl Ludwig. 1919. *Der Rahmen der Geschichte Jesu. Literarkritische Untersuchungen Zur Ältesten Jesus Überlieferung*. Berlin.

Schmithals, W. 1980. 'Kritik der Formkritik.' *Zeitschrift für Theologie und Kirche* 77:149–85.

Schoedel, William R. 1989. 'The Apostolic Fathers.' In *The New Testament and Its Modern Interpreters*, ed. Eldon J. Epp and George W. MacRae, 457–98. Atlanta,

文献表　903

Ga.: Scholars Press.

Schoeps, H.-J. 1961 [1959]. *Paul: The Theology of the Apostle in the Light of Jewish Religious History*. Trans. H. Knight. London: Lutterworth.

Scholem, Gershom. 1971. *The Messianic Idea in Judaism, and Other Essays on Jewish Spirituality*. New York: Schocken.

Schrage, Wolfgang. 1979. 'Die Frage nach der Mitte und dem Kanon im Kanon des Neuen Testaments in der Neueren Diskussion.' In *Rechtfertigung. Festschrift für Ernst Käsemann zum 70. Geburtstag*, ed. J. Friedrich, W. Pöhlmann, and P. Stuhlmacher, 415–42. Tübingen: Mohr; Göttingen: Vandenhoek & Ruprecht.

Schreckenberg, H. 1980. 'Flavius Josephus und die lukanischen Schriften.' In *Wort in der Zeit: Neutestamentliche Studien. Festgabe für Karl Heinrich Rengstorf zum 75. Geburtstag*, ed. Wilfrid Haubeck and Michael Bachmann, 179–209. Leiden: Brill.

Schulz, Siegfried. 1985 [1964]. 'Mark's Significance for the Theology of Early Christianity.' In *The Interpretation of Mark*, ed. William R. Telford. Issues in Religion and Theology, no. 7. Philadelphia: Fortress; London: SPCK.

Schürer, E. 1973–87. *The History of the Jewish People in the Age of Jesus Christ (175 B.C.—A.D. 135)*. Rev. and ed. G. Vermes, F. Millar, and M. Black. 3 vols. Edinburgh: T & T Clark.

Schwartz, D. R. 1983. 'Josephus and Nicolaus on the Pharisees.' *Journal for the Study of Judaism* 14:157–71.

———. 1992. *Studies in the Jewish Background of Christianity*. Wissenschaftliche Untersuchungen zum Neuen Testament, vol. 60. Tübingen: Mohr.

Schweitzer, Albert. 1925 [1901]. *The Mystery of the Kingdom of God*. Trans. W. Lowrie. London: A & C Black.

———. 1954 [1910]. *The Quest of the Historical Jesus: A Critical Study of Its Progress from Reimarus to Wrede*. Trans. W. B. D. Montgomery. 3rd edn. London: A & C Black.

———. 1968a [1967]. *The Kingdom of God and Primitive Christianity*. Ed. Ulrich Neuenschwander. Trans. L. A. Garrard. London: A & C Black.

———. 1968b [1931]. *The Mysticism of Paul the Apostle*. Trans. William Montgomery. New York: Seabury Press.

Scott, James M. 1992a. *Adoption as Sons of God. An Exegetical Investigation Into the Background of* YIO Θ E Σ IA *in the Pauline Corpus*. Wissenschaftliche Untersuchungen zum Neuen Testament, vol. 48. Tübingen: Mohr.

———. 1992b. '"For as Many as Are of Works of the Law Are Under a Curse" (Galatians 3.10).' In *Paul and the Scriptures of Israel*, ed. James A. Sanders and Craig A. Evans. Journal for the Study of the New Testament Supplement Series. Sheffield: JSOT Press.

Seeley, D. 1992. 'Jesus' Death in Q.' *New Testament Studies* 38:222–34.

Segal, Alan F. 1977. *Two Powers in Heaven: Early Rabbinic Reports About Christianity and Gnosticism*. Leiden: Brill.

———. 1984. '"He Who Did not Spare His Own Son . . . :" Jesus, Paul and the Akedah.' In *From Jesus to Paul: Studies in Honour of Francis Wright Beare*, 169–84. Waterloo, Ontario: Wilfrid Laurier U. P.

———. 1986. *Rebecca's Children: Judaism and Christianity in the Roman World*. Cambridge, Mass.: Harvard U. P.

Sevenster, J. N. 1975. *The Roots of Pagan Anti-Semitism in the Ancient World*. Supplements to Novum Testamentum, vol. 41. Leiden: Brill.

Shanks, Hershel. 1979. *Judaism in Stone: The Archaeology of Ancient Synagogues*. San Francisco: Harper & Row.

Sherwin-White, Adrian N. 1969 [1963]. *Roman Society and Roman Law in the New Testament*. 3rd edn. Oxford: OUP.

Skehan, Patrick W., and Alexander A. di Lella. 1987. *The Wisdom of Ben Sira: A New Translation with Notes*. The Anchor Bible, vol. 39. New York: Doubleday.

Slingerland, Dixon. 1991. 'Acts 18:1–18, the Gallio Inscription, and Absolute Pauline Chronology.' *Journal of Biblical Literature* 110:439–49.

Smith, Jonathan Z. 1990. *Drudgery Divine. On the Comparison of Early Christianity and the Religions of Later Antiquity*. London: School of Oriental and African Studies.

Smith, Morton. 1971. 'Zealots and Sicarii, Their Origins and Relation.' *Harvard Theological Review* 64 (January):1–19.

———. 1977 [1956]. 'Palestinian Judaism in the First Century.' In *Essays in Greco-Roman and Related Talmudic Literature*, ed. H. Fischel, 183–97. New York: Ktav.

———. 1978. *Jesus the Magician*. London: Gollancz.

Smith, Ralph L. 1984. *Micah—Malachi*. Word Biblical Commentary, vol. 32. Waco, Tex.: Word Books.

Sorri, Mari and Jerry H. Gill. 1989. *A Post-Modern Epistemology: Language, Truth and Body*. Lewiston, NY, and Lampeter: Edwin Mellen Press.

Soskice, Janet Martin. 1985. *Metaphor and Religious Language*. Oxford: Clarendon Press.

Sparks, H. F. D., ed. 1984. *The Apocryphal Old Testament*. Oxford: Clarendon Press.

Stambaugh, John, and David Balch. 1986. *The Social World of the First Christians*. Philadelphia: Westminster; London: SPCK.

Stanton, Graham N. 1974. *Jesus of Nazareth in New Testament Preaching*. Society for New Testament Studies Monograph Series. Cambridge: CUP.

———. 1975. 'Form Criticism Revisited.' In *What About the New Testament? Essays*

文献表　905

in Honour of Christopher Evans, ed. Morna D. Hooker and Colin Hickling, 13–27. London: SCM.

———. 1980. 'Stephen in Lucan Perspective.' In *Studia Biblica 1978*. 3 vols. Journal for the Study of the New Testament Supplement Series, vol. 3, 345–60. Sheffield: JSOT Press.

Steck, Odil H. 1967. *Israel und das gewaltsame Geschick der Propheten. Untersuchungen zur Überlieferung des deuteronomistischen Geschichtsbildes im Alten Testament, Spätjudentum und Urchristentum*. Wissenschaftliche Monographien zum Alten und Neuen Testament, vol. 23. Neukirchen-Vluyn: Neukirchener Verlag.

———. 1968. 'Das Problem theologischer Strömungen in nachexilischer Zeit.' *Evangelische Theologie* 28:445–58.

———. 1980. 'Weltgeschehen und Gottesvolk im Buche Daniel.' In *Kirche. Festschrift für Günther Bornkamm zum 75. Geburtstag*, ed. Dieter Lührmann and Georg Strecker, 53–78. Tübingen: Mohr.

Stemberger, Günter. 1977. 'Die sogennante "Synode von Jabne" und das frühe Christentum.' *Kairos* 19:14–21.

———. 1991. *Pharisäer, Sadduzäer, Essener*. Stuttgarter Bibelstudien, vol. 144. Stuttgart: Verlag Katholisches Bibelwerk.

Stendahl, Krister. 1962. 'Biblical Theology.' In *The Interpreter's Dictionary of the Bible*, vol. 1, 418–32. Nashville: Abingdon Press.

Stern, Menahem. 1973. 'Zealots.' In *Encyclopaedia Judaica Year Book 1973*, 135–52. Jerusalem: Keter.

———. 1976. 'The Jews in Greek and Latin Literature.' In *Compendia* 1.2.1101–59.

Stibbe, Mark W. G. 1992. *John as Storyteller: Narrative Criticism and the Fourth Gospel*. Society for New Testament Studies Monograph Series, vol. 71. Cambridge: CUP.

Stoldt, Hans-Herbert. 1980 [1977]. *History and Criticism of the Marcan Hypothesis*. Macon, Ga.: Mercer U. P.

Stone, Michael E. 1984. *Compendia*. Section Two. Vol. 2. *Jewish Writings of the Second Temple Period: Apocrypha, Pseudepigrapha, Qumran Sectarian Writings, Philo, Josephus*. Philadelphia: Fortress; Assen: Van Gorcum.

———. 1987. 'The Question of the Messiah in 4 Ezra.' In *Judaisms and Their Messiahs at the Turn of the Christian Era*, ed. Jacob Neusner, William S. Green, and Ernest Frerichs, 209–24. Cambridge: CUP.

———. 1990. *Fourth Ezra: A Commentary on the Book of Fourth Ezra*. Ed. Frank Moore Cross. Hermeneia. Minneapolis: Fortress.

Stoppard, Tom. 1967. *Rosencrantz and Guildenstern Are Dead*. London: Faber & Faber.

Stowers, Stanley K. 1986. *Letter-Writing in Greco-Roman Antiquity*. Library of Early Christianity, vol. 5. Philadelphia: Westminster; London: SPCK.

Strack, H. L., and G. Stemberger. 1991 [1982]. *Introduction to the Talmud and Midrash*. Trans. M. N. A. Bockmuehl. Edinburgh: T & T Clark; Minneapolis: Fortress.

Strecker, Georg, ed. 1975. *Das Problem der Theologie des neuen Testaments*. Wege der Forschung. Darmstadt: Wissenschaftliche Buchgesellschaft.

————. 1983 [1966]. 'The Concept of History in Matthew.' In *The Interpretation of Matthew*, ed. Graham N. Stanton, 67–84. Issues in Religion and Theology, no. 3. Philadelphia: Fortress; London: SPCK.

————. 1988. *The Sermon on the Mount: An Exegetical Commentary*. Edinburgh: T & T Clark.

Streeter, B. H. 1930 [1924]. *The Four Gospels: A Study of Origins*. 2nd edn. London: Macmillan.

Strobel, A. 1961. *Untersuchungen zum Eschatologischen Verzögerungsproblem, auf Grund der spätjüdisch-urchristlichen Geschichte von Habakuk 2, 2 ff*. Supplements to *Novum Testamentum*. Leiden: Brill.

Stroup, George W. 1984. *The Promise of Narrative Theology*. London: SCM.

Stuhlmacher, Peter. 1966. *Gerechtigkeit Gottes bei Paulus*. Forschungen zur Religion und Literatur des Alten und Neuen Testaments, vol. 87. Göttingen: Vandenhoek und Ruprecht.

————. 1977. *Historical Criticism and Theological Interpretation of Scripture: Towards a Hermeneutics of Consent*. Trans. Roy A. Harrisville. Philadelphia: Fortress; London: SPCK.

Sykes, Stephen W., ed. 1991. *Sacrifice and Redemption: Durham Essays in Theology*. Cambridge: CUP.

Talbert, Charles H. 1977. *What is a Gospel? The Genre of the Canonical Gospels*. Philadelphia: Fortress; London: SPCK.

Talmon, Shemaryahu. 1987. 'Waiting for the Messiah: The Spiritual Universe of the Qumran Covenanters.' In *Judaisms and Their Messiahs at the Turn of the Christian Era*, ed. Jacob Neusner, William S. Green, and Ernest S. Frerichs. Cambridge: CUP.

Tannehill, Robert C. 1985a [1977]. 'The Disciples in Mark: The Function of a Narrative Role.' In *The Interpretation of Mark*, ed. William R. Telford. Issues in Religion and Theology, no. 7. Philadelphia: Fortress; London: SPCK.

————. 1985b. 'Israel in Luke-Acts: A Tragic Story.' *Journal of Biblical Literature* 104:69–85.

Taylor, M. C. 1982. *Deconstructing Theology*. American Academy of Religion/Studies in Religion, vol. 28. New York: Crossroad.

Taylor, Vincent. 1933. *The Formation of the Gospel Tradition*. London: Macmillan.

文献表　907

Tcherikover, Victor. 1961. *Hellenistic Civilization and the Jews*. Trans. S. Applebaum. Philadelphia and Jerusalem: The Jewish Publication Society of America, The Magnes Press, The Hebrew University.

Theissen, Gerd. 1978 [1977]. *Sociology of Early Palestinian Christianity*. [English title: *The First Followers of Jesus*]. Trans. J. Bowden. Philadelphia: Fortress; London: SCM.

———. 1982. *The Social Setting of Pauline Christianity: Essays on Corinth*. Ed. and trans. John H. Schütz. Philadelphia: Fortress.

———. 1987 [1986]. *The Shadow of the Galilean: The Quest of the Historical Jesus in Narrative Form*. Trans. John Bowden. London: SCM.

———. 1991 [1989]. *The Gospels in Context: Social and Political History in the Synoptic Tradition*. Trans. Linda M. Maloney. Minneapolis: Fortress.

Thiemann, Ronald. 1989 [1985]. 'The Promising God: The Gospel as Narrated Promise.' In *Why Narrative? Readings in Narrative Theology*, ed. Stanley Hauerwas and L. Gregory Jones, 320–47. Grand Rapids, Mich.: Eerdmans.

Thiselton, A. C. 1980. *The Two Horizons: New Testament Hermeneutics and Philosophical Description with Special Reference to Heidegger, Bultmann, Gadamer and Wittgenstein*. Exeter: Paternoster.

———. 1992. *New Horizons in Hermeneutics: The Theory and Practice of Transforming Biblical Reading*. London & New York: HarperCollins.

Thompson, A. L. 1977. *Responsibility for Evil in the Theodicy of IV Ezra*. Society of Biblical Literature Dissertation Series, no. 29. Missoula, Mont.: Scholars Press.

Tilley, Terrence W. 1985. *Story Theology*. Wilmington, Del.: Michael Glazier.

Tillyard, E. M. W., and C. S. Lewis. 1939. *The Personal Heresy: A Controversy*. London: OUP.

Torrance, Thomas F. 1976. *Space, Time and Resurrection*. Edinburgh: Handsel Press.

Toulmin, Stephen C. 1958. *The Uses of Argument*. Cambridge: CUP.

Tuckett, Christopher M., ed. 1983a. *The Messianic Secret*. Issues in Religion and Theology, no. 1. Philadelphia: Fortress; London: SPCK.

———. 1983b. *The Revival of the Griesbach Hypothesis*. Society for New Testament Studies Monograph Series, vol. 44. Cambridge: CUP.

———. 1986. *Nag Hammadi and the Gospel Tradition: Synoptic Tradition in the Nag Hammadi Library*. Studies of the New Testament and its World. Edinburgh: T & T Clark.

———. 1987. *Reading the New Testament: Methods of Interpretation*. London: SPCK.

———. 1988. 'Thomas and the Synoptics.' *Novum Testamentum* 30:132–57.

———. 1989. 'A Cynic Q?' *Biblica* 70:349–76.

Tugwell, Simon. 1989. *The Apostolic Fathers*. In *Outstanding Christian Thinkers*, ed. Brian Davies. London: Geoffrey Chapman.

Tyrrell, George. 1963 [1909]. *Christianity at the Cross-Roads*. London: George Allen & Unwin.

Urbach, E. E. 1987 [1975, 1979]. *The Sages: Their Concepts and Beliefs*. Trans. I. Abrahams. Cambridge, MA., London: Harvard U. P.

VanderKam, James C. 1988. 'Jubilees and the Priestly Messiah of Qumran.' *Révue de Qumran* 13:353–65.

Vermes, Geza. 1973a. *Jesus the Jew: A Historian's Reading of the Gospels*. London: Collins; Philadelphia: Fortress.

————. 1973b [1961]. *Scripture and Tradition in Judaism*. 2nd edn. Studia Post-Biblica, vol. 4. Leiden: Brill.

————. 1977. *The Dead Sea Scrolls: Qumran in Perspective*. London: Collins; Philadelphia: Fortress.

————. 1987 [1962]. *The Dead Sea Scrolls in English*. 3rd edn. London: Penguin Books.

————. 1991. 'Josephus' Treatment of the Book of Daniel.' *Journal of Jewish Studies* 42:149–66.

Via, Dan O. 1965. *Old Testament Theology*. Trans. D. M. G. Stalker. Vol. 2. *The Theology of Israel's Prophetic Traditions*. New York: Harper & Row.

————. 1967. *The Parables, Their Literary and Existential Dimension*. Philadelphia: Fortress.

————. 1975. *Kerygma and Comedy in the New Testament: A Structuralist Approach to Hermeneutic*. Philadelphia: Fortress.

Wacholder, Ben Zion. 1983. *The Dawn of Qumran: The Sectarian Torah and the Teacher of Righteousness*. Monographs of the Hebrew Union College, no. 2. Cincinatti: Hebrew Union College Press.

Walasky, P. W. 1983. *'And So We Came to Rome': The Political Perspective of St. Luke*. Society for New Testament Studies Monograph Series, vol. 49. Cambridge: CUP.

Walsh, Brian J. 1989. *Who Turned Out the Lights? The Light of the Gospel in a Post-Enlightenment Culture*. Toronto: Institute for Christian Studies.

Walsh, Brian J., and J. Richard Middleton. 1984. *The Transforming Vision: Shaping a Christian World View*. Downers Grove, Ill.: IVP.

Wansbrough, Henry, ed. 1991. *Jesus and the Oral Gospel Tradition*. Journal for the Study of the New Testament Supplement Series, vol. 64. Sheffield: Sheffield Academic Press.

Warner, Martin, ed. 1990. *The Bible as Rhetoric: Studies in Biblical Persuasion and*

文献表　909

Credibility. London & New York: Routledge.

Webb, Robert L. 1991. *John the Baptizer and Prophet: A Socio-Historical Study*. Journal for the Study of the New Testament Supplement Series, vol. 62. Sheffield: Sheffield Academic Press.

Wedderburn, Alexander J. M. 1987. *Baptism and Resurrection: Studies in Pauline Theology Against Its Graeco-Roman Background*. Wissenschaftliche Untersuchungen zum Neuen Testament. Tübingen: Mohr.

Weeden, Theodore J. 1985 [1968]. 'The Heresy That Necessitated Mark's Gospel.' In *The Interpretation of Mark*, ed. William R. Telford. Issues in Religion and Theology, no. 7. Philadelphia: Fortress; London: SPCK.

Wells, Colin. 1984. *The Roman Empire*. Fontana History of the Ancient World. London: Fontana.

Wenham, David. 1984. *The Rediscovery of Jesus' Eschatological Discourse*. Gospel Perspectives, vol. 4. Sheffield: JSOT Press.

Wenham, John W. 1991. *Redating Matthew, Mark and Luke: A Fresh Assault on the Synoptic Problem*. London: Hodder & Stoughton.

Westerholm, Stephen. 1988. *Israel's Law and the Church's Faith: Paul and His Recent Interpreters*. Grand Rapids, Mich.: Eerdmans.

White, Roger. 1982. 'Notes on Analogical Predication and Speaking About God.' In *The Philosophical Frontiers of Christian Theology: Essays Presented to D. M. MacKinnon*, ed. Brian Hebblethwaite and Stewart Sutherland, 197–226. Cambridge: CUP.

Whittaker, Molly. 1984. *Jews and Christians: Graeco-Roman Views*. Cambridge Commentaries on Writings of the Jewish and Christian World, 200 BC to AD 200, vol. 6. Cambridge: CUP.

Wilder, Amos N. 1982. *Jesus' Parables and the War of Myths: Essays on Imagination in the Scriptures*. Ed. James Breech. London, Philadelphia: SPCK, Fortress.

Wilken, Robert L. 1971. *The Myth of Christian Beginnings*. London: SCM.

Wilson, Bryan. 1982. *Religion in Sociological Perspective*. London: OUP.

Wilson, R. McL. 1968. *Gnosis and the New Testament*. Oxford: Basil Blackwell.

Winter, S. B. C. 1984. 'Methodological Observations on a New Interpretation of Paul's Letter to Philemon.' *Union Seminary Quarterly Review* 39:203–12.

———. 1987. 'Paul's Letter to Philemon.' *New Testament Studies* 33:1–15.

Wittgenstein, Ludwig. 1961 [1921]. *Tractatus Logico-Philosophicus*. Trans. D. F. Pears and B. F. McGuiness. London: Routledge & Kegan Paul.

Wolterstorff, Nicholas. 1979. *Works and Worlds of Art*. Oxford: Clarendon Press.

———. 1980. *Art in Action*. Grand Rapids, Mich.: Eerdmans.

910

————. 1984 [1976]. *Reason Within the Bounds of Religion*. 2nd edn. Grand Rapids, Mich.: Eerdmans.

Wrede, William. 1971 [1901]. *The Messianic Secret*. London & Cambridge: James Clarke; Greenwood, S.C.: Attic.

Wright, G. Ernest. 1962. *God Who Acts: Biblical Theology as Recital*. Studies in Biblical Theology. London: SCM.

Wright, N. T. ed. 1978. *The Work of John Frith*. The Courtenay Library of Reformation Classics, vol. 7. Appleford: The Sutton Courtenay Press.

————. 1986a. '"Constraints" and the Jesus of History.' *Scottish Journal of Theology* 39:189–210.

————. 1986b. *The Epistles of Paul to the Colossians and to Philemon*. Tyndale New Testament Commentaries, new series. Leicester: IVP; Grand Rapids, Mich.: Eerdmans.

————. 1991a. *The Climax of the Covenant: Christ and the Law in Pauline Theology*. Edinburgh: T & T Clark; Minneapolis: Fortress.

————. 1991b. 'How Can the Bible Be Authoritative?' *Vox Evangelica* 21:7–32.

————. 1991c. 'One God, One Lord, One People: Incarnational Christology for a Church in a Pagan Environment.' *Ex Auditu* 7:45–58.

————. 1992a. *The Crown and the Fire: Meditations on the Cross and the Life of the Spirit*. London: SPCK.

————. 1992b. 'Romans and the Theology of Paul.' In *Society of Biblical Literature 1992 Seminar Papers*, ed. Eugene H. Lovering. Atlanta, Ga.: Scholars Press.

————. 1992c. 'Jesus, Quest for the Historical.' In *Anchar Bible Dictionary*, ed. D. N. Freedman, vol. 3, 796–802. New York: Doubleday.

Yamauchi, Edwin. 1973. *Pre-Christian Gnosticism: A Survey of the Proposed Evidences*. London: Tyndale Press.

Yee, Margaret M. 1987. *The Validity of Theology as an Academic Discipline: A Study in the Light of the History and Philosophy of Science and with Special Reference to Relevant Aspects of the Thought of Austin Farrer*. Unpublished doctoral dissertation, Oxford University.

Young, Frances M. 1990. *The Art of Performance: Towards a Theology of Holy Scripture*. London: Darton, Longman & Todd.

Young, Frances, and David F. Ford. 1987. *Meaning and Truth in 2 Corinthians*. Biblical Foundations in Theology. London: SPCK.

付　録

第二神殿期のユダヤ教と原始キリスト教の歴史年表

　年代は歴史家にとって必須なものだが、古代史の歴史家の間では、年代は常に論争の的となってきた。以下に記すものの多くは仮説に留まる。いくつかの特に難しい事柄については、本書の関連するセクションで取り扱っている。本書の様々な議論、特に第Ⅲ部に関連する出来事や事柄については、イタリック体にしておいた。

1.　バビロンからローマへ

a.　バビロニア時代

紀元前 597	ネブカドネツァル二世によるエルサレム奪取
587	エルサレムの破壊と捕囚
539	バビロンの陥落：キュロスの勝利

b.　ペルシャ／ギリシャ時代

538 以降	捕囚からの期間；神殿の再建始まる（516 に完成）
450 年代 /440 年代	エズラとネヘミヤがエルサレムに
336	アレクサンダー大王が権力の座に
332	アレクサンダーがペルシャを征服
323	アレクサンダー死去：帝国は分裂へ

c.　エジプト時代

プトレマイオス支配下のパレスチナ；大祭司たちによる統治

d. シリア時代

200	アンティオコス三世がエジプトを破る
175	アンティオコス四世王位に就く
171	メネラオス大祭司に：アンティオコス四世の歓心を買う：ユダヤ人たちはメネラオスに対して立ち上がる
167	（12月25日）アンティオコス四世、神殿を冒涜：ゼウス・オリンパスへの祭壇を立てる
166	マタティアの死後、ユダ・マカバイが指導者になる
164	（12月25日）ユダ、神殿を清める
164-42	シリアとの戦い続く
161-59	アルキモス大祭司に
160	ユダ・マカバイの死
160-52	ヨナタンが指導者に
159-2?	エッセネ派「義の教師」＝大祭司？
152-43	ヨナタン大祭司に [死海文書の悪しき祭司?]
	ファリサイ派が初めて言及される。ヨセフス「ユダヤ古代誌」13.171
143	ヨナタン、トリフォンに捕らえられる
142	シモンの下で、疑似的な独立を得る（税の免除）
	以下、ハスモン家の祭司・支配者は**太字**にする
140-34	**シモン**：大祭司にして民族の統治者
142	ヨナタンの殺害
	クムランによるハスモン家支配の拒絶：例として、
	1QpHab3.4-6.12
140	ユダヤの民、シモンの地位を合法と認める
134-104	**ヨハネ・ヒルカノス**：大祭司にして民族の統治者
	ヨセフス「ユダヤ戦記」1.67-9によると、彼は「スタシス（謀反）」引き起こした
	エリアザルはヒルカノスに、大祭司職を諦めるようにと語る。「ユダヤ古代誌」13.288-99
104-103	**アリストブロス一世**：大祭司にして王 [フィルヘレネ（ギリシャ愛好者）]
103-76	**アレクサンドロス・ヤンナイオス**：大祭司にして王
	祭りにおける「スタシス」：「ユダヤ戦記」1.88-98;「ユダヤ古代誌」13.372-83;バビロニア・タルムード「スカー」48ab

付　録　913

76-67　**ヒルカノス二世**：大祭司であるのみ
（**サロメ・アレクサンドラ**、アレクサンドロス・ヤ
　　ンナイオスの未亡人、女王）
「ユダヤ戦記」：「彼女はイスラエルを支配し、ファリ
　　サイ派は彼女を支配した」
「ユダヤ古代誌」：ファリサイ派が好意を受ける、ア
　　レクサンドロス・ヤンナイオスがそう助言した
　　ように
67-63　**アリストブロス二世**：大祭司にして王（アレクサン
　　ドラの下の子）
（エリコの戦いでヒルカノス二世を破る）

2.　ローマ支配化：紀元前 63 年以降

a.　共和制下

63　　ポンペイウスによるエルサレム攻略（「ソロモンの詩
　　編」17.8,1QpHab4-6?? 参照）
以後、大祭司たちはローマの庇護の下で権力を振る
　　う
63-40　**ヒルカノス二世**：大祭司に（ポンペイウスの介入に
　　より、再度大祭司に立てられる）
アンティパトロス、ヒルカノスの後ろ盾として権力
　　を得る
48　　ポンペイウス、エジプトで殺害される（「ソロモンの
　　詩編」2.30-2!）
43　　アンティパトロス、暗殺される
44　　ユリウス・カエサルの死：ローマ世界での内戦
40　　パルティア、シリア／ユダヤに侵攻、ヒルカノスを
　　捕虜とする
40-37　**アンティゴノス**：大祭司にして王（アリストブロス
　　の末子）

40	ヘロデ（アンティパトロスの息子）、ローマによってユダヤ王と宣言される、アントニウス／オクタウィアヌスに支持される
	（ヘロデは大祭司になる資格がなかったので、取るに足らない人物にその座を占めさせた）
40-38	パルティアの侵攻
37	ヘロデ、パルティアの侵攻後、ローマのためにエルサレムを再奪還（ヒルカノスの孫娘であるマリアムネと結婚するために包囲を一時中断：「ユダヤ古代誌」14.465-7）
37-34	**ヘロデ大王**
31（9月2日）	アクティウムの海戦
	オクタウィアヌス、アントニウスを破る。ヘロデの地位を安堵。
	ヘロデ、ファリサイ派のポリオとサミアスを助命する。
20?	ポリオーンとサマイアス、カエサルへの忠誠の誓いを拒否する（「ユダヤ古代誌」15.370）
19	ヘロデ、神殿の再建を始める（紀元前9年に奉献される）
10?	六千人のファリサイ派、カエサルへの忠誠の誓いを拒否する（「ユダヤ古代誌」17.41-6）
紀元前4	ヘロデの死：その前後の騒擾
	鷲の事件（ユダスとマッティアス）（「ユダヤ古代誌」17.149-67,「ユダヤ戦記」1.648-55）；ヘゼキアの子ユダの反乱（＝ガリラヤのユダ？）（「ユダヤ戦記」2.56など）；サイモンの「メシア的」運動（「ユダヤ古代誌」17.273-7）そしてエスロング（「ユダヤ古代誌」17.278-84）
紀元前4	王国分割
	アンティパス、ガリラヤとペレアの四分封領主（紀元38まで）；ヘロディアと結婚

付　録　　915

　　　　アルケラオス、ユダヤ・サマリア・エドムの「王」
　　　　（＝民族支配者）；（紀元 6 年に追放される）
　　　　フィリッポス、パレスチナ北東部の四分封領主（紀
　　　　元 34 まで）
紀元 6　アルケラオス、抗議により追放される
　　　　ユダヤはローマの「代官」に統治される直轄地に
　　　　人口調査に誘発された反乱：ガリラヤ人のユダ、フ
　　　　ァリサイ派のサドク（「ユダヤ古代誌」18.1-10）

b.　皇帝と代官の下で［皇帝は太字で；代官には下線］
　〜 紀 元　アウグストゥス
　　14

	6-9	コポニウス
	9-12	マルクス・アンビヴィウス
	12-15	アニウス・ルフス
14-37	**ティベリウス**	
		ヴァレリウス・グラトゥス
	18	大祭司カイアファ
	26-36	ポンテオ・ピラト
	30	イエスの磔刑
	31?	サウロ／パウロの回心
	36	ナバテア王ペレアに侵攻、アンティパスを打ち破る
37-41	**ガイウス**	
	37-41	マリルス
	40	ガイウスの像をめぐる危機
		ヘロデの孫のヘロデ・アグリッパ、フィリッポス（37）とアンティパス（39）の領土の王に；アンティパスとヘロディアは追放される
41-54	**クラウディウス**	

916

	41	クラウディウスもヘロデ・アグリッパをユダヤの王とする。アグリッパ、過越祭にヨハネの兄弟ヤコブを殺害（使徒 12:2）
	44	ヘロデ・アグリッパの死（使徒 12）：ユダヤ、再びローマの代官の統治に
	44-46	クスピウス・ファドゥス
	44	飢饉（使徒 11:28）
	46-48	ティベリウス・アレクサンダー
		ヤコブとシモン、ガリラヤのユダの子らの磔刑（古代誌 20.102）。40 年代後半－ 50 年代後半：パウロの宣教旅行
	48-52	ヴェンティディウス・クマヌス
	49	クラウディウス、ユダヤ人をローマから追放、インパルソーレ・クレストゥス（使徒 18:2 他）
	49-51	パウロ、コリントに（ガリオン、使徒 18:2）
	50	アグリッパ二世（アグリッパ一世の子）、様々な地域の王となる
	52-60	アントニウス・フェリクス（パラスの兄弟、ネロの解放自由民）
	54	クラウディウスの死後、ユダヤ人のローマへの帰還
54-68	**ネロ**	
	60-62	ポルキウス・フェストゥス
	62	義人ヤコブ、空位期間の間に殺害される（古代誌 20.200）
	62-65	ルキウス・アルビヌス
	63	神殿、ついに完成
	64	ローマの大火：キリスト教徒の処刑

	65-66	*ゲッシウス・フロルス*
66-70		ユダヤ戦争
	68（6月9日）	ネロ、自害する
68-69	**ガルバ**	
	69	四皇帝の年
69	**オト**	
69	**ウィテリウス**	
69-79	**ウェスパシアヌス**	
	70	ティトゥス、エルサレムを奪取

c. 70 年以降

		ヨハナン・ベン・ザッカイの指導の下、ヤムニアに学院設立
	74	マサダの陥落（最後の砦）
71-81	**ティトゥス**	
81-96	**ドミティアヌス**	
	90 ごろ	ドミティアヌスによるイエスの親類の尋問
	Mar-92	アグリッパ二世の死
96-98	**ネルヴァ**	
98-117	**トラヤヌス**	
	110 ごろ	プリニウス、ビティニアの総督に
	110-15 ごろ	イグナティオスの手紙
	115-17	エジプト、キレネ、キプロスでのユダヤ人の反乱
117-38	**ハドリアヌス**	
	132	ハドリアヌスの反ユダヤ的立法：エルサレムのユピテル神殿
	133-35	シモン・ベン・コシバ（バル・コクバ）の反乱
	135	アキバの殉教
138-61	**アントニヌス・ピウス**	

	140 年代 -60 年代	殉教者ユスティノス、ローマで活動（165 ごろ殉教）
	155/6	スミルナの主教、ポリュカルポスの殉教
161-80	**マルクス・アウレリウス**	
	130-200 ごろ	エイレナイオス：180 年代 /190 年代　リヨンの司教
	160-220 ごろ	テルトゥリアヌス
180-92	**コンモドゥス**	
	200 ごろ	ミシュナーの編纂

919

古代文献索引

1. 旧約聖書

創世記

1	460, 760
1-2	757
1.1	734
1.26-28	471, 760
1.28	465, 467
2	759
2.4	692, 703
2.19-20a	471
3	448, 516
5.1	692, 703
6	448
9.1	466
9.7	466
10.1	692
12	462
12.2-3	466
12.3	465
15	462
15.16	407
16.10	466
17	462
17.2	466
17.6	466
17.8	466
22	462
22.16-18	466
25.12	692
25.19	692

26.3f	466
26.24	466
28.3	466
34	394
35.11f	466
41.14-28	454
41.45	393
47.27	466
48.3f	466
49.9	558

出エジプト

1.7	467
2.15	734
2.23-25	705
2.24	462
6.2-8	705
6.12	532
6.30	532
12.43	414
14.19f	409
19	467
32.13	467

レビ記

18.24-28	407
23.42	409
26.41	532
26.9	467

民数記

15.30f	487
24.17	299
24.17-19	553
32.22	467

申命記

1.10f.	467
4.25-40	463
5-7	734
6.4	442, 663
6.20-24	390
7.13f.	467
8.1	467
10.16	532
18.12	407
25.7-9	410
26.15	463
26.17-19	463
27.15-26	708
27-30	463, 708
27-32	481
28.1-2	708
28.15-68	463
28.16-19	708
28.20	711
28.20-68	708
28.3-6	708
28.5-9	390
28.7-14	708
28.63	467
29	708
29.6	532
29.16-28	463
30	708, 710
30.1-10	463
30.5	467
30.6	532

30.14	708	8.23-26	547	2.8-9	529
30.15-20	708	10	473	2.89	547
30.16	467	10.1-29	695	14.10	579
31.16-21	463	17.17-24	783	15.13	579
31.27	463	**列王記下**		18	551
31.29	463	4.32-37	783	19.8-11	420
31-34	463, 709	5.15-18	857	40.6-8	408
ヨシュア記		6.15-17	514, 820	46	402
24.2-13	390	6.15-19	718	48	402
ルツ記		6.17	454	49.15	586
4.1-12	410	**歴代誌上**		50.7-15	408
サムエル記上		1-9	411	51.16	408
1.1-2.11	692	**歴代誌下**		61.2f.	550
1.1f.	693	36.21f	312	66.5	784
5.1-5	693, 858	**エズラ**		72	695
5.6-10	693	2	411	73.24	586
16.13	694	2.59-63	412	78	390
17.26	858	8	411	80.8-19	501
17.36	858	9.2	412	84.9	515
17.43	857	9.6-15	480	89	387
17.45-46	858	9-10	412	89.19-37	695
17	513, 694	10	411	93	535
18.6-16	694	**ネヘミヤ**		93.1-5	785
19-30	695	7	411	96	535
サムエル記下		8.17	409	96.10	442
1.11-16	502	9.6-37	390	96.4-5	442
7.4-29	547	9.6-38	480	97	535
7.11	548	9.8	480	101	551
7.12	548, 584	9.33	481	104	551
7.13	548	9.36-37	477	105	390
7.14	548, 694	12	411	105.1-6、44f	388
12.1-15	512	13.1-3	412	106.47	388
18.29-33	502	**ヨ　ブ**		112.10	789
列王記上		19.25	730	113-118	430
3.6	547	**詩　編**		118.22f.	555
4.21-34	695	2	551	119.159-160	420
4.25	782	2.1	548	119.25	456
5.5	530	2.2	562	119.97	420
8.1-5	290	2.4	287	120-134	430

古代文献索引　921

135	390	42.6	467, 472	44.7	532
136	390	45.7	449	51.26	723
141.2	408	45.8	468	51.45	723
145.10-13	535	49.6	467, 472	51.46	723
箴　言		5.1-7	501	52.11f.	723
1-9	805	51.4	467	**哀　歌**	
8.22-31	757	51.9-11	503	1.18	481
コヘレト		52.10	476, 858	**エゼキエル**	
	330	52.13-53.12	489, 535	1	508
イザヤ		52.7	476, 535, 858	9.15	481
1.10	307	52.7-10	489	11.19f.	532
2.2-4	472	52.8	476	17.1-24	501, 511
2.2-4	529	52-53	569	20.4-44	390
2.2-5	467	53.10	489	34	752
6.13	412	54.11-14	820	36.11	468
10.5-9	449	54.4-8	532	36.22-32	532
11.1-5	550	55.3	565	36.24-25	484
11.1f.	468	64.6	606	36.28	484
11.4	550	**エレミヤ**		37.1-14	359, 569
11.9-10	472	1.13	511	38.20	494
13.10	723	2.13	501	39.29	532
13.22	841	3.16	468	40.1-48.35	820
13.24	723	4.4	532	40-47	468
17.2	782	4.23-28	503, 527	40-48	405
26.19	569	6.10	532	43.1-2	476
28.16	555	9.23f.	532	43.4-5	476
28.16	820	11.19	532	43.7	476
32.15	532	23.3	468	44.7	532
33.22	535	25.12	312	47.7-12	468
35.5f.	783	29.10	312	48.35	476
36.10	857	31.31	484, 532	**ダニエル**	
36.16	782	31.31f.	532	1	518
36.18-20	857	31.34	484	1-6	840
37.23	858	31.38	484	2　518, 521, 553-555, 560, 684	
40.1-2	484	31.40	484	2.1-45	537
40-55　442, 480-481, 489, 494		32.39	532	2.4b	518
42	551	32.40	532	2.28	519
42.1	472	33.14-18	549	2.29	554
42.13-16	492	36.26-27	532	2.34f.	554

2.35	554	7.18	517, 520, 522, 558	**アモス**	
2.36-38	512	7.19-26	512	4.13	449
2.40-43	554	7.21	520	9.5	449
2.44	519, 554	7.21-22	562	9.11	548, 565
2.44-45	554	7.22	520, 522	5.8f.	449
2.44f.	545	7.23-27	471	7.7-9	511
2.47	857	7.25	517, 537	**ミ カ**	
3	519	7.27	517, 520, 522-523, 558	4.1-3	529
3.12-29	857	7.28	518	4.1-4	472
3.29	857	8-9	553	4.1-5	467
4	518-519	8-12	524	4.4	530, 782
4.2-3	857	8.21	537	4.13	550
4.3	519	9	518, 553-555, 684	**ハバクク**	
4.34	519	9.1	479	2.3	432
4.34-37	857	9.2	312	2.4	593
5	519	9.3-19	480	**ハガイ**	
5.3-4	857	9.7-9	481		403
5.13f.	519	9.14	481	**ゼファニア**	
5.16	519	9.16	480	1.3	494
5.23	857	9.24	312	3.15	535
5.29	519	9.24-27	553	3.20	468
6	518-519, 521	10	514, 522	3.14-20	531, 535
6.26-27	857	10-11	514	**ゼカリヤ**	
6.27	520	10.12-21	513	2.6	723
7	460, 481, 514, 516-518,	11.31	537	3.10	782
	520-521, 523-524, 545, 553-	12	569	3-4	387
	556, 558, 560-564, 627, 684,	12.1	494	6.11	549
	718, 720, 834, 839-840, 842	12.1b-3	569	7.3f.	418
7.1-8	512	12.3	553	8.20-23	529
7.2-8	514, 520	**ホセア**		8.22-23	857
7.7-8	512	4.3	494	9-14	387
7.8	520	5.15-6.3	569	10.8	468
7.9	546	6.2	730	12.10	532
7.11	471	6.6	294	13.1	501
7.13	520, 558, 723, 840-841	13.12-13	492	14.5	840-841
7.13-14	515, 524, 559	**ヨエル**		14.8-19	468
7.13f.	5, 165, 221, 555	2.15-32	480	**マラキ**	
7.14	471, 521	2.28	532	2.15	412
7.17-18	471			3.1	841

古代文献索引　923

2. 旧約続編

バルク

1.15	481
2.9	481
3.6-8	478
3.9-5.9	480
4.1f.	409
4.3-4	414
5.2	481
5.4	481
5.9	480-481

ベルと竜（ダニエル書補遺）

4-5	857
24-25	857

シラ

5.4	481
16.22	481
17.17	464
18.2	481
24	758-589, 761
24.1-23	409
24.1-28	757
24.4	409
24.8	757
24.8-10	468
24.8-12	409
24.8-23	464
24.10	757
24.10-12	422
24.23	422
24.23	468
24.23	409
24.23-34	468
25.24	448
28.7	464
38.34	420
38.34b-39.8	421
44.1	389
44.1-49.16	749
44.1-50.24	748
44-50	464, 749
45.23	490
45.26	481
48.10	490
50.11	748
50.1-21	289, 749
50.5-7	748
50.23f.	389
50.25f.	425

4 エズラ

3.4-36	390
4.23ff.	475
4.29-31	390
4.35	581
5.1-9	493
5.21-30	464
6.17-25	493
6.55	399
6.55-59	740
7.11	740
7.17-25	481
7.28f.	556
7.29	557, 566
7.32	581
7.33ff.	493
7.46-56	448
7.50	450
7.95	581
7.97	581
7.101	581
8.36	481
9.1-12	493
9.11	481
9.26-37	409
10.16	481
10.27	820
10.50-55	820
11.36-46	557
11-12	556
11-13	517
11	559-560
12	559
12.10-35	557
12.34	557
13.3	559
13.5-13	559
13.29-31	493
13.32-37	560
13.51f.	559
14.32	481

ユディト

5.5-21	390

1 マカバイ

1.11-15	285
1.14f.	423
1.15	464
1.43	857
2.20	464
2.32-60	390
2.42	333
2.49-68	464
3.8	406
4.30-33	858
4.8-11	464
7.12f.	333
14	791
14.4-15	699
14.8-15	782
14.12	530

2 マカバイ

1.2-6	464
1.27-29	479
4.11-17	285
6.12-16	490
7.14	571

924

7.21-23 571
7.23 572
7.28 572
7.32-33 490
7.33 571
7.36 464
7.36-38 571
7.37-38 490
7.38 481
7.7-40 359
7.9 571, 575
7.9-11 471
7 395, 566, 572, 593
8.14-18 464
12.6 481
12.43-45 571
14.6 333
14.45f. 571
16.12f. 481
16.23 572
17.5 572
17.18 572

3マカバイ
2.2-20 390

4マカバイ
1.11 491
6.27-29 490
6.29 491
7.19 572
8-17 572
9.31 572
9.8 572
10.19 572
13.12 485
13.16f. 572
15.2f. 572
16.18f. 572
17.20-22 491

アザルヤの祈りと3人の若者の讃歌
27 481

スザンナ
56 395

トビト
3.2 480
3.6 582
3.10 582
13-14 481
13.7-18 820
13.11 473
14.5-7 478
14.6 473

知恵の書
2-5 395
3 471
3-5 587
3.1-4 529, 582
3.6-8 583
3.7-8 529, 541
3.10-19 529
4.7 582
4.16f. 583
4.20-5.2 583
5.1 584
5.15f. 582-583
5.18 481
6.17-20 582
7.22 757
7.26 760
8.4 757
9.9 757
10.1-4 391
10.1-12.27 390
10.5-14 391
10.15-11.14 391
10-19 391
11.15-15.19 391
12.9 481
13-14 283
15 481
16.1-19.22 391
18.22 464

3. 旧約偽典

アブラハムの黙示録
12.3-10 499
19 504
20 504
31.1-8 564

アダムとエバの生涯
41.3 581
43.2f. 581
51.2 581

アヒカル
395

アリステアスの手紙
16 446
139 414

2バルク
4.1-6 820
10.5-19 291
14.19 740
15.7 740
17.3 448
19.8 448
21.19ff. 481
21.24 740
23.4 448
25.2-4 493
27.2-13 493
30.1 581
30.2 581
36.1-37.1 500
39 517
39.2-8 561

古代文献索引　925

39.7	500	71.14	563	30.14-17	414
39-40	561	85-90	479	30.18	320
40.3	500	90.13-19	493	31.20	480
40.3	561	90.33	581	31.25	480
44.4	481	91.10	581	33.6	391
48.29ff.	481	91.12	493	**モーセの遺訓（昇天）**	
48.31-41	493	91.12-17	704	1.12f	740
50.1-4	581	93.1-10	704	4.5	464, 480
53-74	704	93.9-10	479	5.1-6	307
54.15	448	**イザヤの殉教**		6.2-6	308
70.2-10	493	2.4	453	8.3	285
72	493	3.10	307	10.1-10	539
73	493	4.2	453	10.5	503
78.5	481	**ヨブの遺訓**		10.7	481
78-86	481	4.11	480	**偽フィロン**	
1 エノク		37.5	481	9.5	414
6-19	448	43.13	481	32.1-4	485
37-41	517	**ヨセフとアセナテ**		40.2-3	485
37-71	561	1.3	393	51.6	392
42	451	**ヨベル**		**シビュラの託宣**	
42	758-759	1.5	417	3.500-800	507
45.3	562	1.6	481	3.663-697	473
45-47	561	4.15	448	3.704	480
46.2-8	562	4.22	448	3.710-795	473
48.1-10	562	5.1-7	448	3.795-807	494
48.2f.	460	5.11-16	481	**ソロモンの詩編**	
51.1-5	581	6.11	417	2.10-15	481
52.4	562	6.17	417	2.25-31	288
58-69	562	14.19f.	464	2.25-31	839
61.8	460	15.1-24	417	3.11f（14f）	579
62.1	562	15.1-34	464	8.23ff.	481
62.5-9	562	15.33	423	8.7f.	481
62.14	563	17.15-18.19	485	9.2-4	481
62-63	562	21.4	481	9	480
63.3	480	22.15-19	464	17-18	529
63.11	563	22.23	464	17.21-24	473
64	448	23.22-24	493	17.21-32	551
69.27-29	563	23.31	575	18.5-9	551
69.29	460	30.7	414		

アブラハムの遺訓
10 481
アブラハムの遺訓（校訂 A）
20.14 585
ベニヤミンの遺訓
10.2-9 581
ダンの遺訓
6.10 413, 482
ユダの遺訓
9.2ff. 319
22.2 480
25.1-5 581
レビの遺訓
6.3 319

4. 死海写本

ダマスカス文書（CD）
1.18 327
1.3-11 477
1.7-10 479
12.6-11 428
2.4f. 481
2.14-6.11 390
2.17-21 448
3.19f 470
5.6-7 369
6.11 372
6.19 464
7 464
7.16f. 565
20.20 482
共同体の規則（1QS）
452
1.16-2.25 532
3.13-4.26 800
3.18-4.26 457
4.22f 470

5.5 532
8.5-11 369
9.11 800
9.23 800
10.25f 482
11.2-3 594
11.5 594
11.5-7 800
11.9f 456
11.11-12 594
11.12-15 482
11.21f 456
1QSa
2.3-10 470
2.11-21 549
1QSb
5.23-29 549
5.29 558
感謝の詩編（1QH）
2.15 320, 327
2.32 327
3.6-18 492
5.11f. 532
6.25-29 369
6.34 576
7.6f. 532
9.32 532
12.12 532
14.13 532
16.7 532
16.12 532
17.14f 470
17.26 532
1QLitPr
2.3-6 470
戦いの書（1QM）
1.9-12 492
1.9ff. 550
2 534

2.10-14 474
6.4-6 540
12.7 541
1QS34bis
2.5-7 532
4QDibHam
5 532
4Q174（＝ 4QFlor）
1.10-13 548
18f 548
4QMMT
327
ハバクク書注解（1QpHab）
1.12f 785
2.1-10 785
2.11-5.8 785
5.9-12 785
7.9-14 432
8.1-3 491
8.1-3 593
8.3-10.5 785
11.3-12.10 785
11.13 532
4QpNah
1.6-9 512
2.2 327
2.4 327
1.6f 327
4QpPs37
3.1f 470

5. ヨセフス

自 伝
10-12 329
12 326-327
62ff. 353
74-76 347

古代文献索引　927

104-111	405	2.39-50	310	2.443	533
110	683	2.55	311	2.444	320
112f.	423	2.56	311	2.451	347
189-198	347	2.57-98	311	2.564	320
196ff.	353	2.60-65	311	2.567	369
197	347	2.66-79	311	2.590-632	318
276-279	401	2.80-100	310	2.651	320
290	347, 419	2.111-113	312	3	574
アピオーン		2.118	312, 324, 332, 344	3.11	369
1.1-18	692	2.119-161	365	3.19	369
1.34	311	2.126-123	326	3.351-354	481
1.51	687	2.128	371	3.374	359, 573
2.82	283	2.154-8	575	3.399-408	538, 684
2.108	375	2.162-163	359-360	3.536	282
2.148	282	2.163	574	4.98-577	318
2.210	414, 427	2.164f.	360, 378	4.130-161	322
2.218	359, 573	2.165	359, 379, 574	4.151-161	534
2.232-235	666	2.166	321, 376	4.159	347
2.236	332	2.169-174	313	4.198	308
2.277	409, 424	2.175-177	313	4.208-223	322
戦　記		2.203	315	4.255	320
1.17	692	2.224-227	315	5.97	687
1.31-40	285	2.228-231	315	5.145	370, 403
1.110	326	2.232-246	316	5.193f.	414
1.112	336	2.247-249	304	5.319	687
1.133-154	288	2.253	316	5.360f.	687
1.208-215	308	2.254	316	5.362-374	683
1.567-572	343	2.258-259	346	5.376-378	683
1.571-573	343	2.258-260	316	5.379-419	390
1.645-655	343	2.261-263	316	5.411ff.	440
1.648	332	2.264-265	316	5.412	683
1.648-650	593	2.266-270	317	5-6	318
1.648-655	310	2.271	317	5-6	318
1.650	577	2.293	317	6.94	291
1.653	577	2.390	683	6.125f.	414
1.88	311	2.403	317	6.236-266	687
1.88f.	339	2.433	332, 344, 533	6.260	283
1.97	327	2.433-448	593	6.288-300	445
2.1-13	310	2.433-449	318	6.289-299	494

6.299f.	552	11.337	537	15.380-452	403
6.312-315	537, 552, 686	12.241	285	15.421-423	290
6.312f.	545	12.246-331	285	17.149	343
6.324	687	12.265	287	17.149-163	533
6.364	494	12.271	320	17.149-166	310
7.25-36	318	12.286	406	17.149-167	343
7.118	318	13	574	17.152	332, 343
7.153-154	318	13.171-172	365	17.152f.	578
7.253f.	322	13.172	326, 360, 369	17.155	332
7.262	322	13.173	378	17.178-84	311
7.263-4	318	13.245	414	17.206-218	310
7.323	533	13.245-247	427	17.213-218	311
7.323ff.	533	13.288	327	17.219-49	310
7.324	322	13.288-292	534	17.250	310
7.343-348	576	13.288-299	339	17.269f.	311
7.349f.	577	13.297	326	17.271	324
7.401	291	13.298	327, 380	17.271-272	311
7.438	304	13.372	330	17.273-277	311
古代誌		13.372f.	339	17.286-298	311
1.222-236	485	13.380	327	17.299-323	310
1.385	313	13.416	336	17.342-343	312
3.86f.	390	14.37-79	288	17.41-44	342
4.43-45	390	14.69-73	283	17.41-45	343
8.85-89	314	14.158-160	308	17.42	353
10	554	14.172-176	308, 343	18.3-5	533
10.186-281	555	14.172ff.	339	18.4-10	312, 344
10.203-210	537	14.176	339	18.4f.	344
10.206-209	554, 687	14.213-216	279	18.6-10	344
10.208	512	14.241-261	279	18.11	365
10.210	545	14.420-430	308	18.12	338
10.263	555, 687	14.470-491	289	18.12-15	110, 326
10.266-268	471, 537	15.3	339	18.13	360
10.267	312, 553	15.4	342	18.14	359, 575
10.267f.	517	15.23-41	377	18.16	359, 379, 575
10.276	555	15.363f.	277	18.17	327, 380
10.276-277	537	15.370	343	18.18	360, 369, 575
10.276-280	440	15.371-379	370	18.18-19	368
11.1	312	15.380	290	18.18-22	365, 367
11.153	412	15.380-387	545	18.20	366

古代文献索引　929

18.23	344, 533, 640
18.23-25	312
18.24	533
18.55-59	279, 313
18.60-62	313
18.63-4	647
18.63-64	314
18.302-308	315
18-20	574
19.322-334	345
20.5	315
20.38-48	352, 423
20.97-99	315
20.105-112	315
20.113-117	315
20.118-136	316
20.120	315
20.173-177	317
20.185-187	316
20.188	317
20.199	376
20.200-202	346
20.200-203	647
20.219	290
20.252-257	317
20.252-258	687
23.50-56	377

6. フィロン

アブラハムの移住について
16	585

神の賜物を受け継ぐのは誰か
276	584

ガイウスへの使節
299-306	314
	315

すべての善人は自由であること
12(75)-13(91)	365
75	366

ささげものについて
5	584

観想生活
	365

夢について
1.229	460

7. ラビ文書

ミシュナー

ベラホット
3.3	416
5.2	580

ビクリーム
3.2-4	417

シャバット
1.4	349
7.1	487
11.6	487

エルビン
	423

ペサヒーム
8.8	427

タアニート
4.6	291

ハギガ
2.5-3.3	337
2.7	337

イェバモット
12.1-6	410

ソター
9.15	494, 580

ババ・メツィア
2.11	422

サンヘドリン
7.8	487
10.1	359, 409, 591, 593, 580

エドゥヨット
5.3	330

アボダー・ザーラー
1.1-3.5	425
4.10	421
4.22	580

アボット
3.2	407
3.5	357
3.6	358

ホラヨット
2.1-6	487

ザービーム
1.3	295

ベホロット
4.5	295
6.8	295

ケリトット
1.2	487
2.6	487
3.2	487
6.9	422

ケイリーム
5.4	295

オホロット
18.7	428

パーラー
7.6	295

トホロート
	423

ニダー
	428

ヤダイム
3.5	295, 330
4.2	295
4.7	479

4.8　　　　　　　　352

バビロニア・タルムード
ベラホット
17a　　　　　　　408
32b　　　　　291, 408
61b　　　　　　　358
シャバット
13b　　　　　　　349
ペサヒーム
68b　　　　　　　417
ヨマー
19b　　　　　　　327
タアニート
2a　　　　　　　408
ハギガー
14a　　　　　　　546
サンヘドリン
38b　　　　　　　546
97　　　　　　　481
ニダー
33b　　　　　　　327

エルサレム・タルムード
シャバット
1.3c　　　　　　349
16.8　　　　　　352
タアニート
68d　　　　　　355

トセフタ
シャバット
1.16-20　　　　349
13.5　　　　　　859
スカ
3.16　　　　　　330

タルグム
イザヤ・タルグム
6.9-13　　　　　479
偽ヨナタンのタルグム・創世記
21.21　　　　　394

アボット・デ・ナビ・ナタン
4　　　　　　　408
創世記・ラバ
14.6　　　　　　448
出エジプトのメキルタ
17.14（1.2.158）　354
詩編へのミドラッシュ
1.26　　　　　　408
2.300　　　　　408
民数記・ラバ
4.8　　　　　　469

8. 新約聖書

マタイ福音書
1　　　　　　　709
1.1　　　　　　704
1.1-17　　　　703
1.18-21　　　　705
1.21　　　　　702
1.22　　　　　710
1.23　　　　　711
2.1-12　　　　711
2.1-18　　　　643
2.5-6　　　　　710
2.15　　　　　710
2.17-18　　　　710
2.22　　　　　710
3.6　　　　　　340
3.9　　　　　　820
5.3-11　　　　706
5-7　　　　　　706
6.9-13　　773, 836
7.21-23　　　　707
7.24-27　　　　707
7.28　　　　　705
8.4　　　　　　376
8.5　　　　　　406

8.5-13　　　711, 769
10.1-42　　　　706
10.5f.　　　　711
10.34-39　　　816
11.1　　　　　705
11.20-24　　　352
13.1-52　　　706
13.16　　　　703
13.24-30　　789-790
13.31-32　　　790
13.33　　　　790
13.34-35　　　790
13.36-43　　789-790
13.40-43　　　789
13.52　　　　701
13.53　　　　705
14.13-27　　　784
15.21-28　　　711
15.24　　　　711
17.24-27　　　405
18.1-35　　　706
19.1　　　　　705
19.28　　　　769
21.41　　149-150、152
21.42f.　　　555
22.23　　　359, 579
22.34　　　　579
23.13-33　　　706
23.29-31　　　342
23-25　　　　706
24　　　　707, 842
24.30　　　　840
25.1-12　　　707
25.11f.　　　707
25.14-30　　　707
25.31　　　840-841
25.31-46　　　707
25.44f.　　　707
26.1　　　　　705

古代文献索引　931

26.26-29	773	13	152, 494, 644, 718-720, 722,	11.2-4	773, 836
26.55	314		791, 835, 838	11.37f.	331, 349
27.52	729	13.1-23	716	13.1	313
28.16-20	709	13.2	723	13.1-3	689
28.19	660, 812	13.7f.	723	13.1-5	816
28.20	643	13.14	714, 717	13.3	683
28.29	836	13.14-17	723	13.5	683
31.3-6	711	13.14-20	644	13.31	331
マルコ福音書		13.26	718, 723	13.31-33	695
1.1	713	13.27	723	13.31f.	349
1.10-11	721	14	719	13.32f.	783
1.15	722	14.22-25	773	14.1	331
1.2a	713	14.53-64	787	15.10-20	702
1-8	713	14.61	721	17.20-21	788
2	786	15	719	17.20f.	797
2.1-12	787	15.39	721	18.9-14	769
2.15-17	787	16.17	769	19.11	693
2.16f.	328	34.4	723	19.12	310
2.18-22	787	51.6	723	19.14	310
2.23-28	787	**ルカ福音書**		19.27	310
3	786	1.1-4	691-692, 772	19.28-48	693
3.6	328	1.5-25	692	19.41-44	816
3.18	314	1.39-45	692	20.36	584
3.31-35	816	1.57-80	692	20.38	572
4	720, 722	1.68f.	702	20.41-44	695
4.1-20	719-720, 788-789	3.1-2	691	21.10-19	816
4.11-12	714	3.8	820	21.20	717
6.4	722	3.22	694	21.24	687
6.51-52	714	4.1-17	694	22.15-20	773
7.1f.	328	4.14-44	694	22.30	769
7.14-23	825	5.17-20	702	23.1-39	702
7.18	714	5.26	784	23.4	689
8.17-21	714	6.15	314	23.14f.	689
8.29	721	7.11-17	783	23.18-25	313
8.34-38	816	7.36f.	331, 349	23.35-43	695
8.34-9.1	719	9.7	580	23.47	689
9.7	721	9.8	783	24	644, 686
10.46-52	783	9.19	580, 783	24.26	686, 695
12.1-12	304, 390	9.51-19.28	695	24.26f.	683

932

24.44	683, 686	10.17	760	2.38	812
24.44-49	695	10.22	752	2.44-47	815
24.47	660, 686	11.25	837	3	644
24.51	691	11.49-51	120	4	260
ヨハネ福音書		11.49-52	760	4.1f.	580
1.1-5	751	11.55-19.42	752	4.11	555
1.10-11	753	12.10f.	580	4.24-30	695
1.12	762	12.20-24	754	4.32-37	815
1.14	757	12.31f.	836	5.1-11	815, 822
1.17	751	12.32	754	5.33-39	689
1.18	762	14-18 節	761	5.34	328
1.29	752	14 節	761	5.34-40	331
1.36	752	15.1-8	758	5.36	315
1.45	752	15-18 節	761	5.37	312
2.13-25	752	16.33	836	6.1	815, 822, 824
2.22	290	17.18-23	754	6-7	395
3.14	752	18.36	643	7	644
3.16	836	18.40	308	7.2-53	390
3.17	760	19.31-36	752	7.51	532
4.1-3	352	19.5	760	8.16	812
4.13-15	758	20	761	9.1-2	340
4.9	425	20.17	762	9.1f.	353
5.1	752	20.21	660, 754	10f	360
5.45f.	752	20.28	762	10.1-11.18	822
6	786	20.30	772	13.16-41	390
6.4	752	20.31	648	13.50	667
6.25-71	752	21.25	772	14.19	667
6.32	752	**使徒言行録**		15.1	809
7.2f.	752	1	644	15.1f.	822
7.19	752	1.3	691	15.5	328
7.22	752	1.6-9	684	15.36-40	822
7.23	752	1.7	687	16.7	639
7.37-39	758	1.8	660	16.35-39	689
8.31-59	751	1.9	839	17.7	660, 685
8.39-59	860	1.10-11	839	17.22-31	860
9.28	752	1.11	698	18.2	649
10.11	760	1.16	686	18.12-17	649
10.11-18	752, 836	2.1-11	417	19.23-40	649
10.15	760	2.25-36	695	21.20	320

古代文献索引　　933

21.38	316	7.7-25	861	7.26	494
22.3	320, 324	7.13-20	281	8.1-4	281
23.6	837	7.15-20	741	8.1-6	186
23.6-8	359-360	8	260	8.4-6	673
23.6-9	328, 579	8.3-4	744	8.6	663, 674
25.1-12	317	8.9	673	10.1-22	813
26.5	328	8.17-27	494	10.15-22	662
26.32	689	8.18-27	742, 838	10.18	746
27.3	689	8.38f.	836	10.32	816
27.43	689	9-11	390, 860	11.17-34	813
28	686	9.1-5	815	11.23-26	773
28.16	685	9.14-29	741	12.1-3	297, 861
28.23	686	9.14f.	740	12.4-6	815, 861
28.23-28	686	9.30-10.13	861	14.34-35	203
28.28	686	9.33	555	15	260, 742
28.30	685	10.1-2	815	15.1-8	673
28.30-31	685	10.1-4	743	15.3-4	730
28.31	836	10.2	320	15.3f.	732
ローマ書		10.2-3	328, 860	15.9f.	809
1	743, 860	10.3-4	744	15.12-28	837
1.17。	593	10.16-17	860	15.19	251
1.18-23	860	11.11f	671	15.20	577
1.18-32	860	12	663	15.20-28	838
2.17-29	860	13.1-7	816	15.24-28	557
2.26-29	532	14.8f.	572	16.17	840
2.173f.	860	15.1-9	746	**2コリント書**	
3.24-26	744	15.3	744, 746	1.20	834
4.1	746	15.7-9	744, 746	2.14-6.13	745
4.13	740	**1コリント書**		4.1-15	809
4.24-25	744	1.12	281	4.6	745
5.6-10	744	1.18	672	4.7-15	745-746
6.2-11	812	1.30	607	4.10	745
6.3-11	662	3.16f.	673	5.16	746
6.9-10	744	3.22f.	836	5.16-17	745
6.10	572	5.9-13	815	7.6f.	840
6.17	629	6	663	10.4-5	836
7	741	6.19	673	10.10	840
7.4	744	7.10-12	747	11.24	817
7.7-21	741	7.19	819		

ガラテヤ書

1.13	297, 667, 817
1.14	320, 324
2.19	572
3.11	593
3.28	626
4.23	746
4.26	820
4.29	297, 667
6.12	667
1.13-14	328, 345
2.11-15	809
2.15-21	739
2.19-21	809
3.1-4.7	743
3.13-14	744
4.1-6	815
4.1-7	861
4.3-6	744
4.8-11	861
5.17f.	741

エフェソ書

2.10	260
4.7-10	417

フィリピ書

1.26	840
2	836
2.6-11	663, 828
2.12	840
3.1-11	739
3.2-11	739
3.4-6	328
3.5	331
3.6	320, 324

コロサイ書

1.15-20	663, 836
2.15	836

1テサロニケ書

2.13-16	667
2.14-16	297
4	842
4.13-15	577
5	842
5.1-11	842

2テサロニケ書

2.2	835
3.6-13	815

1テモテ書

5.3-16	815

ヘブライ書

4.14	749
5-7	374
7.26	749
8.1	749
8.1-10.28	749
9.28	749
11	749
11.2-12.2	390
11.4-40	749
12.1-3	749
12.22	820

ヤコブ書

2.26	437
5.10-11	390

1ペトロ書

1.3-5	837
2.6	555
2.13-17	816

2ペトロ書

3.1-13	841

1ヨハネ書

5.21	861

黙示録

2.10	837
5.5	558
6.10	841
16.8	494
21	838
21.2	820
21.10-27	820
22	838

9. その他初期キリスト教文書

アリステイデス
キリスト教護教論

2	658
15	661, 664
17	661

1クレメンス

23.4f.	841
46.6	814
58.2	814

十二使徒の遺訓

1-6	663
7-10	662
8.2	836
9.1-5	773, 813
16	842

バルナバの手紙

9	532
10.12	532
16.1-5	644

エウセビオス
教会史

2.6.6-7	313
2.23.1-25	647
2.23.4-18	647
3.5.2	647
3.5.3	644
3.17-18	651
3.18	651
3.19-20	642
4.3.3	655

ヒッポリュトス

	793

古代文献索引　935

イグナティオス

エフェソ人へ

6.1	642
9.2	673
15.3	673
18.1	672
20.2	813

マグネシア人への書簡

7.2	673
10.3	642

フィラデルフィア人への手紙

6.1	642

ローマ人への手紙

2	642
4-8	667
1.18-32	283

スミルナ人への手紙

1-4	642

トラレス人への手紙

9-10	642

ユスティノス

第一弁明

1-5	663
1.66.3	773
4	649
5f.	635
11	643
13	672
29	661
51	841
55	671
61f.	661
65-67	661

第二弁明

4	667
11f.	667

ユダヤ人トリュフォンとの対話

2-8	658

ポリュカルポスの殉教

3.2	661
8.2	636
12.2	636
13.1	636

オクタウィウス

29.6-8	671

オリゲネス

ケルソス反駁

1.47	647

マタイ福音書注解

10.17	647

オロシウス

異教徒に対する歴史

7.6.15f.	648

偽クレメンス文書

	828

テルトゥリアヌス

異教の民へ

1.17	635

護教論

2.6-9	639
4.11	661
7.1-8.9	661
10-17	635
16.6-8	671

見世物について

30	842

10. グノーシス文書

ペトロ福音書

	750

トマス福音書

3	801
22	801
46	801
65	790

97	801
113	797, 801
114	801

11. 異教文書

アリストテレス

ニコマコス倫理学

book7	210

キケロ

神々の本性について

2.38f.	444

ディオ・カッシウス

ローマ史

9-11	118
37.15.2-16.4	288
49.22.6	289
57.18.5a	648
60.6.6f.	648
67.13f	651
69.12.1-14.4	299

ディオドロス・シケリオテス

歴史叢書

34/5.1.1-5	285, 426

エピクテトス

語　録

1.9.1	780
1.12.1	444
1.12.1-3	446
1.14.10	444
1.25.18	444, 667
1.29.29	444, 666
2.15.6	444, 667
2.26.1-5	741
2.26.1ff.	281
2.6.22	667
3.6.10	780
3.7.18	741

3.13.14	444	**オヴィディウス**		**ネロ伝**
3.22	333	変身物語		16.2	645
4.1.75	444	7.19ff.	741	**ウェスパシアヌス伝**
4.1.147	741	三文銭		4	538, 552
4.4.33	444	657	741	**タキトゥス**
4.10	444	**大プリニウス**		同時代史
12	798	博物史		5.2-4	282
提要		5.15/73	365	5.5	426, 572
27	444	**小プリニウス**		5.9	309
断片		書簡集		5.9.1	283
3-4	444	6.16	637	5.13	538, 552
11	780	10.96	637	13.1	282
18	281	10.97	639, 817	年代記
ヘカタイオス		**サルスティウス**		1.1	166
断片		カティリナ戦記		12.54	316
13	446	37.5	660	15.44	645, 661
ヘロドトス		**ソポクレス**		**エズラ（ラテン語）**
歴史		ピロクテテス		11章	720
5.23	344	440	344	**ニカイア前教父**
ユウェナリス		トラキスの女たち		9.261-279	655
風刺詩集		235	577	
3.62	660	**スエトニウス**		
14.103f.	426	クラウディウス伝		
ルキアノス		25.4	649	
アレクサンダー		**ドミティアヌス伝**		
25	635	15	651	

人名索引

近現代の研究者たち

A

Abbagnano, N. 77
Abrahams, I. 352
Acton, J. D. Lord 171
Alexander, P. 448
Allison, D. C. 292, 492, 704-705
Alon, G. 295, 343, 350, 355, 427-429
Alter, R. 86, 89, 102
Appignanesi, L. 75
Applebaum, S. 304
Ashton, J. 750, 752, 755
Attridge, H. W. 274, 379, 748
Aune, D. E. 689, 692, 696, 768
Ayer, A. J. 78, 238

B

Bacon, B. W. 705
Baird, J. A. 733
Balch, D. L. 653
Bammel, C. P. H. 641
Banner, M. C. 77
Baras, Z. 314
Barbour, I. G. 77, 84
Barclay, J. M. G. 49
Barker, M. 401
Barnett, P. W. 309
Barr, J. 131, 216, 648, 688, 745
Barraclough, G. 216
Barrett, C. K. 648, 688, 745
Barth, K. 121, 205
Barthes, R. 114, 123
Barton, J. 102, 120, 146, 275, 430
Bauckham, R. J. 448, 481, 642-643, 663, 840
Baumgarten, A. I. 327, 333, 343, 346, 356
Baur, F. C. 205, 626, 628, 767
Beardslee, W. A. 89, 102, 120, 153
Beasley-Murray, G. R. 542
Beckwith, R. T. 312, 355, 375, 553
Bellinzoni, A. J. 793
Berger, K. 361
Berger, P. L. 77, 109, 229, 232, 235
Bergonzi, B. 116-117, 124, 127
Berkhof, L. 243
Bernstein, R. J. 79
Best, E. 714-715
Betz, H.-D. 69, 89
Beutler, J. 750
Bilde, P. 274
Blenkinsopp, J. 333, 341
Boismard, M.-E. 793
Bokser, B. M. 291
Borg, M. J. 202, 216, 278, 323, 441, 453, 460, 505
Borgen, P. 441, 453, 460
Bornkamm, G. 60
Boucher, M. 788
Bousset, W. 53
Brearley, M. 128

Brock, S. P. 579
Brooke, G. J. 432
Broshi, M. 273, 401
Brown, R. E. 653, 825
Bruce, F. F. 214, 363, 634, 824
Brueggemann, W. 404
Buchanan, G. W. 781
Buckert, W. 279
Bultmann, R. 38, 45, 51, 53, 56, 58-60, 62-63, 65-66, 68-70, 111, 118, 167, 174, 180-182, 197, 201-202, 233, 260, 282, 447, 506, 625, 627-629, 680, 736, 745-746, 749, 758, 761, 765-767, 774-777, 779, 781, 784, 786, 792, 810
Bunyan, J. 508-509
Burchard, C. 393, 452
Burridge, R. A. 683, 696, 712, 715, 750, 753
Bury, J. B. 214
Butterfield, H. 159

C

Caird, G. B. 45, 91, 119, 130, 157, 160, 163, 176, 250, 417, 501, 504-505, 658, 770, 774, 776, 788, 828, 842, 854
Calloway, P. R. 365
Camara, H. 46
Cameron, R. D. 736, 793, 804-805
Campenhausen, H. von 655

Capper, B. J. 370, 815	**D**	Edwards, R. A. 703
Carnegy, P. 105	Dahl, N. A. 752-753	Eichrodt, W. 442
Carr, E. H. 159, 161, 169, 171,	Danby, H. 428	Eliot, T. S. 105
192, 206, 213, 216, 219	Davids, P. H. 770	Elton, G. R. 159, 213-214
Carson, D. A. 648	Davies, M. 68, 102, 120, 124,	Epp, E. J. 21
Cary, M. 666	765-766, 768, 772, 780, 794,	Epstein, I. 858
Casey, P. M. 515, 562	803, 820	Evans, C. A. 369,403
Catchpole, D. R. 796, 799	Davies, P. R. 333, 365, 367, 372,	Evans, C. F. 310,688
Cave, C. H. 570, 587	479, 485	**F**
Chabrol, C. 147	Davies, W. D. 292, 404, 416,	Falck, C. 75
Chadwick, H. 281, 655	630, 670, 704-705, 820	Fallon, F. T. 793, 804-805
Chapman, J. 794	de Jonge, M. 413	Farmer, W. R. 286-287, 491, 793
Charles, R. H. 391	de Jonge, M. 103	Farrer, A. M. 633, 794
Charlesworth, J. H. 137, 267,	Derrett, J. D. M. 297	Fee, G. D. 203, 738
275, 294, 365, 367, 392-393,	Derrett, J. D. M. 114, 123-124	Feldman, L. H. 345, 359, 574-
413, 446, 450-452, 490, 551,	Descartes, R. 79, 112	575
556-557, 561, 563, 579, 585	Dibelius, M. 765	Ferguson, E. 267, 279-280, 282-
Chester, A. 446, 456	Dihle, A. 696-697	284
Chilton, B. D. 275, 485	Di Lella, A. A. 469	Feuerbach, L. 174
Cohen, S. J. D. 267, 273, 277,	Di Lella, A. A. 62	Filson, F. V. 214
284, 292, 294, 297, 312, 319,	Dimant, D. 327, 365	Finkel, A. 352
330, 341, 349, 356, 520	Dix, G. 810	Finkelstein, L. 349, 362
Collingwood, R. G. 159, 176,	Dodd, C. H. 45, 62, 183, 788	Fish, S. 114, 123-124
207	Donaldson, T. L. 320, 322, 325	Fishbane, M. 275, 386, 432
Collins, J. J. 479, 498, 504, 512,	Donfried, K. P. 650	Flannery, A. 229
522-523, 589	Doran, R. 159	Florovsky, G. 159, 163, 176
Conzelmann, H. 56, 450, 627-	Douglas, M. 338	Flusser, D. 277, 285
628, 727, 824	Downing, F. G. 204, 281, 681,	Ford, D. F. 101, 128, 235
Cotterell, P. 102	779, 795, 804, 823	Forman, W. 279
Craig, W. L. 784	Doyle, B. R. 702	Fornara, C. W. 159, 164-166
Cranfield, C. E. B. 505	Droge, A. J. 667	Foucault, M. 124, 127, 159
Crenshaw, J. L. 468	Drury, J. 788	Fowl, S. E. 157
Crites, S. 75	Duling 716, 727	Fowler, R. M. 713
Cross, F. M. 532	Dummett, M. 79	France, R. T. 663
Crossan, J. D. 53, 91, 125, 138,	Dunn, J. D. G. 45, 49, 56, 292,	Freeman, G. M. 359
216, 307, 322, 627, 632, 736,	352, 425, 442, 462, 630, 632,	Frei, H. W. 86, 89, 102
774, 783, 791, 795, 799, 818	702, 761, 811, 821-823, 827	Freud, S. 118, 212, 238- 239,
Cummins, S. A. 572	**E**	245
	Eagleton, T. 232	Freyne, S. 302, 352-353, 383,

404-406

Frost, S.	389, 749
Frye, N.	102
Fuller, R.	412
Fuller, R. H.	56
Funk, R.	86, 129, 141
Furnish, V. P.	745

G

Gadamer, H.-G.	132
Gafni, I. M.	293-295, 297, 299, 326, 341, 343, 352, 355
Gager, J. G.	283, 856
Galland, C.	120, 141
Garcia-Martinez, F.	366
Garnsey, P.	276
Gärtner, B.	369
Gaston, L.	856
Geertz, C.	228
Georgi, D.	49
Gerhardsson, B.	770
Gerhart, M.	77
Gilkey, L.	35, 159
Gill, J. H.	75
Ginzberg, L.	435
Glasson, T. F.	505
Goethe, J. W.	106
Golb, N.	366
Goldberg, M.	244
Goldberg, M.	479, 515, 518, 522
Goldstein, J. A.	277, 285-286, 288, 479
Goodblatt, D.	339, 346
Goodman, M.	19, 223, 272, 275, 277, 279, 282, 289, 291, 305, 318, 321, 333, 338, 342, 352, 362, 376-377, 380, 494, 533-535
Goppelt, L.	56
Goulder, M.	803

Gowan, D. E.	479
Greene, J.	77
Griemas, A. J.	141
Griffioen, S.	228
Groome, T.	216
Gruenwald, I.	457, 504
Gunton, C. E.	35, 76, 487
Gutmann, J.	408
Güttgemanns, E.	766

H

Habermas, J.	139
Hall, S. G.	641, 655
Hanson, J. S.	272, 307, 318, 322-324, 543, 545, 549, 783
Hare, D. R. A.	559
Hare, R. M.	210
Harnack, A. von	194, 628, 671
Harper, G.	488, 593
Harrington, D. J.	392
Hartt, J.	86
Harvey, A. E.	192, 216, 544, 773
Harvey, D.	75
Hauerwas, S.	86, 102
Hawking, S.	83
Hayman, P.	449-450
Hays, R. B.	23, 137, 141, 157, 670, 740, 744
Hayward, C. T. R.	319, 469, 487
Hegel, G. W. F.	50, 205, 628
Heidegger, M.	129
Hellholm, D.	498, 504
Hemer, C. J.	164, 648-649, 681, 696
Hengel, M.	18, 267, 277, 279, 285, 291, 308, 312, 314, 316, 319-320, 323-324, 332, 346-347, 349, 354, 358-359, 361, 427, 533, 553,

	572, 624, 630, 648-649, 659, 672, 722, 750, 816, 823-824, 827-828, 840, 848
Hennecke, E.	670, 828
Hill, C. C.	390, 631, 816, 822, 824-825
Hill, D.	768
Hirst, R. J.	80
Holmes, A. F.	174, 228
Holz, T.	390
Hommel, H.	741
Hooker, M. D.	183, 516, 714, 719, 721, 766, 772
Horbury, W.	297, 405, 546, 563-564
Horsley, R.	216, 272, 307, 316, 318, 322-325, 543, 545, 783
Houlden, J. L.	688, 738
House, J.	109
Hubbard, B. J.	681
Hultgren, A. J.	63
Hurst, L. D.	748

I

Iersel, B. van	715
Isaac, B.	299
Isaac, E.	451

J

Jacobson, D. M.	290
Jeanrond, W. G.	57
Jencks, C.	75
Jeremias, J.	55, 183, 333-335, 363, 630, 788, 794
Jewett, R.	649
Johnson, A. M.	Jr., 120
Johnston, G.	760
Jonas, H.	282
Jones, A. H. M.	289
Jones, L. G.	86, 102
Judge, E. A.	815

Juel, D.	403	
Jülicher, A.	788	
Jung, C.	212	

K

Kadushin, M. 436
Kähler, M. 63
Kampen, J. 332-333
Kant, I. 82, 174, 180, 204
Käsemann, E. 45-46, 53, 56, 61, 482, 506-507, 627, 628-629, 735, 745, 761, 807, 843
Kasher, A. 283
Katz, S. T. 292, 297
Kee, H. C. 408, 413, 716
Keesmaat, S. 743
Kelber, W. 770
Kellerman, U. 571
Kelly, J. N. D. 674
Kelsey, D. H. 228
Kermode, F. 32, 59, 61, 70, 713, 773, 790
Kerr, F. 79
Kimelman, R. 298
Kingdon, H. P. 325
Kingsbury, J. D. 703
Kittel, G. 45
Klausner, J. 45
Klijn, A. F. J. 294
Klinzing, G. 369
Kloppenborg, J. S. 795-797, 799
Knibb, M. A. 479
Knox, J. 738
Koch, K. 61, 386, 504
Koester, H. 48, 170, 214, 277, 279-282, 289, 627-628, 632, 635, 653-654, 670-671, 689, 713, 736, 750, 758, 779, 787, 793, 796-799, 805-806, 824
Koester, H. 21, 267, 277, 283,

289
Krenkel, M. 681
Kuhn, T. S. 66, 77
Kümmel, W. G. 48, 55-56, 626
Küng, H. 53, 121
Kysar, R. 750

L

Lake, K. 641
Lamport, F. J. 105
Landman, L. 543
Lane, W. L. 389, 748
Lane Fox, R. 18, 279, 445, 577, 664
Lang, B. 442-443
Lapide, P. E. 460
Lawson, H. 75
Layton, B. 282
Leaney, A. T. C. 532
Leavis, F. R. 113
Lemcio, E. E. 261, 696, 733, 750, 768
Lessing, G. E. 58, 777
Levine, L. I. 361, 408
Lewis, C. S. 116-117, 172
Lewis, J. P. 292
Lightfoot, J. B. 45, 635
Lincoln, A. T. 417, 820
Lindars, B. 748
Logan, A. H. B. 282
Longenecker, B. 294, 462, 482
Louth, A. 35, 59, 76, 105, 120, 641
Lowe, M. 752
Lucas, J. R. 245
Luckmann, T. 77, 229, 232, 235
Lüdemann, G. 649
Lührmann, D. 793-794, 797
Lundin, R. 124
Luther, M. 211, 698

Lyotard, J.-F. 75
Lyttleton, M. 279

M

Maccoby, H. 45, 196, 331, 439, 859
MacIntyre, A. 35, 75, 83, 86, 97, 218
Mack, B. L. 53, 89, 138, 139, 177, 199, 281, 527, 627, 716-717, 736, 774, 781, 783, 786, 790, 795, 823
Mackey, J. P. 56
MacKinnon, D. M. 45
MacMullen, R. 279, 282, 289
Macquarrie, J. 45
MacRae, G. A. 21
Maddox, R. 688
Malherbe, A. J. 281, 630, 653, 815
Mann, T. 105, 113, 251
Marcus, R. 427, 537
Marin, L. 147, 148
Marshall, I. H. 827
Marshall, P. 228
Martin, L. H. 279-280, 282
Marx, K. 219, 238-239, 245, 635
Mason, S. N. 274, 329, 334, 343, 345, 351, 359-360, 362
Matera, F. J. 703
McEleney, N. J. 436
McGrath, A. E. 194
Mckelvey, R. J. 401
McLaren, J. 380
McManners, J. 251
Mealand, D. L. 692
Meeks, W. A. 54, 281, 630, 658, 661, 674, 815, 826
Meier, J. P. 653
Melanchthon, P. 62

人名索引　941

Menuhin, Y. 134
Meshorer, Y. 291
Metzger, B. M. 294
Meyer, B. F. 35, 55-56, 76, 94,
116, 119, 123, 127, 146, 159,
176, 188, 193, 204, 207, 216-
217, 233, 334, 630-632, 652,
658- 659, 665, 670, 745, 768,
808, 812, 824, 828
Meyer, R. 532
Michie, D. 89, 141, 715
Middleton, J. R. 228-229
Milbank, J. 35, 75, 86
Milik, J. T. 367
Millar, F. G. B. 276, 385
Miller, P. D. 462
Millgram, A. E. 436-437
Moltmann, J. 45, 243, 460
Momigliano, A. 277
Montefiore, H. W. 45
Moore, S. D. 102, 116, 118, 121,
123-125, 141-142, 174,
Moore, G. F. 333, 349, 436
Morgan, R. 45, 51-52, 55-56,
68, 101, 116, 180, 193, 854
Mørkholm, O. 286
Moule, C. F. D. 23, 45, 432,
517-518, 523, 562, 635, 645-
646, 663, 668, 670, 696, 713,
715, 722, 727-729, 733, 742,
745, 765, 770, 773, 783, 788-
789, 791, 793, 816, 821-822,
824, 828, 836, 841
Mouw, R. J. 228
Mulder, M. J. 275, 432
Munck, J. 629
Murphy, F. J. 357
Murphy-O'Connor, J. 365, 367
Myers, C. 713

N

Neill, S. C. 21, 45, 56, 197, 202,
204-206, 215-216, 223, 626,
629, 736, 750, 793-794
Neirynck, F. 793
Neusner, J. 267, 270, 274, 293-
294, 296, 326, 329-331, 335,
337, 341, 352, 354, 359, 361,
401, 435-436, 543, 665, 855-
857
Newbigin, L. 35, 93, 249
Newton-Smith, W. H. 77
Nickelsburg, G. W. E. 21, 267,
272, 274-275, 277, 283, 289,
392, 394-395, 451, 469, 512,
551, 562-563, 568- 572, 579,
582, 786, 791
Nietzsche, F. W. 124, 127, 159,
238-239, 625
Nineham, D. E. 163, 227, 261
Nordling, J. G. 738
Norris, C. 127

O

Oakman, D. E. 304
O'Donovan, O. M. T. 23, 35,
259
Olthuis, J. H. 228
O'Neill, J. G. 794
Oppenheimer, A. 299, 383

P

Pannenberg, W. 45, 155, 236
Passmore, J. 77
Patte, A. 147
Patte, D. 120, 141
Pearson, B. A. 282, 445, 456
Perkins, P. 569
Perrin, N. 45, 172, 183, 451,
716, 727
Petersen, N. R. 120, 137, 141,

235, 675, 737
Pettem, M. 702, 824
Piper, R. A. 793
Pixner, B. 370
Polanyi, M. 77, 83
Polzin, R. M. 120
Porton, G. G. 326
Powell, M. A. 703
Powell, M. A. 102
Priest, J. 539
Propp, V. 141

Q

Quasten, J. 624

R

Rabin, C. 391
Rad, G. von 442, 451
Radice, B. 637
Räisänen, H. 46, 51, 52, 54-56,
61, 64, 227, 263, 715, 854
Rajak, T. 273, 277, 494, 552-553
Ramsey, A. M. 31
Reimarus, H. S. 39, 54, 62-63,
180, 183, 201
Reinhartz, A. 299
Rhoads, D. M. 89, 141, 289,
312, 319, 361, 715
Riches, J. K. 439
Ricoeur, P. 70, 83, 86, 91, 97,
130, 139, 240
Riegel, S. K. 825
Riesenfeld, H. 770
Riesner, R. 770
Rivkin, E. 45, 327, 332-333,
337, 356, 410
Robinson, J. A. T. 297, 632-633,
652, 750, 752, 762
Rofé, A. 534
Rorty, R. 114, 124, 127
Rosenzweig, F. 856

Roth, C.	347, 349, 352	
Rowe, W.	229	
Rowland, C. C.	23, 91, 267, 453, 456-457, 492, 494, 498, 504, 630, 659	
Rowley, H. H.	442	
Rudolph, K.	282, 800	
Runnals, D. R.	403	
Russell, A.	77	
Russell, B.	167, 214	

S

Safrai, S. 274, 295, 303, 330, 332, 352, 401, 418-419, 486

Saldarini, A. J. 275, 288, 293-294, 304, 326-327, 332-333, 338, 361, 378

Saller, R. 276

Salmon, E. T. 276

Sanders, E. P. 45, 68, 102, 120, 124, 161, 188, 201, 216, 223, 267, 270, 272, 278-279, 304, 309, 326-327, 329, 333-337, 339-345, 347, 351, 356, 361, 365, 368-369, 371, 373-374, 376, 378, 380-382, 401-402, 404-405, 407-408, 410, 414, 416-417, 423, 425-428, 436, 439, 442, 447, 449-450, 456, 462, 464, 474, 482, 486, 488, 528, 530, 533, 537, 543, 547, 579-580, 585-586, 588, 590-592, 765-766, 768, 772-773, 780-781, 794, 803

Sartre, J.-P. 146

Sato, M. 799

Saussure, F. de 159

Schäfer, P. 292, 294, 349, 355

Schäferdiek, K. 659

Schechter, S. 435-436

Schenke, H.-M. 805

Schiffman, L. H. 365, 428

Schlatter, A. 227, 349, 630, 681

Schleiermacher, F. D. E. 118, 132

Schmidt, F. 277

Schmithals, W. 713, 766, 772

Schoedel, W. R. 635

Schoeps, H. J. 196

Scholem, G. 544

Schrage, W. 61

Schreckenberg, H. 681

Schulz, S. 715-716

Schürer, E. 19, 215, 267, 272, 274-275, 277, 279, 283-291, 293-295, 299-300, 303, 308, 311-316, 319, 325-328, 333, 344, 354-355, 358-359, 365, 377, 379, 394, 403, 406, 413-414, 417-419, 423, 426, 430, 432, 441-442, 450-451, 457, 460, 471, 473, 478-479, 486, 489-492, 494, 512, 528-529, 534, 543, 551, 561, 566, 568-570, 572, 574, 581, 585, 587, 647-648

Schwartz, D. R. 319, 339

Schweitzer, A. 45, 63, 197, 217, 292, 492, 504-506, 589, 625, 628-629, 843

Scott, J. M. 463, 479

Searle, J. R. 139

Seeley, D. 795

Segal, A. F. 454, 456, 460, 462, 485, 821

Sevenster, J. N. 282-283

Shanks, H. 408

Shellard, B. 681

Sherwin-White, A. N. 32

Skehan, P. W. 390, 469

Slingerland, D. 648

Smith, J. Z. 823

Smith, M. 77, 325, 329, 335, 339, 351-352, 361, 363

Smith, R. L. 412

Sorri, M. 75

Soskice, J. M. 91, 130, 240

Sparks, H. F. D. 267, 391, 413, 563, 579

Stambaugh, J. 653, 815

Stanton, G. N. 696, 702, 728, 766, 824

Steck, O. H. 479

Stemberger, G. 275, 292, 327, 339, 354, 394

Stendahl, K. 52, 60

Stern, M. 283, 303, 319, 325, 343, 347

Stibbe, M. W. G. 750

Stoldt, H.-H. 793

Stone, M. E. 23, 272, 274-275, 294, 481, 504, 556, 558

Stoppard, T. 220

Stowers, S. K. 69

Strack, H. L. 275, 394

Strauss, D. F. 794

Strecker, G. 56, 110, 701, 712, 727

Streeter, B. H. 793

Strobel, A. 481

Stroup, G. W. 244

Stuhlmacher, P. 45, 56, 482

Styler, G. 793

Sykes, S. W. 487

T

Tabor, J. D. 667

Talbert, C. H. 696

Talmon, S. 374, 479, 549

人名索引　943

Tannehill, R. C.　149, 699, 714
Taylor, M. C.　124
Taylor, V.　765
Tcherikover, V.　277
Thackeray, H. St. J.　320, 324, 414, 552, 574, 577
Theissen, G.　54, 202, 630, 719, 771, 791, 795-796, 799, 802, 815, 826
Thiemann, R.　702
Thiselton, A. C.　24, 57, 76-77, 83, 90, 97, 102, 116, 119-120, 124-125, 127, 129-132, 139, 141-142, 174-175, 216-217, 774
Thompson, A. L.　481
Tilley, T. W.　244
Tillich, P.　40, 62-63, 228
Tillyard, E. M. W.　116
Tolkien, J. R. R.　144, 235, 852
Torrance, T. F.　76
Toulmin, S. C.　188
Tracy, D.　132
Troeltsch, E.　184
Tuckett, C. M.　120, 715, 793, 796, 804
Tugwell, S.　635, 641, 642
Turner, M.　102

Tyrrell, G.　194

U

Urbach, E. E.　355, 359, 446, 451, 580, 859

V

vanderKam, J. C.　374
Vermes, G.　19, 45, 54, 275, 365, 462, 470-471, 477, 485, 492, 540, 548-549, 568, 576, 595
Via, D. O.　137, 153

W

Wacholder, B. Z.　365
Walasky, P. W.　688
Walhout, C.　124
Walsh, B. J.　25, 93, 212, 228-229
Wansbrough, H.　770
Warner, M.　102
Webb, R. L.　342
Wedderburn, A. J. M.　282, 813
Weeden, T. J.　714
Wells, C.　276
Wenham, D.　719, 791
Wenham, J. W.　632
Westerholm, S.　425
White, R.　130
Whittaker, M.　283
Wikgren, A.　324

Wilder, A. N.　125
Wilken, R. L.　170, 205, 822
Williams, R. D.　506
Wilson, B.　77
Wilson, R. McL.　282
Winter, S. B. C.　738
Wittgenstein, L.　139, 217-218
Wolterstorff, N.　83, 93, 139, 233, 259
Woude, A. S. van der　366-367
Wrede, W.　46, 51-52, 65-66, 68-70, 198, 715, 852
Wright, G. E.　60
Wright, N. T.　1, 2, 16, 21, 45, 118, 141, 157, 186, 192, 197, 202, 204-206, 215-216, 223, 248, 254, 257, 363, 448, 466, 546, 626, 629, 650, 663, 674, 736, 738-742, 744, 750, 793, 803, 809, 814, 828, 838
Wright, R. B.　551, 579

Y

Yamauchi, E.　282
Yee, M. M.　77
Young, F. M.　33, 101, 128

Z

Zeitlin, S.　346

訳者あとがき

本書下巻が提示する新約聖書解釈のアプローチ

　本書上巻のプロレゴメナ（序説）において、N. T. ライトは自らが「批判的実在論」に立って聖書解釈を行っていくことを鮮明にしました。「批判的実在論は、ストーリーや世界観という大きな枠組みの中でこそ知識を獲得できると主張する」（上巻 84 ページ）という一文が示すように、ライトは新約聖書を読む上での世界観の重要性、そして世界観を表明する手段としてのストーリーの中心性を強調します。ライトによれば、新約聖書文書は文学であり、歴史であり、神学であるのですが、この三分野の研究は原始キリスト教の世界観を解明することなしには実り多いものにはならないし、そして彼らの世界観を解明するには原始キリスト教徒たちが語ったストーリーを探求する必要があります。その課題に取り組んだのが本書下巻です。

　このように、ライトのアプローチは斬新なものですが、しかしこれまでの新約聖書学の流れを軽視するものではなく、むしろそれらとの対話の中で育まれてきたものだと言えます。そこで、ここで手短に近代以降の新約聖書学研究の流れを振り返ってみましょう。

　新約聖書学、特に四福音書の研究の基となったのは「資料批評」です。「四人」の福音書記者が福音書を執筆するにあたり、どのような資料を用いたのか、それを明らかにするのが資料批判の目的です。そこで通説となったのが、マルコ福音書が最古の福音書であるとする「マルコ優先説」です。福音書記者ルカとマタイは、マルコ福音書（または原マルコ）を資料として用いるだけでなく、イエスの語録を集めたとされる Q と呼ばれる資料をも用いたとする「二資料説」も広く受け入れられています。

次に登場したのが「様式史批評」です。マルコ福音書は、個々の短いエピソードに容易に分解できるように思われます。例えば2章18－22章の「断食についての論争」は、それだけで独立した話としても十分に筋は通ります。様式史批評とは、これらの個々の部分（ペリコペ）がどのように形成されていったのか、そのプロセスを解明しようというものでした。新約聖書学では有名なルドルフ・ブルトマンがこの分野における代表的な学者でした。

第二次大戦後には、「編集史批評」が盛んになりました。様式史批評では、福音書記者は個々のイエス伝承を寄せ集めただけの収集家（anthologist）として見られがちでしたが、実際には独自の神学的視点や洞察を持ち、それらの素材を創造性豊かに用いたのだ、と考えられるようになったのです。各福音書記者の神学的特徴にフォーカスしたのが編集史批評だと言えます。

「資料批評」、「様式史批評」、「編集史批評」は、福音書テクストを細分化し、それら個々の中身を精査するというアプローチをとります。また、歴史上の人物としてのイエス、そして原始教会という「歴史」を発見するために、聖書テクストという「窓」を通じて、その向こうにある歴史を見つめようとします。これらのアプローチでは、聖書テクストそのものを文学として読む、そして全体の物語の流れの中で読む、ということが難しくなります。そこで登場したのが「物語批評」でした。

「物語批評」は福音書を、それを通じて歴史を見出すための「窓」としては用いません。文学としての福音書は、自己完結した物語世界を映し出す「鏡」なのだ、と見なすのです。聖書を「窓」として見る場合、聖書を読む読者としての「わたし」と「歴史」との間に聖書テクストが「窓」として存在することになります。

　　　　「読者」………＞　「聖書テクスト」………＞「歴史」

それに対し、「鏡」の場合はその背後にある世界を見ることはできません。鏡は前方にあるものを映し出すからです。前方にあるものとは、すなわち鏡を見つめる人の姿ではないか、と思われるかもしれませんが、ポイ

訳者あとがき　947

ントはそこではありません。むしろ、聖書テクストの意味は、読者がテクストそのものを読むことによって得られるのであり、テクストの背後にある何かを探求することによってではない、というのが「鏡」のアナロジーのポイントなのです。物語批評においては、福音書にある個々の記事が歴史的に事実かどうか、ということはあまり問題になりません。むしろ、それらの個々の記事が物語全体の中でどのような意味を持っているのか、それを解明しようとします。

　ライトの提唱する解釈アプローチは、これら四つを踏まえた上で、それらを統合しようというものです。資料や様式、あるいは編集の分析という歴史的・通時的なアプローチはもちろん重要ですし、文学批評という共時的な切り口も新約聖書研究には不可欠です。しかし、これら全ての研究において、ストーリーという視点を持つことが必須であるとライトは主張します。ライトは、人々が事象を観察したり、あるいは文献を読んだりする際に、自覚的にあるいは無意識のうちに、その人が抱いている「ストーリー」の中で観察や読書を行っていると論じます。明治維新において活躍した人々の歴史書や歴史小説を読む場合（たとえば司馬遼太郎の「竜馬がゆく」）、その背景としてそれまでの日本の歴史の流れ（ライトはこれを「日本のストーリー」と呼ぶでしょう）、そして世界の歴史の流れを念頭に置かずに読むのは不可能でしょう。個々の歴史書や歴史小説はそれぞれの「ストーリー」を持っていますが、そのストーリーはもっと大きなストーリーの一部として、あるいはクライマックスとして読むことで、初めて納得がゆくようになるということです。ライトはこのことが、まさに四福音書に当てはまるのだと論じます。四福音書は（誤解を恐れずに言えば）それだけで読んでも意味が分からないということです。四福音書には旧約聖書からの直接・間接の無数の引用があり、また各福音書のストーリーそのものが旧約聖書のストーリーを前提としています。さらにいえば、旧約聖書と新約聖書の間の時代（「中間時代」）のイスラエルのストーリーも新約聖書の理解には必須です。旧約聖書と新約聖書の間には、約四百年間の空白があります。日本の歴史で言えば、関ヶ原の戦いからいきなり第二次大

戦後の、しかもバブル崩壊後の日本にタイムスリップするようなものです。ですからこの中間時代のユダヤ人たちのストーリーもしっかりと押さえなければなりません。

　ライトは上巻で、イエス登場に至るまでのイスラエルのストーリーを詳述し、そして本書下巻にて、四福音書をその大きなストーリーの中で読み解こうとしています。このようなアプローチは、ライトの神学上の主な対話の相手であるドイツ聖書学ではあまり顧みられてきませんでした。実際、ブルトマンはそうしたアプローチをにべもなく拒絶しています。

　　　キリスト教徒たちは、その宣教によって、神が彼らの父祖をエジプトから導き出したことや、神がかつてその民を奴隷の家から導き出して約束の地に連れて行ったことや、神がエルサレムとその神殿とを再建したこと、等々を聴衆に思い起こさせることはできなかったし、そうすることもなかっただろう。イスラエルの歴史は私たちの歴史ではないし、イスラエルの歴史において神が恵みを示したとしても、そのような恵みは私たちのためのものではないのだ。[1]

　ライトは本書において、この見方とは異なる新約聖書の理解を提唱します。それは、新約聖書、特に四福音書をイスラエルのストーリーのクライマックスとして読もうというアプローチです。ライトが上巻において1世紀のユダヤ人たちの世界観、彼らの希望、そして彼らが語ったストーリーについての詳細な研究を行ったのは、ライトが当時のユダヤ人たちのストーリーのクライマックスとして四福音書を位置づけているからです。イスラエルのストーリーのクライマックスとは「捕囚からの真の帰還」となるはずでした。バビロン捕囚から帰還したユダヤ人たちは、自分たちが未だに「契約の呪い」の下にあると感じていた、とライトは論じます。その意識は度重なる異邦人支配によっていっそう強められました。この苦境から

1　ルドルフ・ブルトマン「共観福音書伝承史」より（山口訳）。

の解放こそがイスラエルの希望の成就、捕囚の真の終わりとなる、ということです。そして初代のキリスト教徒たちは、イエスの十字架を究極の捕囚として、そして復活を真の帰還として理解した、というのがライトの提起するテーゼです。本プロジェクトの次巻以降で、このテーゼはさらに深められていきます。

このような観点から、ライトは本書の 13、14 章において従来の新約聖書学の方法論とは逆のアプローチを提示します。様式史批評によれば、四福音書の研究はそこに含まれている伝承の断片（ペリコペ）から始めなければなりません。それらが最も古い資料であるからです。福音書記者は、自らが創作した「枠組み」の中にそれらの伝承を組み入れてストーリーを形作ったのであり、そうした「枠組み」は福音書記者の個性や神学を知る上では重要だが、歴史的価値そのものは低い、と考えられてきました。

しかしライトはそうした「枠組み」（ライトはそれを「大きなストーリー」と呼びます）の研究から始めることを提唱しています。なぜなら、そうした「枠組み」（「大きなストーリー」）も、個々の「様式」（「小さなストーリー」）も、等しく「イスラエルのストーリー」に基づいているからだ、と論じるのです。ライトはイエスのたとえ話の中にも「捕囚からの帰還」というテーマがはっきりと見て取れると主張します。この議論の真価は、次巻「キリストと神の勝利」において、さらにはっきりとしていくでしょう。

このように、ライトは本書において 20 世紀の新約学の諸前提を根本から問い直すような提題をいくつも提示しています。その提題の重要性は、21 世紀に入った今日においても変わりません。そしてそれは学界のみならず、教会における信仰のあり方についても大きなチャレンジを投げかけるものだと言えるでしょう。

原始教会の歴史

本書下巻では新約聖書学のみならず、歴史神学の諸問題も扱われていま

す。すなわち、紀元1世紀から2世紀にかけての原始キリスト教の歴史です。新約聖書学者であるライトが、なぜ歴史神学の分野にまで考察を広げるのかといえば、二つの理由が挙げられます。

　第一は、紀元1世紀のキリスト教の地中海世界における伝播の理由を探求することは、「キリスト教の起源」の探求と大いに関係があるからです。ローマ帝国によって政治犯として処刑されたユダヤ人を「主」として礼拝する宗教運動が、なぜあれほど急速な発展を成し遂げたのか、これはキリスト教徒のみならず世界史に関心を持つすべての人が取り組むべき公共性を持つ歴史の謎です。本書を第一巻とするライトのプロジェクト全体は、「キリスト教の起源」を探求することを目的とします。そのため、紀元1世紀の宣教する教会を支えた世界観を解明することは、まさにその目的に適っています。

　第二は、新約聖書の諸文書の解釈が原始教会の歴史の理解の仕方に大きく影響されるからです。例えば本書でも紹介されている、F. C. バウルを祖とするテュービンゲン学派では、原始教会の歴史をヘレニズム的キリスト教とユダヤ的キリスト教の相克の歴史として理解します。この学統によれば、ユダヤ教からの遺産である律法（トーラー）を守ろうとしていたユダヤ的キリスト教グループがあり、そのようなグループによって生み出された文書が「マタイ福音書」や「ヤコブの手紙」だとされます。そうしたユダヤ重視・律法重視の立場に抗ったのがパウロで、その代表作が「ローマ人への手紙」や「ガラテヤ人への手紙」だ、ということになります。このように、新約聖書の各文書は学者たちが再構築した原始教会の歴史に沿うように分類されていくのです。ですから、原始教会の歴史についてどのような見方を取るかによって、新約聖書の各文書の理解の仕方も大きく変わっていきます。バウルの唱えた「ヘレニズム的キリスト教」対「ユダヤ的キリスト教」といういささか単純な図式は、同じドイツのマルティン・ヘンゲルなどからも批判されており、もはやそのまま受け入れることはできません。しかし、原始教会に何らかの緊張関係や対立があったことも事実です。こうした緊張を生み出した社会的・神学的要因が何であるのかは

非常に困難な問いですが、新約聖書学者にとってこれは避けて通ることのできない問題です。原始教会の歴史の理解の仕方は、新約聖書の各文書の解釈に大きな影響を及ぼすからです。この問題は本書のみならず、「キリスト教の起源と神の問題」という本プロジェクト全体を通じてライトが取り組んでいる事柄なのです。

　本書で詳述された原始教会の歩みからは多くの示唆が与えられますが、その中でも注目すべきなのは、第二神殿期のユダヤ教と原始キリスト教との連続性と非連続性のいずれをも浮かび上がらせている点です。ヨセフスによれば、ヘロデ王の治世化のファリサイ派の人々はカエサルへの忠誠の誓いを促されても、「神のみが王である」という信仰によってそれを拒否しました。ポリュカルポスやイグナティオスらの教会教父たちも、「キリストのみが王である」という信仰によって、カエサルへの忠誠の誓いを拒否しました。この事実から、キリスト教徒たちはユダヤ教から受け継いだ一神教信仰をキリスト論的に再構築していたのが分かります。しかし他方で、「神のみが王である」というユダヤ人たちの信仰が、ついには彼らをローマ帝国との武力衝突へと向かわせたのに対し、ローマ帝国下のキリスト教徒たちからはそのような反乱への動きは生まれませんでした。ここに、原始キリスト教運動の本質を理解するカギがあるように思われます。

小林高徳先生

　本書の翻訳には上下巻を併せると6年もの歳月をかけたことになりますが、その間諦めずに翻訳を続けることができたのは多くの方々からの励ましと後押しがあったからでした。それらの方々のお名前をすべて紹介させていただきたい気持ちは山々なのですが、この度はお一人だけ挙げさせていただきます。それは、今年の10月24日に突然天に召された小林高徳先生です。先生は北米出張中に倒れられたのですが、出張前の先生と東京基督教大学の食堂で交わした会話が、今となっては先生との最後のお別れとなってしまいました。その時に、本書の翻訳の仕上げの段階に入っていることをご報告したところ、「そうか、いよいよですね。それを最優先で仕

上げてください」と嬉しそうに笑顔でお答えになりました。先生は上巻についての書評を「本のひろば」で書いてくださったこともあり、下巻の出版も楽しみにしておられました。あの一言が、先生から聞いた最後の一言だったことを思うと、なんとも言いようのない寂しさに襲われます。

　小林先生を知る人は誰でもよくご存じなように、先生はいつも朗らかで温かく、面倒見のよい、キリストにある徳を体現したような方でした。まさにその名の通り「高徳」さんでした。私も公私ともに本当にお世話になりました。先生はたいへん優れた教育者でしたが、高い眼力を備えた学者でもありました。先生は以前セントアンドリュース大学神学部から、同学部の新約聖書部門をどうすれば発展させられるか、と尋ねられたことがあったそうです。その時に先生は「トム・ライトかリチャード・ボウカムを招聘すべきだ」とお答えになられたそうです。セントアンドリュース大学の神学部は、その後先生の助言通りにボウカム、ライトを相次いで招聘、そして同神学部は英国の大学ランキングで常にトップを争うまでになりました。今でこそボウカムもライトも押しも押されぬスーパースターのような新約学者ですが、90年代初頭にすでに彼らの実力を高く評価していた先生の慧眼には驚かされます。学生の指導や大学の事務などに追われながらも、常に研究のために心血を注ぎ続けた先生ですが、そのような苦労を外には一切外見せない強さを持った方でもありました。ボウカム教授は、小林先生が天に召される数日前に先生からメールを受け取ったそうです。そこには、来年はサバティカルをとって、しばらくセントアンドリュースで研究したいという希望が綴られていました。セントアンドリュースというスコットランドの聖地をひときわ愛しておられた先生が、その願いかなわず召されたことは本当に残念でなりません。

　先生の突然の逝去を悼みつつ、先生の思い出とその朗らかな笑顔をこれからも常に心に刻んでいきたいと願います。本書を小林高徳先生の思い出に捧げます。

2017年10月30日

山口　希生

著者 N. T. ライト（Nicholas Thomas Wright）

1948年生まれ。オクスフォード大学で学び、ケンブリッジ、オクスフォード等で教鞭を執った後、現在はセントアンドリュース大学神学部教授。2010年に退任するまで国教会ダラム主教も務めた。新約聖書研究、とりわけ「パウロへの新たな視点」と呼ばれる新潮流を精力的にリードしている。邦訳されている著書は、『コロサイ人への手紙、ピレモンへの手紙』（いのちのことば社）、『クリスチャンであるとは』、『シンプリー・ジーザス』（あめんどう）ほか。

訳者 山口希生（やまぐち・のりお）

1970年生まれ。早稲田大学法学部卒業。セントアンドリュース大学神学部卒業。2015年6月、同大学より哲学博士号（新約聖書学）を取得。現在は日本同盟基督教団中野教会伝道師。東京基督教大学非常勤教員。同大学共立基督教研究所研究員。訳書：リチャード・ボウカム『イエス入門』（共訳、新教出版社）ほか。

新約聖書と神の民 下巻
（キリスト教の起源と神の問題 1）

2018年3月30日　第1版第1刷発行

著　者……N. T. ライト
訳　者……山口希生

発行者……小林　望
発行所……株式会社新教出版社
　〒162-0814東京都新宿区新小川町9-1
　電話（代表）03（3260）6148
　振替00180-1-9991
印刷・製本……モリモト印刷株式会社

ISBN 978-4-400-12442-9　C1016　2018 ©

新教出版社

N・T・ライト著／山口希生訳
キリスト教の起源と神の問題 1
新約聖書と神の民　上巻　6400 円

R・ボウカム著／横田法路・山口希生訳
イエス入門　1900 円

R・ボウカム著／浅野淳博訳
イエスとその目撃者たち
目撃者証言としての福音書　7600 円

R・ヘイズ著／河野克也訳
イエス・キリストの信仰
ガラテヤ 3 章 1 節―4 章 11 節の物語下部構造　6500 円

J・D・クロッサン著／太田修司訳
イエス
あるユダヤ人貧農の革命的生涯　3600 円

J・D・クロッサン著／飯郷友康訳
イエスとは誰か
史的イエスに関する疑問に答える　1900 円

G・タイセン著／廣石望訳
イエス運動
ある価値革命の社会史　5000 円

G・タイセン著／大貫隆訳
原始キリスト教の心理学
初期キリスト教徒の体験と行動　9500 円

表示価格は消費税を含まない本体価格です